本书为国家社科基金项目"南国之梦：中国无政府主义运动的终结"（项目编号：12BZW085）结项成果

20世纪初期中国无政府主义运动研究

辜也平——著

人民出版社

责任编辑:詹素娟
装帧设计:东方天地

图书在版编目(CIP)数据

20世纪初期中国无政府主义运动研究/辜也平 著. —北京:人民出版社,
    2022.12
ISBN 978－7－01－024634－5

Ⅰ.①2⋯ Ⅱ.①辜⋯ Ⅲ.①无政府主义-研究-中国-近代 Ⅳ.①D092.5

中国版本图书馆 CIP 数据核字(2022)第 047361 号

20 世纪初期中国无政府主义运动研究
20SHIJI CHUQI ZHONGGUO WUZHENGFU ZHUYI YUNDONG YANJIU

辜也平 著

人民出版社 出版发行
(100706 北京市东城区隆福寺街 99 号)

北京中科印刷有限公司印刷 新华书店经销

2022 年 12 月第 1 版 2022 年 12 月北京第 1 次印刷
开本:710 毫米×1000 毫米 1/16 印张:28.25
字数:450 千字

ISBN 978－7－01－024634－5 定价:109.00 元

邮购地址 100706 北京市东城区隆福寺街 99 号
人民东方图书销售中心 电话 (010)65250042 65289539

目 录
CONTENTS

引言　梦的编织与梦的探寻

　　1930 年 8 月下旬,巴金应已经到泉州黎明高中担任校长的吴克刚的邀请,第一次到泉州住了个把月。之后虽然吴克刚因故离开福建,但巴金还是于 1932、1933 年又两度南下泉州。① 在泉州他遇见了一些老朋友,结识了许多新朋友,同时也见证了泉州安那其民众运动日渐高涨的发展态势。特别是 1933 年 5 月的泉州之行,他更是切身感受到运动高潮的气氛。三年前开始盘踞泉州实行残酷统治的民军头目陈国辉,在当地民众的不断抗争以及旅外乡亲的合力控告下,已为十九路军诱捕处决。② 而作为外来势力的十九路军实际上还未能有效掌控地方局面,所以泉州的民众运动风起云涌,学联、工会、商会、妇女协会、民众自卫委员会相互呼应展开活动,反对妥协检查仇货、反抗盘剥罢工罢市轮番进行。就在巴金 20 日到达泉州的一个星期前爆发的反契税罢市虽然受到武装镇压,但抗争正以更为迅猛的态势推进。③ 所以,在 25 日离开泉州前往香港、广东的旅途上,巴金压抑不住内心的兴奋写下了他的第一篇《南国的梦》,用诗一般的语言赞美这火热的斗争生活和那些为理想而献身的朋友:

　　　　在南国的一个古城里我度过了将近一星期的光阴。我离开那里的时候,我对朋友说这一星期的生活就像一个美丽的梦,一个多么值得回忆的梦哟!

---

　　① 　关于巴金几次泉州之行的具体时间,参见笔者:《巴金三次福建之行时间考》,《中国现代文学研究丛刊》2007 年第 4 期。

　　② 　参见本书第六章第三节。

　　③ 　参见本书第八章第三节。

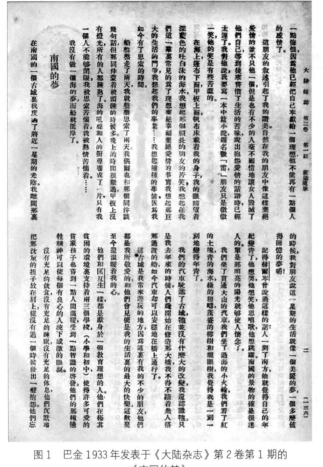

图1　巴金1933年发表于《大陆杂志》第2卷第1期的
《南国的梦》

记得赫尔岑曾说过这样的话:人一到了南方,他就觉得自己的年纪变轻了,他想哭,他想笑,他想唱歌,他想跳跃。南国的景物的确是很迷人的,单是那明亮的阳光就够使人怀念了。

我们坐了贯通大山的汽车,我们坐了过海的小火轮,我们看了红的土块、青的海水、绿的田畴、茂盛的榕树和龙眼树,我觉得我是一刻一刻地变得年轻了。

我们的汽车驶进了古城,它并没有什么大的改变,我还认识它。只是我去年来的时候,人们才开始在修造那大桥,我不得不跟着众人搭那过渡的船,如今汽车却可以安稳地在桥上通行了。

这古城是我常来游玩的地方,因为这里有我的不少的朋友,他们都是我所敬爱的。和他们会见便是我的生活里的最大的快乐,这欢聚至今还温暖着我的心。①

第二年（1934）夏天,黎明高中及其姊妹校平民中学相继被武装查封和勒令停办,除了叶非英等少数人坚守在那片土地上,曾经聚集的朋友星散,颇

①　巴金:《南国的梦》,《大陆杂志》第2卷第1期,1933年。

图 2　巴金 1939 年发表于《良友》第 144 期的《南国的梦》

具规模的泉州民众运动也基本结束,巴金自己"在一阵绝望之际也曾发出过痛苦的叫号"①。然而,1939 年春天,巴金从桂林绕道温州,乘船回到已经成为"孤岛"的上海租界。他从报刊上看到日本侵略军占领鼓浪屿的消息,"思念南国的朋友和人民,在痛苦和激动的时候"②,又写下了一篇《南国的梦》。他回顾了三次到泉州、几度游鼓浪屿的往事,同时又饱含深情地抒发了对南国友人的思念和祝福,以及对"奇丽"的南国的梦的某种期待:

　　铁骑踏进了花与树、海水与阳光的土地,那个培养着我的南国的梦的地

① 巴金:《月夜》,《水星》第 1 卷第 6 期, 1935 年。
② 巴金:《怀念叶非英兄》,《巴金全集》第 16 卷,人民文学出版社 1991 年版,第 709 页。

方在敌人的蹂躏下发出了呻吟。在那里原来有着我的一些朋友。但是他们现在恐怕都到了古城和"耶稣"在一起工作罢。这是用不着我担心的。

然而使我激动的是行动的时刻到了。鼓浪屿的骚动一定会引起更大的事变。铁骑深入闽南的事情是可以想到的。它们也许不知道,但是我更明白,倘使它们果然深入那腴肥的闽南的土地的话,它们在那里得到的不会是胜利,而是死亡。那时我们南国的梦中的最"奇丽"的一景便会实现了。

我怀念着南国的梦中的友人,我为他们祝福。①

当然,由于受制于当时的环境,巴金在许多文章中都无法更明确地表达对于泉州安那其民众运动的期待,他的赞美之情也大多只能假借对"那个将碎片集在一起用金线系起来,要在这废墟上重建起九重宝塔的被我们称为'耶稣'的人"的教育理想与实践而抒发。② 相对于其他文章,只有同样写作于1939年春天的《黑土》才略微集中、但同样隐晦地概括了对这场运动的思想认同以及从中得到的精神慰藉。巴金说自己"一生中最快乐的日子(可惜非常短促)就是在那样的土地上度过的":

土的颜色说是红,也许不恰当,或者那实际上是赭石,再不然便是深黄。但是它们最初给我的印象是红色,而且在我的眼前发亮。

我好几次和朋友们坐在车子里,看着一匹一匹的小山往我们的后面退去。车子在新的、柔软似的红土上滚动。在那一片光亮的红色上画笔似地点缀了五月的新绿。不,我应该说一丛一丛的展示着生命的美丽的相思树散布在我们的四周。它们飘过我的眼前,又往我身后飞驰去了。茂盛的树叶给了我不少的希望,它们为我证实了朋友们的话语;红色的土壤驱散了我从另一个地方带来的悒郁。我的心跟着车子的滚动变得愈年轻了。朋友们还带着乐观不住地讲述他们的故事。我渐渐地被引入另一个境界里去了,我仿佛就生活在他们的故事中间。

是的,有一个时候,我的确在那些大量的友人中间过了一些日子,我自己也仿佛成了故事中的人物。白天在荒凉的园子里草地上,或者寂寞

① 巴金:《南国的梦》,《良友》第144期,1939年。
② 巴金:《短简》,《作家》第1卷第5期,1936年。该文后改题为《家》收入单行本,详见《巴金全集》第13卷,人民文学出版社1990年版。

的公园里凉亭的栏杆上,我们兴奋地谈论着那些使我们的血沸腾的问题。晚上我们打着火把,走过黑暗的窄巷,听见带着威胁似的狗吠,到一个古老的院子去捶那油漆脱落的木门,在那个阴暗的旧式房间里,围着一盏光亮微弱的煤油灯,我们商议着怎样避免那即来的打击的计划,或者大家怀着一腔献身的热诚,准备去牺牲自己。

但是我们这里并没有正人君子,我们都不是注重形式的人。这里有紧张的时刻,也有欢笑的时刻。我们甚至可以说紧张和欢笑是常常混合在一起的。……

……是的,许多事情在这地方都成为平常了。复杂的关系变成简单。人和人全以赤诚的心相见。人了解他（或她）的朋友,好像看见了那个人的心。这里是一个和睦的家庭,我们都是兄弟姊妹。在欧洲小说中常常见到的友情在这南国的红土上开放了美丽的花朵。

在这里每个人都不会为他个人的事情烦心,每个人都没有一点顾虑。我们的目标是"群",是"事业";我们的口号是"坦白"。

在那些时候,我简直忘掉了寂寞,忘掉了一切的阴影。个人融合在群体中间,我的自己也在那些大量的友人中间消失了。友爱包围着我,也包围着这里的每一个人。这是互相的,而且是自发的。①

图3　黎明高中附近的小巷县后街（辜也平摄,2016）

---

①　巴金:《黑土》,《宇宙风》第80期,1939年。"据黎明大学盛子诒、蒋刚老人回忆:巴金当年与友人聚谈的场所,就在黎明高中附近一条小巷内,现属县后巷25号,旧时主人姓蒋,是个追求进步的爱国华侨。他的儿子蒋文选当时在平民中学农村教育科就读"（柯文溥:《巴金来闽南前后》,方航仙、蒋刚主编《巴金与泉州》,厦门大学出版社1994年版,第87页）。

在撰写这些文章的前后,巴金还创作了包括《雷》《电》《星》①等直接描绘泉州安那其运动的长短篇小说。特别是包括《雷》和《电》的《爱情的三部曲》,还始终为作者所珍爱。他在《〈爱情的三部曲〉总序》中说道:"我的确喜欢这三本小书。在我的全部文艺作品中,我时时翻来阅读的也就只有它们。有些小说连里面的故事我也差不多完全忘记了。但在这三本小书中甚至一两处细小的情节,我也还记得很清楚。这三本小书,我可以说是为自己写的,写给自己读的。我可以毫不夸张地说,就在今天我读着《雨》和《电》,我的心还会颤动。它们使我哭,也使我笑。它们给过我勇气,也给过我慰藉";"《电》是应该特别提出来的。这里面有几段,我永不能够忘记。我每次读到它们,总要流出感动的眼泪来";"这本书是我的全部作品里面我自己最喜欢的一本,在《爱情的三部曲》里面,我也最爱它"。当然,作者也有难言之隐,他说"关于《电》我似乎有许多话想说,但在这里却又不便把它们全说出来";"我想只有那些深知道现实生活而且深入到那里面去过的人方可以明了它们的意义"。②

这令当年的巴金激动不已的"南国的梦",就是其心中的安那其之梦。

安那其是英文 Anarchism 音译,现在通译为无政府主义。巴金语焉不详的,其实就是20世纪30年代初发生于福建泉州的无政府主义运动。80年代以来,随着思想解放运动的深入和实事求是精神的弘扬,学术界对于中国无政府主义的研究已逐步从简单的政治批判进入了历史的、学理的探究,并且在思想传播、文化承传、现代变异、人员构成、报刊出版以至中外比较等相关方面取得了不少的成果。但是对于泉州这场运动,相关的研究却少得可怜。

综观四十年来的中国无政府主义研究,其重点大多集中于清末民初到五四时期,而集中关注的都是作为思潮的无政府主义,或者说系统的研究更多关注的是中国无政府主义的思潮史,如周积泉的《无政府主义思想批判》、蒋俊和李兴之的《中国近代的无政府主义思潮》、汤庭芬的《无政府主义思潮史

---

① 《雷》(短篇小说)原载1933年11月1日《文学》第1卷第5号,1935年3月作为"附录"收入上海良友图书印刷公司《电》,1935年4月连同《电》收入作者的《爱情的三部曲》;《电》(长篇小说)原拟刊1934年《文学》第2卷第1号,但在1933年送检时被书报检查当局抽出,1934年4月改名《龙眼花开的时候——九二五年南国的春天》,署名欧阳镜蓉,在《文学季刊》第1卷第2期、第3期连载。1935年3月以原题出版单行本,1935年4月收入《爱情的三部曲》。《星》(短篇小说)初刊《十年》(纪念开明书店创立十周年小说集刊),后收1936年12月文化生活出版社《发的故事》。

② 巴金:《爱情的三部曲》,良友图书印刷公司1936年版,第8、9、73、73、13页。

话》、孟庆澍的《无政府主义与五四新文化》、李怡的《近代中国无政府主义思潮与中国传统文化》等①，都是这方面的代表性著作。但对于作为实际社会政治运动或民众运动的中国无政府主义历史，却几乎很少为研究者所涉及。而即使像林森木和田夫的《无政府主义史话》、张文沛的《黑旗之梦》，以及海外学者的《1927—1937年国民党统治下的中国流产的革命》（［美］易劳逸）、《清末民初无政府派的文化思想》（［韩］曹世铉）、《中国革命中的无政府主义》（［美］阿里夫·德里克）等②比较关注中国实际的无政府主义运动的著作，也大多仅限于选摘范天均等人三十年后的回忆，并且未作进一步的辨析与核实。上述这些著作对于20世纪30年代曾经的泉州（晋江）无政府主义民众运动的历史存在，一般都只简略地几笔带过，因此作出的判断也大体相近，如：

> 总之，大革命失败后，随着蒋介石独裁政权的思想钳制的加剧，……无政府主义已濒临破产的境地。幸存的几个无政府主义骨干噤若寒蝉，只能星散各地进行零打碎敲的活动。如梁冰弦、郑佩纲在上海出版《晦鸣月刊》。匡互生在上海办"立达学园"来联络各地零散无政府主义者。卢剑波在四川编辑出刊《憧憬》半月刊，但都没有多少回声。无政府主义已经沉寂。③

> 大革命失败后，虽然还有无政府主义者的活动，但已经没有什么影响了。④

> 第三个时期为衰落时期，从1921年至1940年。这一时期又可分为两个阶段。第一阶段是1921年至1927年，无政府主义在百家争鸣中败下阵来，走向没落。走投无路的无政府主义者虽不断挣扎，有所谓的"自救运动"，但均归于失败。第二阶段是1928年以后，无政府主义思潮逐渐沉寂。⑤

---

① 周积泉：《无政府主义思想批判》，福建人民出版社1984年版；蒋俊、李兴之：《中国近代的无政府主义思潮》，山东人民出版社1990年版；汤庭芬：《无政府主义思潮史话》，社会科学文献出版社2000年版；孟庆澍：《无政府主义与五四新文化》，河南大学出版社2006年版；李怡：《近代中国无政府主义思潮与中国传统文化》，华中师范大学出版社2011年版。

② 林森木、田夫：《无政府主义史话》，广东人民出版社1981年版；张文沛：《黑旗之梦》，江西人民出版社1987年版；［美］易劳逸：《1927—1937年国民党统治下的中国流产的革命》，陈谦平等译，中国青年出版社1992年版；［韩］曹世铉：《清末民初无政府派的文化思想》，社会科学文献出版社2003年版；［美］阿里夫·德里克：《中国革命中的无政府主义》，孙宜学译，广西师范大学出版社2006年版。

③ 汤庭芬：《无政府主义思潮史话》，社会科学文献出版社2000年版，第185页。

④ 张文沛：《黑旗之梦——无政府主义在中国》，江西人民出版社1987年版，第4页。

⑤ 蒋俊、李兴芝：《中国近代的无政府主义思潮》，山东人民出版社1990年版，第6页。

从 1924 年开始,中国无政府主义便逐步走向破产的道路。这时期的无政府主义者,公开反共反人民,完全站在帝国主义、封建主义一边,充当他们的忠实代理人。1927 年在上海出版了宣传无政府主义的刊物《革命周报》,它既是"安国合作"(安那其、国民党合作),即无政府主义者与国民党反动派合流的产物之一,又是中国无政府主义作为一个政治派别破产的标志。[①]

一般地讲,一九二三年以后,无政府主义在中国就气息奄奄,一蹶不振了。在这期间,有的地区虽还出现过一些无政府主义的小团体,如……但这些团体人数很少,组织涣散,思想和行动上又缺乏一致的准则,所以存在的时间很短,自生自灭,影响很小。在这种情况下,一些鼓吹无政府主义的骨干分子,放弃了废除国家和推翻政府的主张,投靠到反动政府门下,为地主买办阶级服务。如吴稚晖、张静江,在第一次国内革命战争时期,他们还是蒋介石策划叛变的谋士。[②]

不难看出,上述这些判断虽然表述上各有各的不同,但总体上都体现了比较简单的一致:第一,1927 年之后(有的认为时间更早)无政府主义在中国已经沉寂;第二,无政府主义已经完全站到帝国主义、蒋介石一边;第三,已经看不到无政府主义的实际运动。

但是,不仅仅范天均,包括秦望山、苏秋涛等人的文章,都系统地回忆了 20 世纪 30 年代发生在福建泉州的无政府主义运动,赵祖培、梁龙光、谢真、陈侃、许谦等人的回忆也从不同的方面印证了 30 年代泉州的无政府主义运动的存在。作为后期中国无政府主义的重要代表人物巴金,在 1949 年 3 月 18 日致国际无政府主义团体 CRIA 的法文信中,也肯定泉州有过的这样的运动,他说:"在福建,只有在福建,才有过一个真正的自由主义运动。这个运动不大,但这是一个真正的运动"[③]。他还郑重地把直接描绘泉州安那其运动的小说《星》《电》及相关英译本,分几次邮寄一生致力于为美国无政府主义资料室 Lobadie

---

① 李怡:《近代中国无政府主义思潮与中国传统文化》,华中师范大学出版社 2001 年版,第 72 页。

② 胡庆云、高军:《无政府主义在中国》,湖南人民出版社 1984 年版,第 9 页。

③ [日]山口守:《巴金与欧美无政府主义者之间的往来书简研究》,《黑暗之光:巴金的世纪守望》,复旦大学出版社 2017 年版,第 277 页。

Colleetion 收集资料的艾格尼丝·英格里丝。①

因此对于 20 世纪 30 年代泉州无政府主义运动的关注，更主要来自于巴金的文学研究，其主要的研究者大多是从研究巴金的文学创作进而关注这一历史课题的。最早从事这方面研究的是日本西南学院大学文学部的樋口进，他从 60 年代之后持续发表有关这方面的论文，70 年代完成他最主要的研究成果《巴金与安那其主义》。②在这一著作中，其对 30 年代有关泉属民团编练处的相关研究（第四章：泉州民团训练所）借助当年运动参与者、日本的无政府主义者岩佐作太郎的回忆资料《追忆》与

图 4　巴金小说《星》英译本封面

范天均等人的回忆相互证，对泉州民团训练所的活动作了初步的探究。之后日本学者坂井洋史从 80 年代开始几次到泉州实地考察研究，后来连续撰写发表包括长达五万言的《巴金与福建泉州》③等文，在樋口进研究的基础上，更为广泛地参考了刊登于各地"文史资料"和黎明职业大学内部编印的《信息》中的回忆资料，以及当年日本司法省刑事局的档案资料，对包括泉属民团编练处、黎明高中、平民中学等相关史实进行了更为细致深入的探讨。与此同时，国内的艾晓明、汪应果、陈思和、李辉等的相关研究以及一些巴金传记作者描述也都对这一段历史有过不同程度的探讨。但是，正如陈思和在《人格的发展——巴金传》所明显感觉到的，像范天均的回忆，"总是言过其实，有不少地方与事实有出入"，"可能有夸张的地方"。④ 而坂井洋史后来把《巴金与福建泉州》一文收入其专著《巴金论集》时，也删掉了原来的第三至第七章，因为他认为"其中

① 参见 Li Pei Kan（李芾甘）1948 年 10 月 19 日、11 月 8 日，以及 1949 年 2 月 6 日、2 月 14 日致艾格尼丝·英格里丝（Agnes Inglis）英文书简，［日］山口守：《巴金与欧美无政府主义者之间的往来书简研究》，《黑暗之光：巴金的世纪守望》，复旦大学出版社 2017 年版，第 247—250 页。

② ［日］樋口进：《巴金与安那其主义》，日本西南学院大学学术研究所纪要第十四号，1978 年版；［日］近藤光雄译，复旦大学出版社 2016 年版。

③ ［日］坂井洋史：《巴金与福建泉州》，原刊日本《猫头鹰》第 5 期，1986 年 9 月，后翻译成中文收［日］山口守、坂井洋史：《巴金的世界》，东方出版社 1996 年版。

④ 陈思和：《人格的发展——巴金传》，上海人民出版社 1992 年版，第 139—140 页。

图5   泉州文庙,平民中学在此办学时,正殿为礼堂兼饭厅,两侧
厢房为教室与教师宿舍（坂井洋史摄,1985）

大部分资料是回忆类第二手材料,现在几乎没有作为'考证'的价值①。

可见,这方面研究最大的难度在于如何找到原初的历史文献,而不是仅仅依靠不同当事者后来的回忆;不仅仅采信回忆录或偶尔找到的当年的只言片语,而是从不同的渠道寻找、挖掘出足够的历史文献进行相互的印证,最后通过可靠、具体的历史细节,整体还原曾经出现在特定时期的历史存在。

实际上,除了中国无政府主义的运动史研究和巴金文学研究,这方面研究的价值还在于,目前谈及民国时期卓有成效的乡村教育运动时,学界广泛关注的是晏阳初、梁漱溟、陶行知、卢作孚等人进行的相关工作,但泉州无政府主义运动两大主要据点黎明高中和平民中学在当时也进行过一系列很有特色的教育改革,培养出一批人才。所以对这些进行深入考察无疑有特殊的教育史研究价值。另外,在泉州的无政府主义运动中,各行业工会、妇女协会、学生联合会以及民众自卫组织都非常活跃,组织过许许多多的反抗与斗争,而目前像《福建工人运动史要录（1927—1949）》《福建省志·妇女运动志》②等相关著作也均未见记载,所以对曾经发生于泉州的这场运动的研究,还将丰富现代工人运动史、妇女运动史等方面的研究内容。

总之,这一研究具有基础研究的性质,同时又带有鲜明的多学科特点。在尽可能以确切无疑的证据,客观还原出这一历史存在之后,它将为不同维度的研究提供进一步深入的学术增长点,它所体现出的学术意义将涉及历史、教育和文学等多个方面。

---

① ［日］坂井洋史：《巴金论集》,复旦大学出版社 2013 年版,第 113 页题注。

② 陈孝华：《福建工人运动史要录（1927—1949）》,厦门大学出版社 1999 年版;福建省地方志编纂委员会编：《福建省志·妇女运动志》,福建人民出版社 2008 年版。

第一章
历史源流及地域背景

无政府主义（Anarchism）也称安那其主义。"安那其主义是一种理论，一种学说，它证明我们能够生活在一个不需要任何强制的社会中"。"'安那其'是译音，在外国文中这个字是从希腊文来的，意思是没有武力，没有强权，没有统治。"①吴克刚在其回忆录中提到："太虚法师对此译名很不满意，认为太过狭窄，打算改为无强权无私产主义。……Anarchisme 这个字，An 指无或不，否定或消除，意义明白，毫无歧见。但 archy，含义广泛，并不单指政府。有强制，控制，压迫，强权等等意义，佛教大师乃把 Anarchisme 译为无强权主义。"②袁振英则介绍："'无政府主义'一词是从日文翻译过来的。无政府主义（Anarchism）语源出于希腊文，Arch 是'王'的意思，Anarch 是'无政府'的意思，所以日本人便译为无政府主义"。他说："高一涵则把无政府主义译为'无治主义'。……意思就是'无治主义'不仅主张'无政府'，而且主张无强权、无宗教、无姓氏、无民族、无婚姻、无家庭、提倡自由恋爱等"。另外他还谈到辜鸿铭认为"'无政府主义'应译为'无王主义'。"③但不管如何翻译，无政府主义的主要政治理念还是很鲜明的，它"以脱离一切的羁绊，获取意志之自由为出发点，凡所谓社会、国家、宗教、家庭所强加于个人身上的一切义务责任之负担，它都借口于个人底自由对之一概否定"④，反对一切的强权，主张"消灭任何种类的压迫，废除一阶级统治别一阶级的制度，废除主人奴隶之分别"，"把现在这个以阶级的掠夺和政府的压迫为基础的社会制度完全破坏，而建设一个劳动阶级的自治的、自由的、平等的、无政府的社会"⑤。所以无政府主义是一种以崇尚个人自由，主张互助、自治，反对专制压迫的政治理想，而无政府主义运动则是在这一理想影响下形成的具体社会实践。

---

①　蒂甘：《从资本主义到安那其主义》，上海自由书店 1930 年版，第 190 页。
②　吴克刚：《一个合作主义者见闻录》，台北：合作学社 1999 年版，第 84 页。
③　陈登才整理：《袁振英的回忆》，葛懋春、蒋俊、李兴芝编《无政府主义思想资料选》下册，北京大学出版社 1984 年版，第 971 页。
④　巴金：《俄国社会运动史话》，文化生活出版社 1935 年版，第 97 页。
⑤　蒂甘：《从资本主义到安那其主义》，上海自由书店 1930 年版，第 159、221 页。

第一节　中国无政府主义运动的理论源流

中国无政府主义的主要思想来源是欧洲的无政府主义。欧洲最早提倡取消政府的是英国的葛德文。他主张个人绝对自由,反对任何的强制和屈从。在1793年出版的《政治正义论》中,他主张应该取消一切政府,因为政府就是一种强权,其结果是造成人对人的"屈从",而"屈从"本身就是一种罪恶;主张废除一切的法律,世间的一切是非应根据善义和常识来论断,人类的一切纷争可通过协商和体谅来处理。继葛德文之后提倡无政府主义的是德国的施蒂纳。施蒂纳虽然从不自认为是无政府主义者,但因为其1844年出版的《唯一者及其所有物》明确地反对国家和政府,他也因此被恩格斯认定为"现代无政府主义的先知"[1]。在这本被称为无政府主义宣言的著作中,施蒂纳尊崇个人的绝对自由,他所说的"唯一者"就是不受任何约束、无所畏惧、为所欲为的自我。他认为自我是先于一切而有的,一

图6　20世纪30年代泉州清源山老君像
（天马摄,《艺风》1933年第9期）

---

① 《马克思恩格斯选集》第4卷,人民出版社1995年版,第221页。

切东西都应当以自我为主体,"我"是世界的核心,是世界的动力,也是唯一的合理存在。从这种绝对利己主义的立场出发,他反对一切的政府,主张消灭一切的国家,因为国家和政府保护才导致了社会中的剥削和压迫。

葛德文和施蒂纳虽然都推崇个人自由,主张废除国家和政府,但他们都没形成完整的无政府主义理论体系。"第一个自称为无政府主义者"①,真正创立无政府主义学说的是法国的蒲鲁东;而且,他还是第一个公然高呼"财产是赃物"② 的人。在 1940 年出版的《什么是财产》一书中,他正式提出"无政府状态"概念,树起了无政府主义的旗帜。在《什么是财产》以及之后出版的一系列著作中,蒲鲁东还系统地阐述了无政府主义的理论主张。他首先对私有制进行了严峻而又科学的批判性考察,进而提出了"财产是赃物"的著名的论断。他揭露了私有制以及这一制度所引起的竞争、道德沦丧以及贫困等的后果,指出其不平等的本质。但蒲鲁东也反对共产主义,因为共产主义否认独立。他认为公有和私有,平等和独立的前提是自由,超越资本主义和共产主义的理想社会模式就是自由的无政府状态的社会。蒲鲁东还认为,国家起源于私有制,其使命就是支持、庇护特权阶级对于劳动人民的剥削,因此他主张消灭一切恶的国家。从反对国家出发,蒲鲁东进而反对一切的政党、政权、权威,以及一切的组织和纪律,反对任何的统治与顺从。但蒲鲁东也反对一切阶级斗争,反对经济罢工,反对暴力革命,他主张以契约为中心展开互助,并按契约原则建立联邦制,主张以非暴力的手段建立无政权社会,实现无政府理想。蒲鲁东这些理论在法国和世界的工人运动,以至中国的无政府主义运动中都有广泛的影响。他的出现,促使世界范围内兴起了一个长达百年的无政府主义社会思潮。

1865 年蒲鲁东去世之后,俄国的巴枯宁继承和发展了他的无政府主义理论。他尊称蒲鲁东为"导师",尊崇自由与平等。因此要求绝对自由、反对权力权威是巴枯宁主义的基础与核心。巴枯宁推崇个人的绝对自由和阶级的平等,追求个人之间、阶级之间在政治经济各方面的完全平等,认为自由是人性的最纯粹的表现,同时也是人类发展的终极目标,而权力、权威则是自由与平等的敌人。从要求绝对自由出发,巴枯宁反对任何形式的国家,不管是资产阶

---

① 苕甘:《无政府主义的阶级性》,《民钟》第 1 卷第 16 期,1926 年 12 月。

② 黑浪:《无政府主义原理——为克鲁泡特金八年祭而作》,《平等》第 2 卷第 2 期,1929 年 2 月。

级共和国、立宪国,还是无产阶级专政的国家,因为在他看来,国家就意味着统治,其存在必然导致专制与剥削。但巴枯宁并不只是一个单纯的否定,他提出"无强权的自由社会之概念,在这社会中各个人在精神物质两方面都是非常幸福"①,每个人都不受任何羁绊和压迫,每个人都享有充分自由与平等的无政府状态的理想社会,工人农民根据各自的意愿,自由组织工业或农业合作社,根据市场的自发调节组织生产,独立经营。而这一切则建立在"个人的充分的自由、集体间的自由协意以及成为社会习惯的休戚相关"②等无政府主义的几大原理上。至于革命的途径与手段,巴枯宁首先主张把废除继承权作为社会革命的起点,因为继承权是私有制的产物,是一切社会不平等的根源。其次他反对通过政治斗争进行社会革命,因为在国家中进行政治活动实际上就是承认国家的存在。他也反对建立无产阶级政党,而主张发动普遍的自发的革命暴动消灭国家,实现无政府的理想。相对于欧洲其他无政府主义精神领袖,巴枯宁对于国际无政府主义运动的影响,更主要还在于其具体实践。他始终认为没必要在群众中开展宣传工作,革命者只要把广大的农民联合起来就可以立刻举行暴动,所以他一生的时间和经历大部分都投入到无政府主义的实际活动中,进而使无政府主义从抽象的理论思潮转化为实际的行动纲领。巴枯宁的理论与实践深深地影响了俄国的虚无党人和民粹主义者,通过他们,也对中国的无政府主义的运动实践产生了重大的影响。有中国无政府主义者认为"真正值得被称为无政府主义之父的还是巴枯宁",因为"第一个使无政府主义成为完全的体系完成了无政府党的纲领的人乃是巴枯宁及其信从者"。③

巴枯宁之后,俄国另一位无政府主义最重要理论家是克鲁泡特金。克鲁泡特金本是"19世纪最有名望的地理学家"④,倾向无政府主义之后,科学钻研的精神最终使他成为"无政府主义的集大成者。他所创建的,是无政府共产主义"⑤。克鲁泡特金的无政府共产主义理论是以"互助论"为基础的,这是他从生物学的角度为自己的理论提供的重要科学依据。按达尔文的学说,优

---

① 黑浪:《无政府主义原理——为克鲁泡特金八年祭而作》,《平等》第2卷第2期,1929年2月。
② 同上。
③ 同上。
④ 马克思列宁主义基础系编:《无政府主义批判》下册,中国人民大学1959年版,第79页。译自《苏联大百科全书》第23卷。
⑤ 李达:《克鲁泡特金无政府主义批判》,《社会主义讨论集》,新青年社1922年版,第229页。

图7　泉州开元寺（辜也加摄，2021）

胜劣汰,适者生存是生物进化的根本法则,人是生物也概莫能外。但克鲁泡特金通过大量的材料证明,除了竞争,互助也是促进人类进化的重要因素。在他看来,互助性越强的生物,其生存的能力也就越强,人类也同样如此。所以互助已成为人的一种本能,成为人类社会发展的"原动力"。克鲁泡特金这一发现实际上为无政府主义表明了一个理想愿景,即"全世界生物和人类都具有团结的感情,只有这种感情才能够维持人类的生存,使社会进步。这理想并不是新的,自有社会以来,它便若隐若现地存在着。它永远在谋改善人们的互相关系,将来有一天它是会把种种使人们互相隔阂的障碍（如国家及阶级的界限）打破,而实现人类之大团结的"[1]。根据这一基本理论,克鲁泡特金认为,人类的历史就是互助的本能与反互助的罪恶势力不断斗争的历史。代表互助本能的是为了共同利益而自愿结成的联盟,如不同时期分别被称为自由城市、乡村、公社等自治团体;代表反互助的罪恶势力则是以统治、压迫和奴役为本质的国家、政府、教会和统治阶级。因此要促进人类社会的进步和发展就必须消灭国家、消灭政府,铲除统治阶级制定的法律及其体系。他认为人类未来的理想社会是没有权威,没有强制,也没有政府,所有人都不受强制,都具有充分

---

①　黑浪:《无政府主义原理——为克鲁泡特金八年祭而作》,《平等》第2卷第2期,1929年2月。

的自由无政府共产主义社会。在这一社会中，人又都按互助的本能从事劳动，组织社会生活。这个社会没有私产，实行的是各尽所能，各取所需的分配原则。同时还实行教育与生产劳动相结合的教育方针，注重理论与技能的结合，学生在学习科学原理的同时也学习实际手艺，进而成为博学多能、全面发展的新人。至于如何才能实现这一社会理想，克鲁泡特金不赞成巴枯宁式的秘密活动或个人恐怖主义，但"克鲁泡特金和他的友人都赞成阶级斗争，劳动阶级的解放只有靠不宽恕的阶级斗争来完成。他们以为劳动阶级必需基础在日常生活的利益上面组织起来。武力的革命是不可免的；从旧的到新的中间是有一种过渡期的；那时对于那些拥护旧'秩序'的个人团体或阶级，不免要加以狂暴的攻击"[①]。他主张的社会革命是群众自己采取行动，革命的目标是直接推翻国家统治、消灭政府、废除权威以及平等分配财富。总之，克鲁泡特金的研究阐明了无政府主义原理的哲学基础，他提出的无政府共产主义把国际无政府主义理论推进到新的发展阶段。克鲁泡特金一生著述甚丰，其代表性著作后来都陆陆续续被翻译介绍到中国，并且在无政府主义阵营内产生了极大的影响。

---

① 苇甘：《无政府主义的阶级性》，《民钟》第 1 卷第 16 期，1926 年 12 月。

第二节　无政府主义的中国传播与实践

　　无政府主义在中国的传播可以追溯到 19 世纪末,最早提及无政府主义的是洋务派。1877 年,江南制造局编译的《西国近世汇编》报道了德国无政府主义者行刺德皇一事;1882 年,《西国近世汇编续编》开始介绍克鲁泡特金。这期间,一些驻外使节或洋务派官员的文字,也偶有谈及外国无政府主义者的活动。但从总体上看,洋务派对于无政府主义的介绍,还只是出于览异猎奇的心态。之后,维新派人士也开始介绍欧洲的无政府主义者活动。梁启超在 1901 年的《难乎为民上者》一文,开始用"无政府党者"①介绍其观念和活动。1903 年 2 月,赵必振翻译的《近世社会主义》一书用专门的章节介绍了蒲鲁东、巴枯宁等人的学说。维新派人士赞赏无政府党人用破坏的手段反抗暴政的义举和精神,主张用无政府主义反对专制主义,但从本质上看,他们并不崇尚无政府主义本身,也不主张废除国家建立无政府主义社会。

　　差不多与维新派人士同期大力介绍、宣传无政府主义的,是反抗清朝专制统治的革命党人。但与维新派人士相比较,他们对于无政府主义英雄的推崇和呼唤却表现出截然不同的面目。1902 年,独立之个人（马君武）翻译英人克喀伯的《俄罗斯大风潮》一书由上海广智书局出版,马君武在"序言"中介绍说:由社会主义（即公产主义）和天演进化之理"两种学说发生新主义,是新主义曰'无政府主义'";"无政府党人者,各国政府之最大公敌也"。并

---

①　梁启超:《难乎为民上者》,《饮冰室专集之二》,中华书局 1988 年版,第 70 页。

明确介绍说:"今予所译之书,即那种主义之历史也。"① 由于该书对巴枯宁和克鲁泡特金的思想以及俄国虚无党的的事迹赞叹不已,出版后引起了广泛的关注,蒲鲁东、巴枯宁、克鲁泡特金由此得到了英雄般的崇拜。同一年,日本幸德秋水的《社会主义广长舌》也由金一(金天翮)翻译出版。1903年"苏报案"后,又有自然生(张继)的《无政府主义》《无政府主义及无政府党之精神》、马叙伦的《二十世纪之新主义》、金一(金天翮)据日人烟山专太郎的《近世无政府主义》编译的《自由血》、陈冷翻译的《虚无党》、蔡元培的《新年梦》、江西一青民选编的《虚无党女英雄》等著述出现。② 其中张继的《无政府主义》比较全面系统地介绍了无政府主义的思想原理,充分肯定其自由平等的价值观。《无政府主义及无政府党之精神》强调以大破坏铲除野蛮奴隶世界的决心。马叙伦的《二十世纪之新主义》介绍了无政府主义形成历史,主要倡导者和理论家以及其在各国的发展。而蔡元培的《新年梦》则用小说的形式,描绘了"中国一民"的梦境,即包括废除私产、政府、国家、法律、文字、姓氏、家庭、婚姻等等的无政府理想社会。这期间,先后由张继、章太炎、汪精卫等主持编辑的《民报》也刊载不少宣传虚无主义、无政府主义的文章。

1907年,无政府主义在中国的传播进入一个新时期,其标志性的事件是刊载、介

图8 泉州开元寺珍藏(张性白摄,《国闻画报》1928年第10期)

① 马君武:《〈俄罗斯大风潮〉序言》,葛懋春、蒋俊、李兴芝编《无政府主义思想资料选》上册,北京大学出版社1984年版,第2页。原载[英]克喀伯:《俄罗斯大风潮》,独立之一人译,广智书局1902年版。

② 自然生:《无政府主义》,上海印小册子,1903年;自然生:《无政府主义及无政府党之精神》,载《中国白话报》第2期,1904年1月2日;马叙伦:《二十世纪之新主义》,载《政艺通报》第14—16期,1903年8—9月;金一译:《自由血》,上海东大陆图书译印局1904年出版;陈冷译:《虚无党》,上海书店1904年版;蔡元培:《新年梦》,载《俄事警闻》1904年2月17—25日;江西一青民编:《虚无党女英雄》,上海印小册子,1905年。

绍、宣传无政府主义的专门性刊物《天义》报和《新世纪》的出现。

1907年6月1日,留学日本的刘师培、何震等创办《天义》报(半月刊)专门宣传无政府主义,并且发起成立社会主义讲习会(后改名"齐民社")。刘师培在8月底的成立大会上,正式宣告社会主义讲习会的宗旨是:"不仅以实行社会主义为止,乃以无政府主义为目的者也"。并表示:"吾辈之意,惟欲以满洲政府颠覆后,即行无政府,决不欲于排满以后另立新政府"①。除了《天义》报,他们另外还创办有《衡报》。虽然参与社会主义讲习会活动的刘师培、张继、景梅九、章太炎等人对无政府主义的认识各有各的不同,在具体介绍、论述无政府主义原理时往往也混杂着民粹派、虚无党人以及日本无政府主义的观点,但由于在无政府主义宣传方面的重大影响,他们在中国无政府主义运动史上也就被统称为"天义派"。

在中国无政府主义运动史上与"天义派"并称的是"新世纪派"。新世纪派因《新世纪》而得名。1906年年底,受法国著名无政府主义者邵可侣和格拉佛的直接影响,中国驻法使馆官员、富商之后张静江,因《苏报》案避走欧洲的吴稚晖,以及在法留学生李石曾、褚民谊等在巴黎发起成立"世界社",创办不定期画刊《世界》,开展无政府主义研究和宣传活动,同时还开办欧洲唯一的汉字印刷厂"中华印字局"。后来到欧洲留学的蔡元培,也加入了他们的行列。1907年6月22日,世界社机关刊物《新世纪》周刊正式出版。之后他们又先后以新世纪书报局之名编印"新世纪杂刊"和"新世纪丛书",出版法国穆勒《鸣不平》、波兰廖抗夫《夜未央》等译作。另外,他们还积极参与和推动留法勤工俭学的活动。与天义派比较而言,新世纪派书刊内容以介绍、宣传蒲鲁东、巴枯宁、克鲁泡特金等人的学说为主,因此更具纯粹的无政府主义学理色彩。他们认为:无政府革命之大义所在是,"曰自由,故去强权;曰平等,故共利益;曰博爱,故爱众人;曰大同,故无国界;曰公道,故不求利己;曰真理,故不畏人言;曰改良,故不拘成式;曰进化,故更革无穷"②。普及革命的方法有二:"(一)以书报为传达,(二)以演说为鼓吹"。其传达与鼓吹之目的包括了"反对"和"实行"两个方面。反对方面:对于政府,"反对军备""反

---

① 《"社会主义讲习会"第一次开会记事》,《天义》第6卷,1907年9月。

② 真民(李石曾):《革命》,葛懋春、蒋俊、李兴芝编《无政府主义思想资料选》上册,北京大学出版社1984年版,第171页。原载《新世纪丛书》第1集,1907年。

对法律""反对赋税";对于资本家,"反对财产";对于社会,"反对宗教"。实行方面:对于政府,"实行暗杀";对于资本家,"实行罢工";对于社会,"实行博爱"。①《新世纪》周刊坚持的时间很久,直至 1910 年 5 月停刊,一共出版 121 期,因为又是现代的铅字印刷,发行量很大,影响深远。

除了"天义派"和"新世纪派"专事宣传无政府主义之外,在这前后,《大陆杂志》《浙江潮》《江苏》《民报》《汉声》《洞庭波》《苏报》《俄事警闻》《政艺通报》《警钟日报》《新大陆》《中国白话报》《汉帜》《二十世纪大舞台》《神州女报》《民立报》等报刊杂志也大量登载介绍、宣传无政府主义的文章。同时,还有《社会主义广长舌》《无政府主义》《自由血》《虚无党》《虚无党女英雄》《夜未央》《鸣不平》《极乐地》等② 一系列的小册子出版。这些文章或小册子在介绍施蒂纳、蒲鲁东、巴枯宁以及克鲁泡特金等无政府主义代表人物的生平和思想的同时,也大力报道、宣传欧洲无政府主义者和俄国虚无党人的活动,赞颂他们反抗专制统治的暗杀壮举与坚韧不拔、宁死不屈精神。

因此,在推翻满清专制统治的社会政治革命的历史潮流中,除了写文章,办刊物,搞宣传之外,进行政治暗杀自然就成为那一时期中国无政府主义人士的主要革命实践。早在 1903 年,张继的《无政府主义》"序"就已开宗明义提出"革命党其可舍军队策略,而用无政府党之暗杀手段"。因

图 9 泉州开元寺珍藏(张性白摄,《国闻画报》1928 年第 11 期)

① 民(褚民谊):《普及革命》,葛懋春、蒋俊、李兴芝编《无政府主义思想资料选》上册,北京大学出版社 1984 年版,第 181—197 页。原载《新世纪》第 15—23 号,1907 年 9—10 月。

② [日]幸德秋水:《社会主义广长舌》,金一译,商务印书馆 1902 年版;自然生:《无政府主义》,上海印小册子,1903 年;金一译:《自由血》,上海东大陆图书译印局 1904 年版;陈冷译:《虚无党》,上海开明书店 1904 年版;江西一青民编:《虚无党女英雄》,上海印小册子,1905 年;[波兰]廖抗夫:《夜未央》,李石曾译,新世纪书局 1908 年版;李石曾译:《鸣不平》,新世纪书局 1908 年版;鲁哀鸣:《极乐地》,上海印小册子,1912 年。

为"奇矣鬼矣,暗杀手段也! 以不满万人之无政府党,立足于欧美两洲,行其手段,能大寒世人之心魄。任其何等高贵华族,严威警官,皆受其恐;若帝若王,皆为之警戒。失首丧命者,已层见叠出矣。羡暗杀手段,其法也简捷,而其收效也神速。以一爆裂弹,一手枪,一匕首,已足以走万乘君,破千金产。较之以军队革命之需用多、准备烦、不秘密、不确的者,不可同日而语"。所以这"序"中断言:"茫茫亚洲,若满洲人,若君主,若政府官吏,若财产家,若结婚者,若孔孟之徒,有何绝大手段能抵抗此神出鬼没之主义乎? 遇而必毙,自不待言。功效之大,更非欧美之所可及也。故曰:暗杀手段诚革命之捷径。"① 因此,在整个 1904 年,张继几乎把全部精力投入到暗杀和暴动的活动中。他先是到南京联络哥老会首领,为开展暗杀行动做准备。接着,又参与由拒俄义勇队暗杀团的杨守仁组织策划的谋杀慈禧太后、光绪皇帝的活动。他与杨守仁把炸弹从上海悄悄运入天津,并入京侦察了地形,后因故放弃计划。之后他又赶赴长沙,与黄兴等策划萍浏暴动。后来暴动被镇压,张继逃回上海,但立刻又参与南京暗杀团成员万福华行刺广西巡抚王之春的活动。

受无政府主义影响时期的蔡元培,也热衷于暗杀和暴动。他后来曾回忆说,从 1902 年开始,他决心投身革命。而那时的他"觉得革命只有两途:一是暴动,一是暗杀"②。又因为觉得暗杀活动对于女子更为相宜,所以就通过爱国女中培养暗杀种子。他还吸收爱国女中两位教师钟宪鬯、俞子夷参加"暗杀团",与她们一起学习制造炸弹。当时参加暗杀团的还包括受无政府主义影响的章太炎、陈独秀。即使像刘师培这种出生书香门第,从曾祖到父亲连续三代获立儒林传,从小就接受传统儒学教育的书生,在接受无政府主义之后也列名暗杀团,并且也直接参与了万福华行刺王之春的行动。而著名的革命党人中,胡汉民、秋瑾、宋教仁、廖仲恺以至孙中山都赞成开展暗杀,黄兴甚至还直接参与其中。可以说,正是受无政府主义和俄国虚无党人的影响,在清末的政治风暴中,暗杀一时成为革命的风尚。

在这一股以暗杀反抗满清政府统治的浪潮中,更为引人注目的参与者是一生充满传奇色彩的青年无政府主义信徒刘师复。刘师复原名绍彬,字子麟,

　　① 自然生(张继):《无政府主义·序》,葛懋春、蒋俊、李兴芝编《无政府主义思想资料选》上册,北京大学出版社 1984 年版,第 24 页。
　　② 蔡元培:《我在教育界的经验》,《蔡元培全集》第 7 卷,中华书局 1989 年版,第 196 页。

庠名绍元，1884 年 6 月出生于广东香山，从小接受传统教育，十五岁考中秀才，名列全县第一。第二年乡试落第后无心仕途，接触、研读改良派文章，膺服康梁主张。1901 年与维新志士在家乡小镇创设演讲社，宣传社会改良；1902 年与郑彼岸等合作创办隽德女校，提倡男女平权。1904 年赴日留学时期恰反清革命思潮高涨，在改良派革命派论争中转向，认同孙中山等人主张，因之为筹组同盟会奔走，为 1905 年同盟会成立时的第一批成员，并因光复中华之意改名"思复"。接着又受无政府主义、虚无党人影响，赞赏暗杀行动，开始学习炸弹制造技术。后同盟会决定在广东策动起义，刘师复奉命到香港办报。1906 年，同盟会决定暗杀水师提督李准，刘师复自荐请缨。但先是因制造炸药失慎炸伤脸部，到澳门就医后返回广州，再次装配炸药又不慎引发大爆炸，除脸部被炸受伤，左手五指全被炸掉，并被捕入狱，后被判刑八年。期间为防止伤口感染危及生命，由法国医生替其截肢，左手肘关节以下全部切除。在狱中，刘师复充分利用其九弟刘石心探视夹带，潜心阅读包括《新世纪》等禁书，并与《新世纪》的吴稚晖和《天义》报的刘师培保持通讯联系。

1909 年冬天，因宣统即位朝廷大赦提前出狱的刘师复回到香港，第二年脱离同盟会机关，并潜心研读无政府主义著作。他开始膺服鲁泡特金的无政府共产主义，也格外赞赏蒲鲁东和巴枯宁。本着以恐怖手段反抗强权压迫的宗旨，刘师复邀集林冠慈、高剑父、莫纪彭、朱述堂、李熙斌、郑彼岸、谢英伯、陈炯明、林君复、陈敬忠、周元贞、李沛基、丁湘田等十几名志同道合者，于 1910 年在香港成立独立于同盟会之外的支那暗杀团。1911 年 3 月，支那暗杀团林冠慈在广州南门把李准炸伤；9 月，李沛基又在大南门炸死清军住广州将军凤山。武昌起义爆发后，刘师复等人策反驻香山县的新军，组织队伍号称"香军"向广州进发。但同盟会的胡汉民已就任广东都督，组建新的政府。刘师复坚持无政府主义立场不与合作而退出"香军"，继续其暗杀活动。他和同为无政府主义信徒的挚友郑彼岸及女友丁湘田悄然北上，准备到北京伺机刺杀摄政

图 10　泉州承天寺（辜也加摄，2021）

王载沣和手握军政大权的袁世凯。到达上海时南北议和即将实现,在南方议和代表汪精卫劝说下,他们取消了原有的计划。

从上海返回途径杭州,刘师复在西湖边上的白云庵隐居一月。面对新政府更替旧朝廷前后的一系列变化,他开始系统反思中国无政府主义运动成败得失。有感于此前刘师培、何震、汪公权等已为清廷所收买,沦为不齿于无政府主义阵营的朝廷密探,而张继、吴稚晖等开始热衷于议会、政党的周旋,阵营正在分化,热情正在消退,刘师复认为满清既然已被推倒,"无政府主义,从此已有传播的机会,而当时最急要的并不是单纯的破坏"①,因此与郑彼岸、丁湘田商议了解决当务之急的新规划,其中包括组织纯正的团体,制定道德自我完善的戒约,开辟无政府试验区以及出版书刊以唤起民众觉悟,等等。

1912 年夏天,刘师复离开白云庵回到广州。接着他创立以宣传和实行无政府主义为目的的晦鸣学舍,这是中国本土第一个无政府主义团体,骨干的成员包括了他自己的弟妹、亲戚和挚友等十余人。之后又和彼岸、纪彭联名发起组织"心社",并制定著名的《戒约》十二条:(一)不食肉;(二)不饮酒;(三)不吸烟;(四)不用仆役;(五)不坐轿及人力车;(六)不婚姻;(七)不称族姓;(八)不做官吏;(九)不作议员;(十)不入政党;(十一)不作海陆军人;(十二)不奉宗教。②晦鸣学舍自办印刷厂,选编、翻印《新世纪丛书》《无政府主义粹言》《无政府主义丛刊》等各五千册,免费邮赠各地读者。1913 年 7 月,他们又创刊《晦鸣》(后改名《民声》)周刊,大力宣传无政府主义。同时还在新安的赤湾觅得一地,"有田七十亩,荔枝五百株,拟名之为红荔山庄"③,准备在这片土地上开展无政府主义试验,后来因故未成。

刘师复还和留法归来的许论博等组织广州世界语学会(后改名环球世界语会广州分会),并自任会长。因为众多的无政府主义者都认为世界语是世界大同,实现无政府主义的必要工具,所以从某种角度看,世界语运动和无政府主义运动几乎是合二为一。克鲁泡特金、高德曼、邵可侣、大杉荣等都是著名的世界语者;中国之前的《新世纪》和《天义》也大力宣传和提倡世界语。吴稚晖、李石曾以及曾深受无政府主义影响的蔡元培等,甚至直至五四时期都

---

① 文定:《师复先生传》,《师复文存》,广州革新书局 1927 年版,第 3 页。

② 思复等:《心社趣意书》,《社会世界》第 5 期, 1912 年 11 月。

③ 文定:《师复先生传》,《师复文存》,第 4 页。

没放弃宣传、使用世界语的主张。刘师复也极力主张"宜采用世界语,以收语言一致之效"。他主要是认为"吾党散在各国,语言不一,此实为不能联合之一原因",所以他建议"凡吾党之正式文字,均以世界语为主,而各国语言为辅,并多结团体,传播世界语于吾党"。①

另外,1914 年 7 月,刘师复还在上海发起成立无政府共产主义同志社,以促进各地无政府主义者的联合。

刘师复各项努力虽然成效各有不同,但从总体上看对此后十余年中国无政府主义的影响是巨大的。原来的无政府主义宣传因朝廷严加查禁,像《天义》《新世纪》等书刊很难输入内地,所以在国内并未形成较大的影响。而经晦鸣学舍的翻印推送和《晦鸣》周刊的大力宣传,由《新世纪》等播下的无政府主义的种子,终于在中国本土生根发芽。晦鸣学舍的成立和周刊的出版,实际上等于在中国正式打出了无政府主义旗号。此后十余年间,各地的无政府主义信徒纷纷效仿,社团与刊物接连出现,有的甚至还在国外产生一定的影响。通过书刊宣传和心社、晦鸣学舍等活动,也影响和培养了包括黄凌霜(后被认为是刘师复的第一传人)、郑佩刚(彼岸胞弟,刘师复妹妹无等的爱人,支那暗杀团的秘密交通员、"香军"敢死队战士)、刘石心(刘师复胞弟)、梁冰弦、区心白、陈秋霖、梁一余等等一大批著名无政府主义者,刘师复的兄弟姐妹13 人都成为广东无政府主义阵营的骨干成员。尝试开辟无政府主义试验区虽然胎死腹中,但后来陈炯明的漳州实验,以及一些无政府主义者稍后进行的乡村建设、校园实践、合作运动等,也无不带有实践其设想的倾向。而中国世界语的推广,在很长的时期内也和无政府主义的传播有很大联系,许多著名的世界语者曾经也都是无政府主义者。至于"心社"的十二条《戒约》,虽然能严格恪守的很少,但刘师复本人却彻底奉行。他首先废姓并改名,只称师复,并且始终过着近于苦行僧的生活,甚至到最后"生病很重的时候,医生屡劝先生食肉,先生以死自矢,终不破戒"②。他以 31 岁的短暂生命,给后来者留下了一个虔诚无政府主义先知的榜样。后来的匡互生、叶非英都过着一种类似于师复般的生活。而至少在二三十年代,许多无政府主义刊物上的作者署名都效

---

① 师复:《致无政府党万国大会书》,葛懋春、蒋俊、李兴芝编《无政府主义思想资料选》上册,北京大学出版社 1984 年版,第 304 页。原载《民声》第 16 号, 1914 年 6 月。

② 文定:《师复先生传》,《师复文存》,广州革新书局 1927 年版,第 4 页。

仿师复,有名无姓成为信仰主义、推崇先知的一个重要标记。

也就是从 1914 年开始,中国开始涌现出许多无政府主义社团和刊物。社团如常熟的无政府共产主义传播社,南京的无政府主义讨论会、群社,北京的

实社,山西的平社,等等。宣传无政府主义的刊物则有《实社自由录》《劳动》《进化》《奋斗》《民钟》《学汇》《互助》《工余》,等等等。仅据葛懋春、蒋俊、李兴芝编《无政府主义思想资料选》"附录"统计,到五四前后,全国就有无政府主义社团一百零几个,无政府主义刊物或无政府主义小册子 160 余种。① 而中国的无政府主义者也开始从事实际的社会运动,开始组织无政府主义的工会。

图 11　传统的泉州街巷,伸出围墙的龙舌兰与龙眼树
（辜也平摄,2016）

在接受无政府主义过程中,中国无政府主义者先前就已承袭了欧洲无政府主义宣传、发动工人罢工反抗的传统。1907 年,刘师培（申叔）为张继翻译的《总同盟罢工》作"序"称,时"民生多艰,实振古所罕睹。故抗税休市之变,亦相踵而呈"。翻译介绍总同盟罢工之术的目的即在于"申儆齐氓之助"。因为同盟罢工之策"推行禹域,闾阎驿骚,纭若羹沸,则握政之人,丧其所依。即以兵甲相耀,其资粮履屝之供,亦匮竭莫复计"②。褚民谊则在《新世纪》撰文提出"普及革命"的方法包括"实行罢工",他认为"彼不劳苦而得安乐,此劳苦而不得安乐,此诚人类不平等之至者也。今不抵抗之以维持人道,则富贵者愈益安乐,贫贱者愈益劳苦也。其抵抗之法为何? 厥维实行罢工,使彼富贵者不得借财产避工作之劳苦,而专责之于贫贱也"。所以罢工"实为脱奴隶牛马,而非要求休息与增多工钱也"③。他们认为"总同盟罢工者,无政府革命

① 葛懋春、蒋俊、李兴芝编:《无政府主义思想资料选》下册,北京大学出版社 1984 年版。
② 申叔:《〈总同盟罢工〉序》,葛懋春、蒋俊、李兴芝编《无政府主义思想资料选》上册,北京大学出版社 1984 年版,第 119 页。原载《总同盟罢工》,1907 年印行。
③ 民（褚民谊）:《普及革命》,葛懋春、蒋俊、李兴芝编《无政府主义思想资料选》上册,第 191 页,北京大学出版社 1984 年版。原载《新世纪》第 24 号,1907 年 11 月。

之惟一方法也",而"欲达此目的,必自组织劳民协会始"。①

　　1914 年,师复在《致无政府党万国大会书》中也提出"无政府其目的,工团主义其手段,明两者之不可须臾离",并认为"目下奥塞战争,全欧之和平势将破坏",所以"宜即乘此机会与工团党及反对军备党携手运动,实行万国总罢工"。② 在广州,他还亲自参与组织了理发工会和茶居工会。除了师复,梁冰弦、区声白、刘石心等人也大力宣传无政府工团主义,他们创办《劳动》《劳动者》等刊物,宣传尊重劳动,提倡劳动主义,号召组织、巩固工团主义之团体,并到工人中开展活动,组建工人俱乐部和工会。

　　五四新文化运动兴起之后,各种新思想、新学说迅速传入。但是"在起初各派社会主义的思想中,无政府主义是占着优势"③,不少早期共产党人在未转变为马克思主义者之前,也都具有无政府主义倾向。进入 20 年代之后,"无政府党人"④ 黄爱、庞人铨等也在长沙创办《劳工》《劳工周刊》等宣传工团主义的刊物,并组织数千会员的湖南劳工会。而上海、北京、天津、杭州、济南等地,无政府主义影响下的工人运动也风起云涌。1920 年 5 月 1 日,无政府主义者和具有初步共产主义思想的马克思主义者在北京、广州、漳州等地,联合组织了中国第一次大规模纪念五一劳动节的活动。1921 年的五一节,广州的无政府主义者还和马克思主义者"分头组织发动各业工人停工一天,举行盛大示威游行,沿途呼口号、散传单,行列长达数里",他们在市中心的"永汉路口,竖着两个大画像,一是马克思,一是克鲁泡特金","盛况空前"。⑤ 这种由无政府主义者参与或主导,在五一劳动节发动工会罢工集会的活动,几乎每年都在进行,并且一直延续到 20 年代中期。曾有亲历者回忆:

---

　　① 《衡报》选录:《汉口暴动论》,葛懋春、蒋俊、李兴芝编《无政府主义思想资料选》上册,北京大学出版社 1984 年版,第 150—151 页。原载《衡报》第 4 号,1908 年 5 月。

　　② 师复:《致无政府党万国大会书》,葛懋春、蒋俊、李兴芝编《无政府主义思想资料选》上册,北京大学出版社 1984 年版,第 303 页。原载《民声》第 16 号,1914 年 6 月。

　　③ 《刘少奇论五四运动以后马克思主义与无政府主义的斗争》,马克思列宁主义基础系编:《无政府主义批判》下册,中国人民大学,1959 年,第 223 页。

　　④ 邓中夏:《湖南罢工潮》,马克思列宁主义基础系编《无政府主义批判》下册,第 230 页。原载邓中夏:《中国职工运动简史》,人民出版社 1953 年版。

　　⑤ 郑佩刚:《无政府主义在中国的若干史实》,葛懋春、蒋俊、李兴芝编《无政府主义思想资料选》下册,北京大学出版社 1984 年版,第 963 页。

一九二六年我在上海的时候,民众社的同志们决定在这年公共体育场举行的五一纪念会中散布一种叙述五一运动历史的小册子,编述的工作是归我担任的。于是我以两晚的功夫写成了这小册交给惠林拿去印刷了。到了开会的那一天,民众社的同志们随着"苏"所执的黑旗走到了会场,一千本的小册子除留了两百多本订在《民众半月刊》合订本之内以外,差不多全散布在到会的工人中间了。①

---

① 黑浪:《五一运动史》,《平等》第 2 卷第 4、5 期合刊,1929 年 5 月。

第三节　漳州试验、立达学园与劳动大学

对于泉州的无政府主义运动而言，其最早的火种则来自 20 世纪 20 年代陈炯明的漳州试验区，而其更为直接的源流则是二三十年代上海的劳动大学与立达学园。

近代史上陈炯明曾经以粤军首领称雄于世，而他被广为传播的则是与孙中山反目的辛亥革命背叛者。但陈炯明并非一介武夫，也不是一个单纯的旧军阀，而是曾接受无政府主义影响，并且有过鲜明政治抱负和社会理想的安那其。只不过由于各种原因，有关这方面的研究还有待展开，因此下面仅根据目前能接触到的有限资料略作勾勒。

陈炯明 1878 年出生于广东省海丰县白町乡，原名捷，字赞之，又字竞存，曾用笔名陆安。他自小发奋苦学，20 岁时考中秀才。此时大清气数将近，广东正逐渐成为近代革命的策源地。受新思潮的影响，1906 年陈炯明到广州，入广东法政学堂学习，1908 年以"最优等生"毕业。1909陈炯明出任广东谘议局议员，并且暗中加入了中国同盟会；同时与同盟会广州负责人朱执信、倪映典、莫纪彭等策划发动广州新军举行反清武装起义。1910 年 2 月，新

图 12　陈炯明

军起义失败后陈炯明潜回海丰,道经香港时秘密参加刘师复组织的“支那暗杀团”。辛亥革命成功后,暗杀团成员以“初志已遂”议决解散。由于他们将相关文件悉数烧毁,关于这一团体的秘密活动鲜为人知,陈炯明参与其中具体的工作也无从稽考。后来刘师复创立晦鸣学舍,系统开展无政府主义宣传,并组织“心社”,倡导《戒约》十二条,陈炯明也极为赞赏。另外,陈炯明和著名无政府主义者吴稚晖也关系密切,吴稚晖发动勤工俭学,创办中法大学时,陈炯明曾拨款10万元加以援助。[①] 后来,刘师复病故,梁冰弦、区声白、黄凌霜等复刊《民声》,陈炯明也捐钱加以资助。[②]

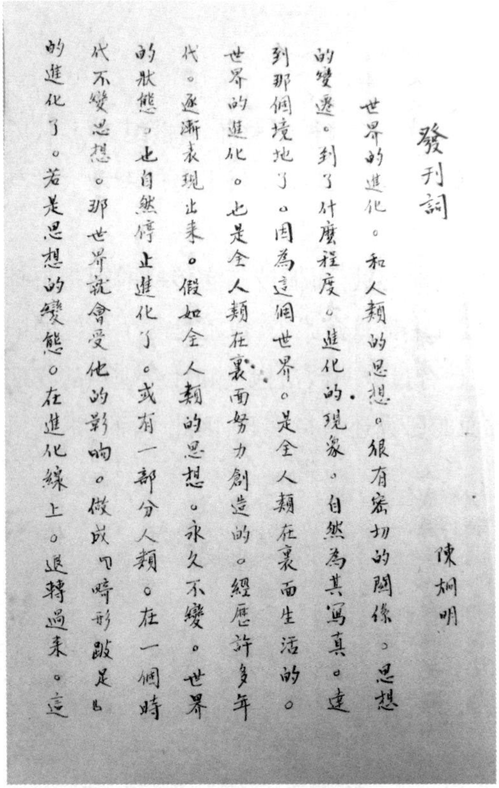
發刊詞

陳炯明

世界的進化。和人類的思想。很有密切的關係。思想的變遷。到了什麼程度。進化的現象。自然為其寫真。達到那個境地了。因為這個世界。是全人類在裏面生活的。世界的進化。也是全人類在裏面努力創造的。經歷許多年代。逐漸表現出來。假如全人類的思想。永久不變。世界的狀態。也自然停止進化了。或有一部分人類。在一個時代不變思想。那世界就會受他的影響。做成了畸形跛足的的進化了。若是思想的變態。在進化線上。退轉過來。這

图13 《闽星》第1卷第1号陈炯明的《发刊词》
(福建省档案馆藏)

但是,和刘师复后来所走的个体自我完善、组织纯正团体、光出书刊以唤起民众的道路有所不同,陈炯明更倾向于通过思想、政治的改革,以实现无国界的大同世界。他觉得近世人类的思想,“都是被旧生活,旧组织所支配,各为‘自己生存不管他人死活’的坏思想,所谓国界种界人我界,一齐差别起来”。而“政治的设施,医头医脚,总是医不到病根。病的变态,随医而起,成了一个不可救药的慢性病”。“所以人类的罪恶,一天比一天暴露,世界的演进,一天比一天崩坏”。陈炯明认为,世界的进化“就是使全人类有均等的幸福”,“只要人人有了大觉

① 莫纪彭:《莫纪彭先生访问记录》(王聿钧访问,谢文孙记录),《口述历史丛书》第64册,台北:“中研院”近代史研究所1997年版,第40页。

② 黎昌仁:《黎昌仁的回忆》(1964. 2. 21),《无政府主义在中国》,湖南人民出版社1984年版,第532页。

悟,抛弃为'自己生存不管他人死活'的谬见,拿一个为全人类努力的心事,来做人生的使命,那么。思想一变,就会打破旧生活,旧组织,直向进化线上,一齐大努力,创造新生活,新组织,达到无国界、无种界、无人我界的境界"。

与大多数无政府主义者一样,陈炯明也认为"国家主义就是政治野心家借来作一种'欺世诬民'的手段,并非人类社会的福音",他认为:"世界人类,本来各有博爱本能。既然晓得爱国,何不教他充其本能,去爱全人类社会。能爱全人类社会,就不会把他历史上构成的民族关系的一部人类的感情,完全丢掉了"。所以,陈炯明认为"全人类社会"主义才是"较善的主义"。那么,什么才是"打破国界的武器呢?"陈炯明认为:"在今日民智已开,故不能倚仗武力,亦不能靠着一国"。"这个武器,就是靠着全人类的思想。因为思想的努力,应该用来创造进化,不应该用来制造罪恶。全人类的思想,能够变迁,一起努力,就会造成一个打破国家的武器出来。那就不怕人类社会,没有混一的时代了"①。

正因为这样,陈炯明对于当时的官场政治也持批判的态度,他认为"政治这个事体,不是好玩的。人类自野蛮时代以来,遗传一切庸人自扰的人事,不为彻底的解决,来理这些纠纷,这是医头医脚,没有医到病原的。现在世界的人,渐渐觉悟,就要把政治先生送到生番国里去了。试看吾国在专制时代,一国的政权,是官僚的专营业,政界的罪恶,也是官僚的专卖品,还没有第二种人出丑的。入民国以来,说是平民有参政权,一班自号优秀分子的男东西,充起代议士来,愈弄愈坏。选举票都是用钱买的,议会内都是敲竹杠的,即有少数自好的人,站在议会里面,也要常被坏人当作猪仔卖去,其他甘心为世诟病的更不用说了"②。

在具体的政治路线图上,陈炯明主张建立在自治基础上的联治民主制。在《中国统一刍议》中他具体解释说:"简言之,即联乡治区,联区治县,联县治省,联省治国是也。折言之,即全国政治组织,以业治为经,域治为纬,组成五级政制。自乡治以上,各级构成分子均以区域职业两种团体为基本单位,其顺序则以乡自治为基础。由此基础,层建而上之,则为区、为县、为省、为国是也。"③

---

① 陈炯明:《发刊词》,《闽星》第 1 卷第 1 号,1919 年 12 月。
② 陈炯明:《通讯二》,《闽星》第 2 卷第 5 号,1920 年 1 月。这是陈炯明答复"中华女界联合会"来信要求"女子和男子可以一样参与政权"的复信,故行文中有"男东西"之称。
③ 陈炯明:《中国统一刍议》,《陈炯明集》下册,中山大学出版社 1998 年版,第 993 页。

后来,在自治、联省、联邦的基础上,陈炯明还提出洲联邦、万国联邦,进而实现无国界,无种界,无人我界的"大同世界"。

从1918年8月率粤军进驻漳州①,到1920年7月在漳州誓师,兵分三路回师广东,陈炯明在福建南部的26县进行了两年的"闽南护法区"社会改革试验。他欢迎新思潮,也礼贤下士,广纳新型人才。首先被陈炯明邀请到漳州参与护法区建设的安那其是梁冰弦,梁又邀请刘师复的弟弟刘石心同行。后来,又由于梁冰弦的邀请,来自全国各地的数十名无政府主义者齐聚漳州。因此闽南护法区的实验也就带上了浓厚的无政府主义的色彩。他们先后创办了《闽星》《闽星日刊》《闽南新报》《闽锋周刊》等报刊杂志,宣传各种新思想,并且协助陈炯明进行许多社会文化改革。其中包括在农村禁止私塾后设立新式学堂,课程设置也进行全新的改革。同时还开辟公园,建设图书馆,举行闽南护法区的运动会。并且按照华法教育会的计划,先后选派多批学生赴法勤工俭学。

除了文化教育方面的改革,在经济建设方面陈炯明也大力兴利除弊,展开了包括建设公路、疏通河流、开辟荒地、开采矿藏、延长邮路、扩大供电范围等一系列新举措。在乡下尝试建设实行共同劳动,并试行共产主义的模范农村;在城里开展拓宽街道,整顿市容,建设公共卫生设施等工程。陈炯明甚至请专业人士勘测,计划建设龙漳铁路;并大力招揽人才,准备筹办大学。这些改革和试验,在当时无疑是很令人关注的,许多大报也都有过系列的报道。下面摘录一些片段印证逐渐被人淡忘的历史,以窥引发秦望山等泉州安那其崇尚、向往之新气象所在。首先选录上海《时报》一比较系统的报道:

（一）**市政**　漳州自工务局成立以来,拆卸城垣,缩削铺户,筑造马路,现完工者已大半。优美宏敞之公园经营不过数月,树木亦成,茂草□芊（"□"为无法辨识,后同——笔者注）,有山有亭,有池有圃。尤特色者,中有高碑耸立,四面镌刻"自由、平等、博爱、互助"四语,使人望之油然生感。园中已备房屋,将立图书馆、美术陈列所等。刻更规划于城外之芝山建造第二公园,经南洋华侨捐助巨款,不日兴工。

（二）**交通**　由漳水行约三小时为石马商埠。此埠商业繁盛,为出厦门所必经。现沿江填筑堤岸,自漳城直达该埠,约来年四五月可以行车。

---

① 《陈炯明部下于八月三十日午后确实占领漳州》,《时报》1918年9月5日。

复自漳城分至所辖二十余县一律修造马路,现岁底可通车辆者已有二百里,半年内当可全成,以后交通瞬息可达。龙岩为漳属巨邑,中有绝大煤矿铁矿各一。前者日人允与李厚基借款五百万,以此两矿为抵押,订约垂成该邑已入粤军之手。刻先建造一漳省铁路为输运矿产计,已聘有美国工程师测勘完竣,并得华侨认担股本伍佰万元,不日兴筑。

（三）**实业**　现已开办者有福建护法区造币厂,厂址将玄妙观改建,机器安装已妥俟。货币充盈时即设立南通银行,以为金融枢纽。

（四）**教育**　粤军入闽后,军费无论如何困乏,教育经费从未短少分文,且加增不少。现特增设教育厅以为教育行政总机关,经聘定品学优良之士多人担任厅长及各科事务。其主旨在革新闽省教育,以养成改造社会之人才及新社会之公民。对于军队加以特殊训育,对于学校则从新制定设备管理、教授之法,教科书亦重新编辑颁给。着手扩充原有之师范、中学,增办女子师范、模范小学、幼稚园、留学预备馆等校。今年九月起已经由各县选举半官费生赴法留学,第一第二帮已送过六十余人。以后每月选送一帮合格者去,额数无定。留学预备馆成立后,则选送之人当日有增加。对于社会教育,则先求平民尽能读书。已函吴稚晖先生代聘读音统一会会员二人,来闽开办注音字母传习所。令各县选送人员入所学习,卒业后分设学馆,务使半年内全体人民都能阅读新字书报。一面开设通俗教育博物馆,以灌输科学常识。并已聘定幻灯专家设一幻灯讲演队,讲世界大势及各国社会革命情况,以普及新思想于一般人民。模范小学开办时,即为漳州实行强迫教育之始,各县模范小学成立则亦以次实行强迫教育。

（五）**农村**　改造社会莫善于改造农村,已为识者所公认。陈氏现决明年划定良好地点,实行建设一模范新村,贯彻平等主义,实行共同劳动,并试行共产主义。现有广东某君、福建某君二人,原留学于东京美术学校,今年已经毕业,特留日本专事研究武者小路氏之新村组织,明年归国,当请二君担任闽中新农村事云。

（六）**文化之提倡**　闽南新文化原甚迟迟不进,陈氏特与同僚集资设立新学书局,采集国内新书新报,一切月刊旬刊周刊等至闽发售,并已约请名流分任编撰新书印行。又,已设立一甚完备之印刷局,发行《闽星半周报》《闽星日报》,半周报已出八期。陈氏自撰文稿甚富,海内外极表欢迎。其日报则九年元旦出版。①

图14　戴季陶1919年发表于《星期评论》第28
期上的《欢迎〈闽星〉》

当时上海的《民国日报》《新闻报》，天津的《大公报》《益世报》等报纸也有过类似的系统报道，以下再从中略选些文字片段：

漳州公园已落成　漳州公园位于城之中央，为官地及收买民房所开辟成者。自去年十月间动工，迄今一载，各项工程已告竣。马路纵横，土山盘踞。山中遍植梅花，因名梅垄。上有小亭，登之则全城在望。其南有音乐亭及古物陈列所，北有纪念塔及喷水池，南部及西北为大广场。西南为兰花圃，东北为内园。纪念塔之四面，镌有自由、平等、博爱、互助八字，均为当代名人手笔。②

漳州当局，前曾定西门芝山辟为第二公园，现正着手进行，饬令附近居民，即时迁徙。本月二十日，已着手拆毁房屋，重新改造。由开元顶至芝山一带，均定为公园地点，并拆城垣以通西河之地。将来落成，山水明媚，林木秀美，较诸第一公园，当更有可观云。③

福州人林德安等，去岁来漳，组织车辆公司，现已办理就绪。所有马车人力车，均已到漳。日前特具文陈请当道，准其开驶。但陈总司令以人力车有乖人道，批示不准；马车则准其照办，以利交通。又闻该公司拟俟漳河堤岸完成后，再将货车一种，继续开办，藉以扩张营业云。④

严禁娼赌　昔日漳州有娼寮数十家，共歌妓土娼不下数百人，今则较麟之毛凤之角尤难见也。昔日赌风极盛，近则非机关中有势者不敢竹戏。

---

① 《漳州之新气象，陈竞存之革新运动》，《时报》1920年1月6日。
② 《漳州杂缀》，《时报》1919年12月4日。
③ 《创办第二公园》，《民国日报》1920年6月29日。
④ 《禁止行驶人力车》，《民国日报》1920年6月22日。

至一般平民何敢轻于尝试，因其一犯即打罚拘禁也。此皆由陈总司令深恶嫖赌而有此严厉禁止，一般浪荡子颇没有往日在漳州兴高采烈之况。①

青年进德会成立　此会由中美两国在漳人士发起，其宗旨在增进道德改良社会，筹备月余。前星期六选出总干事多人，分任会务。月之十三日开成立大会，粤军总司令陈炯明暨各要人均到会演讲。入会者甚形踊跃，其裨益青年社会不小也。②

修理漳诏电线　漳州至诏安电线前因战事多招折毁，迨后或架以竹竿，或悬之树梢，旋修旋短，时阻时通，电信上极感不便。月前曾由陈总司令行漳浦云霄两县知事筹款交由漳州电报局长杨绍唐采办材料，预备重欲。兹悉杨局长已将材料购置妥备，即日会同监修员丘海琴出发兴工矣。③

设立警察教练所　警务处长为培养警察人才起见，曾于今春设警员讲习所一处。学员约五十名，前月已经毕业，分赴各县实习。现因城内各区巡士多未受教育，既无警察常识，虽有贤明长官，亦不能收指臂之效。是以又在该处附设教练所，令各区休班巡士，轮流到所听讲。所长为该处科员黄虞石，已由陈总司令加委，赶期成立云。④

军官学校　前因战事方殷，军事委员至有数百名之多，后战事既停，此等委员无处容纳。若遣散回籍，其中又不乏知能之士，殊属可惜。故陈总司令乃开设一军官学校，将委员中有军事学问者一概收入，其中不愿者发给川资回籍。又调各军下级军官轮流入校讲习三月，是亦造就军事人才之良法也。该校除聘有专门军事学识者数人为教员外，并聘有日本教员一人。该校校长为黄其贞氏也。

飞行学校　粤军飞行队，系粤籍留美飞行学生及华侨飞行家数人，联袂回国投效所组织而成。现又由美运回飞机四架，业已到漳，军威颇为之一震。陈总司令以现在既无战事，故与诸飞行家商议，即行开一飞行学校，专以教练飞行人才，为扩张军事范围之用。现闻已议定章程，租定校舍，不日即行招生开课云。⑤

---

①　《漳州通信（续）》，《益世报》（天津）1919 年 5 月 29 日。

②　《漳州最近见闻录》，《民国日报》1920 年 1 月 5 日。

③　《漳州最近见闻录》，《民国日报》1919 年 12 月 15 日。

④　《漳州最近见闻录》，《民国日报》1919 年 12 月 15 日。

⑤　《漳州通信（续）》，《益世报》（天津）1919 年 5 月 28 日。

筹办妇女家政讲习所　自明书社开办旅闽小学（已纪前报），现于旅闽小学附设筹办妇女家政讲习所，定年半毕业。其课程为国文、家事、缝纫、烹饪、算学、历史、地理、生理、卫生、音乐、体操各科，定于三月十五号开学。有女教员数人闻曾在东西洋留学，程度甚高，该校成绩想必大有可观也。①

小学延聘女教员　外国小学多以女教员充当教授，收效最大。吾国前此因男女界限太严，故除幼稚园外，少有用女教员者。现就（疑为"龙"——笔者注）溪县第一高小学校本年特聘李秀云李青莲金淑和三女士为教员，殆亦几□新潮流而实行打破男女界限也。②

工读学校　这种学校是漳州的特色。他们主事的人晓得世界潮流越走越近，工读学校是适应这种潮流的法子。叫一般人会做手工的必要能会做脑工，会做脑工的也得会做手工。现在有分藤竹染织两科，成绩很好，所制品如椅桌毛巾等花样新奇，做作精巧，原料多用本国货，颇受各界的欢迎。

平民夜校　这个夜校是第一高等小学校附设的，现已开学。……③

外国语学校成立　自明书社前设妇女家政学校及小学均次第成立，现为研究外国文言起见，又添设外国语夜学校一所。内分英法德日四班，闻每班有学生数十人。其担任教授者为李英飞陈其尤梁赓恩诸君，现已上课矣。

……

公路讲习所成立　闽南各属之公路，去年均已开始建筑，刻下由南靖至漳州由漳州至长泰，均已成康庄大道，旅行正便。闻工务局为扩充建筑培育人才起见，现设立公路讲习所一所。招收本籍学生，授以工事上必要之学识。毕业后派往各处服务。业已择定校地，延聘建筑专科及测量专科毕业生十数人，担任教授云。④

法文学校招生　粤军总司令部教育局，近承各界请求，特设一暑假法文速成传习所，除讲义书籍费酌收六元外，不另收学费。定七月五号开课，以三个月毕业，毕业后可代为介绍赴法留学。学生不分男女，盖给有

---

①　《漳州最近见闻录》，《民国日报》1920年3月14日。
②　《漳州最近见闻录》，《民国日报》1920年3月23日。
③　《漳州文化运动面面观》，《民国日报》1920年3月27日。
④　《漳州最近见闻录》，《民国日报》1920年3月31日。

志赴法者,一绝好预备机会也。①

保送留台学生 粤陈总司令除官费遣送学生赴法留学外,犹酌量官资送往英美各国学研专门学术。近因台湾有日本工业专门学校之创设,特令教育局考验各中学毕业生之成绩较良者,贴资送往台湾该工业学校肄业,俾资造就。兹悉已于十七号上午九时至十二时下午一时至四时,将各中学保送来漳候试之学生,由总司令会同该局主任凤守真君等命题考试,与考者共四十五人。

暑假学术讲演会之创设 此会由总司令会同龙溪县知事张友仁及教育会等所合组。由会敦请漳地及各机关之学识宏富者素负时望者莅会,担任演讲。兹悉该会第一星期演讲已过,听者不下五百余人。其第二星期演讲题次及演讲者,为凤守真君之《戏剧与社会》,洪登安君之《开盘事业和社会问题底关系》,想听者必当较前更为踊跃。

......

日文演习会 龙溪甲种商业学校,近乘暑假期内,设一日文演习会,每日讲习两小时,七月十二日开课,将于八月十二日停止云。②

至于陈炯明个人,当年记者的报道也有不乏溢美之记略:

目下漳州在粤军势力范围之下,粤军总司令陈竞存亦驻此。按陈为民党健将,西南重要人物之一,查其个人品行节操,多有可以砥砺流俗之处,故略记之:陈平居持躬甚严,非常简朴,衣不及丝绸,食则与属员相同。虽在严冬之际,仅衣一棉布袍。个人道德甚高,举一切嫖赌嚼游骄奢淫逸诸恶习毫无沾染,是为他时髦人物魁党党人所不及也。其勤劳任事、指挥所属非独可为此方表率,实为现今一班有权势者所仅见也。每日起床甚早,至办公时间常先属员而到办公厅,临大事而有果断。闻去岁三河坝未反功之际,大埔已被北军占领,潮汕大为震动,所属重要人物多已奔逃,而陈从容不迫,决定以死力相抗。于是调洪兆麟反功,两月之间拓地千里,将汀漳所属完全恢复未始,非果断之才有以致之。陈来驻漳州不过半载,观其造公园、修马路、拆城垣、改良

---

① 《气象日新之漳州》,《民国日报》1920 年 7 月 4 日。
② 《漳州之文化新事业》,《民国日报》1920 年 7 月 30 日。

街市、改良监狱、倡闽南学校联合运动会及展览会,创办飞行学校、军官学校等事皆于军事旁午之时,排除一切障碍竭力进行,数月来而得有如此成绩。不独记者与漳州人民所称道,即外邦人来此游历者,亦同赞美不已。①

另外,1920年4月1日至3日,于漳州南较场举办的护法区运动大会,在当时也颇为轰动,有报道称,"会场布置,规模极为壮观。比之广东大运动会,尤为宏伟。搭棚工料,须费七千余元,各种杂费,约费五六千元,共需一万数千有奇,概由粤军陈总司令暨办公人员,损薪赞助。其会务职员,由陈总司令熊道尹,率同粤军各军官担任,亲自到场办事,非常认真。故会场秩序,始终井然。运动员人数,约四百余人"②。

就是在这一次运动会上,安那其公开散发的传单也引起了社会的关注。据称当时"中外人士,到场参加者颇多。当场有人散布鼓吹过激主义之传单,陈(炯明)氏且亲自以数纸赠诸在场之外国人,此事于是发现于外"③。而天津《大公报》的报道则更是明确指出:"此项鼓吹非所谓过激主义,而是无政府共产主义"④。

诚如所言,这些传单宣传的其实是无政府共产主义,他们主张的不是政治革命而是社会革命。在传单散布者看来,"社会革命不是皇帝换过大总统的戏法"。"社会革命又叫经济革命,和从前的政治革命不同。经济革命固然先要把吃人政府推倒,更要把吃人的资本家都铲清光。以后不许某人得有私产、不做工的不许吃饭,其余间接吃人的伪道德伪名教,一律肃清;那么,我们清白的平民,只有做工吃饭,吃饭做工,绝对自由,极端平等"。他们用很通俗的语言向民众宣传:

假如我们的子孙把钱财当做公共的,能做工的人养不能〔做〕的人,有工做的人养没有工做的人,岂不是子孙食饭就稳固得多么。从前喜欢说九世同居不分财产的话,不就这样么。这个团体越大,子孙有食一层越发靠得住。所以,我们的子孙,如果肯和别个人的子孙合起来,做这个九世同居不分财产也是愿意。不讲九世,就是九百、九千世也愿意的。不止两个家族,一百个、一千个、一万个乃至世界全人类,如果办到九世同居不分

①　《漳州通信》,《益世报》1919年5月27日。
②　《漳州运动会》,《岭南》第4卷第3期,1920年3月。
③　《漳州传播过激主义,陈炯明赞成过激派》,《新闻报》1920年4月30日。
④　《漳州之过激主义》,《新闻报》1920年5月2日。

财产,在者安之,老者怀之,死有葬,疾有养,那些话你以为是好呵还是不好呢?老实说,这就是共产主义。共产主义底下我们的子孙,只要人家有饭食,有衣穿,他决不怕冻饿。只要世界永远进步,我们的努力,我们的子孙都能享受的。他们的生活比我们现在强多了,你们不希望儿孙是这个样子么?共产主义就是能我保得将来人类永远有饭食的主义。①

遊漳見聞記

漳州文化運動的真相

三月十八日我接到朋友彊指君從漳州打來一封電報,叫我到漳州一遊。我平常在晨報看見漳州文化的運動,已經好幾次了,但總摸不著頭腦,所以就承這個機會,應吾友之召,於二十日乘車赴申。在申連稚暉君,——他同石骨君剛從漳北回——給我一封介紹信,途中往見石碼的鎮守使洪君。由申到廈門,坐了兩天船,抵岸即轉輪入江,越三小時抵石碼,改坐電船(坐帆船亦可)入漳,兩岸風景,清綠蔥瓏,令人神怡,與北方枯寂慘澹淒涼之狀,可謂相隔天壤。下午六時抵漳,寓漳州公園。漳州公園是陳競存君到漳後新築的,面積雖不廣大,而清雅宜人,頗似中央公園,晨星報和教育局兩種新組織卽在園內。我在這個公園,最少有三件特別的感觸:入門之際,有石碑一,上書自由平等博愛互助八個大字,博愛兩字,據我所知,是孫逸山君的手筆,其餘幾個是誰寫的,我卻沒有細究,然而區區這些信條,便足以代表他們的全

图15 1920年5月《北京大学学生周刊》第14号所刊如山的《漳州见闻记,漳州文化运动之真相》

不过,这些安那其宣称的推倒政府,铲清吃人的资本家的革命在漳州并非真正实行,他们的行动也仅停留在理论观念的宣传上。当然,前面引述的一系列社会改革,还是几乎使漳州成为全国首善之区,引发社会的普遍关注。甚至包括吴稚晖、李石曾,以及廖仲恺、汪精卫、朱执信、胡汉民、戴天仇、钟荣光等,也"联翩抵步"到漳州访问或演讲②,闽南26县也因此被时人称为"闽南的俄罗斯"③或"小俄罗斯"④。

立达则是与匡互生的名字连在一起的。匡互生1891年出生于湖南邵阳的普通农民家庭,7岁随族伯在家塾读书,14岁改从徐春岑在肖家宗祠读书,同时拜师学武,16岁

图16 匡互生

---

① 《无政府主义者在漳州散发的传单选载》,葛懋春、蒋俊、李兴芝编《无政府主义思想资料选》上册,北京大学出版社1984年版,第435、434、438页。

② 《漳州最近见闻录》,《民国日报》1920年3月14日。

③ 如山:《漳州见闻记,漳州文化运动之真相》,《北京大学学生周刊》第14号,1920年5月。

④ 晔:《砚滴》,《时报》1920年1月6日。

时师从谢叔和就读于谢公宗祠,研习船山学说,19岁的匡互生到长沙入邵阳中学堂读书。

1911年武昌起义爆发后,匡互生曾加入学生军参与过攻打长沙巡抚衙门的战斗,并准备开赴湖北支援革命。后因南北议和、成立民国,匡互生重回邵阳中学读书。1913年,匡互生作文痛骂北洋军阀和汤芗铭,国文教师李洞天大为赞赏,加以好评。事为汤芗铭所知,假借罪名将李逮捕下狱。后李竟绝食而死,而校长亦受牵连被判刑十年,匡互生因及时逃避得以幸免。此事对匡互生后来的思想观念和人生选择产生了重要影响,后来每一念及,辄为流涕。他一生反抗强权,始终致力于自由、民主、平等的教育理想与此不无关系。1914年,匡互生化名转入岳云中学就读,1915年秋毕业并考入北京高等师范学校的预科,第二年正式进入数理部攻读天文学。

高师读书期间,匡互生参与无政府主义团体同言社、工学会的活动,参加《工学》《国民》等杂志的编辑出版,结识沈仲九,且成为世界语者。"同言社、工学会与共学会,均成立于1918年下半年。同言社是北京高师学生的组织,起初只有十余人,对内公开征求社员,对外没有联系,专以练习演讲为宗旨,到工学会成立后即并入工学会。工学会也是北京高师学生的组织,起初只有三十多人,也是只对内公开。其所以命名为工学会,是因发起的人认为'做工与求学是人生两件大事,除此以外别无其他要求'。凡是会员除专攻学术外,往往利用课余做工,曾有木刻、印刷等工作。其精神与勤工俭学的半工半读很相似。稍后又有共学会的组织,对外关系也不多。……以上三个组织的会员都是具有社会主义或无政府主义思想倾向的青年。他们的激烈主张是反对强权主义。起初是较倾向于无政府主义的,因为北京当时流行着克鲁泡特金的著作,如《田庄、工厂和手作厂》、《面包略取》、《告少年》、《互助论》与小说《夜未央》等,一些学生受影响不小。三个组织因为都以爱国救国为目的,通力合作,其组织形式并不用'会长''主任'等名义。……在五四运动期间,以上三个团体的几个会员曾对亲密的友人商托好身后的事,立好遗嘱,准备牺牲,匡互生也是其中的一人。"①1919年5月4日五四运动爆发,匡互生成率先冲进曹汝霖宅院和火烧赵家楼的著名人物。据周予同等人的回忆文字,当时他们甚至有针对曹、

---

① 匡互生:《五四运动纪实》"同言社、工学会与共学会"注释,《近代史资料》1957年第2期。

章、陆等的暗杀计划,后因未弄到手枪等而作罢。[①] 这一切可能与匡互生学武出身有关,但无疑也受到近代中国无政府主义曾经的恐怖暗杀传统的影响。

1919 年秋,匡互生从北京高师毕业后回到湖南,先在长沙楚怡小学任教。在参加驱张(敬尧)运动时,曾从赵恒惕军中谋得炸弹,想独自刺杀张敬尧,后经友人劝阻乃止。张败走后谭延闿任湖南督军兼省长,易培基出任省长公署秘书长,同时兼任省立第一师范校长,匡互生被聘为教务主任。由于易培基兼职过多,一师日常校务实际上由匡互生负责处理。匡互生在任上极力推行包括采用启发式教学、倡自由讨论、培养学生独立思考的能力、废除学监,鼓励学生组织自治会、男女同校、亦农亦学、废除文言文、提倡白话文等新举措,虽深为旧势力抵制与排挤,但令一师甚至长沙的面貌为之一新。当时和匡互生一起应聘一师有沈仲九、夏丏尊、孙俍工等,他们后来和刘梦苇、袁绍先等学生还组织了长沙最早的无政府主义核心组织"安社"。

因感环境恶劣,教改抱负难于实现,匡互生于 1921 年 10 月离开一师,先后到杭州的上纤埠、宜兴的凌家塘创办农场小学,后均因经费困难而终止。再应聘上海的中国公学,又因看不惯学校参与贿选而辞职。最后又应聘到浙江上虞的春晖中学并担任训育主任。当时的春晖中学聚集了来自浙江一师和湖南一师,包括夏丏尊、朱自清、朱光潜、丰子恺等一大批志同道合、投身教育理想的许多优秀教师,匡互生自己也满怀热情投入工作,深受学生爱戴。但终因一偶发事件(1924 年冬,因黄源晨操时戴一顶黑色毡帽与体育教师发生争执),匡互生认为对学生偶犯过失应说服教育,给予改正机会而出面力保,校方则强行辞退,匡互生最后愤而辞职。接着,朱光潜、丰子恺、夏丏尊、朱自清、刘薰宇、周为群等也都相继离开春晖。

至此,匡互生等认识到:"过去五六年中,我们散在各地参加许多学校经营,有时也将我们底信念去实验,但终于不能得到一片园地供我们自由耕耘……我们渐渐地感到寻找自己的园地的必要了……所以我们决计脱离圈套,另辟新境,自由自在地去实现教育理想。"[②] 经过匡互生、朱光潜、丰子恺、陶载良、刘薰宇等一番不懈的努力, 1925 年 2 月,立达中学正式开学;3 月,更具广泛性的同人组织立达学会成立;秋季,立达迁校江湾,正式改名立达学园,增办高中,同时开

① 周予同:《五四的前夕——悼互生兄》,张石樵:《怀念五四壮士匡互生》,《匡互生与立达学园》,北京师范大学出版社 1985 年版,第 94、104—105 页。

② 匡互生、仲九:《立达、立达学会、立达季刊、立达中学、立达学园》,《立达》第 1 卷 第 1 期,1925 年。

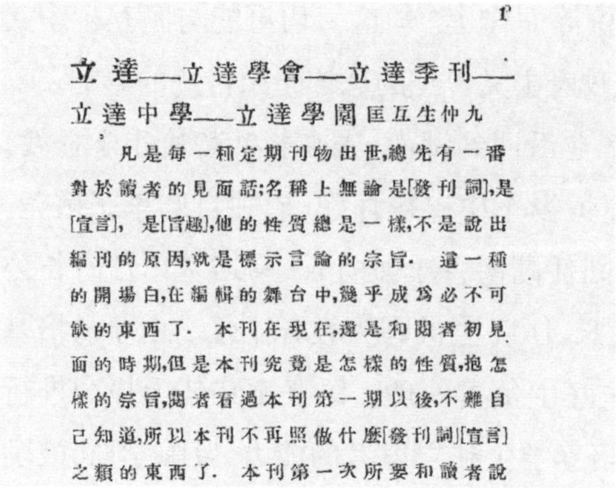

立達——立達學會——立達季刊——
立達中學——立達學園　匡互生　仲九

凡是每一種定期刊物出世，總先有一番
對於讀者的見面話；名稱上無論是[發刊詞]，是
[宣言]，是[旨趣]，他的性質總是一樣，不是說出
編刊的原因，就是標示言論的宗旨。這一種
的開場白，在編輯的舞台中，幾乎成爲必不可
缺的東西了。本刊現在現在，還是和閱者初見
面的時期，但是本刊究竟是怎樣的性質，抱怎
樣的宗旨，閱者看過本刊第一期以後，不難自
己知道，所以本刊不再照做什麼[發刊詞][宣言]
之額的東西了。本刊第一次所要和讀者說

图 17　匡互生与仲九发表于《立达》1925 年第 1 卷
第 1 期的文章

设农艺和艺术两个专修科；1929 年添设农村教育科，1930 年农村教育科迁南翔，增设附小。立达学会和立达学园的诞生，标志着以匡互生为代表的一群自由知识分子拥有了实现教育理想的自己的园地。此后，除了 1927 年列名筹备委员会，参与国立劳动大学的筹建，立达成为匡互生人生最后八年的唯一事业。1932 年"一·二八"战争爆发，立达的农场、鸡场、蜂场毁于炮火，校舍也大半被炸，而匡互生的父母也在一年里先后去世，匡互生两度奔丧治丧，又忙于立达校园的恢复。秋天，立达恢复开学，匡互生却积劳成疾，1933 年 4 月 22 日溘然长逝。

立达学会或立达学园虽然是"贯彻独立的精神而不受任何束缚的团体"，但却承载着"修养健全人格，实行互助生活，以改造社会，促进文化"的办学理念①，寄托着立达人共同的教育以至社会的理想。

立达将"修养健全人格"列办学宗旨之首，体现的是一种现代教育理念，但也表明其与无政府主义的某种精神联结。无政府主义反对一切强权与压迫，主张打破一切权力和权威，强调个人绝对的自由。因此匡互生主张教师应以平等的态度，用"自身的修养去实行人格的感化"，以人格的感化去代替记过、开除等"消极的制裁"措施。②

和一般的学校不同，立达不设校长，学生与导师、教师、职员"地位同等"，师生住同样的宿舍，同桌吃同样的饭菜。学校重大事务由导师会（校务委员会）讨论决定，日常的具体事务由教师、职员以至学生自己负责，分工合作，民主办校。立达也不立任何校规，上课不点名，不查课堂，不设学监，不查夜，不采用任何形式的奖惩和烦琐的规章去限制学生，更没有警告、记过、开除等处分。但强调"立己立人，达己达人"，夏丏尊翻译的《爱的教育》一书人手一册，实施由爱而生的言传身教和人格感化，同时也为学生创设宽松自由的学

---

① 匡互生、仲九：《立达、立达学会、立达季刊、立达中学、立达学园》，《立达》第 1 卷第 1 期，1925 年。
② 匡互生：《中等学校的训育问题》，《教育杂志》第 17 卷第 8 号，1925 年。

习环境。除了规定的课程，学校开设各种选修课，学生自由组织各种学习小组，师生之间自由地探讨各自关心的问题。图书馆、实验室全天候开放，以供学生自由地使用。而这一切的最终目标，是培养学生基于爱的“互助的精神”和“为人群谋幸福”的“牺牲的精神”。[①]

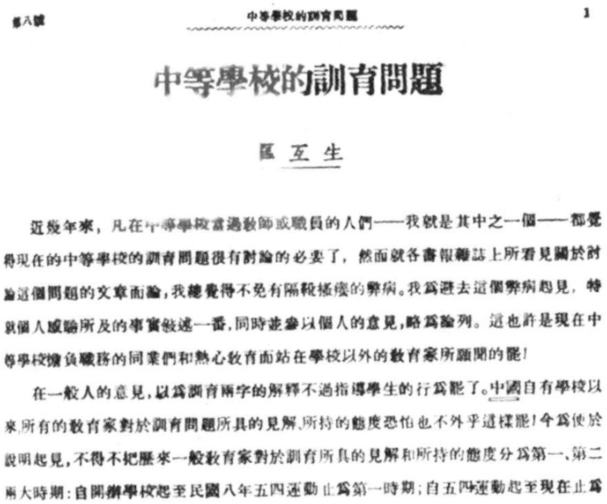
第八號　中等學校的訓育問題　1

中等學校的訓育問題

匡互生

近幾年來，凡在中等學校當過教師或職員的人們——我就是其中之一個——都覺得現在的中等學校的訓育問題很有討論的必要了，然而就各書報雜誌上所看見關於討論這個問題的文章而論，我總覺得不免有隔靴搔癢的弊病。我爲避去這個弊病起見，特就個人經驗所及的事實敘述一番，同時並參以個人的意見，略爲論列。這也許是現在中等學校擔負職務的同業們和熱心教育而站在學校以外的教育家所願聞的罷！

在一般人的意見，以爲訓育兩字的解釋不過指導學生的行爲罷了。中國自有學校以來所有的教育家對於訓育問題所具的見解、所持的態度恐怕也不外乎這樣罷！今爲便於說明起見，不得不把歷來一般教育家對於訓育所具的見解和所持的態度分爲第一、第二兩大時期：自開辦學校起至民國八年五四運動止爲第一時期；自五四運動起至現在止爲

图 18　匡互生 1925 年发表的《中等学校的训育问题》

除了注重人格教育，立达努力实行的还有“生产教育”。《立达学园旨趣》明确规定：“我们立达的师生一方面要极力过俭朴的生活，使精神不易为物质欲所屈服；一方面要实行劳动，每日费若干时间，到工场农场去作工”[②]。把学校改称学园，除了寓意把园艺家的方法，应用到教育上来之外，实际上也包含了将教育与劳动相结合的用意。匡互生认为，要把学生培养成有健全人格的人，就必须进行生产教育。通过生产劳动，可以培养学生吃苦耐劳的精神和群体互助的观念，既可以增进其知识，健壮其体魄，使他们认识劳动创造的意义，还可以使其成为自食其力的劳动者。同时，还可以把书本知识与具体的生活实践相结合，使学生接近劳动人民，理解劳动人民，最后成为“能耕田、能读书、能为农村服务”的“新农夫”。[③] 为此，立达学园在 1929 年增设农村教育科，并专门开辟农场作生产教育的实验基地。而由陈范予作词的“科歌”，也表达了学园对于青年学生的期待：“青年，青年，我们是青年，农人的先锋。到农村去，共同生产，丰富社会享用；到农村去，帮助成人，教育儿童；到农村去，努力合作，铲除一切苦痛！到农村去，创造万人福利，用我们的全力，击起农村改造的洪钟”[④]。曾有学生回忆到：

① 朱光潜：《回忆上海立达学园和开明书店》，《解放日报》1980 年 12 月 2 日。

② 同上。

③ 匡互生：《本科史略》，《匡互生与立达学园》，北京师范大学出版社 1985 年版，第 299 页。

④ 陈宝青、陈明：《立达学园农村教育科——匡互生的战友陈范予在立达学园农村教育科的教育实践》，《匡互生与立达学园》，第 212 页。

农村教育科迁到南翔柴塘农村以后,成立了工学社,大家共同生活、共同学习、共同劳动。每个人都分担一份工作,工作是由工学社选出的委员会安排的,有负责生产的、学习的、生活的。当时大家都还年轻,但自成立工学社后,似乎忽然变得成熟起来了,每个同学都能认真办事,而且办得很好,使人惊异,使人放心、高兴。……在南翔全由同学自己组织生活、生产、学习。匡互生先生虽然没课,但他一有空便到南翔来,因为他也是工学社的社员之一。我们工学社的章程,生产学习计划,都是匡先生与张石樵(农教科主任——笔者注)先生和同学大家一起研究讨论制定的。匡先生来了,便到田里、鸡舍各生产场所检查一遍,然后和同学一起研究工作,所以每个学生都盼望他能经常来。①

从总体上看,立达实行的"生产教育"受到了无政府主义和新村运动的影响。无政府主义和新村运动都强调人格的独立和平等,强调人类互助的本能。所以立达实际上也力图通过自身的劳动教育实践,建立起一种以自由、平等为基石的新的社会组织模式或新的生活模式。

1927年4月12日国共合作破裂后,18日南京国民政府成立。清党改组后的国民党为造就自己的农工运动人才,在中央政治会议第九十次会议上议决在上海江湾设国立劳动大学,并指派蔡元培、张静江、李石曾、褚民谊、匡互生等为筹备员,9月19日,劳工学院新生入学,劳动大学正式开学。

蔡元培、张静江、吴稚晖、李石曾并称国民党"四大元老"。这其中吴稚晖、李石曾、张静江本来就是法国《新世纪》的创办者,褚民谊也是这一刊物的主要作者。蔡元培到达欧洲留学时,也加入了他们的行列。匡互生以"火烧赵家楼"闻名于世,但他同样倾向无政府主义,曾先后在北京和长沙参与组织过安那其团体同言社、工学会和安社。至于后来被聘为校长的易培基,虽然无明显的无政府主义倾向,但他却是李石曾的儿女亲家。所以从总体上看,国立劳动大学是1927年"安国合作"的最大成果,其整体给人的印象,总是带着无政府主义色彩的。在校内的机构运行中,劳动大学执行的是南京国民政府成立后明令的校长揽全校事宜。但当时的易培基还同时兼任故宫博物院院长和农矿部部长,其大部分时间都在南京。所以,劳动大学实际上形成了校长治

① 章乃焕:《春天的路》,黄厚源主编《永怀师恩》,立达平民民生在台校友联合编印,1992年,第43页。

下的秘书长负责制,秘书长很长时间里也是由著名的无政府主义者沈仲九担任。而劳动大学下设劳农学院和劳工学院(1929 年秋季增设社会科学院),其中最早开始招生的劳工学院院长也是由沈仲九兼任。

　　沈仲九 1887 年生于浙江绍兴,原名沈铭训,曾用名信爱、平工、天心等。早年留学日本,后又留德。在留学日本期间加入过光复会,其时日本光复会的负责人是章太炎和蔡元培。归国后在北平参加五四运动并结识匡互生,后到浙江省立第一师范任教。1920 年 6 月,易培基被任命为湖南省立第一师范学校校长,沈仲九和匡互生、孙俍工等应聘到校任教。之后沈仲九还任教过春晖中学、中国公学,1923 年任上海大学中文系教授,1925 年协助匡互生创办

图 19　沈仲九

立达学园。同时主编《自由人》杂志,列名《民众》创办人,1927 年之后一度主编《革命》周报。国立劳动大学成立后沈仲九任秘书长、劳工学院院长。1934 年之后陈仪主政福建,沈仲九任福建省政府参议,是陈仪的高级幕僚,并实际负责主持福建全省的"县政人员训练所"。1945 年台湾光复后,陈仪出任国民政府首任驻台湾行政长官兼警备司令,沈仲九又随陈入台,任台湾行政长官公署顾问。1947 年"二·二八"事件后陈仪被撤职,沈仲九也离台返回大陆。1948 年陈仪出任浙江省政府主席,沈仲九复任其私人秘书,1949 年曾参与协助策划陈仪起义事件。1950 年之后,沈仲九先后供职平明出版社、中华书局和上海市文史馆,1968 年辞世。

　　虽然到劳动大学创办时,沈仲九已属资深的无政府主义者,并且在教育界有一定声望,但日本的岩佐作太郎[①] 后来回忆在江湾拜访他的情形时觉得,他

---

　　① 　岩佐作太郎:"1879 年,生于现千叶县长生郡长南町棚毛的有钱有势的富农家庭。1898 年,毕业于东京法学院(现中央大学的前身)。1901 年,赴美,成为安那其主义者。与美国安那其主义者亚历山大·柏克曼、爱玛·高德曼相识。在三藩市经营印刷公司,出版安那其主义的宣传杂志。在美国期间,结交了幸德秋水。1906 年,与仓持善三郎等人成立社会革命党。1914 年,归国。1919 年,参加大杉荣等人组织的劳动运动,立足于克鲁泡特金主义,在大杉荣等人的圈外另发行《小作人》。1920 年,成为组建日本社会主义同盟的中心人物,担任机关报《社会主义》的名义发行人。1927 年 5 月前后,离开日本前往中国,在创办于上海近郊江湾的'国立劳动大学'担任讲师。"引自 [日] 樋口进:《巴金与安那其主义》,[日] 近藤光雄译,复旦大学出版社 2016 年版,第 99 页。

图20 ［日］岩佐作太郎《追忆（十四）话说劳动大学》

更像是一位谦和的兄长："先生在北平大学担任教授很久了，声誉很好。现在他同时还在立达学园执教，他住的这一排房子就是立达学园的教职员工宿舍。先生现在还不到40岁，但看上去年纪要老得多，他比我年轻却感觉像是我的兄长。近藤君曾经在本报刊以《忘不了的人们》为题的文章，写到他和久板卯之助君很像，两个都很呆板，就像基督教徒。久板君身材高大，先生身材矮小。身材矮小一眼看去就感觉很像基督教徒，可以想象到先生的温和宽容，先生的为人。我再往深处想想觉得，如今人们尊称他为先生，这难道不是他与生俱来的品德的体现吗？"① 根据岩佐作太郎的回忆，在"创立好学校而且入学考试也完成之后"，对主义"情感专一"的沈仲九"因为事业已告一段落，想把校长职位让给其他人，自己就只是作为教授任教，坚决不当校长。于是，农矿部长易先生出任了第一任校长"。②

由于上述诸多原因，劳动大学在创办初期（特别是1927至1928年间）有很浓的无政府主义色彩。除了沈仲九，当时劳动大学的教师中还聚集了包括黄凌霜、吴克刚、毕修勺等一大批无政府主义者，同时还先后聘请日本的石川三四郎、岩佐作太郎、山鹿泰治，法国的邵可侣，比利时的樊迪文等国外无政府主义者来校任教或演讲。在校园中，无政府主义的思想流行一时，克鲁泡特金等人著作成为热门书籍。③ 劳动大学是实行半工半读的大学，学校有自己的实习工厂和实习农场。学校不收学费，但学生必须完成学校安排的生产任务。教材和讲义，

① ［日］岩佐作太郎：《追忆（十）·应聘到中国（2）》，日本《平民新闻》，昭和22年8月22日。
② ［日］岩佐作太郎：《追忆（十四）·话说劳动大学》，日本《平民新闻》，昭和22年9月19日。
③ 参见张景：《安那其主义在中国活动的片段》，《文史资料选辑》合订本第31卷第90辑，中国文史出版社2011年版；程仲文：《江湾劳动大学漫忆》，《上海文史资料存稿汇编》，上海古籍出版社2001年版。

也是由学生自己到印刷厂排版印刷。甚至洗衣、缝被、扫地、打水等生活方面的杂务，也要求学生自理。"碗、筷、匙自备，筷子两双，吃饭的一双不准向菜碗夹菜，汤匙也不准直接用嘴喝。饭后自己洗涤、保存……" [1] 总之，劳动大学和立达学园一样，贯彻的是自食其力的工读主义原则，凡是学生自己能动手解决的事情都必须自己解决。生活事务的管理主要也靠学生自己，其中始终令许多学校头痛的伙食管理问题也由普选出来的食事委员会负责。每个学生都参与轮值买菜，每天由两名学生和厨房师傅一起上市集采购，学生负责监督、记账，当日公布账单。食事委员会每月公布一次账目，接受大家监督。这体现的，实际上是许多无政府主义者推崇的民主、自治和互助的理想。所以，岩佐作太郎称其为"无政府主义的学校、革命的学校" [2]。

但是，这所连膳宿制服各项概不收费，令许多贫寒子弟趋之若鹜的学校，其经费却是由南京国民政府的财政全额拨款。所以，虽然有鲜明的无政府主义色彩，其许多行事规则都必须按南京政府要求执行。易培基在《劳大概况》的《发刊词》中很明确阐明了政府开办劳动大学的目的，他说："欲求

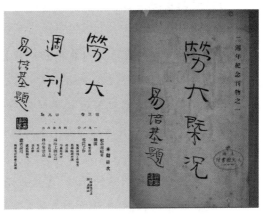

图 21 《劳大概况》与《劳大周刊》

国民革命成功，非使占有国民百分之八十的农工，了解国民革命，信仰三民主义，在本党旗帜之下，参加革命工作不可。本校即本此旨，培养有主义，有学识，有技能，有革命精神之人才，以期将来为本党领导农工，实行革命工作，努力建设事业。" [3]

如南京国民政府成立后非常重视学生的军事训练，要求"每星期实施 3 小时，每年暑假期间，连续实施三星期极严格之军事训练，以锻炼学生身心，涵养纪律服从负责耐劳诸观念，提高国民献身将身殉国之精神，进而增进国防之能力" [4]。劳动大学在大学院这一训令正式发布之前，就已经开始部署、组织军

① 程仲文：《江湾劳动大学漫忆》，《上海文史资料存稿汇编》，上海古籍出版社 2001 年版，第 152 页。
② ［日］岩佐作太郎：《追忆（十四）·话说劳动大学》，日本《平民新闻》，昭和 22 年 9 月 19 日。
③ 易培基：《劳大概况发刊词》，《劳大概况》，国立劳动大学编译馆 1929 年版，第 1 页。
④ 《大学院公报》第 9 期第 11 页，1928 年。

事训练委员会,并提出具体的实施方案:"一、请求学校每人做黄色军衣一身。二、操练时间每日自上午六时至七时一小时。三、由各班军事训练委员将本班同学照章分成三队。四、教官暂由同学中曾受军事训练者担任之。"① 另外,如悬挂总理遗像、诵读总理遗嘱、膜拜三民主义,等等,国民政府党化教育的一切规定,劳动大学也悉数执行。因此,作为纯粹的无政府主义者,外来的岩佐作太郎后来对这方面也有过尖锐的批评:

> 寻求脱离困难是人之常情。一条布满荆棘的道路阻挡在前进的途中,但大家顽强地行进于其间。我们中国的同志充分地利用了国民政府的力量,并成功地在这些力量的支持下创立了国立劳动大学。我非常明白这样的良苦用心。所以像我这样的人也为了见证这一切而非常坚决地离开家园。
>
> 国立大学的成立是对我们的一片苦心的回报。如果从信仰方面来考虑这通常是好事。但是,如果局限于依赖国家的力量和利用政府的力量,最终无非是被国家机器被政府利用而已。换言之,只是所谓自由学校变成了奴隶学校,解放运动变成了束缚运动罢了。
>
> 劳动大学并不是无政府主义的学校、解放的学校,而是悖离建立学校的初衷而成为了国家的学校、国民政府的学校。而且沈仲九先生理当成为校长却拒绝担任,也就更加名副其实地成为了国民政府的学校。
>
> 因为自由通常必须通过斗争而获取,所以通过妥协而实现的都是些无关紧要的事。
>
> 劳动大学成立了,但是在大门前像衙门似地立着□□,出入的政府人员□□□□,玄关处庄重地写着的"各尽所能,按需分配"的文字是否也会哭泣? 教授们从政府那里拿到工资,学生们由政府支付学费和生活费。以此为代价,被剥夺了自由,像犯人和士兵似地被束缚起来。无政府主义的学校何在?
>
> 张着自由翅膀的隔壁立达学园的学生说:"□□、革命、□□、自由的劳动大学,却必须膜拜孙文的遗像,不许批评三民主义,不许进行无政府

---

① 《劳大学生军成立》,《中央日报》1928年5月13日。

主义的说教。有如此不革命不自由的吗？"而我们保守的不革命的立达学园却相反没有膜拜孙文，三民主义、无政府主义或是其他任何事都可以批判。没有士兵的□□，男女之间的交往也是自由的。理所应当自由的劳动大学却非常地不自由，理所应当不自由的立达学园却非常自由，二者形成了奇怪的对比。

立达学园和劳动大学的学生都是寄宿在校内，都是男女一起学习。前者从学费到生活费都由自己负担，而后者所有费用都由政府和学校负担。其中一方是自筹费用，即自己负担自己的生活费，因而能够自由地做任何事，另外一方是政府付费，在生活上依赖政府，因而任何事都必须按照政府和学校所说的那样去做。简言之，劳动大学的学生为了自己的生活而出卖了自由，同样可以想象从此以后的变革将会是什么样的。自由和平等何在！①

尽管相对于立达学园，劳动大学已经稍微遵守南京国民政府对于教育的一些规范，但实际上蒲鲁东、巴枯宁、克鲁泡特金及其著作在校园内风行一时，沈仲九、黄凌霜、吴克刚、毕修勺，以及日本的石川三四郎、山鹿泰治、法国的邵可侣等深受欢迎。因此，创办伊始，对于这所学校的无政府主义色彩指责不断。1927 年 10 月 24 日，劳动大学刚开办不久，胡适就致函蔡元培，直接指责劳动大学已成"无政府党的中心"，他责问道："以政府而提倡无政府，用政府的经费来造无政府党，天下事的矛盾与滑稽，还有更甚于此的吗？"② 后来蒋介石也认为，"劳大几为共产主义托庇所"③。所以，虽然一年多之后劳动大学就比较不那么无政府主义了，外界对劳动大学的指责却没有结束。接着，国民党政权对全国私立、公立大学进行全面整顿。1930 年 5 月，教育部下令停止劳大招生④；9 月，国民政府第九十四次国务会议决议免去国立劳动大学校长易培

---

① ［日］岩佐作太郎：《追忆（十五）·为争取自由而战斗》，日本《平民新闻》，昭和 22 年 9 月 26 日。

② 《胡适来往书信选》上册，中华书局 1979 年版，第 447—448 页。

③ "中华民国"史料研究中心：《先"总统"蒋公有关论述与史料》，台北："中华民国"史料研究中心 1982 年版，第 452 页。

④ 《教育部撤销劳大招生》，《申报》1930 年 6 月 12 日。

基校长职务①；11月，南京方面指派王景岐继任劳动大学校长。② 这期间，劳动大学师生虽然进行一系列的抗争，但终究改变不了被关闭的命运。1931年7月，教育部开始着手彻底整顿劳动大学。③1932年1月，"一·二八"淞沪抗战爆发，劳动大学校园被炸；6月，教育部下令停办劳动大学；7月31日，劳动大学命运终结④。

劳动大学从开办到1932年7月被封闭仅存在短短五年，但是不管怎么说，这所学校还是培养了包括诸如许涤新（经济学家）、冯和法（经济学家）、黄源（翻译家）、许天虹（翻译家）、徐懋庸（文学家）、周立波（文学家）、彭柏山（中共高级干部）、李良荣（国民党军兵团司令，中将）等等一大批学生。而师生中的岩佐作太郎、吴克刚、卫惠林、陈范予、李良荣、郭安仁、陆圣泉、吴季朴、薛瑶、吕骥、张庚、邵惟等先后都到达过泉州，参与那里的无政府主义运动；这些人中的大部分，也都担任过泉州黎明高中或平民中学的教师。

---

①　《国民政府第九十四次国务会议》，《申报》1931年9月20日。

②　《三大学校长劳大定王景岐》，《申报》1930年11月19日。

③　《教部彻底整理劳大》，《中央日报》1931年7月12日。

④　《劳大校长呈报结束期》，《申报》1932年7月30日。

第四节　泉州、晋江独特的地域文化背景

　　相对于广大的中原地带,除了泉州在宋、元曾经短暂成为主要的通商要地,历史上的福建无论在政治上还是经济上,一直都属于边缘地区。在上古时代,福建为越族人的属地。秦王朝在福建设置的闽中郡是第一个中国政权的行政机构,但秦王朝对福建并不能实际管辖,闽中郡只不过类似于秦王朝的藩属国而已。到汉朝刘邦封越王勾践后代无诸为闽越王,福建称闽越国,但其形式仍为藩属国。接着汉武帝派大军攻打、占领闽越国都城后,焚毁城池宫殿,越人举国北迁到长江淮河一带,汉人取代了越人成为福建的新主人。到东汉的建安元年,终于在现在的福州地界设置侯官县,福建才正式并入中国版图。

　　三国时期福建属于东吴;魏晋南北朝的梁时期,福建分设为晋安、建安、南安三个郡;隋朝又废三郡置泉州,后改为建安郡;唐开元二十一年(733),唐朝廷设福建经略使,"福建"之称正式出现。五代十国时福建独立,王审知兄弟设闽国,历六帝四十七年后为南唐所灭。后区划名称几经变迁,北宋时,福建称福建

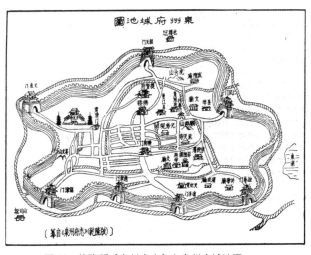

图22　乾隆版《泉州府志》之泉州府城池图

路,统辖福、建、泉、漳、南剑、汀六州以及邵武、兴化二军。南渡后建州升为建宁府,福建因此包括一府五州二军。在宋、元时代,泉州是国际著名的港口,交通贸易非常繁荣,因此元朝廷曾设福建行中书省于泉州,但三年后省会仍迁福州。元后期的亦思巴奚战乱以及明、清两代朝廷实行的海禁,终于使福建的社会经济繁华不再。元明之后,福建区划建制由宋代的六州二军或一府五州二军改称为八个路或八个府,福建因此有"八闽"之称。

近代之后,福建又有一短暂时期得风气之先。1842年《南京条约》的五口通商,就有福建的厦门和福州两个向外开放的口岸;洋务运动中,左宗棠于1866年在福州开办船政局及船政学堂;1902年,厦门鼓浪屿开辟为公共租界。由于这一切,福建成为较早接触现代科学技术和西方思想文化的窗口,涌现了包括林则徐、严复、沈葆桢、刘步蟾、陈宝琛、辜鸿铭、林纾、林旭、林觉民等一大批有重要影响的近代历史文化名人。

但独特的地理环境,还是从根本上制约了福建的经济发展。虽然是依山傍海,资源丰富,但福建境内百分之九十属丘陵地带,山多路险,交通极不方便。北部的武夷山脉的群山峻岭,更是给出省通道增添了无尽的困难。虽然1905年就有华侨筹资修筑漳厦铁路,但1907年开工1910年即宣告失败。甚至到20世纪50年代之前,福建都一直未能修建一条通往外部世界的铁路。这一切都严重地制约着福建与中国其他地区以至中央政权的联系。

除了对外关系的制约,地理的阻隔也限制了福建境内不同区域的融合和交流。闽东闽西、闽南闽北,各有各的方言,各有各的文化习俗。福建历来以方言复杂著称,全国七大类汉语方言,福建就占有闽语、客家语、赣语、吴语和官话五种。而在五种闽方言的接合部,又衍生出大田前路话、大田后路话、尤溪话、尤溪中仙话、尤溪洋中话等土语。在不少地方,比如永春的湖洋和仙游的度尾,仅一山之隔,语言就无法相通。即使是同为闽南方言,漳州属下的口音和泉州属下的口音有的也很难沟通。而在非闽南地区,还有许许多多小村落是讲闽南语的方言岛。方言的差异积存了思想观念、文化习俗的隔阂,也形成了决然不同,甚至强烈排他的民风。所以对于外来者、入侵者或外来统治者,如果没有本地人的照应或策应,简直无异于进入神秘的别一世界。

福建境内大量丘陵山地,自古就有"八山一水一分田"之说,地少人稠,田不足耕,生存困难。加上近代政治黑暗腐败,社会动荡不安,经济衰败民不聊生,山村中的破产农民、失业的手工业者、谋生乏术的乡村秀才,以及被遣散或逃离战场的散兵游勇,为了生存就不得不铤而走险。他们从小偷小摸开始,最后走向据地为王,为匪为盗的绿林人生。而经年政局不稳,自然环境险恶,群山深谷,交通闭塞,又成为土匪的产生和良好发展的外部条件,所以地处东南沿海一隅的福建,在民国之后也成为典型的"匪省"。而遍布八闽的匪患并不止于抢劫钱财、绑票勒索、杀人越货,给社会生产和民众生活造成威胁和危害。当他们开始混迹绿林,也就有可能为帮会组织、氏族武装以至军阀政权所利用,变身为乡勇、民团、民军,进而从占山为王,演化为割据地方的土著军阀,反过来遏制健全社会的发展,对社会政治、经济以至军事构成新的威胁。二三十年代曾在八闽大地称雄一时的陈国辉、张雄南、卢兴邦、高义、尤赐福、高为国等,无不是从拉杆结伙、据山为王开始,到最后都依靠官府收编,摇身成为坐大一方的枭雄。

除了艰难地种地或铤而走险、占山为王,生活无着的人们的另一条路是漂洋过海,外出谋生。福建依山傍海,群山峻岭阻隔了对外的陆路通道,但海外交通便利发达,因此从北至南的沿海区域都是著名侨乡。至迟到唐朝中后期,泉州人就开始沿着海路出国谋生,侨居异国。后来历朝历代,或因海洋贸易兴盛,或因弊政战乱,福建人出洋之风更为兴盛。明清两代虽然都实行严格的"海禁",但假道出国者仍在少数。明初倭寇经常袭扰福建,朝廷宣布海禁,泉州"只通琉球(台湾)",后来的清朝廷则指定福州为和古琉球国首里(现日本冲绳县那霸市)通航贸易的口岸,这实际上还是成为福建人出海谋生的假借通道。而跟随郑和下西洋,五口通商后的"契约华工"等,客观上也为福建人逃生海外创造了条件。另外,即使朝廷严厉限制私人出境,但冒死私渡出洋,然后通过牵亲引戚移居异国他乡,也成为福建沿海地区传统的外出求生方式。泉州就是著名的侨乡,从唐朝中后期开始,泉州人就有出洋谋生的传统。这是因为福建地少人稠,田不足耕,而泉州尤甚。泉州的海外交通发展较早,客观上也为漂洋过海提供了有利的条件。据相关统计,至1840年鸦片战争前夕,旅居海外的泉州籍华侨达30多万人;至1911年辛亥革命爆发,海外泉州籍华侨总数超过80万人。民国之后,因连年战乱,匪祸丛生,经济凋零等原因而出洋谋生者有增无减,到1939年海外泉州籍华侨总数已达135万人。[①]

---

① 参见郭宝琛:《泉州经济史话》,海峡书局2015年版。

图23 20世纪30年代的泉州城远眺（李温平摄，
《图画时报》1931年第732期）

福建的华侨一贯以吃苦耐劳、勤俭节约为美德。特别是漂洋过海的前几代华侨,他们总是从做苦力开始,在白眼和排挤中讨生活开始。其中的一些人通过辛勤劳作和省吃俭用积累一定的资金后从事小本生意,然后再靠辛劳勤俭和聪明才智逐渐成就一定的家业。但是,他们虽然因难于生存才离乡背井,异国他乡的游子生命体验又使他们更具故土情怀。即使在侨居地为生存而重新成家,事业有成并积累一定财富,也照样牵挂故乡的一切。他们一般都通过特殊通道,定期汇回一定银钱（侨汇）。如果略有宽余,他们还会或几年一趟省亲,或积累相应财富后返乡建房。个别成为富翁者,甚至愿意用巨资为故乡修桥筑路,行善兴学。这种热心家乡公益的情怀,在近代以后也常常表现为对国家民族大义的经济支持。孙中山领导的国民革命,在很大程度上得到过海外华侨的支持。后来为了抗日战争,华侨不仅出钱出力,有的甚至献出宝贵的生命。即使是中国的无政府主义运动,同样也得到过海外华侨的支持。

但是,侨乡的侨眷和返乡省亲的华侨又始终是土匪们绑票勒索的对象。对于一般的土匪而言,穷乡僻壤的山民根本不具抢劫的价值,而当权者或官府的粮仓银库他们大多不敢也无力盗抢。在土地稀少而人口稠密的福建沿海地区,真正富有的地主又为数极少,于是以女性为主体的侨眷或偶尔返乡的“番客”就成为他们攻击的主要目标。为了防范土匪的抢劫,富有的侨眷则常年必须雇佣一定的乡勇看家护院,偶尔返乡的“番客”为防不测也只能由乡勇一路保驾护航。一些侨眷集中的乡村,则由乡绅牵头,集中组织乡勇,以民团或其他名义购置枪支,并在村头构筑高高的瞭望和防御的塔状工事（也叫碉楼,闽南话有时也称“寨台”或“炮楼”）,统一看护乡村的安全。因此在福建的沿海地区,分散民间的枪支为数不少。土匪在抢劫钱财的同时,也都格外注重武器弹药的抢夺。民团以及土匪,一般都是以其拥有多少杆枪,具有怎样水平的武器而论势力大小的。当他们具有相当的势力也就可以待价而沽,甚至可以与当权者分庭抗礼,以至受到官方的收编而成为所谓的"民军"。

在中国近代史里,地方上的"民军",本来指辛亥革命前后,为推翻清王朝,各地"起自民间"所组成的武装力量。当然在统治者口里,这些起自民间的起义军总是被称为"土匪"。在福建,"民军"的历史虽然也可以追溯到清朝末年,但从总体上说他们与中国近代史上通称的民军是有所不同的。福建民军的大多数并不起于辛亥革命,而是出现在民国初年南方革命力量与北方军阀政权的激烈冲突时期。这时许多起自民间的武装积极参与或被利用卷入时代的大潮,他们也因此获得了民军的称号。因为这民军的"民"字似乎是代表着地方民众的利益或意志,而"军"字又很有点正规武装力量的意味,所以无论是打家劫舍起家的土匪,还是真正的揭竿而起的武装力量,都很乐意被冠于这样的称呼。在闽南一带,除来自广东的革命军,和民军相对应的外来军阀队伍一般统称为北军或"北兵",这一称呼实际上带有排斥、轻蔑的色彩。

福建的民军肇始于光绪末年的安(溪)永(春)德(化)。肖镇邦、高义、杨汉烈等为反抗豪绅和官府欺压揭竿而起,出没于安永德和漳平、华安边界,给当时的地方政权以沉重的打击。辛亥光复后,先是革命党人方声涛、黄展云、林知渊、张贞、许卓然、宋渊源、秦望山等或联合或利用土匪、民团、民军等各种地方武装,组织讨逆军、护国军或靖国军,配合全国范围的反袁世凯、反军阀斗争。而后盘踞福建的北洋军阀各路势力,如周荫人、孙传芳等为争权和掌控地方,也采用封官受爵的方式收编大股土匪或各路民军杂牌军。北伐军占领福建之后,福建地方政权由于无正规的军队控制局面,只好继续采用加官晋爵的方式,分别以新编师、省防军、保安旅、保卫团、警备队等五花八门的番号收编、招抚号称民军的地方武装。民国之后,福建以民军自诩的各路地方武装虽然在不同历史阶段有过不同的称呼,他们与地方政权的关系有密有疏,有时甚至直接接手政权。但他们不离本土,称霸一方的特征始终非常鲜明。因此不管时局如何变化,不同的民军总有其相对稳固的势力范围,如长期控制漳州的张贞,号称闽南王的陈国辉,占据闽中的卢兴邦,还有其他如王振南、王荣光、林寿国、郭凤鸣、高为国、尤赐福、陈国华、叶定国、刘和鼎、周志群,等等。他们守住自己的势力范围,始终处于拥兵自重,待价而沽的状态。

福建土匪猖獗、民军兴盛的一个重要原因,也与福建近代之后政局长期动荡,先后执掌地方政权者明争暗斗、软弱无能有关。1911 年 10 月 10 日武昌首义后,各省纷纷响应,福州也于 11 月 9 日光复。之后成立的"中华民国福建临时政府"——"闽都督府"由孙道仁任都督。但"闽都督府"连同福建地方各级政府内部矛盾丛生,布不成阵,全省政局纷乱动荡。1913 年 11 月,皖系军阀李厚基率部入闽,从而拉开长达十四年的北洋军阀统治福建时期。李厚基入闽后大量收编杂牌武装,扩军占地,攫取权力。他先后驱逐包括"闽都督府都督"孙道仁、"巡按使"许世英、"省长"胡瑞霖等,至 1917 年 7 月开始身兼福建督军和省长二职。他独裁福建,殃民祸闽,镇压革命党人,但最后还是在南北战争和北洋军阀内部派系矛盾激化中失败离闽。从 1922 年 10 月李厚基失势到 1923 年 3 月直系军阀孙传芳、周荫人进占福州,这期间直系军阀、粤军、皖系李厚基残部等争权夺利,烽火四起。直系进入福建之后,形式上完成了对全省的统治,但实际上只是大军阀占据省城、土著军阀割据地方,全省陷入各种争权夺利、抢占地盘的混战状态。直至 1926 年 10 月北伐军占领福州,才结束北洋军阀在福建的统治。

但伴随着国民革命军进驻福州并登上福建政治舞台的是海军的势力。中国近代海军始于清末,至民国成立时已初具规模。由于福州 1866 年开办了船政局及船政学堂,半个多世纪里培养了一大批的闽籍海军人才。但 20 世纪 20 年代之前的闽系海军始终以中央海军自居,对其家乡政务很少染指。后来由于北洋军阀控制的中央政府财政支绌,闽系海军经费无着、财源枯竭,为了生存一些将领不得不接受一些军阀的"协饷"进而听命、受制于他们。为彻底摆脱财源窘困的局面,闽系海军开始组建并努力发展海军陆战队,力图通过抢占地盘,把福建沿海地区变成能保障其粮饷的战略地盘。1926 年 7 月南方的国民革命军誓师北伐,同时也开始争取隶属北京政府的海军的支持。而随着北伐的节节胜利,杨树庄、陈绍宽等所属的闽系海军逐渐倾向于国民革命军。后来,在蒋介石承诺海军提出的"闽人治闽"的条件后,海军于 1927 年 3 月正式宣告投诚易帜,加入国民革命军,并立即投入北伐的战斗。①

---

① 参见杨志本:《中华民国海军史料》,海洋出版社 1987 年版,第 962 页。

1927 年 4 月,南京方面履行承诺,任命海军总司令杨树庄兼福建省主席。但是 7 月成立的省政府的十几个委员中,属于民军方面的就有卢兴邦、张贞、黄展云、宋渊源与谭曙卿。这是因为福建境内的这些民军,不论力量大小,在此前几乎都通过类似靖国军、护法军、自治军、讨贼军、新编军等渠道参加过国民革命,其首领与南京方面的上层人物也有了千丝万缕的微妙关系。而且在经历几番风雨几次洗牌之后,分散各地的民军也正通过投靠、收编等方式逐步形成更为强大的势力。其中如张贞、卢兴邦早已分别取得师长的地位,林寿国也成了海军陆战队的旅长。所以杨树庄虽然在福州成立海军总司令行营,并大肆扩充海军陆

图 24　30 年代泉州最繁华的南大街(《小世界:图画半月刊》1932 年第 12 期)

战队,力图控制福建全境,但实际上面临的却是一个四分五裂、更为混乱的局面。张贞部驻扎漳州,控制闽西南大片的地盘。卢兴邦部则以尤溪为中心盘踞闽中,势力最大时,几乎控制 25 县。而陈国辉第一混成旅,鼎盛时占据兴泉永 ① 一带,号称“闽南王”,有 3 个正规团, 2 个补充团及工兵营、特务营与补充营等,人数据称在 7000 人以上。装备上,原有的步枪不计,一次就从德国购得新式步枪 3000 杆。另外有重机枪 78 挺、山炮一尊、飞机 2 架(都为最低的保守数据)。同时在其老巢设有军官训练学校,修械厂,在南安、泉州、永春、仙游等地建有自己的飞机场。另外,刘和鼎的第五十六师占据闽北的建瓯一带,周志群的独立旅占据邵武一带,陈齐瑄的独立旅则占据闽东北。

这些割据一方的地方势力不仅按省府规定,以“自筹”经费为名在所辖地区强征苛捐杂税,搜刮民脂民膏,无恶不作,而且抢夺地盘,争权夺利,为所欲为。1930 年 1 月 6 日,卢兴邦利用海军内部权益分配不均之隙,制造了令全国震惊的“一·六”事件。他派兵直入省城,将省府委员 5 人、水上警察局局长 1 人(俗称“六委员”),从福州绑架到尤溪县关押,企图要挟杨树庄、方

---

① “兴”,指兴化府(今莆田市)所属仙游、莆田二县;“泉”,指泉州府所属晋江、惠安、南安、安溪、同安五县;“永”,指永春直隶州所属永春、德化、大田三县。

声涛改组省府。此事后来虽然以卢兴邦战败告终,但对于杨、方等人已是颜面扫地,威信无存。从1927年到1932年十九路军入闽,不管是杨树庄任职还是方声涛代职省主席,福建省府的政令实际上仅能到达福州及其附近的连江、闽侯、永泰、福清等十余个县。1933年11月,十九路军发动"福建事变"旋即失败,1934年1月蒋介石派亲信陈仪入闽主政,南京方面才真正掌控福建。

至于泉州,虽然在唐、宋、元时期有过辉煌的历史,明清之后已经繁华不再,进入民国之后更是战乱连年,匪祸丛生,苛捐杂税,民不聊生。

泉州地处福建的东南沿海,位居福州厦门之中,与台湾隔海相望。泉州的海岸曲折,湾多水深,港口资源丰富;境内大多为丘陵地带,路上交通极为不便;而晋江横贯其中,一般运货的"溪船"可通航至永春境内的五里街,承担着山区与沿海人、货的交流。所以,水运交通曾经比较发达。从南安九日山的梵文佛经可证,最迟到南朝梁普通元年至大通元年间(520—527),泉州就已有海外交通往来。中唐至晚唐时期,泉州海外交通贸易有了较大的发展,市井中外商云集。宋代泉州与日本、高丽、真腊(柬埔寨)、暹罗(泰国)、马六甲(马来西亚)、蒲甘(缅甸)、天竺、波斯、大食(阿拉伯)等57个国家和地区有海上贸易关系,泉州港现"涨海声中万国商"的繁荣景象,港口有专司翻译的"舌人"。元代的中前期,泉州成为中国乃至全世界最大的港口之一,20万的人口规模超过了作为福建行政中心的福州。居民中也有着大量的外籍侨民,城内不允许外国人居住的惯例也被打破,出现外商聚居的"蕃人巷"(泉州的闽南话中,许多与国外相关的事物均冠于"蕃"字,如"蕃客""蕃仔""蕃鬼""蕃薯""蕃文""蕃仔话""过蕃",等等;中外混血儿叫"半南蕃",甚至本地鸭子与外来鸭子杂交培育出的品种也叫"半蕃鸭")。清源山里的灵山圣墓,涂门街上的清真寺,以及1974年后渚港出土的南宋古船,至今还在诉说着泉州昔日的繁华。

但是,元朝后期持续十年之久的亦思巴奚战乱重创了泉州的社会经济,泉州的海外交通走向衰落,从唐至元四百年逐步形成的多元文化也因民族仇杀而走向终结。

元朝末年,由于内部派别矛盾斗争等原因,亦思巴奚军在泉州发动兵乱,并一路攻城略地,占领兴化、福州。这期间,亦思巴奚军不同派系分化,内斗不断,相互残杀;同时又介入兴化、仙游、福清、惠安一带的宗族混战,祸害地方。

最后朝廷派陈友定的精锐部队加以镇压,收复福州、兴化、并重新控制泉州。但是持续十年的战乱已经严重破坏泉州的经济生产和人民生活,民众贫困饥馑,甚至出现"食人"惨状。民间财富被搜刮一空,汉族百姓惨遭杀戮,典章载籍、宗教寺宇焚毁殆尽。而平叛之后激起民族复仇情绪,又致使外来的商人、传教士等遭受毁灭性的报应,侥幸避过劫难的也迅速离泉归国。之后,蕃舶不再进港,外商绝迹,泉州港风光不再,当地人提到带"蕃"的,也有了些许蔑视的意味。到明清两代朝廷施行严厉的"海禁",泉州对外贸易通道阻断。近代之后的五口通商,厦门、福州得开放之机逐步繁荣,泉州介于两者之间,更是日渐落后与闭塞。

进入民国之后,泉州常年战乱不断,政局不稳,匪祸丛生。历史上,泉州所辖范围时有变化,但基本上都下辖晋江、南安、同安、惠安、安溪、永春、德化七县。晚清至1934年南京国民政府实际控制福建期间,泉州的行政隶属一直处于变动之中。行政隶属的不断变化本身就给地方管理带来极大的困难,而激烈动荡的时局也造成泉州地方政权的频繁更迭。在军阀混战的年代,有枪就是草头王,谁占据了地盘谁就是老大。进入民国之后,当局势稍微稳定,介于福州厦门之间的泉州又往往为统治者所忽略,因此又成为各种民间武装激烈争夺的地盘。在北洋时期,整个闽南地区始终是南方革命势力与"北兵"激烈争战的地方。在拉锯战中找寻攀附对象,卖身投靠,进而不断发展壮大的是土生土长的各路土匪、民军的首领。这期间,在这片土地成长起来大大小小的各路豪强就包括苏忠义、黄其明、张毅、张雄南、尤赐福、王荣光、杜建、高义、高为国、彭同、彭灶、陈清、吕振王、吴清波、叶文龙、叶振南、陈国辉、吴威、吴晋源、陈佩玉、陈育才、陈国太,彭棠、涂飞龙、叶定国、叶文良、李昭言、杨汉烈、杨持平、林青龙、涂友情、林妙庆,等等。还有一些本身不是绿林出身,却又依靠收编土匪而成"民军"头目,而后坐大一方,如曾占据闽西南数年的"福建剿匪司令"张贞。而从1927年南京国民政府成立到1934年国民党中央军进驻泉州之前,泉州的驻军也频繁更替。短短几年间,先后在泉州驻扎过的军队就包括:时属新编军的高为国和郭凤鸣,蔡廷锴部的第十一军(第十九路军前身),郭凤鸣的新编军第二师、张贞的第四十九师,林寿国的海军陆战队,刘和鼎的五十六师,高为国的"海军晋南惠游击大队",陈国辉的省防军第一混成旅,以及第十九路军的第六十一师,等等。

　　而民国之后,几乎是谁的军队占领了这块地盘,这地盘的行政长官就由谁指派。在很长的历史时期,泉州府和晋江县同城而治,泉州也就是晋江县城。而根据《晋江市志》记载统计,从进入民国到 1934 年南京政府实际控制福建的短短二十三年间,晋江县总共有过 41 位的县长。[①] 这些地方当政者除了通过各项苛捐杂税,负责为各自的军队筹备军饷外,就是想方设法盘剥百姓,中饱私囊,所以根本不在乎地方的治理与建设,更遑论什么有政府、无政府的运动。

---

① 　陈苗主编:《晋江市志》,上海三联书店 1994 年版,第 1646 页。

第二章
火种的输入与干部的训练

就是在这样的历史源流与特殊的地域背景中,这种起源于欧洲的无政府主义,在20世纪20年代传到了福建的泉州。但是作为一种思潮,它从开始传入到最后形成规模的实际运动,期间还有一个逐步发展的过程,而在这一过程中,秦望山无疑是个关键人物。

第一节　火种、路径与保护伞

据秦望山的回忆,福建的无政府主义的火种最早是从广东刘师复系统传播过来的。如结合前面介绍的刘师复活动经历也可以说,传入福建的无政府主义火种,其实可以追溯到法国巴黎的"新世纪"派甚至日本东京的"天义"派。秦望山介绍说:

> 1918 年,陈炯明的粤军占领漳州。陈为伪装进步,通过秘书莫纪彭的关系,引用刘师复系统中的一大批安那其主义者,如梁冰弦、刘石心、区心白等,来漳州创办《闽南新报》及其他刊物,宣传安那其主义,并提倡新文化运动及学生运动。此时吴稚晖、李石曾、张静江诸人在法国组织留法勤工俭学会,在国内招考学生赴法留学。陈炯明视此为培养骨干的好机会,在漳州粤军所辖范围招考 40 多名学生,送往法国留学,但没有培养出对地方有影响的人物来,仅有一个叫林和清的(笔名林憾庐,是林语堂的三兄——原注)对安那其主义颇有研究,曾任厦门《民钟日报》的编辑。①

如前所述,陈炯明曾接受无政府主义的影响,并与莫纪彭等参加过刘师复为首的支那暗杀团。莫纪彭还和刘师复、郑彼岸三人共同联名为"心社"的发起人。刘石心为刘师复九弟,少年时代就受其兄长影响,后成为坚定的无政府主义者。梁冰弦即"海隅孤客",曾主编《劳动》杂志,后回广东活动,成广

---

① 秦望山:《安那其主义者在福建的一些活动》,《福建文史资料》1990 年 10 月第 24 辑,第 185 页。

州无政府工团主义的中心人物。区心白早年加入广州的无政府主义同志社,后参与北京实社,主编过《工余》《民声》等杂志。林和清（1892—1943）,号憾庐,1943 年逝世后,巴金创作的小说《火》第三部主人公田惠世就是以其为原型的。另外,巴金后来还专门写有《纪念憾翁》[①] 一文。秦望山这里说的陈炯明组织、选派学生赴法国勤工俭学,"没有培养出对地方有影响的人物来"是相对而言的。因为如第一期选派的郑超麟因在法国一家橡胶厂做工认识了李维汉、邓希贤（小平）等人,通过他们的介绍,参加了 1922 年 6 月 17 日旅欧中国少年共产党成立大会,为 18 名代表之一,[②] 后成为中共党史上的著名人物。

秦望山是福建无政府主义运动的关键人物,也是把无政府主义运动火种引入泉州的第一人,因此有必要根据相关资料,对其生平活动先作些介绍。

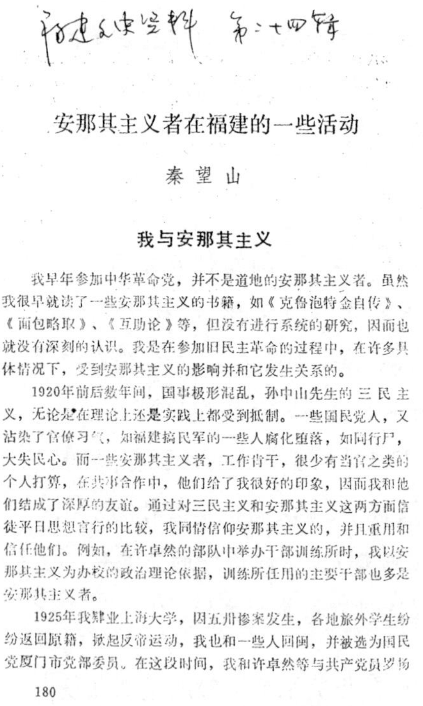

秦望山 1896 年 8 月 20 日出生于福建泉州,少时在私塾念过几年书,在钱庄当过学徒。1915 年参加中华革命党,1917 年在反对袁世凯称帝斗争中,参与许卓然领导的靖国军,任军需官。1920 年春,靖国军与陈炯明的援闽粤军发生冲突,作为地方代表往漳州同陈商谈停火事。1922 年与许卓然、张贞、方声涛等在沪组织福建自治促进会,成立自治军,任第五路司令,参与"驱李（厚基）运动",并在南安创办漳州寮干部训练所。1923 年推翻李厚基,自治军改编为讨贼军后,任许卓然领导的东路讨贼军第八军第三路司令。1924 年当选国民会议代表赴北京,旋以旁听生入上海大学旁听学习一年多。回厦门后,先后被推选为国民党福建省和厦门市临时党部执行委员,期间参与创办厦门

图 25   秦望山的《安那其主义者在福建的一些活动》

————————

① 收入巴金:《怀念》,开明书店 1947 年版。

② 郑超麟:《忆旅欧中国少年共产党》,郑名桢编著《留法勤工俭学运动》,山西高校联合出版社 1994 年版,第 234 页。

中山中学。1926 年 4 月,因中山中学校长人选问题,以及厦门市临时党部选举出席省代表大会代表发生激烈摩擦,离开厦门前往诏安,任国民党诏安干部学校政治部主任。1926 年 10 月受临时省党部委派,任晋江县临时党部筹备主任,组织农民协会,创设晋江县宣传养成所,任所长。从这时期开始到抗日战争全面爆发,泉州的许多社会团体,特别是国民党的晋江县党部,一直都控制在安那其的人手里。1927 年"清党"时,在泉州曾阻挡军队介入清党而被通电控告,开

图 26　秦望山

除党籍,被迫离闽。后重新被委派为泉永民团编练特派员,主持泉永民团编练处。1928 年 12 月又复受派为晋江县党务指导委员会委员。1929 年,因通电反对讨伐冯玉祥,被国民党福建省党部停止党籍两年。此后曾任第一届国民参政会参政员、菲律宾"血干团"总顾问、青年工作队指导员、国民政府中央监察院监察委员、福建华侨投资建设公司董事长等。1949 年往香港,旋赴沙捞越办《先锋报》,后被驱逐回香港。1957 年回大陆,任福建省政协常委。1970 年病故。

在回忆起作为地方代表,往漳州同陈炯明商谈停火时,秦望山说:

　　1920 年春天,靖国军与粤军发生冲突,我作为地方代表,往漳州同陈炯明商谈停火事,因得和梁冰弦、刘石心等相识。同年夏天,我在粤办出国(东渡菲律宾)手续,有机会再与梁冰弦等相见,并参观了他们主持的孤儿院,印象颇好。我把相从甚久的朋友陈佩玉、李清等人介绍给他们,请他们设法让陈、李在孤儿院学习藤科和印刷,拟作为回泉创办职业学校的准备。这就是安那其主义最早在福建传播的概貌和一些人事上的情况。①

---

① 秦望山:《安那其主义者在福建的一些活动》,《福建文史资料》1990 年 10 月第 24 辑,第 186 页。

无政府主义传入福建的另一渠道是通过南洋的华侨。秦望山回忆说，1920年夏秦望山到菲律宾，刚好华林在菲《公理日报》任记者。华林竭力主张推行8小时工作制和星期日休息，受到许多华侨商人的激烈反对。面对困难，华林并不气馁，他继续宣传自己的主张，还扶植进步力量出而组织华侨工党，创办《平民日报》、新剧社，并设立了一所中学。经过艰难的斗争，华林的主张终于得到实现。华林也是老资格的无政府主义者，莫纪彭、刘师复、郑彼岸发起成立"心社"，华林和前面提到的区心白都是其成员。秦望山说，这件事给他留下了深刻的印象，并分析说"旅菲华侨多为福建人，尤以菲岛与厦门间交通方便，那里发生任何事情，很快就传到福建来。菲岛的这场斗争，对安那其主义在漳州、泉州一带的传播及安那其主义者在这些地方的活动产生了深广的影响"①。

据秦望山回忆，后来福建自治促进会和自治军为扩大宣传福建自治，许卓然决定恢复此前已被袁世凯封闭的厦门《民钟日报》，邀菲律宾华侨工党秘书长、《平民日报》社经理王雨亭回国主持，并与秦望山共同决定聘请梁冰弦为总编辑。

秦望山的这些回忆实际上还涉及另一历史现象，即无论是广州—漳州—厦门，还是广州—菲律宾—厦门，广州刘师复等无政府主义的影响都是先聚集于厦门，而后才到达泉州的，厦门成为了无政府主义影响泉州的中转站，或者来往泉州无政府主义者的接待站。在二三十年代福建的无政府主义运动中，厦门担当这样的历史角色自有其特殊历史原因。首先从区域文化看，厦门属于闽南方言区中后起的城市，其语言文化习俗和泉州极为相近。在行政建制上，大部分时期厦门隶属泉州。后来随着这一城市的开放和繁荣，有时候泉州也隶属厦门。其次是近代之后随着海禁洞开，厦门成为对外通商口岸，并成为中国仅有的两个设有公共租界的城市之一。除了陆路，厦门港成了整个闽南地区对外交通的重要枢纽，无论是远走南洋还是往来福州、广州或上海，厦门都是必经之地。它实际上已经取代泉州，成为闽南地区通往外部世界的重要窗口。第三，除了其开放程度相对较高之外，相对于泉州而言，厦门由于其区域地位实际上也成为官方着力控制的城市。民国之后，无论政权实际控制者为谁，厦门长期是海军陆战队控制的地盘。

---

①   秦望山：《安那其主义者在福建的一些活动》，《福建文史资料》1990年10月第24辑，第187页。

由于上述种种缘故,厦门虽然未像泉州那样形成规模的无政府主义运动,但始终是无政府主义思想和人员通往泉州的必经之路,并且也有过一些重要的无政府主义实践。在厦门的《民钟日报》先后聚集过包括刘石心、梁冰弦、李占标、冯笃明、吕安平、刘抱真、黎昌仁、林和清、王鲁彦等无政府主义者。由于经常发表介绍、宣扬无政府主义的文章以及新闻报道中的

图27　20世纪二三十年代的厦门电灯厂

无政府主义倾向,《民钟日报》也被认为是中国无政府主义的报刊。①

　　1925 年 6 月 8 日,国民党福建临时省党部在厦门成立。许卓然、秦望山和厦门大学学生罗扬才（共产党人）等均为执行委员。接着,厦门市党部临时执行委员会也正式成立,秦望山等为常委,罗扬才为执委。1926 年罗扬才等开始到厦门电厂帮助工人组织自己的工会,维护自己的权利,并联合市电话公司和电报局工人,组织电器工会。1927 年 1 月,中共厦门市委成立,罗扬才任组织部长。之后,厦门总工会成立,罗扬才任副委员长。接着,以"二五"加薪为目标的工人运动从厦门电灯厂开始。这个厂的工人每日劳动 10 多个小时;设备差,伤亡事故时常发生;工资又低微,每月收入多者 20 元,少者 17 元,尚不及工程师的二十分之一,收入微薄,难于糊口。在罗扬才等的发动下,工人们推举陈以吾等为代表,向厂方提出增加工资、改善劳动条件,但遭经理陈耀琨的拒绝。于是工会写信给长住上海的老板黄世金,黄世金慑于革命形势和工人运动发展的声威,打电报给陈耀琨说:"只要不出事情,工人的工资可以加"。可陈耀琨将电报扣压,拒不答应工人条件。但黄世金来电被电报局工人获悉,并抄了一份送至电厂工会。电厂工人当即找陈耀琨交涉,陈抵赖不过,答应"查查看"。但一拖数月,工人们忍无可忍,集中在园山宫开会,决定罢工抗议。罢工后,全市停电,晚上一片漆黑。陈耀琨手足无措,试图请海军司令部林国赓镇压工人。但林看到北伐

_____

　　①　参见《无政府主义书刊名录》,葛懋春、蒋俊、李兴芝编《无政府主义思想资料选》下册附录四,北京大学出版社 1984 年版。

形势对己不利,不敢轻举妄动。陈耀琨无计可施,最后只好答应工人的要求。这是一次成功的而且在当时影响很大的罢工斗争。① 但是国共合作很快破裂,4月8日夜,厦门海军警备司令部接到福州谭曙卿代总指挥电令,宣布全省戒严。同时厦门的"清党"开始,罗扬才等很快就被捕了:

> (4月)8日陈季良派陈培锟到厦,促警备司令部参谋长林国赓同时解决左派。是日午前11时,林奉福州全省戒严司令官谭曙卿电令,宣布全省戒严。当晚即以闽厦警备司令杨树庄名义(杨至今仍兼此职)宣布自9日起,实行戒严,停止一切集会运动。即日召集紧急军事会议,并召市党部筹备主任民党派李汉青与议,商定解决左派办法。当时事极秘密,左派仅知形势严重,而未料竟出此断然之态度。总工会罗扬才、杨世宁尚应召赴司令部,林国赓告以宣布戒严,各工会应停止一切集会运动。至9日上午3时半,林复奉政治分会电令,通缉陈文总(现任兴泉政治监察)、陈卓凡(现任漳属政治监察)、罗扬才、杨世宁、黄埔树、傅学礼、严子辉、江维三、吴昆元等11人。市党部筹备处同时亦奉省党部同样电令。9日侵晨,司令部下紧急戒严令,武装军警出动全市,8时派陆战队一连,至总工会包围,搜捕罗扬才等。工会纠察队闻讯,集数十人持棍驰往,军警荷枪以待,并临时揭告被捕捣乱分子,与工人无涉,各宜安其所业,有敢暴动者就地枪决。纠察队乃不敢动,由陆(战)队军官入会,见罗扬才、杨世宁、黄埔树等,谓奉司令部令,请其赴部有事商议,罗等即偕往,至其拘禁,惟尚优待耳。严子辉、江维三在距城15里之禾山,被乡民拘送司令部,吴昆元则下午被捕,先后共6人。陈文总在厦,寓新马路三合号,军警往捕,已先避去。此9日军警捕人情形也。市党部民党派于是日晨在新马路召集各界拥蒋护党大会,到民党派之学校、工会33团体,最有力者为向与总工会居于反对地位之建筑工会(会员达数千人)。由建筑工会长许春草主席,通过拥蒋肃清党内共产分子等五条,及拥蒋护党之通电。是时,总工会派代表至,要求(一)取消拥蒋护党大会;(二)保护工人;(三)拥护总理之农工政策;(四)工人以后仍有集会及运动之绝对自由。当时大会对(一)绝对拒绝,(二)(三)均容纳,(四)由政府代表

---

① 参见叶近智:《厦门电灯公司概述》,厦门市政协文史后学习宣传委员会主编《鹭江春秋》,中央文献出版社2003年版。

答复,在戒严期间不能允许。旋出发游行。此时传总工会方面工人将与建筑工人冲突,于是游行队首导以武装之陆战队,及永健兵舰水兵,复殿以陆队及武警,共约 400 人。沿途高呼拥蒋迎汪及肃清共产分子等口号,是时全时(为"市"之误——笔者)极紧张,港仔口、庙前街、新马路等闹市商店均半闭户,午后总工会请释罗、杨、黄三人不获,总罢工声浪亦盛。至午后 2 时,印务工会首先罢工,各报临时停刊。后分头运动电灯、自来水罢工,但司令部先有准备,于 9 日之晨,已派武装军警监视电灯、自来水及电话等交通及公用机关,且揭妨害公安就地枪决之帜于门首,总罢工运动乃无效。①

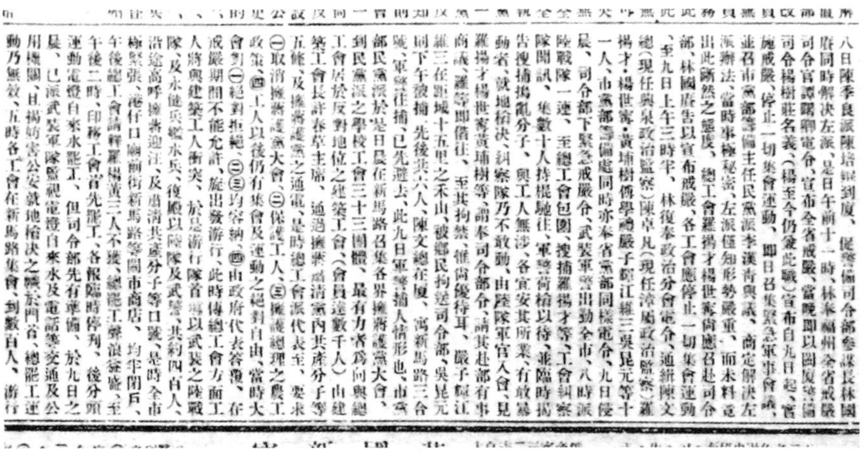

图 28 《申报》1927 年 4 月 17 日关于厦门清党之报道

5 月上旬罗扬才等被押往福州,6 月 2 日凌晨在福州壮烈牺牲。② 后来,"中华全国机器总工会密派一个特派员叫董寄虚来厦领导厦电工运"③。

　　成立于 1920 年的中华全国机器总工会为无政府工团主义组织,最初由香港中国机器工会与广东机器工会联合组成。广东的机器工会是广州无政府主义的重要组织,其机关也是广州无政府主义活动主要据点。最早工人出身的李占标、麦余等组织过带有会馆性质的互劳俱乐部,1920 年接受了无政府主义的他们和梁一余、梁冰弦、刘石心、李敬轩、朱敬等共同组织成立了广东的机器工会,并由李占标主持出版其机关刊物《进化周刊》。据称鼎盛时其会员多达三万人

---

① 《厦门之时局变化,省政府电令捕多人,海军宣布戒严,酝酿总罢工未成》,《申报》1927 年 4 月 17 日。

② 厦门市总工会编:《厦门工人运动史》,厦门大学出版社 1991 年版,第 149 页。

③ 叶近智:《厦门电灯公司概述》,《鹭江春秋》,中央文献出版社 2003 年版,第 219 页。

以上,经费十几万,是当时实力最为雄厚的无政府工团组织。关于广东的机器工会,在此前后与福建的无政府主义运动至少有过两次的联系。秦望山回忆提及,1923年受命办东路讨贼军的干部训练所时,"为谋训练所经费独立,我们办了一个造币厂,制造毫币(角币)。由梁冰弦转托广东机器总工会设计制币机,并物色技术工人。该会是安那其主义者领导的,他们认此为共同的事业,答应帮我们的忙"①。范天均接受访问时则回忆道:"一九三一年'九·一八'事变后,无政府主义者曾计划在华北建立抗日武装基地。柳絮(朝鲜人)与郑枢俊在北京筹备一部队,郑从北京南下福建,同天均和君冷联系,在泉州筹款,还到广东与广东机器工会朱敬等接洽筹款"。范天均同时还谈道:"董寄虚(湖北人)在1929—1931年间于厦门组织厦门机器工会,并组织电灯工人罢工,董寄虚和两个工会委员曾被捕,后经斗争才释放,在工人中当时有一定的影响。"②而当年报纸报道,厦门工整委会第十三次常会议题中,也包括关于"全国机器总工会,函为厦门支会,无受其他团体管辖之必要,请勿予并入辖内,以免纠纷"的相关报道。③

董寄虚到厦门后组织厦门机器工会开展活动。时社会动乱,物价暴涨,工人生活困难。1930年5月,董寄虚发动工会派代表向厂方要求增加工资。6月"4日最后仲裁不决,5日罢工"。④厦门海军警备司令部林国赓派军警、便衣暗探包围董寄虚住处,逮捕董寄虚及其他工人。厦门机器工会曾通过中华全国机器总工会设法营救,当年报纸曾有报道如下:

厦门机器支会代表谢一山、王奴、王瑞瑜,昨(十七日)上午十时,再赴司令部,请释董寄虚。当由杨军法处长接见。代表等陈述董氏监禁月余,中华全国机器总工会常委朱敬,由京来电,谓海代部长有电令释放,于今可否保释?杨氏答谓:海代部长电,只令查明见覆,并无明令释放。省政府亦有文到,仅称董寄虚相片缴呈中央核察。故欲释董,必有中央,或省府电谕,始能遵办。代表等又以董氏在监禁中,骨肉消瘦,又常生病,先

---

① 秦望山:《安那其主义者在福建的一些活动》,《福建文史资料》1990年10月第24辑,第188页。

② 陈登才:《访问范天均先生的纪录》,葛懋春、蒋俊、李兴芝编《无政府主义思想资料选》下册,北京大学出版社1984年版,第1046页。

③ 《机器支会不受其他管辖》,《民钟日报》1929年5月24日。

④ 参见:《厦门电灯工潮》,《时报》1930年6月6日;《厦门电灯工潮扩大》,《新闻报》1930年6月7日;《一波未平一波复起,厦门刺杀案何其多,工会常委伤重命危,多事之秋话不尽》,《公教周刊》第60期,1930年6月。

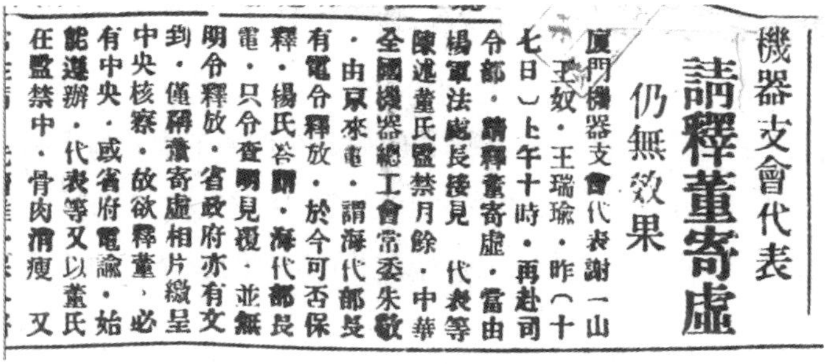

图 29　厦门《民钟日报》1930 年 7 月 18 日关于营救董寄虚的报道

请准予保外医治。但杨氏始终以未得中央或省府命令为词。至十时半,代表等告辞归去,立电报告南京交涉专员朱敬,再图设法。该电云:南京户部街七号朱敬兄,张杨早释,电悉。驻军以海代长来电,只令查复,省府无释董电,须中央来电释放云。乞速设法。厦机会。筱。①

这一消息中,机器支会代表谢一山即本章稍后将叙述到的晋江宣传养成所的学生谢宝儒。而事件后经各方努力,终于得到中央和省府相关“电谕”。海军警备司令部本拟“奉国府蒋主席令,将董氏移送当地法院审理”,但因又有省府承省指委会函请,并饬“暂予保释,随传随到”八字,② 董寄虚及被捕工人最后还是释放了。为此,厦门机器工会特登报鸣谢各界主持正义,竭诚援助:

　　敬启者:敝会此次因电灯厂会员为生计困苦,向厦门电灯公司要求加薪,改良待遇,深荷各界主持正义,竭诚援助。俾加薪案得相当解决,并因误会被捕之职员均获开释,现特登报鸣谢。

　　　　　　　　中华全国机器总工会厦门支会

　　　　　　　　　　　　　　民国十九年八月八日 ③

可以说,此次斗争基本上取得胜利,董寄虚出狱后也离开厦门前往泉州。在泉州,董寄虚恰好遇到来泉的巴金,就把自己在厦门狱中写的日记给予巴金。巴金后来根据这日记创作了中篇小说《新生》。根据巴金后来的回忆,董

_____

① 《机器支会代表请释董寄虚仍无效果》,《民钟日报》1930 年 7 月 18 日。
② 《县指委请释董寄虚仍无效果》,《民钟日报》1930 年 8 月 7 日。
③ 《中华全国机器工会厦门支会鸣谢启事》,《民钟日报》1930 年 8 月 9 日。

寄虚最后还是"让熟人花了点钱保释出来"的,而自己的创作"借用了一些事实",把董寄虚的经历"借给"了小说的主人公。他说:"当时如果没有朋友的日记,我绝不可能想到资本家勾结军阀所干的杀害工人的勾当和在禾山进行的事情。"① 所以,巴金小说的叙事实际上记录当年发生在"A地"(当时厦门的英文名为 Amoy,据称为"古早时"闽南话"下门"的音译)的一些历史场景:

> 酝酿了一个多月的电灯工人罢工潮现在就要爆发了。
>
> 昨天我们到司令部去参加第三次劳资仲裁会议。资方的代表完全拒绝了我们劳方代表底加薪的要求。我们让步两次,但资方底态度始终非常坚决。所以在四小时的会商以后,依旧毫无结果。
>
> 今天早晨我们底罢工委员会开会,我们决定了对付资方的手段和步骤,分配好大家底工作。
>
> 下午我从工会会所出来,走在T马路上。这条路不很宽敞,行人并不多。刚刚落过一阵骤雨,马路还有些润湿,空气很新鲜。我仰起头,看那逐渐开展的清朗的天空。我摇动着身子,我觉得一个大的事变,一个活动的机会就要来了。我快乐。
>
> 突然我发觉我底身后起了几个人底有规律的脚步声。这声音和我底脚步相合。我走快,它们也快,我走慢,它们也慢。
>
> 我底心忽然战抖起来。我想一定是有人在后面追踪我了。在这种时候的确有许多人欲得我而甘心的。而且在 A 地暗杀事件又是极普通的,一个人只要有钱有枪,就可以随意杀死他底仇敌,他自己不会有一点危险。前一个月 ×× 报底记者因为得罪了本地的一个军阀,就在这 T 马路上被人用手枪打死的。想到这个我觉得事情有些不妙了。我应该想一个防备的办法。

但他终于还是无法逃脱,还是被押上汽车抓走了。不多久就被押到了"H 山海军办事处"。H 山是厦门的禾山,一个"著名屠杀青年的地方,都是执行秘密枪决的。尸首就埋在山里,没有人会知道"。T 马路指的是厦门的太史巷,前一个月 ×× 报底记者"在这 T 马路上被人用手枪打死",指的是发生在 5 月

---

①　巴金:《谈〈新生〉及其他》,《巴金全集》第 20 卷,人民文学出版社 1993 年版,第 409 页。

25 日,引发社会震动的许卓然在厦门太史巷惨遭凶徒枪杀事件。主人公 6 月 5 日的日记还回顾了自己到厦门一年多的工作情况:

> 这一年来在 A 地,在许多朋友底帮助之下我热心地工作,生活在机器工人中间,帮助他们同困苦的环境奋斗。我们开办了机工子弟学校,开办了机工夜学,设立了机工俱乐部,成立了失业机工互济会,又组织了 A 地总工会。但是学校被封闭了,总工会被解散了。不管我们底行动是怎样地温和,人家并不给我们一点机会的。①

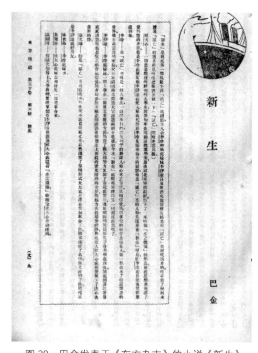

图 30　巴金发表于《东方杂志》的小说《新生》

这段引文中提到的"被封闭"的学校指的可能是当时被封闭的厦门中山中学。

从前面的追述可以看出,来自于广东的无政府主义的火种首先是经过厦门而后才进入泉州的。而从火种的引入到后面在泉州生根发芽,还有一位一路上为其遮风挡雨的"保护伞",他就是刚刚提到过的许卓然。秦望山认为,1921 年复办《民钟日报》,他和许卓然共同决定聘请梁冰弦为总编辑,是两人"不谋而合信任安那其主义者的开始"。到 1923 年秦望山在许卓然的东路讨贼军麾下任第三路司令,并受其指派创办、主持干部训练所,训练一批无政府主义的青年骨干,秦望山说这时自己"与许卓然的关系已是不分轩辕了"②。

在秦望山之前参与的社会政治活动中,秦望山与许卓然始终如影相随。而到 1930 年 5 月许卓然遇刺身亡之前这段时间里,秦望山以及泉州无政府主义的活动得以展开,也和许卓然的默许或暗中的支持不无关系。对于这方面的情况,秦望山是这样分析的:

---

① 巴金:《新生》,《东方杂志》第 30 卷第 10 号,1933 年 6 月。

② 秦望山:《安那其主义者在福建的一些活动》,《福建文史资料》1990 年 10 月第 24 辑,第 187 页。

　　　　许卓然与安那其之间并没有什么实质性的关系,充其量只是同情安那其而已,只是因我的关系,对我们的所作所为才抱着心照不宣的默契态度。我也没有明确地对许卓然谈过安那其。这里附谈一件事实,可以说明这方面的情况。当时南京国民党中央对安那其在泉州地区的活动,并不是熟视无睹的。1929 年,因我通电反对讨伐冯玉祥,国民党福建省党部停止我党籍两年,案送中央执委会转到中监会。在审查中,林森(时任中监委常委)突问许卓然:"望山除通电指蒋介石'联甲倒乙,联己倒丙,师军阀之故智,非本党所宜为,请中央予以纠正'等失言外,在地方究竟还搞些什么?"许卓然知林森言外之意,回答说:"望山干的都是国民革命所应干的事,容纳安那其和宣传安那其主义,是将来遥远的事,做得对不对,群众自能识别。"从这答话中可看出许卓然对安那其的态度。熟悉闽南地方情况的人,都知道许是老国民党人,在泉州一带进行革命活动的历史很长。在他生前,我始终不渝地尊奉他为领导者,正是在他的同情和默许下,我始能畅通无阻地广事接纳并重用安那其的人来开展工作。①

许卓然为辛亥革命和反袁救国的功臣,曾与孙中山结下了深厚的革命情谊,为人任侠尚义,深受闽南地区民众崇敬。因其活动与泉州无政府主义运动以及

图 31　许卓然

相关人事的关系极为密切,所以很有必要根据相关资料对其生平作一较为详细梳理。

　　许卓然别名寄生,曾化名李华、树华,泉州西郊马加埔村人。"资性聪颖义侠,有大志,喜读书,惟不研章句;专心于治乱兴革之理,恒发为切时救世之论,由是声望日隆,热心之士,多乐从之"②。1905 年赴新加坡,在南洋接受革命思潮影响,后回厦门紫阳学堂任教,加入中国同盟会,并很快就成为福建同盟会的骨干之一。1910 年受派回到泉州一带开展活动,筹建地方

────────────

① 秦望山:《安那其主义者在福建的一些活动》,《福建文史资料》1990 年 10 月第 24 辑,第 182 页。

② 许卓然先生治丧处:《许先生略历》,许卓然先生治丧处编印《许卓然先生被刺经过及其前因后果》,第 1 页。

组织,并与叶青眼等一道创办西隅学堂。1911 年 5 月,与革命党人、印尼泗水归侨蒋以麟(泉州新门外树兜村人)等交换情报,共商起义计划。后在清源山赐恩岩召开由各派革命党人参加的秘密会议,出席者有同盟会会员 11 人,许卓然主持。会议着重讨论了光复泉州的计划及秘密购置枪械、招募敢死队、联络各县同志等事项。10 月底,再次齐集小开元寺,正式成立泉州同盟会机关总部,蒋以麟任会长兼军务股长,许卓然为组织股长,机关设在西隅学堂。11 月 18 日,发动起义,泉州光复。后闽南各县亦闻风响应,易帜反正。

革命后泉州同盟会改组为国民党地方组织,许卓然未任领导工作,回厦门与陈清机等创办《应声报》,继续宣传革命,拥护共和,反对袁世凯窃国。"二次革命"失败后,《应声报》被查封,许卓然遭通缉逃往内地。1915 年,与宋渊源、叶青眼等在厦门筹组中华革命党福建支部,并受命前往福州开展工作,后仓前山秘密机关被官方破坏,遭军警追捕侥幸逃脱。12 月,孙中山在上海发动护国战争,许卓然被委任为福建护国军统筹部部长。1916 年 4 月,许卓然率 300 余人的护国军,举行泉州起义,由于李厚基防范严密及叛徒叛变,闽南护国运动失败,许卓然等人被悬赏通缉。10 月,在厦门与同仁以《声应报》为基础,创《民钟日报》。1917 年孙中山南下广州护法,密函许卓然招募福建民军响应。1918 年,参与组织"闽南靖国军",张贞任司令,许任第二路司令,后因靖国军与宋渊源的护法军在永春互相残杀,愤而往菲律宾。1922 年,陈炯明叛变孙中山,许卓然应孙中山之召赴沪,受命"合力倒李厚基"。于是与在沪的黄展云、方声涛、林知渊、张贞、秦望山等十余人发起成立福建自治会,号召驱逐李厚基实现自治。旋即潜回泉州,召集旧部,组织自治军,不久进占泉州。1923 年,自治军改编为讨贼军,许任泉州警备司令,辖陈国辉、王振南、秦望山等三路统领。1924 年 1 月,孙中山在广州主持召开国民党第一次全国代表大会,许被指定为福建省代表出席。会间,许卓然面求孙中山为厦门《江声报》题写了报名。

图 32　孙中山题写的《江声报》报头

图 33 《许卓然先生被刺经过及其前因后果》

许卓然会后与江董琴回厦门筹备组织国民党福建临时省党部。1925 年 6 月 8 日,国民党福建临时省党部在厦门成立,许与秦望山等同被推为执行委员,接办《江声报》,筹款创办厦门中山中学。北伐军入闽后,国民党中央改派丁超五接收临时省党部并迁往福州正式筹办福建省党部,许卸党部职务。1927 年"清党运动"期间,与秦望山被指泉州"清党不彻底",被迫出避上海。1928 年福建省政府成立,拟委许卓然为财政厅长,许推辞不就,仍回厦门接办《江声报》,中山中学则因国民党右派破坏,经费日绌而停办。后被委任为省政府参议,兼全省禁烟委员会常委,旋任漳泉禁烟专员,"尤努力于督铲缉运,不为势胁,不为利诱,屡破大案,而内地卖吸,因亦敛迹"①。1929 年春,许卓然与秦望山等联合创办泉州黎明中学。1930 年 5 月 25 日在厦门遭凶徒暗杀,连中四枪,29 日不治而逝。

秦望山始终不渝地尊许卓然为领导者,在泉州、厦门,人们实际上也是"许秦"并称,所以秦望山才说两人的关系是"不分轩辕"。许卓然遇害后,在秦望山等张罗下成立了以时任南京国民政府主席林森为首,包括张贞、黄展云等 73 人的治丧处。在之后很长一段时间里,为惩办凶手秦望山也开始频繁奔走于厦门、南京等地。但是,到 1930 年 5 月,秦望山引入、许卓然默许甚至支持下的无政府主义火种,经此前的干部训练所、宣传养成所、民团编练处以及之后的黎明高中,已经在泉州生根发芽,自然生长了。

第二节　漳州寮干部训练所

　　秦望山、许卓然和黄展云、方声涛等发动驱李（厚基）自治，秦望山先入福建联系民军组成福建自治军。经一番厮杀驱李成功，自治军1923年进驻泉州。之后福州发生拥萨（镇冰）到林（森）风潮，泉州由于孙中山指派廖仲恺坐镇处理，时局较为平稳，闽南的自治军也一律改编为东路讨贼军第八军，以共同讨伐陈炯明。第八军军长由许崇智兼任，张贞任前敌司令，率部开赴前线去了。许卓然任泉州警备司令，下辖陈国辉、王振南、秦望山三路统领。秦望山以泉城军队众多，市区环境不宜于整训为由，率部移驻南安县官桥镇的漳州寮，表面上是部队整训练兵，实际上开始其一番"鸿图"。[1]

　　此前驱李（厚基）成功，自治军入泉城后正酝酿改编为东路讨贼军之际，秦望山告假往厦门鼓浪屿探访亲友。在厦期间秦望山和梁冰弦等一班安那其朋友谈论时局，大家认为："这次虽然达到了推翻李厚基的目的，但福建新的统治者亦是北洋军阀，换汤不换药，自治运动显然是失败了，必须再来一次彻底的、根本的改革。"[2] 而"要革命我们自己必须有中坚实力，可是我们这班民军太不争气，没有清醒的头脑，更没有革命意志，所以扶起东来又倒西，甚至各自为政，积不相能，更谈不到什么奋斗目标。"[3] 秦望山后来的回忆说："我把大家的

---

[1]　秦望山：《对闽南民军的回忆》，《福建文史资料》1994年4月第32辑，第90页。

[2]　秦望山：《安那其主义者在福建的一些活动》，《福建文史资料》1990年10月第24辑，第188页。

[3]　秦望山：《我与自治军及讨贼军的关系》（下），《泉州文史资料》1963年2月第8辑，第14页。

见解对许卓然说了,许亦有同感。我们认为要搞好革命,就要从头做起,很好地训练出一批新的干部,建立起一支新队伍。因此决定创办一个干部训练所,并决定由我兼负这一工作。"① 在此可能得区分一个事实,即秦望山与许卓然决定创办干部训练所的动机可能是截然不同的,许卓然的动机可能在于国民革命,而联系秦望山在此前后的活动以及后来的不同回忆,其无政府主义革命"鸿图"的动机是非常明显的。所以,当训练所开办,一切都按秦望山的无政府主义思路进行:

> 我移驻漳州寮后,即按照与许卓然所商定的长期计划,逐步实施。首先筹备干部训练所,自兼所长,请梁冰弦介绍一个老无政府主义者郑文湘为帮统兼训练所的教务长。我的旧部原有三个湘籍军官,亦系无政府主义者,一沈应时被调充为王振南的帮统。一张性白被调充警备司令部的军需处长,只剩下一个朱平之,工作上不够分配。② 梁除介绍郑外,还介绍了几个人给我,如军需冯××及云南讲武堂毕业的客籍胡某,以后又来了几个同情者,如江苏李慕唐、李达三,湖北陈某。当时我们认为要消灭民军的升官发财的思想,只有用无政府主义思想的军事人才(此时的国民党只有简单的几句三民主义口号,内容究竟怎样还没有出版)。我们干部教练所的课程分为精神教育与军事教育,精神教育的课程,由梁冰弦拟订十条大纲,名为十条信条,根据这十条信条再编为课程的讲义,用全力灌输,使所有学生均能受无政府主义的感化。干训第一期作为试办,招生仅五十名,第二期拟订招生壹百五十名,第三期拟订招生三百名。入伍期限为四个月,正式上课八个月,以壹年毕业,每四个月至六个月招生一次,按二年毕业,三期合共五百人。第一期所招学生大都有热情于革命的思想,使人极为满意,内中有好几个系背弃家庭逃学而来的,如李良荣即为其中之一。外面对我们的印象也很好,有几部分民军要求这批学生毕业之后,

---

① 秦望山:《安那其主义者在福建的一些活动》,《福建文史资料》1990 年 10 月第 24 辑,第 187 页。

② 秦望山在《安那其主义者在福建的一些活动》一文中谈到,安那其主义在国内传播颇广,在知识界和青年军官(特别是保定军校出身的)中拥有不少信从者。他入福建内地组织自治军时,张性白、沈应时和朱平之自沪来闽相助。张等 3 人都是浙籍,保定军官学校出身,均系安那其信众。另外,其中的张性白 1928 年间曾向《国闻画报》提供过不少泉州文庙和开元寺的相关照片(参见本书相关章节插图)。

须让几个给他们做教练官，这也是给我们很兴奋的事情。我们设一个规模颇完备的俱乐部，官兵、工友、学生都在一块自由接触，这样精神上极为团结，学生思想进步也特别快。冷冷清清的漳州寮忽变为热气腾腾的青年窝。①

漳州寮的训练所进行得热火朝天，但不久时局发生变化。因许崇智在东江与陈炯明作战失败，秦望山部奉调支援。干部训练所学生愿回家者资遣回家，不愿回家的就随军实习，结果没有一人愿意离开。但开拔到前线，最后还是败于陈炯明的粤军。此时孙中山已决定国共合作，改组国民党。许卓然前往广州参加国民党第一次代表大会，受任为筹备福建党务特派员，返闽开展新的工作。许卓然、秦望山重新检讨过往，认为"民军成事不足，殃民有余，自身早已变为革命的对象"；从前"预备两三年的时间从根本上解决民军（利用安那其份子作骨干）的计划，此时已不能适用"。② 加上 1924 年周荫人入闽，各路民军又纷纷降周，秦望山的部队自动解散。几个不愿回家的漳州寮干部训练所学生如李良荣等，则推荐到黄埔军校学习。秦望山也离开福建赴沪求学，因自小失学，无法考入正规大学，乃以特别生资格入上海大学中国文学系学习。

虽然干部训练所的结果并不尽如人意，秦望山说："但所培养的一批学生（如李良荣、梁龙光等），后来仍与我们保持密切的关系。李良荣转入黄埔军校后，在广东的安那其主义者继续与他联系。后来从国民党晋江县党部所办的宣传养成所毕业、并成为安那其基层骨干的一些人，就是由李良荣、梁龙光两人一手培养出来的。"③ 所以，在即将进入有关宣传养成所考察之前，有必要先对这两位略作介绍。

李良荣 1906 年出生，福建同安人，家境清贫，很早就辍学谋生。1923 年入南安官桥漳州寮干部训练所学习，1924 年由许卓然保荐投考黄埔军校（第一期），毕业后分配到教导团，任排长、连长，后任国民革命军第一军营长，参加第一次、第二次东征和北伐战争。南昌战役负伤后返乡治疗，期间任晋江宣传养

---

① 秦望山：《我与自治军及讨贼军的关系》（下），《泉州文史资料》1963 年 2 月第 8 辑，第 15 页。
② 同上书，第 25 页。
③ 秦望山：《安那其主义者在福建的一些活动》，《福建文史资料》1990 年 10 月第 24 辑，第 188 页。

图 34　李良荣

成所所长,泉永民团营长等。后离开军队入上海劳动大学学习,接着到张贞第四十九师任军士教导队队长,负责训练军士,整顿纪律。1931年考取步兵专校第一期,1933年毕业后入宋希濂部任团长,参加对江西红军的"围剿"。1933年福建事变后,参加蒋介石亲自指挥的讨伐战争,在进攻南平战斗中,率部激战一整天攻占九峰山,迫使南平守军投降,因功升任旅长。后调任蒋介石侍从室参谋,1935年任航空特务(警备)团长,担任南京空军地勤警备任务。1936年冬,考取陆军大学特别班第三期,1937年任陆军第四十六师副师长,参加南京保卫战。1938年升调二十七军军长,后因兰封会战不力惨败遭撤职。随之再入陆军大学至1939年冬毕业。1940年回到南平,负责补充兵的训练工作。1941年4月21日日军攻占福州并向闽北挺进,李良荣主动请缨,出任第二十五集团军第一纵队司令,率1500多名战士开赴闽侯白沙镇拦截侵略军,指挥大湖伏击战,歼敌300多人,迫使日寇放弃挺进闽北腹地的企图撤出福州。战后调任八十师师长。1944年9月26日,日寇再次由连江进犯福州时,指挥八十师力战七昼夜,至10月4日才奉命退出城区,但仍控制近郊伺机袭击敌人。1945年5月,率部反攻榕城,并提前以重兵截敌闽东退路。福州收复后,追击出逃敌军至福安白马河,合围激战一天,歼灭残余敌寇,升任第二十八军军长。抗战胜利后,参与国共内战,后于1948年10月被任命为福建省主席,兼任省保安司令、省党部主委等职,起用梁龙光、张圣才、李汉冲等闽籍人士。1949年春调任第二十二兵团司令,驻扎厦门。8月进驻金门,任金门防卫司令官。1950年被调回台湾,不久脱离军职,赴南洋经商,1967年6月因车祸逝世于马来西亚吉隆坡。

漳州寮的学习、到广州黄埔军校后继续与安那其主义者的联系,以及这之后的晋江宣传养成所的活动,可能对李良荣的思想观念、军旅生活以及宦海沉浮一直产生潜在的影响。因为作为黄埔一期毕业,又有蒋介石侍从室参谋的资历,他的人生历程并不是很顺畅。李良荣治军甚严,骁勇善战,为人清正廉洁,不争功夺利,在军中上下颇得好评,并得到过白崇禧、陈仪以至蒋介石的赏识或嘉奖。据当年报纸报道,上海劳动大学开办不久,学校规定学生军事训练"教官暂由同学中曾受军事训练者担任"①。一个月后,劳动大学学生军举行检兵,总指挥就由黄埔军校第一期毕业生李良荣担任。②1930年6月,上海各大学查阅军事教育成绩,阅操时上海劳动大学学生"对于教官及班排长口令均能确实服从,动作迅速、秩序井然,一种豪迈之气,充满对敌精神。最可嘉者,操毕集合讲评时,各生静听一点多钟无一咳喘者,不见一点倦色,此种服从精神,实为学校中所不易得者。真可谓大有军队精神,实为学校中所不易得者"③。虽然1930年6月李良荣或许已离开劳动大学,但经其训练而成的军人传统由此可见一斑。后来在晋江宣传养成所与李良荣有过接触的日本无政府主义者岩佐作太郎,在他的回忆中也谈到对其深刻的印象:"他总是珍惜分分秒秒的学习时间,为人温厚笃实,这些都是他人所无法模仿的品质。有一次,他跟我说,他不喜欢当军人而想做科学研究。后来他入学劳动大学。然后,听说他在上海事变的时候成为劳动大学队伍的总将领跟日本军队作战,至于后来的消息就不知道了。不知怎么地我总忘不了他在昏暗的灯光下学习的样子。"④

梁龙光1907年出生于福建永春吾峰蓬莱巷一个儒商家庭,字祖龙,号披云、雪予,梁龙光为其学名。其父梁绳基原为清末秀才,又入福州全闽政法大学,毕业后任教永春梅峰书院(永春州立中学堂,即现永春一中)。后家道中落弃儒经商,但仍不失书生本色,从商之余手不释卷,尤为注重子女教育。所以梁龙光从小生活于比较宽裕的家庭环境,但又接受了较好的文化教育。他6岁入村塾,9岁入教会小学,1920年就读省立第十二中学(也是永春一中前身),半年后转学集美中学,1923年春末因参加学潮被开除离校。这期间,梁龙光经历了一场家庭变故:1922年冬天梁绳基遭土匪绑架,"勒索赎身费3000两银子,迫于无赖,梁家将永春店铺存货消盘,收回欠款,凑足款数,而后将永春总店关闭,于1923年春节后阖家避居厦门。此后,梁绳基患了食道癌,到日本人开办的博爱医院治疗,不见好转;下半年,梁家迁回泉州城里定居,梁绳基

① 《劳大学生军成立》,《中央日报》1928年5月13日。
② 《劳大学生军行检阅礼》,《中央日报》1928年6月12日。
③ 《上海各大学军事教育查阅成绩》,《申报》1930年6月17日。
④ 〔日〕岩佐作太郎:《追忆(十六)·民团训练所》,日本《平民新闻》,1947年10月10日。

图 35　梁龙光手迹

继续寻医吃药,仍不见效;1924 年 1 月 27 日,不幸在泉州逝世,年仅 42 岁。"①

但从 1923 年春被集美中学开除,到同年秋天考入武昌师范大学英文系,梁龙光这半年时间里的经历,梁燕丽的《梁披云评传》缺少记载,梁龙光自述文字也无从考据。但《梁披云评传》在讲述梁龙光之后在上海大学就读的经历时说:"秦望山是梁披云的泉州同乡,却是到上海大学时才相识相知的。据说初时梁披云并不认识秦望山本人,只是听到一些关于秦的传闻。"② 而秦望山关于其入南安漳州寮的干部训练处学习的经历,恰好发生在这时段。笔者认为,发生于 1922 年冬天这场家庭变故,对于青年梁龙光的人生历程和社会理想的确立而言,影响是巨大的。而对于其是否进入漳州寮的干部训练处学习,参照其前后的经历,似乎也是很有可能的。

1923 年秋,梁龙光入武昌师范大学英文系学习,1924 年转上海大学中文系学习。1925 年五卅惨案发生后,奉上海学联安排,梁龙光等南下闽粤进行爱国宣传,期间曾短期寄读广东大学(中山大学)。1926 年从上海大学毕业后,获文学士学位。1926 年东渡扶桑,入东京早稻田大学政经部研究生院学习,寒假从日本回归故里。1927 年春参与秦望山主持的宣传养成所工作,任政治科主任;1927 年年底宣传养成所工作结束到 1928 年年初闭门谢客,研读著述;后出任厦门《国民日报》社社长兼主编;1929 年参与创办黎明高中并出任校长。1930 年赴日,再度进早稻田大学政经部研究生院学习,于"九·一八"事起而中辍回国,续任黎明高中校长。1933 年十九路军入闽后,先后出任惠安、永泰县长,"闽变"期间改任兴泉省顾问。黎明高中被强行关闭之后,赴南洋从

---

① 梁燕丽:《梁披云评传》,澳门:三联出版有限公司 2015 年版,第 13 页。
② 同上书,第 33 页。

事华文教育工作,先后任吉隆坡尊孔中学教师、苏东中学校长;1939年秋,他与当地侨领创办中华中学,为首任校长。1940年参加南洋华侨慰问团回国后,留重庆任国民参政会参政员。1944年,回闽任国立福建音乐专科学校校长,1945年调任海疆专科学校校长,1948年任省教育厅长。1950年之后于印尼雅加达任《火炬报》总编辑。1966年移居澳门,1968年创澳门归侨总会并任会长。1981年,回泉州与原黎明高中、平民中学等校校友共襄盛举,兴办黎明学园,1984年春在黎明学园的基础上创办了泉州黎明职业大学,任董事长兼首任校长。2010年在澳门逝世。

第三节　晋江县宣传养成所

　　周荫人入闽,各路民军归周,秦望山解散了手下的部队,南安漳州寮干部训练所也宣告结束,李良荣等一些学生经许卓然推荐,先后入黄埔军校学习。秦望山则进入上海大学中文系旁听学习一年多时间。和秦望山同期在上海大学期间学习的,还有前漳州寮干部训练所的学生梁龙光。

　　上海大学设立于1922年,是第一次国共合作期间两党为培养革命干部携手合办的大学,校长于右任,副校长邵力子,邓中夏任总务长,瞿秋白任教务长兼社会学系主任,校务实际上由加入国民党的共产党人所主持,中文系的主任先后为张君谋、陈望道。1924年,上海大学成立附设的平民学校,同时还在上海工人集中区开办工人夜校、平民夜校等。五卅运动期间,上海大学师生积极开展反帝斗争,后市区校园为万国商团及英国巡捕武装占领、封闭。经师生的努力和国共两党支持,租借临时校园坚持上课,并在江湾建设新的校区,1927年4月江湾新校舍正式启用。不久国共合作破裂,上海国民党军警驱散师生,查封学校。后国民党当局在江湾校舍创设国立劳动大学。

　　上海大学的革命精神以及五卅运动等对秦望山有何重要影响目前无从考查,梁龙光倒是在五卅运动爆发后接受上海学联指派南下闽粤宣传反帝思想。但是从前后变化看,虽然此前秦望山和许卓然对利用民军进行革命已有一定的反省,但是1925年从上海大学回福建后,他才彻底表现出依靠民团、反抗民军的倾向。另外,通过上海之行,他也可能与一些共产党人以及国民党左派建立了某种联系,这从之后黎明高中的创办以及黎明高中有于右任介绍的陕西

学生 ① 可以得到一定的确认。

1925 年回厦门后,国民党福建临时省党部在厦门成立,紧接着厦门市党部临时执行委员会也正式成立,秦望山都是执行委员。另外他还和许卓然等一起创办了厦门的中山中学。但是,秦望山支持无政府主义者与共产党人争夺中山中学校务委员会(中山中学也是不设校长的模式)领导权,由此受到许卓然的严厉批评。接着在国民党福建全省代表会议召开的问题上,又和罗善培(即罗明,中共负责人)等发生激烈争执。② 于是秦望山于 1926 年 4 月离开厦门,到张贞设在诏安的干部学校出任政治部主任。时张贞指派许显时在诏安举办军事教导总队,后改名福建陆军干部学校,其政治教官中包括中共党员陈祖康等。

1926 年 9 月 17 日,北伐军发表《讨闽宣言》,开始进军福建。此前,黄埔军校指派的原漳州寮干部训练所学生、黄埔第 4 期毕业的余景祥等 7 位闽籍学生先期潜回福建活动,请求秦望山帮助。秦望山先安排他们潜入晋江、南安、惠安等地开展工作。11 月下旬,何应钦率东路军进占泉州。在这前后秦望山受国民党临时省党部委派,出任晋江县临时党部筹备主任,他开始以晋江县临时县党部的名义着手组织农民协会和农民自卫队。可能受张贞诏安的干部学校的触动,以及此前对"民军腐化的教训",为尽速培养安那其骨干,秦望山"于是仿照从前创办干部训练所的办法,在县党部名义之下,设立晋江县宣传养成所"。对于宣传养成所的开办的具体情况,秦望山后来是这样回忆介绍的:

> 所长由我自兼,下设政治、军事两科及秘书处等。政治科由梁龙光负责。梁是我在上海大学时的同学,对安那其学说有较深的研究。军事科决定电邀李良荣回来担任。李前在干部训练所学习时,对安那其很信奉,后入黄埔军校第一期毕业,历任排长、连长,北伐军攻下南昌后升任营长,此时因作战受伤在南京就医。我嘱其请长假,回闽入所负责军事训练。其他区、分队长,则由上述的余景祥等 7 人充任,他们过去在干部训练所学

---

① 1934 年 6 月 3 日《江声报》的报道《黎明学生投江死身世可哀》云:"黎明学生王定五,三十一日晚在新桥顶投江自杀。……查王年十九岁,陕西人。家贫,父在乡被人杀害;母亡,仅有幼弟在原籍。客春,王偕同乡 5 人,由于右任保送,来泉入黎明高中肄业。中途,一度赴京……"

② 陈自强:《也谈秦望山在大革命时期国共合作和清党问题的功过是非》,《泉州文史资料》2003 年 12 月新第 22 辑,第 148 页。

习时,就受到了安那其的影响。政治教官贾祝年系周瑞芳团的党代表,北大毕业,是安那其的同情者。秘书处处长黄哲真刚从上海民治大学毕业,没有什么特别的政治见解。由于思想的基本一致,养成所的教职员相处得很融洽。开学时,有初中毕业的学员 130 余人,分作两队,每日上课 8 小时,政治、军事课程各半。学生制服、膳食由所供给,每人每月另给 2 元零用钱。我们一致认为,目前应致力于促进国民革命的成功,所以把《三民主义》和《国民党第一次全国代表大会宣言》列为政治科的主要课程,至于安那其方面的书籍,则只供作课外读物。①

在宣传养成所结束之后到达的范天均,对于宣传养成所所了解的情况是,"以秦望山为首利用国民党的招牌,搞党务'宣传员养成所',目的是搞军事活动,招收青年进行军训,这是受黄埔军校的影响而为之。天均到福建时,军训已毕业,有 40—50 个青年跟无政府主义者走,后成为福建无政府主义活动的基干"②。再后来汤文华所提供的情况是:创办宣传养成所"名为县党部办,实由秦一人主持,设在武庙,所长李良荣,文教官有刘抱真(刘师复之弟)、黄哲真、梁龙光、陈文总(教经济学),武教官有王邦彦、孙嘉武、吴福星,学员约百人,全免费,经费由泉安泉洪等汽车公司负担,袁国钦、袁继烈、谢真、王一平、陈志谦(陈言廉)、王东海、吴祝民、许辉询等都是学生,严格军训,为秦培养实力干部"③。汤文华为当年国民党晋江县党部筹备委员、秦望山的亲信,这段证词出自其 50 年代之后为泉州市政协所写的文史资料的抄件。而当年的学生谢真后来则有比较具体的回忆,他说:

> 我是 1927 年 2 月宣传养成所开学后迟到的一批闽西学生之一。先是得到介绍知道厦门中山中学附设有宣传班,到厦门后学校布告说,宣传班停办了,并介绍我们到泉州宣传养成所来。和我同时来的有龙岩、上杭、长汀、连城、永定各县学生,如袁国钦、袁继热、曾左亭、谢宝贤、谢宝儒、李

① 秦望山:《安那其主义者在福建的一些活动》,《福建文史资料》1990 年 10 月第 24 辑,第 190 页。
② 陈登才:《访问范天均先生的记录》,葛懋春、蒋俊、李兴芝编《无政府主义思想资料选》下册,北京大学出版社 1984 年版,第 1040 页。
③ 陈自强:《也谈秦望山在大革命时期国共合作和清党问题的功过是非》,《泉州文史资料》2003 年 12 月新第 22 辑,第 148 页。

苑豪……我当时 15 岁,年纪最少,个子也最小,发给我的是一枝短的马枪。关于中山中学停办宣传班,而又把我们转介绍到养成所来这个谜,以后才知道:中山中学的负责人罗扬才是共产党员,已不幸被捕;“四·一二”反革命政变时惨遭国民党反动派杀害。从而也知道宣传养成所与中山中学之间的微妙关系。

养成所有学员一百多人,军事总队长是李良荣,他是许卓然介绍进黄埔军校第一期毕业的,在北伐战争中任营长时负伤,伤愈后来养成所的。政治教官是陈文总,北伐军到泉州后的监察使,据说他是共产党员,不久他不再兼职改由黄哲真担任。“四·一二”反革命叛变时,我们听说监察使署已关闭了大门,人员都跑了。但泉州却很平静,未听说抓人,也未听到枪声。

养成所设总队,下属三个区队,区队长也都是黄埔第二、三期毕业的。李良荣几乎把黄埔军校第一期的军事课程全搬到养成所来了。军事学科的教材是把原教材翻印的。政治课不多,也没有课本和讲义,但三月间全体师生就上街、下乡进行破除封建迷信、反对旧礼教宣传;下乡的集中在新门、南门外一带农村,宣传、组织农民协会。我们发传单、贴标语,口号是:打倒帝国主义,打倒军阀,联俄、联共、扶助农工,打倒贪官污吏、土豪劣绅,等等。①

关于罗扬才被捕的情况,谢真的回忆明显有误;而至于为何从厦门中山中学附设的宣传班改为到晋江县宣传养成所,谢真的说法也可能不很准确,因为当时他只不过是一个 15 岁的少年。他和汤文华两人回忆中的政治教官贾祝年、陈文总和黄哲真,可能都确实参与其事,只不过由于回忆者不同造成记忆的差异。至于政治科、军事科、秘书处的组织架构,谢真未提及,但把李良荣认定为军事总队长应该也没错。

养成所的学生除了学习,其社会活动还包括通过组织农会,依靠组织起来的农民,展开和三点会斗争。闽南一带的三点会的流行开始于北洋时期,社会上一些狡黠者以三点会为幌子,用疏财仗义等手段诱惑一些人入伙,渐而猖獗蔓延,成了继民军之后的又一地方恶势力。其穷凶极恶程度甚至甚于民军,因为三点会无孔不入,不论贫富,强迫入会。“入会每人一般要交 10.8 元（侨客富商还不止此数）,以后每年还要缴纳 5.4 元。如不入会,不知暗号,出门时就

---

① 　谢真:《忆秦望山先生》,《鲤城文史资料》1988 年 9 月第 3 辑,第 2 页。

会受到盘问、勒索,甚至有被劫、被杀的危险。真是荆棘满途,寸步难行,还在孔昭同统治时期,就有不可收拾之势"。于是,秦望山回忆说:

> 针对这种情况,我们决定组织农民协会,发动农民和三点会斗争。为此,动员宣传养成所全体员生参加宣传组织工作,同时规定凡要参加农民协会者,须先办理登记,说明有无参加过三点会,如有,须经农会审查。农会把三点会会员分作压迫者(骨干)和被压迫者(胁从)两类,如系被压迫者,即准入会,并加以保护。规定一经宣布,农民纷纷向农会登记,声明脱离三点会,请求参加农会。我们采取这个措施还不上4个月,三点会的头目就完全被孤立了,有6个大炉主(头目)被击毙,其余大多逃往外地或出洋。号称在晋南拥有数万之众的三点会基本上被消灭,农会也由此建立了强固的基础。这件事说明,人民的痛苦只能由人民自己团结起来去解决。①

而谢真关于"四·一二"反革命叛变时,"泉州却很平静,未听说抓人,也未听到枪声"的情况,秦望山的说法是:

> 开学数月,诸事渐上轨道,不意员生正同县党部人员下乡宣传、组织农民协会之际,忽然发生"清党"事件。省方因我没有按照命令拘捕政治监察署人员,认为我有意袒护共产党,由新编军军长谭曙卿下令通缉;又以驻军周团和我们互通声气,把周团调省(周团抵省后,即被改编),另调新编军第一师郭凤鸣来泉接防。接着,又以我不赴省就福建省清党委员职,省方复派高为国为晋江县清党委员。②

秦望山的叙述似乎轻描淡写,实际上这涉及泉州或福建一段著名的历史公案,而这公案又是与北伐、清党等历史事件相关联的。1926年11月下旬,何应钦率东路军进占泉州。11月23日,泉州各界召开欢迎北伐军祝捷大会,演戏庆祝。12月初,因受东路军政治部主任江董琴委派为监察员,陈文总带共产党员李松林、林超然(辜仲钊)、庄醒民、左明亮、谢歧以及国民党左派人士陈盛明等到泉州设立政治监察署。之后,秦望山的临时县党部和陈文总的政治监察署时有矛盾与磨擦。

---

① 秦望山:《安那其主义者在福建的一些活动》,《福建文史资料》1990年10月第24辑,第189页。
② 同上书,第191页。

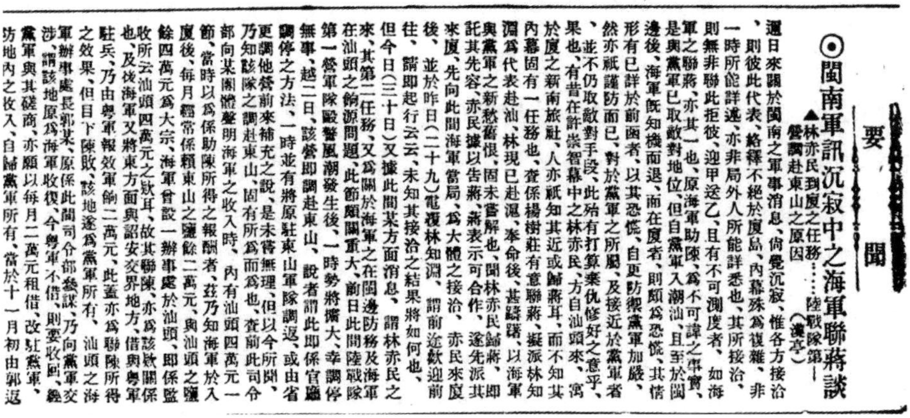

閩南軍訊沉寂中之海軍聯蔣談

▲林亦民到廈之任務……陸戰隊第一營調赴東山之原因（濟亭）

邇日來關於閩南之軍事消息、倘覺沉寂、惟各方接洽、則彼此代表、絡繹不絕於廈島、內幕殊爲複雜、非一時所能詳述、亦非局外人所能詳悉也、其所接洽、則無非聯此拒彼、迎甲送乙、且有不可測度者、如海軍之聯蔣、亦其一也、原海軍助陳、爲不可諱之事實、是與黨軍已取敵對地位、但自黨軍入潮汕、且至於閩邊後、海軍既知機而退、而在廈者、則頗爲恐慌、其情形有已詳於前函者、以其恐慌、自更防禦黨軍加嚴、然亦祇謹防而已、對於黨軍之所屬、及接近於黨軍者、並不仍取敵對手段、此殆有打算棄仇修好之意乎、果也、有昔在許崇智幕中之林亦民、方自汕頭來、寓於廈之新南旅社、人亦祇知其近或歸蔣耳、而不知其內幕固有一任務也、查係楊樹莊有意聯蔣、擬派林知淵爲代表赴汕、林現已赴滬、奉命後、甚躊躇、以海軍與黨軍之新愁舊恨、固未嘗解也、聞林亦民歸蔣、即託其先容、亦民據以告蔣、蔣表示可合作、遂先派其來廈、先向此間海軍當局、爲大體之接洽、亦民來廈後、並於昨日（二十九）電覆林知淵、謂前途歡迎前往、請即起行云云、未知其接洽之結果將如何也、但今日（三十日）又據此間某方面消息、謂林亦民之來、其第二任務、又爲關於海軍之在閩邊防務及海軍在汕頭之餉源問題、此節頗關重大、前日此間陸戰隊第一營軍隊毆警風潮發生後、一時勢將擴大、幸調停無事、越二日、該營即調赴東山、說者謂此即係官廳調停之方法、一時並有將原駐東山軍隊調返、或由省更調他營前來補充之說、是未嘗無理、但以今所聞、乃知該隊之調赴東山、固有所爲而爲也、查前此司令部向某團體聲明海軍之收入時、內有汕頭四萬元一節、當時以爲係助陳所得之報酬者、茲乃知海軍於入廈後、每月經常係賴東山之鹽餘二萬元、與汕頭之鹽餘四萬元爲大宗、海軍曾設一辦事處於汕頭、即係監收所云汕頭四萬元之款耳、故其聯陳、亦爲該款關係也、及後海軍又將東方面與詔安交界地方、借與粵軍駐兵、乃由粵軍報效軍餉二萬元、此蓋亦爲聯陳所得之效果、但目下陳敗、該地遂爲黨軍所有、汕頭之海軍辦事處長郭某、原係此間司令部參謀、乃向黨軍交涉、謂該地原爲海軍收復、今粵軍不借、則要收回、幾黨軍與其磋商、亦願以每月二萬元租借、改駐黨軍、防地內之收入、自歸黨軍所有、當於十一月初由郭返

图 36　1925 年 12 月 6 日上海《时报》关于北伐军与海军谈判之报道

东路军占领泉州后继续向福州推进，同时国共两党都派人做海军总司令杨树庄、第一舰队司令陈季良和海军陆战队林忠的工作，并进行相关谈判。11 月底，闽系海军归顺东路军。在海军的军事配合下，东路军于 12 月 18 日正式占领福州。接着，何应钦在率部开赴江浙时，任命方声涛、谭曙卿分别担任福建临时政治会议代主席和国民革命军总指挥，掌控福建军政大权。

1927 年 4 月 3 日，福州率先进行清党运动，逮捕和枪杀共产党员和国民党左派人士。4 日，蒋介石致电福州方面表示支持与嘉奖。6 日，蒋介石正式任命杨树庄、陈季良、方声涛、谭曙卿、张贞等 12 人为福建政务委员，任命黄展云、陈群、李大超、林寿昌、林亦民、李文滨、秦望山、林寄凡、罗兆修等 9 人为福建清党委员会委员，并指令福建全面开展“清党”。9 日，厦门开展“清党”。

泉州方面，在接到谭曙卿的新编第一军政治部的“清党”电令后，秦望山、许卓然与驻军团长周端方密商，成功地劝阻了驻军介入清党。又由县党部召集兴泉永 10 县的党部联席会议，通过了“拥蒋护党”，限期驱逐监察署人员出境，发表宣言等决议。在“县联席会议举行后，晋江县党部即于当晚根据会议决议案，具函通知监察署全体人员停止活动并限期离境……第二天清早总工会的人员首先到监察署探望，回来报告该署人员确已逃亡一空。署内椅桌物件任人搬取，也差不多都空了，文件印信也不知去向”，县党部才解散了监察署和查封了“泉州书店”等共产党活动据点。[①] 严格上说，秦望山并非仅仅是

① 陈自强：《也谈秦望山在大革命时期国共合作和清党问题的功过是非》，《泉州文史资料》2003 年 12 月新第 22 辑，第 150 页。

"清党"不力,而是有意放走了共产党人和国民党左派人士。实际上在福州,张贞也暗中放走了陈伯达。① 但像泉州这样,全城未捕一人、未杀一人,在全国恐怕是绝无仅有。这里之所以比较详细梳理上述过程,除还原历史面貌外,也旨在为下面考察泉州成为国内外无政府主义者云集之地作一背景。

在秦望山遭通缉,高为国当上晋江县清党委员,郭凤鸣师接防泉州之后,为保全宣传养成所,许卓然向厦门海军司令林国庚商借厦门虎头山继续办学。"到厦门以后,养成所的军事训练、野外战斗、演习的课程增多了。政治课方面,黄哲真没有去厦门,新来的几位教师有刘抱真(不久在鼓浪屿被暗杀)、张谦弟、柳絮、于关等。由于政治形势向白色恐怖发展,反帝、反封建、反独裁几乎是每课必讲,民主主义的各种政治思想,特别是安那其主义思想在新形势下由于探求真理的热情得到了传播。"② 在谢真这段回忆中,刘抱真为刘师复的弟弟,柳絮、于关是朝鲜的无政府主义者,张谦弟即吴为(也叫张履谦、谦弟、吕千),四川籍贯的无政府主义者。可以明显看出,到厦门后,养成所的无政府主义色彩更浓了。

是年10月杨树庄以"资助"蔡廷锴、蒋光鼐等在赣东重建的第十一军(十九路军前身)回粤为条件,让其解决谭曙卿的新编军。第十一军10月10日到达福州,13日以省政府欢迎第十一军将领为由,设宴诱捕谭曙卿,并把新编军驻福州的部队包围缴械,最后把谭曙卿押解出境。之后,第十一军从福州南下讨伐分散在闽南各地的新编军余部,11月21日占领泉州。随后,秦望山也重新被省政府委任为泉永民团编练特派员,宣传养成所才迁回泉州,并举行毕业典礼。秦望山回忆说:"因迁校影响,毕业生只有80余人。其中如袁国钦、袁继热、谢仰丹(即谢真——笔者注)等10余人,被陆续选入黎明高中深造,成了意志较坚强的安那其主义者。宣传养成所结束后,李良荣暂时脱离军队生活,径往上海劳动大学农学院深造。"③

而被秦望山认定为"意志较坚强的安那其主义者"的袁国钦、袁继热、谢仰丹,在20世纪30年代泉州的无政府主义运动中的确非常活跃,他们分别主持过晋江县党部、工会、农会,袁国钦和袁继热还曾担任过黎明高中和平民中学的教师,都是当时民众运动的主要骨干。

---

① 时任福州戒严司令的张贞接到"清党"密电后,即赶紧通知其秘书陈伯达、陈祖康等逃离福州;并赠陈伯达1000大洋为路费,派心腹林学渊护送至马尾上船离开。

② 谢真:《忆秦望山先生》,《鲤城文史资料》1988年9月第3辑,第4页。

③ 秦望山:《安那其主义者在福建的一些活动》,《福建文史资料》1990年10月第24辑,第191页。

第三章
组织自卫的民众武装

　　秦望山被省政府重新委派为泉永民团编练特派员,这无疑为泉州的无政府主义运动发展提供了契机,加上漳州寮干部训练所、晋江县宣传养成所已经培养出一批骨干,泉州的无政府主义者首先希望组建的,是完全不同于民军的民众自卫武装,以便"防卫自己以抵抗别人的攻击"①。中国的无政府主义者认为"军队是有组织的暴力","然而要是有人攻击你,那么是他在侵犯你,是他用暴力来压迫你。你当然有权利来自卫。而且不仅此也,你既然是一个安那其主义者,你就有防护你的自由拒绝强制之义务。不然,你便是一个奴隶而不复一个自由人了"。②而著名的无政府主义者李少陵(三木)也曾在《民钟》上发表长篇文章,主张"民团革命"。他认为:"历代的民团,无论中国与外国,对于人民自卫上确是做了许多的工夫,就是对于革命,亦常有很大的贡献。在这个字的意义上看,我们也知道他的本色,是在与政府及盗匪对抗的,可是因为处于政府大压力之下,若公然反抗政府是很不容易,因此近代的民团差不多只做了一些防御盗匪的工夫,而对于反抗政府的精神,一天一天的衰弱"。所以他主张应"从根本上恢复民团的革命本色。一方面力求人民生活上思想上的改革,他方面养成反抗土匪与政府实力,一到时机成熟,登高一呼,民团革命便从此开始了"③。

---

① 苇甘:《从资本主义到安那其主义》,上海自由书店 1930 年版,第 132 页。

② 同上书,第 131 页。

③ 三木:《民团革命》,葛懋春、蒋俊、李兴芝编《无政府主义思想资料选》下册,北京大学出版社 1984 年版,第 705 页。原载《民钟》第 12 期,1925 年 7 月。

第一节　泉属民团编练处

　　蔡廷锴、蒋光鼐的第十一军1927年11月21日占领泉州后,秦望山被省政府重新委派为泉永民团编练特派员。省政府重新委以民团编练特派员,根据当时全省的形势,其初衷可能是让秦望山配合第十一军肃清新编军残余。但是在秦望山许卓然因清党案离开泉州,宣传养成所搬往厦门,县党部迁入农村之后,三点会分子又趁机在泉州大肆活动。三点会头目陈桂林甚至被商团请出组织市卫队,担当泉州市的社会治安重任。因此三点会凭借市卫队的名义,重新横行无忌,泉州陷入恐怖之中。秦望山和许卓然返回泉州之后,首先联合第十一军,以宴饮之计捕捉陈桂林,围歼市卫队。①

　　另一方面,由于4月之后的清党,分散在全国各地无政府主义者也都面临遭受迫害的境地。那么,泉州在清党中未捕杀一人,而秦望山复出担任泉永二属民团编练特派员,他和许卓然又回到其长期活动的根据地,泉州自然也就被四川、湖南、广东等省无政府主义者视为"世外桃源",竞相投奔。"风声所播,致连朝鲜革命党人金九先生的一些和安那其有关系的部属及朝鲜大学教授李又观等诸人,均相率而来。日人岩佐八郎(即岩佐作太郎——笔者)先生为逃避本国政府的缉捕也逃来泉。"②

　　那些从国内投奔泉州的无政府主义者中,秦望山特别提到了张赖愚。张

---

　　①　何健魂:《泉州市卫队的罪行》,《泉州文史资料》1961年10月第3辑。

　　②　秦望山:《朝鲜和日本安那其主义者在泉避难引起的事件》,《福建文史资料》1990年10月第24辑,第203页。

赖愚是湖南人,"早年在湖南搞工运,是国民党党员中的安那其主义者,清党时,在湖南被捕未获,跳车逃来泉州,初在总工会工作,后被选为晋江县党部执委兼《泉州日报》社经理。在一段很长的时间里,泉州的事情均由他主持,他的影响力有时还伸展到泉属各县去"。这里特别补充的是,张赖愚的妻子张人任也成为晋江县妇女运动的主要领导者,在很长时间里担任晋江县妇女会的理事长、抗战全面爆发后又被选为晋江县妇女抗敌后援队队长。另外秦望山还提别提到郑健魂。郑健魂是晋江本地人,菲律宾归侨,国民党党员。秦望山回忆说:"我们早期组织农民协会时,他颇积极,因他倾向安那其,故介绍他到上海立达学园深造。郑以后在县农会和区党部工作,后被选为晋江县党部执委"。就是由张赖愚、郑健魂,原宣传养成所培养出来的袁国钦、袁继热、谢仰丹、王一平、谢宝儒,加上稍后到黎明高中、平民中学任教的无政府主义者叶非英等人,共同构成了泉州无政府主义运动的骨干力量。所以在分析泉州当时成为安那其的小天地的原因时,秦望山说:

> 我的家乡闽南,是我们早年搞民军时频繁活动的地方,我们在这里具有历史的潜势力。有此基础,加上作为泉属五县中心的晋江县的县党部落到我手上,以及北伐后国民党一度高唱所谓"党权高于一切",我们得以运用一切有利条件来权宜行事。蒋介石背叛革命、实行"清党"之后,四川、湖南、广东等地一些安那其主义者纷纷避难来泉,我们不能不加以掩护和照顾。这些人为数不少,我都通过县党部关系,把他们作为骨干,安排到农、工、青、妇等群众团体担任工作。他们在工作中挂国民党招牌,行安那其之实……自1926年至抗战初期(这段时间、我断断续续在泉州,总计时间不上3年),泉州的社会团体,特别是国民党的晋江县党部,始终控制在安那其的人手里,所做的事情多与安那其有关,那是很自然的。先后在泉州主持事务的人员,被视为和我有密切关系的人不少,其中主要的有张赖愚、袁国钦、郑健魂等……①

既然有了泉永二属民团编练特派员的官方身份,秦望山就把民团特派员公署设在泉州左文襄祠,同时挂出泉永二属民团编练处的牌子。关于民团编练处

---

① 秦望山:《安那其主义者在福建的一些活动》,《福建文史资料》1990年10月第24辑,第181—183页。"泉属五县":清雍正十二年永春升为直隶州,德化归其所辖,泉州府辖晋江、惠安、南安、同安、安溪五县。

的活动,除了秦望山,范天均、岩佐作太郎以及谢真等都有具体、但时间不很清晰的回忆。下面根据回忆时间的先后依次作些介绍,而后再参照其他相关历史文献进行必要的分析。

据秦望山《朝鲜和日本安那其主义者在泉避难引起的事件》一文介绍,岩佐作太郎是日本著名安那其主义者大杉荣的

图 37　[日]岩佐作太郎《追忆(十六)民团训练所》

高徒,因大杉荣被政府杀害,岩佐在日不得安居,就与一逃避兵役的青年潜来中国。先是藏匿在上海劳动大学教书(据范天均的材料,岩佐作太郎来泉州之前为劳动大学讲师),后来身份暴露,日政府拟加以逮捕。劳大方面发现后,就请求泉州方面加以保护。岩佐作太郎到达泉州后,长期秘密隐藏在左文襄祠。可能由于处于蛰伏状态活动比较单纯,而撰文回忆时间又比较早,岩佐作太郎的回忆最为详细。当然由于语言方面的障碍,其对细节的一些回忆难免存有差错。

岩佐作太郎回忆说:"大概是昭和三年秋末的事情。我从厦门出发乘船前往自唐朝就有的古城泉州。同行的有赤川启来先生。东道主是年轻的无政府主义者梁龙光先生。赤川先生是因为讨厌军队而逃到中国的无政府主义者"。这印证了秦望山《朝鲜和日本安那其主义者在泉避难引起的事件》一文所谈到的,和岩佐作太郎同来泉州的是一个逃避兵役的青年。在交代自己和梁龙光认识是由于沈仲九介绍、梁氏家族情况以及泉州码头的独特风俗等之后,岩佐作太郎具体谈到了自己到达泉州时民团编练处的状况:"当时的福建省,李深济(?)的海军和国民政府的十一路军在互相竞争势力。夹在他们之间,民团训练所开创的工作,不到几个月势力就发展到泉州区中心的五个县,甚至还有继续发展的势头。"① 岩佐作太郎提供的信息是,他到达泉州时,泉州驻军除了第十一军,还有由莆田、仙游民军改编而成的海军陆战队林寿国旅。实际的情况是第十一军驻扎在泉州城内,林寿国的海军陆战队驻扎泉州属下的永春等县。李深济后面括号里的问号为原文所有,可见岩佐对是否是李深济自己

① 　[日]岩佐作太郎:《追忆(十六)·民团训练所》,日本《平民新闻》,昭和 22 年 10 月 10 日。

也觉得把握不准,实际上第十一军为李济深,海军为林寿国。

范天均的回忆是:"一九二七年六月七月间,厦门'民钟日报'社邀范天均去任编辑,因此天均从广东到福建"。而具体到泉州的情况是:

> 天均到泉州主要是进一步筹备组织民众武装的活动,一同活动的有福建人秦望山(现在福建民革省委)、李良荣(黄埔一期学生,曾任国民党福建省主席)、梁龙光和几十个青年人,广东人陈君冷和天均,日本人岩佐作太郎(比天均慢到),朝鲜人于关、李箕焕和李海观兄弟及柳絮等。

> 当时这些人以秦望山为首利用国民党的招牌,搞党务"宣传员养成所",目的是搞军事活动,招收青年进行军训,这是受黄埔军校的影响而为之。天均到福建时,军训已毕业,有40—50个青年跟无政府主义者走,后成为福建无政府主义活动的基干。

> 天均到福建便与福建省国民党政府联系,取得"泉(州)永(春)二属(共管十一县)民团武装编练处"(与地主民团不同)的合法名义,挂牌公开活动。吴为(四川人,即张履谦、谦弟、吕千)也参加活动。拉拢华侨领袖为该"编练处"公开主持人,处长是郭其祥(华侨领袖,非无政府主义者)、许卓然(同盟会会员)。实际是天均等掌握。①

范说"天均到福建便与福建省国民党政府联系,取得'泉(州)永(春)二属(共管11县)民团武装编练处'(与地主民团不同)的合法名义,挂牌公开活动",明显与事实不符,因为民团编练处所以能挂牌成立,完全是秦望山被委派为泉永民团编练特派员的结果。但范天均提到的日本和朝鲜人于关、李箕焕和李海观兄弟及柳絮已经比他先行到达,岩佐作太郎在他之后到达,以及他到达时宣传员养成所的军训已毕业,应该是明确的。范天均还谈到,后来民团武装编练处"受到土匪的袭击,加上筹款困难,不得不将总部迁到南安,沿途还受土匪追击没有成功","泉州活动事与愿违",所以"一九二八年春夏间,天均和谦弟及两青年便离开福建到了上海"。② 那么,如果他1928年春夏间离开,而岩佐作太郎"昭和三年(1928年)秋末"到来,他们是不可能"一同活动的"。

---

① 陈登才:《访问范天均先生的纪录》,葛懋春、蒋俊、李兴芝编《无政府主义思想资料选》下册,北京大学出版社1984年版,第1040页。

② 同上书,第1041页。

谢真有关民团编练处的回忆则是："1928年春,编练处的牌子挂起来后不到几个月,当时的省政府下令停办民团编练工作,并撤销了他的特派员职务。"①

很明显,关于结束时间,谢真和范天均的记忆比较接近,那么一种可能是岩佐作太郎记忆的时间存在问题。樋口进的《巴金与安那其主义》中提到岩佐作太郎"1928年秋天,到泉州民团训练所,住到1930年冬天前后,这已得到确认"②的判断,可能依据的,也是岩佐作太郎这一存在差错的时间记忆。全部浏览岩佐作太郎关于泉州这段经历的回忆,其另外一处的时间也存在错误。在《追忆(十九)·同胞不再是同胞》③一章中,他回忆由李箕焕少佐在厦门被日警逮捕所引发的民众联合抵制日货,捉拿日本商人,"六个日本人被用日本旗裹着身体游街示众"的整个过程非常具体,但发生的时间却记成昭和五年,即1930年冬天的事。查当年《中央日报》关于此事的报道,其发生的是时间在1928年春天。④另外,岩佐作太郎回忆中一直谈到海军和第十一军。实际上,第十一军进占泉州不久,就发生了粤系、挂系争夺广东地盘的事变。为此第十一军就匆匆离开赶回广东,泉州由海军陆战队林寿国旅接防。另外,他的回忆录完整了回顾了从1927年5月离开日本,到"济南事件爆发的报道送到了我们潜伏的地方。同志们催促我去南京集合,哪怕早一天也好。我也就和诸位同志一起往上海方向乘船而去","承蒙上海的诸位同志关照在神户飘然上陆"⑤的完整过程。所以可以确定的是,岩佐作太郎和范天均都是在1927年年底前,民团编练处挂牌不久到达泉州的。他所说的"昭和三年(1928年)秋末"的到达时间,可能为1927年秋末之误。而他谈到的引发"催促"其离开泉州的济南事件,则发生在1928年5月。

尽管如此,岩佐作太郎对于自己所经历的民团训练所的一些活动的回忆,还是十分珍贵的,至少他和秦望山、范天均以及谢真的回忆形成完整的互证,加上当年报纸新闻报道的一些佐证,他们有关民团编练处的回忆的准确度还是可以得到基本确认。

① 谢真:《忆秦望山先生》,《鲤城文史资料》1988年9月第3辑,第5页。
② [日]樋口进:《巴金与安那其主义》,[日]近藤光雄译,复旦大学出版社2016年版,第99页。
③ [日]岩佐作太郎:《追忆(十九)·同胞不再是同胞》,日本《平民新闻》,昭和22年11月7日。
④ 参见本章第二节及《厦门仍有排日行动,泉州奸商受罚》,《中央日报》1928年4月6日;《对厦门事件的愤慨,泉州民众罢工罢市罢课》,《中央日报》1928年4月8日,等等。
⑤ [日]岩佐作太郎:《追忆(二十)·从中国归国》,日本《平民新闻》,昭和22年11月14日。

范天均对于民团编练处活动的回忆比较简单,但大致谈到了计划、规模和结局:

> 当时活动的目的是要占据一个"革命根据地"(这是受中共在闽西农村活动的影响),作为无政府主义活动的地盘,但与中共的革命根据地和国民党的军阀割据不同。活动的组织计划,是招募一千五百人到三千人为基本队伍,实行军训,作为无政府主义活动的主力军;另外派经"宣传养成所"训练的青年,到十一县各乡中向群众宣传组织农民,组织民团。活动经费是利用保卫地方的名义,向地方各界筹款,主要是向南洋华侨捐款。准备通过海路向日本买枪和军用品等。
>
> 活动一年左右,没有成功,原因是局势变化。我们只有几百人,没有枪支,住在泉州,后来有几千名土匪进攻泉州,国民党驻泉州的省防军无力抵抗,狼狈而逃,我们受到土匪的袭击,加上筹款困难,不得不将总部迁到南安,沿途还受土匪追击。但当时活动仍有相当大影响和作用。①

谢真的回忆比较简单,这与他是普通的一兵的视角有关,但虽然简单却也提供某些比较具体情形:

> 我们被分发到各县民团当了排长。在闽南,长期以来土匪=民军=军阀=政府,彼此是可以划等号的,在人民眼里他们都差不多。那时候,我们几乎每天都可以听到或在报上看到杀人和抢劫的消息。农村、乡镇自发地办起了民团,自建炮楼防匪,枪枝弹药很多是华侨购买偷运回来的。很明显,闽南的民团不同于其他地方地主武装的性质。②

岩佐作太郎的回忆比较具体,他首先也谈到了创办民团训练所的目的:

> 为了实现所谓无政府主义理想,即"人民的事人民来解决,自己的事情自己来做",所谓民团训练所,顾名思义,就是为培养民团的士官而建立的训练所。也可以如此解释,如果是军队,那就是军官学校。训练所还不够一百人,队伍也不超过三百人,枪支的数量好像还不及士官的人数。学

---

①　陈登才:《访问范天均先生的纪录》,葛懋春、蒋俊、李兴芝编《无政府主义思想资料选》下册,北京大学出版社 1984 年版,第 1040 页。

②　谢真:《忆秦望山先生》,《鲤城文史资料》1988 年 9 月第 3 辑,第 4 页。

生们到远处去宣传民团组织的必要性,起到了一定效果。像泉州的市长、裁判长之类的人,为了解决难题,不是去和十一路军或海军商量事宜,而是到民团训练所去,老百姓也是从家务事到孩子被偷的案件都找民团训练所处理,□□□□也变得信赖训练所了。有人说,在中国"政府是被公认的土匪,而土匪是不被公认的政府",海军和十一路军正是此话所说的那样的土匪,这么说一点也不过分。但是,为人民而建立的人民的团体组织(训练所)的思想主张正好迎合了人民的心意。①

　　训练所的青年们呼吁:"自己的事情必须自己解决,一定不能依靠政府来拯救自己。必须组织民团并依靠民团的力量建立自由平等的社会"。不管怎么样说,对为了革命而遭受痛苦而被打击的居民们来说,这话简直就是誓言,是黑夜中的一线光明。他们歌唱:"早出晚归,打井饮水,耕田吃饭,帝王又与我何关?"这样想法在人民的心中根深蒂固。尤其是,各村落为了维持治安,各自在村庄的入口处筑起了放哨用的坚固的防御高塔(碉楼,闽南话也称"寨台"或"炮楼"——笔者注),并在这个地方组织民团,所谓民团之力量正好与他们的风俗习惯相符合。绝对可以说,民团训练所运动实际上就是天时地利之作。②

至于编练处的组织和规模,除了"训练所还不够一百人,队伍也不超过三百人,枪支的数量好像还不及士官的人数"的交代外,岩佐作太郎还回忆道:

　　民团训练所的中心人物是秦望山先生,遗憾的是我对秦先生其人其事都不了解,只知道他是还不到40岁的正当壮年的无政府主义者,在国民政府那边很受优待。

　　他非常地忙碌,很少呆在训练所里。参谋是我在上海不期而遇的两兄弟李又观、李海观先生,他们是有力协助者。军务是二十二岁的青年少将李先生。我忘记了李先生的名字,他这么年轻就升到少将了,怎么都觉得他优秀。他总是珍惜分分秒秒的学习时间,为人温厚笃实,这些都是他人所无法模仿的品质。有一次,他跟我说,他不喜欢当军人而想做科学研

① ［日］岩佐作太郎:《追忆(十六)·民团训练所》,日本《平民新闻》,昭和22年10月10日。
② ［日］岩佐作太郎:《追忆(十七)·革命的准备》,日本《平民新闻》,昭和22年10月17日。

究。后来他入学劳动大学。然后，听说他在上海事变的时候成为劳动大学队伍的总将领跟日本军作战。至于后来的消息就不知道了。不知怎么地我总忘不了他在昏暗的灯光下学习的样子。①

步枪！步枪！机关枪！如果有四五挺机关枪、两三千支步枪，抵抗军队的两万、三万甚至十万也能够瞬间消灭他们。这不是梦想，民团和民团训练所的人都暗地里这样想着。

……

如今，民团和训练所别说四、五挺机关枪，就连一支也没有，别说四、五千支步枪，就连一千也没有。甚至即使不是正规的枪也好，只要能弄到手也能办事。枪支入手的资金大家可以分担，如果必要华侨们多少钱都会肯出。②

关于参谋是李又观、李海观，秦望山的回忆中又称李又观为"民团秘书"。范天均前面谈到拉拢华侨领袖为该编练处公开主持人，"处长是郭其祥"，秦望山的回忆是：五三济南惨案之后，全国抵制日货运动又复炽烈，他始终坚持抵制福建省政府关于无条件释放违法日人的指令，并"向省府辞去民团编练

图 38　谢真

特派员职，同时在厦召开泉永各县民团代表会议，成立泉永二属民团联合办事处（选我为正主任，永春郭棋祥为副主任）"③。而岩佐作太郎回忆中所说的"军务是二十二岁的青年少将李先生"，这李先生是李良荣，不过当时并非少将。他是因北伐在南昌负伤到上海治疗时被秦望山召回的，当时他仅仅是营长。不过佐作太郎写作这篇回忆录的 1947 年，李良荣的确已经是少将。

最后是关于民团编练处结束的情况，前面提到谢真说在 1928 年春，当时的省政府下令停办民团编练工作，并撤销秦望山特派员的职务。范天均说是由于几千名土匪进攻泉州，"我

---

① ［日］岩佐作太郎：《追忆（十六）·民团训练所》，日本《平民新闻》，昭和 22 年 10 月 10 日。
② ［日］岩佐作太郎：《追忆（十七）·革命的准备》，日本《平民新闻》，昭和 22 年 10 月 17 日。
③ 秦望山：《朝鲜和日本安那其主义者在泉避难引起的事件》，《福建文史资料》1990 年 10 月第 24 辑，第 206、205 页。

们受到土匪的袭击,加上筹款困难,不得不将总部迁到南安,沿途还受土匪追击"①。谢真的回忆未提及受土匪的追击,范天均提到受土匪追击,但未提到被"停办""撤销"的情形。岩佐作太郎的回忆不仅谈到是南京国民政府"下令解散"民团编练处,而且对于受袭击并沿路受追击的情形,描述得比范天均具体。前面提到过,第十一军进占泉州不久就匆匆离开,其防地由海军陆战队林寿国旅接管。林寿国与高为国、陈国辉一样,都是以民军起家,亦匪亦兵,几经投靠,最后被收编为海军陆战队,但民众对他印象不好。秦望山经 20 年代中期反省以后,就开始反对民军,所以第十一军回粤,这支由仙游民军改编队伍即将进城,民团编练处当然只能随第十一军撤退了:

　　……那一天我孤孤单单地一个人朝着正在打战的方向走着看,刚开始慢慢走着,不知何时加快了脚步,最后奔跑了起来。是大炮的轰鸣声?是枪声? 我想着,时不时地遇到不戴帽子的士兵或是不带枪的士兵,偶尔也遇到脚都不想挪动一下的士兵,但是看不出有正在打战的气氛,连□□□都没有。然后,过了很久,因为想到会让别人担心,我就回头了。

　　到了训练所的门前,很多人集中在那里,人们从来没有过这样的举动。我从第一道门进去,从天井走到第二道门前,跟大家什么话都没说就把自己塞进停在那儿的汽车里。

　　"什么事?"

　　"退却了? 刚才在找你呢!"

　　"怎么连炮弹的碎片影子都没见到,一声枪响都没听到就退却了?"

　　那人试图劝说我,但根本不起作用,我开动了汽车。后面的车是秦夫人及其孩子的车,我不知道秦先生是否也坐在里面。我的车的两侧各站着三个手拿短枪的士兵,后面的车也是同样的武器装备。谁都没有说话,车不停地响着喇叭慢慢地开走了。好像训练所的部队、学生以及训练所的同伴们也随后跟着走了。此外,好像前方已经有部队先出发了。

　　我不记得是上午还是下午了,能清楚地记得的只是没吃午饭这件事。当视线中的乡村房子越来越近时,我们到达了一处海港,记得那地方名叫同安。

---

① 陈登才:《访问范天均先生的纪录》,葛懋春、蒋俊、李兴芝编《无政府主义思想资料选》下册,北京大学出版社 1984 年版,第 1040 页。

再问后来的事,我只记得因为迷路而担心被海军逮住。也就是说,他们不是害怕共产党,而是担心海军出动而撤退的……

第二天早上,我们和十一路军一起到达了厦门。十一路军直接就全部上岸了,但是厦门的官府无论如何都不让民团训练所的部队上岸。无可奈何我们的船只能继续航行。①

心灰意冷的民团训练所,虽然撤离泉州匆忙到了厦门,却被拒绝上陆,无可奈何只能继续航行,在某地上陆后却也不能安置落脚。于是,分成各个小队,总队把队伍带到山□地带建立营地,期待归返泉州。其他的队伍在这个时机到来为止自由行动,只能等待时机到来。

此后过了一个月或是两个月,我如今已不记得,也可能时间更短一些,训练所回到泉州,此时原本的古城是全然被破坏掠夺后的样子……当然十一路军也回去了。我记得海军是撤退了。

从此以后,训练所的势力又增加到跟以往差不多……

我得到极少数士兵的保护在某个地方潜伏下来。这个地名不记得了,但无论如何肯定是在厦门岛的附近。此外,也不记得和什么样的人在一起。在被舍弃的废居的气派的庭园里,留下一个相当考究的亭子,挂着听雨亭的匾,上面写着亭子的由来。我在那个废居里睡卧起坐并把听雨亭当作玩耍的地方。②

岩佐作太郎的回忆,形象地再现了当年民团训练所仓皇撤离,后来又迁回的情形。

---

① 〔日〕岩佐作太郎:《追忆（十八）·从泉州撤退》,日本《平民新闻》,昭和22年10月31日。
② 〔日〕岩佐作太郎:《追忆（二十）·从中国归国》,日本《平民新闻》,昭和22年11月14日。

第二节　与民众携手反日斗争

由于岩佐作太郎以及朝鲜无政府主义者的到来,民团编练处的活动很快就引起了日本方面的注意。而由于日本侦探在厦门秘密捉捕李箕焕,终于在福建全省引发一场反日斗争。对于这场斗争,当年的《中央日报》记者有过连续的报道。其中如1928年4月4日报道说:

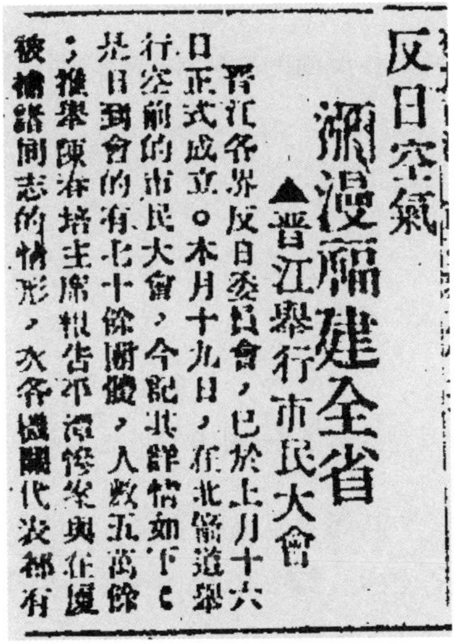

> 晋江各界反日委员会,已于上月十六日正式成立。本月十九日,在北□□举行空前的市民大会,今记其详情如下:是日到会的有七十余团体,人数五万余;推举陈春培主席报告平潭惨案与在厦被捕诸同志的情形,次

图39 《中央日报》1928年4月4日关于晋江反日运动的报道

各机关代表都有激昂的演说,空气极为紧张。闭会后全体游行示威,是日通过议案三条通电全国:(一)自今日起与日本经济绝交;(二)一致起来反抗:第一步要求日本释放被捕韩国同志,第二步要日本赔偿平潭死难同胞生命财产,第三步要日本向国民政府正式道歉,第四步日本在厦的非法警部应予撤退,第五步日本军舰以后不得在中国内海航行。(三)开始募

捐,援助厦门总工会纠察队。上月二十二日,由厦反日侵略国权委员会派来代表叶松生同志,到县党部报告厦门民众对日反抗之积极,及厦当局之敷衍,与交涉员之渎职。越日即由反日委员会召集各界代表开紧急会议,到会有三十余团体,推举县党部代表颜鸣笙主席,报告一切;通过议决案九条如下:(一)通电全国扩大运动;(二)于本月二十六日,泉州实行水陆总罢工,罢市,罢课,并组织宣传队到处宣传;(三)缩短劣货登记日期,限四天登记完成,同时派员到邮局查禁各商号拍电采购劣货。(四)□□代电请政府驱逐在厦日警日舰;(五)呈请国民政府外交部惩办失职交涉员;(六)派代表参加厦门反日委员会共同工作;(七)派员分赴附近各县宣传(由反日委员会推派);(八)募捐办法由各团体组织募捐队;(九)以上八条交反日委员会办理即日施行。①

住厦门的路透社记者之后报道称:

【厦门二十五日路透电】华当局今日宣称,中日□今之争端,业已解决,故排日之举应即停止,排日委员会应□解散。各团体反对此议,谓此事应移交宁政府办理,排日行动仍应进行云。今人民虽排日如故,但未发生事端。

泉州有一华商与日人交易,被人发觉,判令交罚款四万五千元。该处抵制事务,由工团促进云。②

新闻主要报道了这一事件在社会所引发的反响,对其来龙去脉未作具体的叙述。实际上,民团编练处处于一种半公开状态,记者也未必能详细了解到具体的前因后果。据秦望山后来介绍,岩佐作太郎和另一位逃兵役的日本青年到泉州后,民团编练处把他们安置在泉州左文襄祠居住。岩佐作太郎深藏屋内译书,从不外出。但是不到一月就被日本方面知悉,于是在厦门的日本领事馆派12名日本警员,到泉州秘密监视。日本警员化装到泉州监视,没多久就被所住旅社的伙计识破。伙计报告总工会,总工会即转告民团编练处。民团编练处和公安局前往侦捕时,日警已逃之夭夭。3月2日李箕焕为民团编练处

---

① 《反日空气弥漫福建全省,晋江举行市民反日大会》,《中央日报》1928年4月4日。
② 《厦门仍有排日行动》,《中央日报》1928年4月6日。

事务到厦门为日侦知,当夜被日警逮捕,拘禁鼓浪屿日领馆。消息传出,群情愤怒,认为日人到我国土捕人,犯我警权,公推代表请警备司令林国赓向日本领事馆交涉,要求其将李箕焕交回我政府处理,报界对此也号外报道。但日方置之不理,并于夜间把李箕焕转移到日舰驶离厦门。各界闻讯哗然,认为日本方面的行为严重侵犯了中国的主权。加上此前的 2 月 27 日晚,日本战舰"锦江丸"号在平潭岛附近触礁搁浅,28 日晨当地渔船前往救助,日方另一战舰开枪扫射,导致 12 名渔民当场死亡,27 人重伤。由平潭惨案与厦门事件引发的群愤交织在一起,于是厦门、泉州等地纷纷成立反日会,号召民众抵制日货,并召开大会,决议举行罢市、罢工、罢课以示抗议。同时"通电全国各省市,一致主张,请政府严重交涉,要求送还李箕焕,保障国权,不达目的,绝不甘休"①。通电之后,上海、汕头等地也普遍响应。这就是 1928 年反日风波的来龙去脉。

至于日方最初为何侦得岩佐作太郎的行踪,岩佐作太郎自己回忆比较具体:"原来这事的来龙去脉是从我这里发端的。团中的教官李箕焕少佐、赤川先生和我一起散步时,我一时高兴跟李少佐合影拍照了。这照片落入日本政府的间谍手中,根据这照片他们知道了很有戒备心的我原来是在泉州"。接着"李少佐因为民团的事件而被派去厦门出差,就在那里日本警察无视法律抓了李先生,并被带到海上的军舰上"。于是,"中国方面情绪激昂的民众发起了联合抵制运动。厦门是理所当然的,从福州到上海,所有的地方都开始了联合抵制运动。可想而知,厦门是一片大混乱,每天都有高喊打倒日本田中内阁的游行队伍,参加者从大学生到小学生都有"②。

但是,明知泉州正在掀起抵制日货的运动,而且泉州也非对外通商口岸,日本商人竟然勾结台湾奸商贩载一大机帆船日货,公开插着日本旗驶入泉州港内卸货。这一行为更加引发当地民众的公愤,泉州反日会立即将船上人、物扣留。

这事终于惊动南京方面。日本政府向南京方面提出抗议,要求中方必须立刻放人。不想与日方搞僵关系的南京方面发出严令,要求福建方面释放日

---

① 秦望山:《朝鲜和日本安那其主义者在泉避难引起的事件》,《福建文史资料》1990 年 10 月第 24 辑,第 204 页。

② [日]岩佐作太郎:《追忆(十九)·同胞不再是同胞》,日本《平民新闻》,昭和 22 年 11 月 7 日。

本人并妥善处理扣押的货物。福建省赶紧电令林寿国旅长向反日会提人释
放。反日会一方面坚决拒绝，一方面将日本人移交民团看押。为防止林寿国
手下强制要人，民团方面先把日本人移禁晋江县南门外乡村。因发现林旅侦
索甚紧，又从海道把日本人转移到惠安崇武的民团拘禁。后来又听说林寿国
企图攻打崇武，民团方面又把人押回晋江禁闭，并放风声说如追索不已，就要
把日本人当作海盗杀掉。这期间省政府不断要求林寿国尽快放人，林寿国不
断找秦望山要人，秦望山则不断拒绝，甚至向省府辞去民团编练特派员职务，
简直一波三折。对于最后的结果秦望山回忆说：

> 后来日领未亲来泉州，仅在厦门向警备司令林国赓表示"日商有错
> 误，保证以后绝不再发生"。林国赓即据情转报省府。前此，泉州反日会
> 将日人交给我们看管，我们视为义不容辞，但由养成所学生负责看管，既
> 怕其逃，又怕其死，以历时已久，继续看管下去实有困难，有鉴于此，我们
> 认为：日领虽未按条件行事，但他既已在林国赓面前承认日商有错，可以
> 适时结束此案，将被扣日人押回泉州释放。不意押送队伍尚在途中，林旅
> 竟将民团秘书、朝鲜人李又观捕去。节外生枝，各界公愤，及日人押回泉
> 州，即令其着纸衫戴纸帽，押着游街示众，前呼后拥，从者数千人，把日人
> 一直押到公园，于威远楼前跪下拍照。林寿国得报大惊，恐有意外，即将
> 李又观放出交换。此事件延续近三个月，其结果大快人心，鼓舞民气不
> 少，惟日人不甘就此罢休，极思阴谋报复。①

至于泉州反日会查扣、处罚日商贩载日货的相关过程，当年的记者也有详
细的报道：

> 泉州近发生反日会捕获自台湾私运漏税日货之日人孙四郎，近解厦门
> 引渡日领案，颇震动泉厦间。先是泉州援助厦门日领擅捕李箕焕案，对日厉
> 行经济绝交。有泉商晋安号者，违禁向台湾私购大宗日货，雇日商西村运
> 输店之长荣丸小汽轮运泉，于十九日抵泉州之秀涂港，希图秘密卸载，为反
> 日会纠察队侦悉。前经船长孙四郎、水手台湾五人、及晋安号伙计，拘押公

---

① 秦望山：《朝鲜和日本安那其主义者在泉避难引起的事件》，《福建文史资料》1990年10月
第24辑，第206页。

安局拘留所,船由纠察队监视不许他驰。二十日反日会开会讨论,以泉州非通商口岸,焉能自由航行。且既无中国海关单及运照,即为漏税私货,则日轮违法擅运私货之罪已成立。当派纠察队至拘留所提日人及台人至会场,任众参观。议决,晋安号擅自私运日货,罚金四万五千元。一星期不交,没收店产。店伙准商店保出,日人孙四郎及五台人交纠察队看管,候筹办法。会毕,即率日人等往

纠察队处拘留。驻泉陆战队旅部闻讯,派员至反日会索取,不得要领而返。事后纠察队将日人及台人寄押至惠安陈棣民团处。厦门日领闻讯,向交署交涉请释。事闻于省政府,电泉陆队,令解厦门核办。旅部二十三日以奉省府令解厦函反日会,始由陈棣押回泉州。二十四日旅部派人押孙四郎及台人五至厦,送漳厦警备司令部。当晚即由日领引渡鼓浪屿日领署矣。

　　至厦门反日会,虽经漳厦司令部以撤销日警部交涉,日领现已谅解,并允在日本臣民住宅检举或逮捕一切,自当通知中国官厅办理。惟此次肇事原因,系由住在梧桐埕之日员发生,复一并交涉,速将梧桐埕办事员调回。据日领复函,关于厦门梧桐埕宿舍一事,现该屋专为敝署员及妇女小孩等宿舍,并非警察署及警察分所。函市党部,以案已根本解决,希转知各社团,切勿再有反日举动。一切工作,赳日回复原状以笃邦交云。市党部转达□(二十六日)反日会呈外交部云:"呈为厦门对日交涉不完满,恭呈仰祈鉴核,并请维护国权,尊重民意。极力交涉事,窃三月二日驻厦日本领事指使梧桐埕非法警署警士擅捕李箕焕、李刚、李明斋、李润炳四人,及同月二十七日日本战舰侮辱纠察队各节,迭经职会呈电报告在案。四月十九日准漳厦海军警备司令部函开(已见前报从略),查日本帝国主义者,敢于戒严期间,在中国领土内擅行捕人,实属藐视党国已极。复敢派舰于港内示威,撕毁党旗,侮辱纠察,奇耻大辱。尚堪言耶,乃此次

交涉只获此一纸之声明而已,对于擅捕李箕焕等,及侮辱纠察队,绝未提及。当经职会召集第五次代表大会讨论,经一致议决,表示不满,并请钧部权力交涉,势必达到完全胜利而后可。除继续反日外,理合具文呈请钧部察核,伏乞据理力争,以保国权,而重民意,实为公便。谨呈国民政府外交部部长黄。四月二十六日"。观此则结束反日工作,恐尚有问题也。①

实际上,在这一波三折的背后,还有泉州、厦门以至全国民众的支持。所以除了看到民团与反日会相互配合,团结御侮之外,还值得进一步关注的是民众的组织。《中央日报》4月8日有关于罢工罢市罢课的详细报道,个中可见组织领导之有方以及工人、学生等泉州民众之精神面貌:

　　泉州各界反日委员会自成立以来,无日不在积极进行中。最近得厦门传来消息,李箕焕等已被解回,该会愈形愤激。当于二十三日上午开各界(紧)急会议,由民团编练处代表提出议案八项,具系为应付此案底重要事件,当经通过决于二十六日全市大罢工罢市罢课。数日来该会各委员正积极准备,并发出通电叙明此事。今天就是大罢工的一日,清晨七时前各委员及各团体代表即一齐到会,以备指挥全日罢工事宜。接着各团体各学校所组织的纠察队宣传队也先后到会,由各委员指挥出发。人数有一千多人,其中尤以工会纠察队最为出色,全体破衣赤足,表现一种劳动精神。宣传队多学生组织,精神也很好。各队从反日委员会出发,即分散四城。各街道各南大街西街等,分头演讲,分头纠察不守秩序的商店工人。各商店都闭门,并贴"定于三月二十六日大罢工罢市罢课一天"几字之标贴,遍处皆现严肃、冷静的气象。这一次泉州反日运动得有此等成绩,实足以表现民气之盛,并领导者能热心任事所致。②

另外,对于日本和朝鲜的无政府主义者,他们置身于这种涉及国家之间关系的斗争,其立场、心态也很值得探究。根据秦望山的回忆,反日会扣下了日本人,"岩佐此时尚在泉州,亲自用日语讯问船员,并训斥说:泉州非通商口岸,你们不

---

① 《泉州查获日人漏税运货,已引渡鼓浪屿日领署,厦门反日会结束有待》,《益世报》1928年5月17日。
② 《泉州民众对厦门事件的愤慨,本月二十六日总罢工罢市罢课一天 宣传纠察队终日在街市及乡村活动……》,《中央日报》1928年4月8日。

该做帝国主义走狗,侵犯中国主权,现自取其咎,要好好服从看管,不要加重罪戾"[1]。岩佐作太郎的回忆则比较详细记录了李又观对日本人最后的判词:

> 放肆的日本警察、荒唐的日本政府侵入中国领土捕捉中国军人,接下来就是要打中国的主意了。中国的民众就是为了惩罚日本政府及日本警察的如此罪行而进行联合抵制运动。如果你们是有正义感的人,换言之,你们是明白道理的人,一定可以理解中国人民正在做的事以及他们的心情。然而你们践踏了中国人民的心情将船驶进中国的海上,企图破坏联合抵制运动。中国的民众将你们大卸八块都不为过。如今他们是咽下泪水把你们交付给十一路军(应为海军陆战旅——笔者注)。但是中国的民众并不是真心愿意释放你们的。我代表中国的民众严令你们在泉州的各十字路口五体投地跪拜,表明对中国民众的谢意,感谢让你们活着回去。

显然,李又观是站在被侵略的中国人的立场谴责日本政府和日本警察的。至于岩佐作太郎自己,他说:"我自从发生这个事件后都非常小心尽量不外出。于是,我真心希望日本政府能停止这样的不正当行为,然而却连如此严重的事件也发生了。因此,心情复杂的我暗地想,为什么又做出抓人的荒唐行为呢?我甚至以自己是日本人而感到羞耻"。他的回忆似乎也客观地记录了日本人所遭受的带有侮辱性的惩罚:"就这样他们六个日本人被用日本旗裹着身体游街示众,在各个十字路口五体投地跪拜谢罪,一边接受着民众的恶意惩罚,一边被引渡给十一路军(海军陆战旅——笔者注)"。不过他把这一章的回忆取名《同胞不再是同胞》。对于被惩罚这一节的标题,岩佐作太郎用的则是《同血脉的疼痛》[2]。

1928年春天这场反日斗争结束之后,日方并未真正信守向厦门警备司令林国赓的"保证以后绝不再发生"的承诺。不到半年,1928年10月张贞奉命率在北伐时期获得的番号的独立第四师返回福建,以执行克日肃清泉、永二

---

① 　秦望山:《朝鲜和日本安那其主义者在泉避难引起的事件》,《福建文史资料》1990年10月第24辑,第205页。

② 　[日]岩佐作太郎:《追忆(十九)·同胞不再是同胞》,日本《平民新闻》,昭和22年11月7日。

属土匪的指令。张贞把师部设于其老巢漳州,同时分防泉、永和龙岩,麾下杨逢年旅接防泉州。为扩充军力,他委托在厦门的日商为其采办军火。在台日本商人因此而有恃无恐,用一艘更大的机帆船,满载着楠木等货物,高悬日本国旗堂皇驶入泉港新桥溪。于是又被反日会将船、货、人一并扣留。后来还是把台籍船员 12 人释放,把 6 个日本人送交公安局拘禁。跟此前一样,张贞不断催促杨逢年到公安局提人释放,泉州工会的纠察队和学生会却密切监视着公安局。最后厦门日领馆代表只好亲自到泉向晋江县县长表示歉意,并签字保证以后不再重犯此类错误。日本人释放后,没收来的楠木则拍卖给刚成立不久的黎明高中制造课桌椅。如果不觉得暴殄天物,这结局倒是很长了民团、反日会的志气。秦望山的回忆最后不无自豪地说:"这两次对日斗争都取得胜利,日人知我泉州民气之不可侮,此后,泉州除有数家台籍人经营正当职业外,未见有台湾浪人藉其台籍招牌而胡作非为者。"①

① 秦望山:《朝鲜和日本安那其主义者在泉避难引起的事件》,《福建文史资料》1990 年 10 月第 24 辑,第 208 页。

第三节　民团革命的方略

从十几年前组织民军进行反清斗争,到 20 年代后期编练民团,秦望山的"军旅"生活有一个曲折的转变过程。最初他参与靖国军、组织自治军、最后又被改编为讨贼军,他始终都是与民军打交道。跟当时大多数的革命党人一样,秦望山希望借助民军的力量实现其社会的抱负。在这一过程中,他几起几落,为反袁、北伐,为地方做过一定的工作,但也无可避免地也沾染派款、绑票等民军习性,按民军的行为准则做些对不起普通百姓的事情。最为典型的例子是自治军时期,为筹措军需,秦望山居然策划组织了一场震动泉厦的大绑票案。关于这大案,还是原貌引用他自己的回忆文字:

> 我并非不注意财政问题,可惜我们范围内没有大富人,如有大资本家请一个来,什么问题都可解决,宁使一家怨,勿使千家骂,所以我主张筹款找在富人身上。李宏美很高兴地说,如得你的同意,我们就可去想办法。不久之后,李宏美派人来密报一件事,据报千金庙山腰乡,有个富侨李功藏拥有家资四百万元,大前年其妻病故,近来他的长子李成器从南洋回家,将为其母做三周年纪念,已经派人布置等候截掳。果然一天早晨将李成器捉到了,押送到廿八都来和我相见。见面时大抵是称赞他的财力相当雄厚,请他出点力,望他写信回家,叫他的父亲派人来接洽这一套话。可是李功藏在泉州和一班绅士很有来往,驻军对这件事特别注意,坚决不肯派人来商,不上一个月,北兵开往廿八都搜索达四、五次。如果说我们

是匪的话,那么廿八都的民众老早就和匪结成亲密的关系,北兵有什么办法呢? 北兵到廿八都来,每次都要用一营的军队,这样不知道李功藏要花多少钱呢? 但花的却是冤枉钱。所以到了满一个月的那一天,我们杀了一只鸡,请他吃酒,叫李用鸡脚沾血写一张信,说这是刺破指头写的血书,要求他父亲不要想靠北兵破获起放,说这是白想,于他反有危险。但是仍无效果,再经一个月,北兵确实无办法了,才派人来问我要怎样? 我提出一个灵活性的方案说:如果他肯的话,一团兵的装备费,团长给李成器做(因李同我们同住二个多月,对军队生活颇感兴趣)。如果不肯,就请他负担一营的装备费,大约十多万元,这样就是表示一个数目,使他做好准备。在接头还没有眉目,嗣又有许卓然写来一张信,说他和张贞即要到内地来,公家也需要现款,对李条件应放低一点,俾得早日结束。结果乃以现款二万六千元(等于一个连的建设费)及空头支票七万四千元合共十万元了事……①

秦望山时任许卓然"自治军"第五路指挥,而且他的所作所为,许卓然显然也是心知肚明。绑票在民国时期一般属于土匪的专利,而且在闽南地区,因没有什么大的地主富豪,目标的确也大都集中在侨商身上。所以这一次绑票虽然事出有因,甚至也有"宁使一家怨,勿使千家哭"的托词,但整个事件的过程并无异于闽南土匪的行径。除了绑票,土匪之所以很乐意于被收编为民军,还因为可以在其管辖地盘的势力范围内公开派单筹集军饷。在秦望山的同一篇回忆中,也谈到自己所部民军这方面的作为。另外,无论是靖国军、自治军还是后来的讨贼军,秦望山的回忆也不避讳当时和他们共事相处的包括了像陈国辉、高为国那样的悍匪。所以应该特别肯定的是,秦望山在20世纪60年代能够把这并不光彩的历史,用文字坦荡地记录下来。

但是1923年福建的讨贼军败于陈炯明的粤军之后,许卓然所部民军各奔前程,各自寻找新的大树。秦望山与许卓然重新检讨过往,取得了"民军成事不足,殃民有余,自身早已变为革命的对象"的共识。所以从1924年所部民军自动解散之后,秦望山才彻底放弃"利用安那其份子作骨干"改造民军的想法。② 之后秦望山在上海大学旁听学习了一年多,返回闽南后他的公开的工作基本上转

---

① 秦望山:《我与自治军及讨贼军的关系》(上),《泉州文史资料》1962年9月第7辑,第13页。
② 秦望山:《我与自治军及讨贼军的关系》(下),《泉州文史资料》1963年2月第8辑,第25页。

向国民党的党务,但即使是创设晋江县宣传养成所,其聘请的教官、开设的课程也明显是有意培养安那其的军事骨干。所以秦望山20年代后期全面介入民团的编练和组织工作,是有其长期的精心准备,同时也承载着其别样的社会理想诉求。

民国之后的福建,民团也有机会得到收编获得类似于民军的名分。但在性质和功能等方面,民团与民军有着本质的区别。在性质上,民团属于契约性的民间武装联合体,其基本队伍的构成一般是建立在看家护院者(家丁)的基础上的。当一个村落或几个乡村为共同抵抗入侵者结盟进一步组织成民团后,其经费支持、组织管理一般都按共同商定的契约执行。当然,按自愿的原则,在重要的装备添置或特殊的武装保卫时期,也不排除大户人家的经费支持。而福建民军前身大多是打家劫舍的绿林好汉或揭竿而起的农民起义军,这也正好是民团防御的主要对象。当啸聚山林有一定实力之后,这些队伍就有机会获得某种收编,从而获取民军的合法身份。在不同历史时期,这些民军不断被收编为称号不一的队伍,而民军本身也时刻在寻求不同的靠山,转换自己的身份。但不管民军身份几年一换,其名分都是由官方或至少是权力赋予的。有了这种被赋予的身份,民军就可以名正言顺地行使公共的权力,但背地里又常走绑架派单、杀人越货的老路,先后统治泉州的高为国、陈国辉莫不如此。所以连岩佐作太郎在十几年之后写回忆录时,都还记得民间关于"政府是被公认的土匪,而土匪是不被公认的政府"①的说法。民团、民军虽然都来自于民间,但民军一旦获得正式的身份也就名正言顺地拥有自己的地盘,并且可以不断地壮大自己的队伍,扩张自己的地盘。民军一般都有自己的老巢(实际上也是首领所在的乡村),也都特别注意加强老巢的保卫。但民团的对于自身乡村的保卫就是其武装活动的全部,而民军对于自身乡村的保卫仅是其失败后复兴的"老本",是其参与社会武装角逐的根据地。所以对于民军而言,保卫家乡仅是其武装活动的一小部分,用武力对外抢占地盘,扩张势力范围才是其区别于民团的不同功能所在。民军不同于民团的另一主要特点是其内部的组织结构。虽然大多数民军也是以宗族、亲邻或"结拜金兰"为主要关系纽带,但其内部的建制体现的并非契约、自治的精神,而是等级分明的权力结构。所以从总体上看,民团比民军更鲜明地体现了互助、自治和自卫防御

---

① 〔日〕岩佐作太郎:《追忆(十六)·民团训练所》,日本《平民新闻》,昭和22年10月10日。

性质,也更符合安那其的非政府的理想。

正因为民团的非政府特征,秦望山20年代后期所从事的民团编练或民团联合的工作才格外的曲折。他于1927年冬天就任民团编练特派员,开办民团编练所,但1928年夏天就辞民团编练特派员职。1930年前后,他又借助"旅菲华侨泉永民团后援会"的支持,成立泉永民团联合办事处。但这种民间组织的活动空间极其有限,民团始终面临民军紧逼的压迫。陈国辉再度取得省防军第一混成旅旅长的名义以后,也对许卓然、秦望山长期经营的晋南一带步步紧逼,虎视眈眈。

但这时,昔日靖国军、护法军、自治军与秦望山共事的张贞,也已经从1929年回闽时的属丙种师编制的独立第四师师长、福建剿匪司令,通过队伍的一步

图41 《福建民国日报》刊载的《泉属民团暂行条例》

一步扩编发展而成为暂编第一师、新编第一师、陆军第四十九师的甲种师。秦望山为抵御陈国辉的统治与压迫,1931年从张贞的福建剿匪司令部争取到泉属民团统率处的招牌。他出任处长,并且制定和公布了带有其理想民间武装色彩的《泉属民团暂行条例》①。因这条例寄托着某种安那其的乌托邦设想,作为一份完整的原始历史文献,特整理全文,照录如下:

泉属民团暂行条例

第一章 总则

第一条:泉属民团之组织,以增进人民自卫能力,保持地方公安为宗旨。

第二条:泉属民团为统一组织起见,凡各地原有之商团、乡团、保卫

---

① 《张贞改编泉属民团,委秦望山统帅,颁布暂行条例》,《福建民国日报》1931年3月9日、10日。

团、联乡会等各种名目,应一律取消,改组为民团。

第二章 组织

第三条:凡十八岁以上四十五岁以下男子,均有入民团受训练之义务。但有左列情事之一者,得请求免除之:

一、家无次丁者。

二、残疾者。

三、患精神病者。

四、在外有职业,或现在任本地方公职者。

五、在学校肄业者。

第四条:各乡(街)之民团,分义勇队、预备队两种(作战时先调动义勇队,然后及于预备队),均隶属于该警区民团所,其编制与常备队同。

第五条:区民团所,及县民团办事处,在清匪期间,得设常备队。遇有匪警时,担任重要勤务,其组织法另订之。

第三章 训练

第六条:民团应受军事及政治训练。常备队之训练,仿照军队办法。

第七条:各乡(街)民团团员,每周应受三小时至六小时之军事训练,以三个月至六个月为限。各乡(街)每月应会操一次,各区每三个月应会操一次。惟在农事忙碌时,得由办事处变通办理。

第八条:县民团办事处,对于各区各乡(街)民团须随时派员视察督促指导。

第四章 任务

第九条:各乡(街)居户,如有窝藏盗匪,寄存赃物,或有反革命分子混入煽乱,秘密聚集,或携带违禁品者,区民团所须随时侦查提获,送由县民团办事处,转解福建剿匪司令部泉属民团统率处核办。

第十条:各乡(街)遇有水火盗贼,及其他非常事变时,区民团所应以一定警号,召集团员,分任围捕消防事宜,并飞报县民团办事处核办。所有捕获盗犯,应即送由县民团办事处,转解泉属民团统率处核办,不得私自审问。

第十一条:各区民团所,或县民团办事处,接到各乡(街)警报,应即召集警备队,前往应援。若遇情节重大,并得请求军警协助。

第十二条:区民团所因捕获盗匪手得之赃物,除军事及一切违禁物,应报由县民团办事处核示办法外,其余各物应即时公布,等候事主认领。如有私自侵没,应即由县民团办事处依法惩处之。

第五章 设备

第十三条:民团办公地点得就原有庙宇或公共处所设置之。

第十四条:各团员原有枪械,须送由区民团所验明烙印,编号注册,转呈县民团办事处给照,留乡使用。但不得藉故没收,及索取各手续费。

第十五条:各区民团所于重要地点,得呈请县民团办事处核准,建筑寨台(炮楼——笔者注),为防守掩护之需。旧有者修理之,其费用可就地筹集,不足则由县民团办事处酌拨补助。

第十六条:民团机关,得刊发木质印记。但非关民团事宜者,不得钤用。

第十七条:民团旗帜式样另订之。

第六章 奖惩

第十八条:民团办理保卫事宜,有左列情事之一者,得由县民团办事处,呈请泉属民团统率处奖恤:

一、捕获经通缉或悬赏缉拿之著匪,或反革命分子扰乱,当场捕获者。

三、协同他乡(街)捕获盗匪或反革命分子者。

四、夺获盗匪或反革命枪械者。

五、因捕拿盗匪,或反革命分子被伤或毙命者

第十九条:民团办理保卫事宜,有左列情事之一者,得由县民团办事处核奖。

一、密报盗匪或反革命者之窝藏处所,因而捕获讯明属实者。

二、救火御灾异常出力者。

三、全队枪枝步伐整齐,训练成绩优良者。

第二十条:民团办理保卫事宜,有左列情事之一者由县民团办事处分

别惩办,或呈请泉属民团统率处核办。

一、团员以军火接济盗匪,或谋为不轨者。

二、乡(街)内容留盗匪反革命分子,或形迹可疑之人,隐匿不报,或明知故纵者。

三、乡(街)内发生抢劫重案,不能依限破获者。

四、诬陷良善,或滥行逮捕者。

五、藉端骚扰,包揽词讼,诈取财物者。

六、会操训练,或遇警无故不到者。

第七章　泉属民团统率处

第二十一条:泉属民团统率处,设处长一人,由福建剿匪司令部委任之。处长之下,设处长办公室,及编练、政治、总务、经理四科。处长办公室,设秘书长一人,秘书一人,各科设科长一人,均由处长委任。泉属民团统率处,另设财政委员会,由处长委任委员长一人,委员四人至六人组织之。

第二十二条:泉属民团统率处,每两星期举行处务会议,一切由处长召集之。但必要时得召集临时处务会议。参加者除处长、秘书长、各科科长外,常备队联队长,及其他人员,于必要时,不得缺席。

第二十三条:泉属民团统率处,每月须作工作报告一次。处长办公室各科会,每星期须作工作报告一次。

第八章　县民团办事处

第二十四条:各县民团办事处,由泉属民团统率处委任正副主任各一人或委员三人至五人组织之。主任或委员之下,设总务、编练两科。各科设科长一人,由主任或委员提请泉属民团统率处委之。

第二十五条:各县民团办事处,每星期举行处务会议一次,由主任或委员召集之。但必要时得召集临时处务会议。处务会议参加者,除正副主任,或委员,及各科科长外,其常备队队长,各部干事,亦得列席,惟无表决权。

第二十六条:各县民团办事处,每月须作工作报告一次。各科每星期须作工作报告一次。

第九章　区民团所

第二十七条:各区民团所,由县民团办事处,委任委员七人至十五人组织之。并就委员中指定一人为常务委员。常务委员之下设总务、编练、宣传三科。每科设科长一人,由委员中互推担任之。

第二十八条:各区民团所,每星期举行所务会议一次,由常务委员召集之。但必要时,得召集临时所务会议。所务会议参加者,除各委员外,其常备队队长,各科干事,亦得列席,惟无表决权。

第二十九条:各区民团所,每半月须作工作报告一次,呈报办事处审核。

第三十条:各区民团所于必要时,将设区民团分所,其组织法另定之。

第十章　职员之任用及保障

第三十一条:泉属各地民团,暂订六个月为整理及扩大组织期。在此期间,各区委员,由县民团办事处委派委任之。各区民团分所委员,由各区民团所委派充任之。一俟整理或组织完毕,则实行选举充任。

第三十二条:各区整理或组织完毕时,得由区民团所,呈请县民团办事处核准,召集团员大会,或代表大会,选举执行委员。

第三十三条:各县各区正式选举过三分之二时,得由县民团办事处,呈经泉属民团统率处核准,分别召集各该县代表大会,选举执行委员。

第十一章　经费

第三十四条:民团除各县办事处,以及各区人员,除常备队士兵,酌支俸给外,其余一律为名誉职。

第三十五条:民团经费,泉属民团统率处筹集,厉行财政统一。

第三十六条:民团经费须由各区团所,按月将收支数目,报告县民团办事处。由县民团办事处,汇造清册,送交泉属民团统率处财政委员会稽核。

第十二章　附则

第三十七条:本条例,由泉属民团统率处公布,呈请福建剿匪司令部批准施行。如有未尽事宜,得随时呈请修正之。

　　本章的开头中提到,中国的无政府主义者认为,建立民众自卫武装之目的在于防卫自己以抵抗别人的攻击。但是要战败敌人,解除其武装,使他们以后不复有机会与力量再来攻击,民众自卫武装在他们的理论中只是一个组织架构的概念,而这一《泉属民团暂行条例》才具体地体现了无政府主义革命的防卫精神。首先,革命的防卫必须与安那其"反对一切干涉侵犯人们自由","反对一切的压迫,侵害与强制"的精神和理想相一致,所以"自卫当然应该免除迫害复仇等等行为。它的目的是战败敌人,解除他们的武装,使他们以后不复有机会与力量再来攻击"。[①]其次,中国的无政府主义者认为得以打退敌人的攻击的则是革命力量,"这力量是什么? 这是由人民的拥护,这是工农群众的献身精神。如果人民觉得他们自己在制造革命,他们自己成了他们生活的主人,他们得到了自由,而且在建设他们的福利,那么他们一定要拼命防卫革命的",所以"武装的工农乃是革命之唯一有效的防卫"。[②]同时,中国的无政府主义者也认为"革命之军事的防卫因了战略的关系。也许免不掉需要一个共同的指挥,行动的一致,服从纪律,服从命令等等。但这一切必须出于工人与农人的献身精神,必须基础在他们的志愿的合作。革命防卫的事业不能用任何强制,所以不用征兵制,一切均以志愿为基础。但在一个作战计划上志愿的工农是应该服从共同的指挥,(但这并不是个人)。在革命防卫的问题中与在所有其他的社会革命的问题中一样,民众的热心,利益,自治,自由乃是成功的最好保证"[③]。

　　《泉属民团暂行条例》的设想中实际上也体现着李少陵"民团革命的方略",这些已经经过军事训练的觉醒了的"农村的

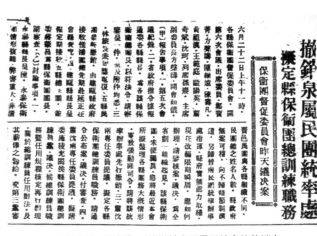

图 42　《福建民国日报》刊载撤销泉属民团统率处的消息

---

① 芾甘:《从资本主义到安那其主义》,上海自由书店 1930 年版,第 311—312 页。

② 同上书,第 311 页。

③ 同上书,第 314 页。

农人、城市的工人",他们平时劳作在工厂里或者田野上,而当受到敌人的威胁或攻击时,他们即能拿起武器走上战场,以保证自己不受侵犯和压迫。"如果各村与各村间,各县与各县间,各省与各省间的民团,均互通声气,互相联合,便可即时高竖革命旗帜,推倒政府。"①

但是,曾经以海军晋南惠游击大队大队长驻扎泉州的悍匪高为国,虽然为民团击败而出逃,实力数倍于高为国的陈国辉却谋得省防军第一混成旅旅长、兴泉永警备司令头衔,率兵大举进驻泉州。经其迫不及待的多方运作,1931年6月22日,方声涛在福州主持全省保卫团督促委员会第六次会议,指令张贞撤销泉属民团统率办事处②,此时离《泉属民团暂行条例》颁布不及四个月。至此,秦望山苦心经营的民众武装以失败而告结束,泉州的安那其不得不采用其他方式,以反抗陈国辉更为残暴的统治与压迫。③

---

① 三木:《民团革命》,葛懋春、蒋俊、李兴芝编《无政府主义思想资料选》下册,北京大学出版社1984年版,第707页。原载《民钟》第12期,1925年7月。

② 《撤销泉属民团统率处》,《福建民国日报》1931年6月23日。

③ 关于反抗高为国、陈国辉的斗争的情况,详见本书第六章。

第四章
创建理想社会的实验地

除了创办漳州寮干部训练所、晋江县宣传养成所,组建民众自卫的武装力量,为培养安那其青年,泉州安那其还先后创办了黎明高中与平民中学。虽然这两所学校的创办在各个方面略有不同,但后来一般被认为是20世纪30年代泉州安那其运动的堡垒。正是由于两所学校的成功创办,泉州的无政府主义运动才开始进入高潮。

第一节　黎明、平民的创办

有关 1929 年黎明高中创办，目前有两种说法。一是流传甚广，后来梁龙光的表述：

当时北伐战争刚结束，有一次，著名教育家蔡元培先生和马叙伦先生来到泉州，了解了一些学校情况，认为当时泉州虽有几所中学，都仅仅是初中，培元中学虽有高中部，却是教会学校。因此两位教育界老前辈建议在泉州创办一所高级中学，为社会培养人才。当时驻在泉州的许卓然先生和秦望山先生接受蔡、马两先生的建议，出面筹办黎明高中。[①]

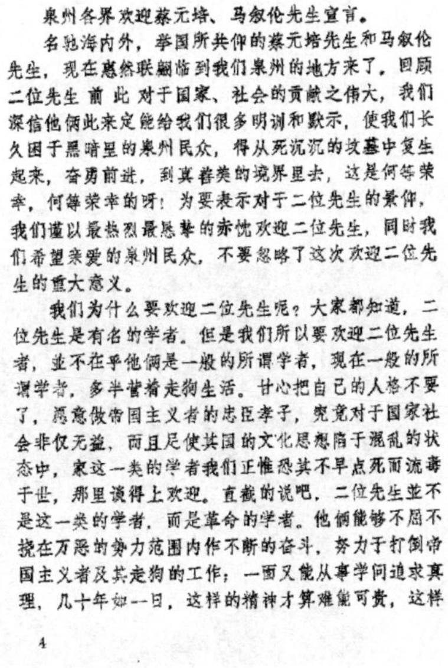

据周海宇提供的资料，蔡元培、马叙伦辗转泉州是带有避难性质的。1926 年 10 月，马叙伦因策动浙江省

泉州各界欢迎蔡元培、马叙伦先生宣言。

名驰海内外，举国所共仰的蔡元培先生和马叙伦先生，现在惠然联翩临到我们泉州的地方来了。回顾二位先生曩此对于国家、社会的贡献之伟大，我们深信他俩此来定能给我们很多明诲和默示，使我们长久困于黑暗里的泉州民众，得从死沉沉的坟墓中复生起来，奋勇前进，到真善美的境界里去，这是何等荣幸，何等荣幸的呀！为要表示对于二位先生的景仰，我们谨以最热烈最恳挚的赤忱欢迎二位先生，同时我们希望亲爱的泉州民众，不要忽略了这次欢迎二位先生的重大意义。

我们为什么要欢迎二位先生呢？大家都知道，二位先生是有名的学者。但是我们所以要欢迎二位先生者，并不在他俩是一般的所谓学者，现在一般的所谓学者，多半营着走狗生活，甘心把自己的人格不要了，愿意做帝国主义者的忠臣孝子，究竟对于国家社会非但无益，而且足使其国的文化思想陷于混乱的状态中，像这一类的学者我们正唯恐其不早点死而流毒于世，那里谈得上欢迎。直截的说吧，二位先生并不是这一类的学者，而是革命的学者。他俩能够不屈不挠在万恶的势力范围内作不断的奋斗，努力于打倒帝国主义者及其走狗的工作，一面又能从事学问追求真理，几十年如一日，这样的精神才算难能可贵，这样

4

图 43 《鲤城文史资料》第 5 辑所载当年《泉州各界欢迎蔡元培、马叙伦先生宣言》

---

① 梁披云：《梁披云董事长在黎明学园董事会成立大会上的讲话（1981）》，陈觉万等主编《梁披云教育思想研究》，厦门大学出版社 1994 年版，第 202 页。

自立并出任任建设厅厅长,事败遭孙传芳通缉;蔡元培1926年11月出任苏浙皖三省联合会主席后电斥孙传芳,12月孙传芳取缔三省联合会并通缉蔡元培等。于是蔡元培、马叙伦从上海乘船来闽避难,1927年春节前后经厦门到达泉州,下榻北大毕业生魏峥峨家中。泉州各界数千人曾在南校场举行盛大欢迎会,并发表《泉州各界欢迎蔡元培、马叙伦先生宣言》①。

但是,作为主要发起人的秦望山的另一种说法是:

> 1928年,在泉州的一些安那其朋友,一直提议创办一个完全中学,把它作为教育与文化的活动中心,但因驻军换防及其他阻力,未能实现。翌年初许卓然到泉时,我和他谈起此事,他很赞同,认为在泉永七县十余所中学中,除一所省办高中外,仅集美和培元办有高中,而集美交通不便,学生负笈为难,培元则宗教色彩浓厚,为泉州地区学生升学和培养安那其种子计,均有创办高中的必要。旋经许卓然、梁龙光、杨逢年（代表张贞）、叶青眼、李爱黄、陈清机和我等七人共同讨论,一致同意开办一所高级中学,定名为黎明高中,并随即组织董事会,推梁龙光等负责筹备。②

在这两种说法中,都有为本地学生升学着想这一共同的前提,而且都提到最初的创办者是许卓然和秦望山。两种说法的分歧在于进一步促成这一学校创办的原因。现在看来,两者的说法并不矛盾,因为蔡、马的提议在前,创办者们可能受其启发,但具体的创办者目的并不一定完全一致。而就梁龙光来说,对于秦望山所提到的"培养安那其种子计"的目的他也未必不清楚、不赞成,他之所以不提这方面的目的,可能只是因为做这一报告时的语境的一种言说策略。以后也担任过黎明高中校长的吴克刚,晚年在接受日本学者山口守访问时提到了这两方

图44　山口守与吴克刚（左）,1994

① 参见周海宇:《蔡元培马叙伦来泉经过》,《鲤城文史资料》1990年7月第5辑,第1—7页。
② 秦望山:《安那其主义者在福建的一些活动》,《福建文史资料》1990年10月第24辑,第192页。

面的原因："许卓然同他（秦望山）好像还有蔡元培,种种关系要办个中学"①。

　　当然,后来的几位实际创办者们本身,其动机可能未必相同。先分别考察这些创办者的思想倾向,对全面了解黎明高中最初的创办动因或许不无裨益。据秦望山在同一文章中回忆,最初参与"共同讨论"的七人包括:许卓然、梁龙光、杨逢年（代表张贞）、叶青眼、李爱黄、陈清机及秦望山本人。除了前面已经介绍过的许卓然、秦望山和梁龙光,其他这些人的生平历程都相当丰富或复杂,这里据有关资料,先梳理一下他们在1929年黎明高中创办之前的经历。

　　张贞是福建诏安人。1911年入同盟会,参加福建北伐学生队。1912年进军南京,1913年入保定军校第三期炮科。1915—1916年,参加福建下游护国军同安、灌口两役和"厦门首义"准备活动,进行反袁护国斗争。1917年投奔首先响应护法的滇军第四师方声涛部,征闽后先后任靖国军军长、福建自治军司令、靖浙联军副司令。1923年任东路讨贼军第八军前敌司令,请缨入粤讨伐陈炯明。1924年12月11日孙中山签署任命张贞为大本营参谋处主任。1926年任北伐军独立第四师师长,在诏安举办福建陆军干部学校。自率部驱逐北洋军阀出漳,挺进福州,任福州卫戍司令,福建政治分会委员、代理主任。1927年4月,张接蒋介石"清党"密令,但出于私谊先纵陈祖康、陈伯达等逃出榕城,后才召集手下传达保密令,被时人嗤为"马后炮"。月底,张率部驻防南京,当过短期的首都卫戍司令。1928年初,被蒋介石在汤山召见后奉调驻漳州"防共剿匪",镇压平和暴动及转移到长乐的农军。1930年任四十九师师长兼福建剿匪司令,派兵清剿闽西南革命根据地。1932年4月被毛泽东率领的东征红军击溃,残部于1933年被十九路军并编。张本人之后几经浮沉,1946年10月授陆军上将衔,退为预备役定居漳州,1949年去台湾,1963年病逝。杨逢年是张贞当时所部第四独立师驻泉州的第二团团长。

　　叶青眼为泉州城北人。18岁中秀才,21岁补廪生。曾当过塾师,1907年改往鼓浪屿,任英华书院教员,加入同盟会。1909年与许卓然等创办的西隅学堂,后来成为当地党人进行革命活动的秘密机关。武昌起义一个月后,泉州告光复,亲带学生军和敢死队,进入南安、安溪、永春,宣传革命,安抚军民,安、南、永也随之光复。民国成立后仍返鼓浪屿复教师本职。袁世凯谋称帝时,国

①　引自［日］山口守对吴克刚的采访,1998年3月11日。

民党改组为中华革命党,因廖仲恺的推荐,孙中山先生亲委叶青眼为中华革命党福建支部长,又为讨袁而奔走。后因失利,乃转往菲律宾,任教职于中西学校。1923年,闽局渐定,许卓然卫戍泉城,叶青眼任泉州市政局局长,期间主持拆修马路,扩建南大街,组织反迷信,带手下毁佛。未及一年,因政局又变而再往菲律宾,在马尼拉创办华侨公学,自任校长。不久辞卸校务,回国任教于厦门中华中学,开始与南普陀寺住持会泉和尚交往,逐渐习佛法,继而笃信佛教,1924年回泉主持开元慈儿院,继而兼主泉州妇人养老院,温陵男养老院。1949年后,先后任福建省文史馆馆员,泉州市政协委员、常委。1966年病逝。

陈清机又名火萤、经纶,福建晋江人。青年时期东渡日本经商,当过店员、经理。1905年在东京加入中国同盟会。1911年回闽南秘密活动。因在家乡安海领导当地群众抗议官府滥收捐税,焚毁衙门而遭通缉。1912年冬被迫重渡东洋。1915年回福建参加讨袁斗争时再遭缉捕,后再度赴日。1917年回国任晋江路政局长,筹建泉(州)安(海)汽车公司。1922年6月泉安公路通车后,曾先后任晋江县县长、安海区区长。1928年之后,发起创办养正中学,在南安等地创办蓄植试验场。1933年"闽变"时,积极发动海外华侨支持。"闽变"失败后,再往日本。抗日战争爆发后,为避日本政府逮捕,逃往菲律宾经商,1940年病逝于菲律宾。

李爱黄具体经历不详,但从有关零星材料中可知其为福建安溪人,乃清朝康熙年间理学名臣李光地第十世孙。早年加入同盟会,1938年8月,任福建省第四行政区党务督导专员,1939年曾任福建省临时参议会参议员。

另外,众多资料显示,黎明高中与上海的劳动大学、立达学园有着千丝万缕的关系。① 当年厦门《江声报》曾有一则报道显示,黎明高中与原来上海大学的师长保持了一种特殊的关系。报道称:"黎明学生王定五,三十一日晚在新桥顶投江自杀。……查

图45　泉州实验小学内的黎明高中遗址
（坂井洋史摄,1985）

① 有关这方面的详细考证与论述,可参见日本学者坂井洋史的《中国现代思想史上的"泉州"》一文,该文初载《巴金文学研究资料》1992年第1、2期合刊。

王年十九岁,陕西人。家贫,父在乡被人杀害;母亡,仅有幼弟在原籍。客春,王偕同乡 5 人,由于右任保送,来泉入黎明高中肄业。中途,一度赴京……"①于右任曾是 1922 年创办的上海大学校长,后来担任黎明高中校长的梁龙光是上海大学中文系学生,继梁之后的校长吴克刚则是该校英文系学生,黎明高中的教师陈侃等曾于上海大学就读过,而秦望山于 1924 年也以"旁听生"身份在上海大学学习一年多。另外,秦、梁、吴他们在上海大学学习期间,另一重要安那其人物沈仲九也正在中文系兼课教授散文。而赵祖培等四人共同署名的回忆文章中谈到,黎明高中的校董包括"许卓然、秦望山、张贞、于右任、陈铭枢、邹鲁、陈清机"② 等人。秦望山 1939 年通过晋江县政府,联呈省教育厅,请准予追认黎明高中学生学历的申求中也提到:"望山等为适时务之需求,乃集合吾党名流与一般先进同志,如于院长右任及许卓然、郑洪年、李爱黄、张贞、杨逢年、郭祺祥诸先生等,于民国十八年创立私立黎明高级中学。"③

总之,不管怎么说,上述提到的七位发起人中,六位有同盟会背景,与黎明高中关系更为密切的秦望山、梁龙光两位以及吴克刚则都有上海大学背景,他们具有相对一致的革命倾向是不言而喻的。

关于创办经费,秦望山的回忆是:

经费方面,将在闽南靖国军时期由公积金项下所购泉安汽车公司一笔股票 2 万元,由保管人许卓然、张贞、李爱黄、叶青眼、陈清机和我登报过户,拨充该校基金(后又从得利中继续拨给,使基金增至 5 万多元)。张贞、叶青眼和我均系泉安汽车公司发起人,也从自己的红利和股息中每月固定支拨 500 元为学校的经常费。不敷之数由董事临时筹措,暂不向外募捐。④

另一种说法同样来自梁龙光,他在同一讲话中回忆:

①　《黎明学生投江死身世可哀》,《江声报》1934 年 6 月 3 日。

②　赵祖培、陈程芳、林诗卿、伍泽仁:《黎明高中片段回忆》,《泉州文史资料》1962 年 5 月第 6 辑,第 54 页。

③　《福建省晋江县特请追认私立黎明中学毕业学生学历的呈》及批复,福建省档案馆 0002-006-003508。

④　秦望山:《安那其主义者在福建的一些活动》,《福建文史资料》1990 年 10 月第 24 辑,第 192 页。

图 46　1929 年黎明高中初创时教室（泉州网 https://www.qzwb.com/gb/content/2020-04/10/content_702829.htm ）

那时我正准备去日本留学，秦先生找上了我，让我出来办。当时什么设备都没有，可以说是白手起家。但是大家办学的热情很高，劲头很足，最使我感动的，是秦望山先生对我说："即使没有经费，办不下去，我秦某典妻鬻子也要设法办下去。"没有图书仪器，就把我伯父为我留学所筹集储存的六千元，先寄二千元到上海购买。店里看到我们不肯收佣金，十分佩服，就折价优惠卖给我们，有的还可以赊欠。账单一来，欠了不少的钱，只好把余下的四千元储款全部还贴了。这笔准备留学用的储款就这样不了了之。①

这两段回忆都涉及黎明高中的经费问题，似乎说法不一，但同样并不矛盾。秦望山所说的 2 万元的泉安汽车公司的股票只是学校的基金，每个月从张贞、叶青眼和秦望山的红利和股息中固定支拨 500 元也仅能作为学校的经常费。当年的总务的赵祖培对这方面的经费有过详细的注释：

　　黎明拥有泉安汽车公司的原始股票约一万七千多元，以后数次增收变为五万多元。此款乃泉安初办时靖国军将其公积金拨购股份的。靖国军失败后，保管委员为许卓然、张贞、秦望山、李爱黄、叶青眼、陈清机等。及至许、秦、梁等创办黎明时，决定将此款拨充黎明基金。陈清机起而反对，但只有他一人，反对无效。以后曾由许、张、秦、李、叶、陈联名在《江声报》登启事声明过户，正式成为黎明的基金。当时泉安公司自通车开始营业，至此款归黎明时，从未发过股息，发起人从来也无分过红利。秦等乃召集黎明董事会，向泉安交涉。最后议定按月补助 500 元，包括股息及张、许、秦、李等发起人红利在内。②

　　①　梁披云：《梁披云董事长在黎明学园董事会成立大会上的讲话（1981）》，陈觉万等主编《梁披云教育思想研究》，厦门大学出版社 1994 年版，第 203 页。

　　②　赵祖培、陈程芳、林诗卿、伍泽仁：《泉州黎明高中的创办》，《泉州文史资料》1962 年 5 月第 6 辑，第 53 页。

而梁龙光提到的是开办的经费。一个学校创办伊始是需要一笔相当数目的启动经费的,仅仅依靠泉安汽车公司股票的红利和股息当然远远不够。所以秦望山说"不敷之数由董事临时筹措",他所说的"董事",当然最有可能的就是梁龙光。当时的梁龙光属于闽南富商之长子,他还有两个弟弟。据岩佐作太郎的回忆,其家族的"兴隆号"[①]"在厦门、杭州、上海、天津等大城市大范围地经营着生意","他们家族的人任何事情都是兄弟姐妹一起处理。那个兴隆号是作为他们家族的事业来经营的。他们家族不仅仅依靠兴隆号以内的生意挣钱,还有别的生意供作生活来源。他们跟日本的三井、安田等家族不同的是,作为大家族的原则,大家按照需求获取收益,这种共产主义式的做法让人很感兴趣"。岩佐作太郎是在回忆自己与梁龙光一路乘船到泉州时,"不知不觉地就想到了有关梁家的事"[②]。而且梁龙光的回忆清楚表明,本来他是正准备到日本留学的,是秦望山"找上"门,让他出来筹办的。据秦望山的回忆,梁龙光与李良荣同属他创办在南安的漳州寮干部训练所学生。在秦望山后来从事的安那其事业中,这一文一武两个学生在很长一段时间里都是其重要的助手。从上述的情况分析也就不难理解,为什么梁龙光这一后辈和另外六人并列发起人。

图 47　晚年的梁龙光（左）与其弟弟梁灵光

　　除了经费,校园、教室、设备等也是学校创办面临的迫切问题。当时负责具体的事务是总务主任赵祖培,学生后来回忆过创校时期的艰难和赵祖培的尽心尽力:

　　　　许卓然先生还推荐赵老担任总务主任,委托赵老协助校董会在提督衙东畔武庙筹建校舍,赶在 1929 年春季开学。赵老慨然承诺。当年风华正茂的赵老,凭一股热情锐气与兴学育材之抱负,不辞劳悴。就在 1928 年

<hr>

① 当时永春四大商行之一的梁氏家族的商号为"金全兴",而其家族在泉州、厦门、福州、上海等地的商号虽然并不全部叫"金全兴",但其商号中大都带有"兴"字。参见梁燕丽:《梁披云评传》,澳门:三联出版有限公司 2015 年版。

② ［日］岩佐作太郎:《追忆（十六）·民团训练所》,日本《平民新闻》,昭和 22 年 10 月 10 日。

图 48　泉州武庙后墙上的大象石雕（天马摄，《艺风》
1933 年第 9 期）

冬天，短短半个月间，张搭茅屋为课室、宿舍、以及办公场所，因陋就简地供暂时需用，课椅课桌或借或添，亦都俱备。1929 年春果然如期开学招生。教师薪俸，工读生膳费补助等（我因家庭遭匪祸，尔时亦受过工读生的优待），陆续走上轨道。1929 年秋季，学生来自四方，图书仪器逐渐充实，茅屋也改为瓦房，经费一时不足应付，则向华侨学生暂借，他们无不慷慨垫付。①

对于创办时学校条件设备，秦望山也还有一些比较具体的回忆：

黎明高中所聘的教员，一般颇具资格，学有专长者不少，为此大力充实图书及理化仪器等设备。以原宣传养成所的教室、宿舍仅可供置放图书、仪器及教员办公之用，不得不临时搭盖草房暂为宿舍和课堂。泉州各界代表大会特议决，将崇正书院址及米粉埔荒地约 30 亩，拨赠黎明高中为建校基地。我和许卓然计划，俟学校立案完成、办学稍有成绩后，两人中之一人即前往南洋募捐。不意此时省教育厅说我们的课室和宿舍都以稻草搭盖，且师生着短裤、扛锄头，参加各种劳动，"不像一个学校"，不准立案，因此建校一再延迟。②

查当年的新闻报道可以获悉，学校创办后，黎明高中的确一直迟迟得不到官方的立案。秦望山这里所说的立案未果可能是发生在 1929 年创办初期。但是，即使经师生一再努力，最终将草房改建为木构瓦房，学校也一直被未立案所困扰。据 1931 年 5 月 8 日福州的报纸报道："晋江县党部执行委员陈炳等，以晋江地大人众，并无高级中学，于发展教育提高文化前途，甚有窒碍，特联名呈请省党部请予转函教育厅于晋江设一高级中学。"③ 可见，黎明高中为得到官方的

---

① 陈呈芳：《忆叙赵祖培先生》，《泉州文史资料》1989 年 8 月新 5 辑，第 35 页。
② 秦望山：《安那其主义者在福建的一些活动》，《福建文史资料》1990 年 10 月第 24 辑，第 193 页。
③ 《晋江县党部请设高级中学》，《福建民国日报》1931 年 5 月 8 日。

备案已经费尽了心思。在经历一波三折之后,这所学校一直都未得官方备案,以至于到学校被取缔后学生的学历也一直未得承认。为此,秦望山在 1939 年 12 月还与黎明高中毕业生代表联名,呈请教育厅追认私立黎明中学毕业生学历,但最终也未能获得官方承认,此为后话。①

图 49 改建后的黎明高中教室（坂井洋史摄,1985）

相对于黎明高中,平民中学的创办周折较少,但其最后也是由于"数次呈请立案均未获准"而入被取缔之列。据平民中学首任校长苏秋涛回忆,平民中学前身为泉州平民学校。他介绍说:"五四运动以后,爱国志士深感我国教育、科学落后,积极提倡教育救国。推行平民主义教育,成为当时新的教育思潮。泉州平民学校是在这一思潮的推动下,于 1924 年,由地方人士黄卓云、杨献珍、陈振祥等发起创办的,得到旅菲华侨吴记霍、陈鹤年,苏言福等的大力支持。校址初设于百源川铜佛寺。校舍狭小,生数不多。"1929 年暑假,他以增办中学、迁移校舍为条件接任校长后赴星马募捐。

图 50 苏秋涛

1930 年春,苏秋涛回来后即增办中学,并把校舍迁至文庙。但是"该处因历年驻军肆意破坏,马粪垃圾堆积如山。即雇工修建两廊为教室、教职员生宿舍、办公室、图书室、仪器室等,大成殿作为礼堂,孔庙石庭及明伦堂内外旷地辟为运动场。建厨房、厕所。至此校舍略具规模,比在铜佛寺宽敞得多"。负责中学的苏秋涛与负责小学的原创办人黄卓云经常意见相左,纠纷不断。后由校董会出面调处,中小学分开,各自独立发展。所以平民中学另组校董会,苏秋涛被选为董事长,改刘青山为校长。

---

① 《福建省晋江县特请追认私立黎明中学毕业生学历的呈》及批复,福建省档案馆 0002-006-003508。详见本书第十二章第二节。

1932 年秋,由旅外的泉永华侨与秦望山等策划的"福建海内外民众团体代表联席会议"假旅港福建商会在香港九龙召开会议(参见本书第六章第三节),苏秋涛代表教育界应邀出席。会上经由袁国钦介绍与秦望山相识,两人"一见如故,引为同志"。"后十九路军入闽,陈国辉倒台,晋江县党部与民众团体重行活动。平民中学亦因此而获得新生,重新改组校董会,推举秦望山为董事长。学校因得到海内外校董支助,经费较有来源,自是日益扩展。"① 另外,这一年刘青山请辞校长,接任为陈范予,后来实际由伍禅主持过校务。

关于两校的规模,按当时的教育状况已经属于比较大。黎明高中因为是初创的新学校,刚开始还先设立预备班。秦望山回忆说:

> 大家认为,既然是办高中,就一定要注重质量,使达到理想的标准,因此决定:鉴于泉永各地的初中毕业学生程度未必合乎要求,必须先设立预备班,招收入校的初中毕业生在补习一学期后,方能正式进入高中一年级,且不收插班生。可见当时对生源素质要求很高。第一届预备班招考录取初中毕业生 30 余人,同时从宣传养成所毕业的学员中选取若干人(都是信奉或思想上比较接近安那其的)作为学校的骨干。②

宣传养成所毕业的谢真当时就是作为首批学生入读预备班的,他回忆说:"开办时的第一个学期,我们只有一个预备班,同学四十多人"③。赵祖培等人的回忆则谈到,黎明高中"初开办时,学生数仅三四十人,至第二三学期,即激增至二百多人"④。而据 1933 年 1 月黎明高中的招生广告,该校当年招收的班数为"高中一年上新生一个班,高中一年下及二年下插班生,预备班(相当于初中三年级)一班"⑤。

平民中学 1931 年 8 月的招生广告则显示,该校当年招生的情况为"一年级新生五十名,二年级上学期插班生十五名,三年级上学期插班生十名"⑥。依

---

① 苏秋涛:《平民中学和民生农校创办沿革忆述》,《泉州文史资料》1983 年 8 月第 15 辑,第 66 页。
② 秦望山:《安那其主义者在福建的一些活动》,《福建文史资料》1990 年 10 月第 24 辑,第 192 页。
③ 谢真:《他永远是走在时代前面的人》,陈觉万等主编《梁披云教育思想研究》,厦门大学出版社 1994 年版,第 125 页。
④ 赵祖培、陈程芳、林诗卿、伍泽仁:《黎明高中片段回忆》,《泉州文史资料》1962 年 5 月第 6 辑,第 54 页。
⑤ 《黎明高中招生广告》,《江声报》1933 年 1 月 21 日。
⑥ 《平民中学招生广告》,《江声报》1931 年 8 月 15 日。

此推算,平民中学每年级大致应有一个常规班,三个年级共三个班。

据泉州校联会 1933 年 4 月的调查,黎明高中和平民中学当年的实际教室数都仅有五间。[①] 而从 1934 年 4 月的一则报道,可以了解到两校在即将被关闭前的最后学生数:

图 51　1933 年 7 月 26 日《江声报》刊载的黎明高中招生广告

> 泉讯:泉城各中学学校,本年春季始业,据调查统计,较去年冬季减少二百二十余人,其中升学者为数极少。究其原因,脱不了经济问题。兹将各中等学校去年冬季与今年春季学生人数比较如下:晋中上学期二百零八人,本学期一百九十人,少十八人。平民中学上学期二百一十四人,本学期一百九十人,少二十四人。黎明高中上学期计一百零五人,本学期一百零六人,增一人。晦鸣中学上学期八十五人,本学期六十三人,少二十三人。私立泉中上学期……[②]

两校的生源,主要来自泉永所属各县,但也不乏闽西、闽北以及外省籍的学生。如最初从宣传养成所转入黎明高中最初开办的预备班的袁国钦、袁继热、谢仰丹等均来自闽西,1931 年入黎明高中学习的杜因则来自莆田。[③]1934 年 5 月 31 日在新桥顶投江自杀的王定五则是陕西人,他和同乡 5 人是"由于右任保送,来泉入黎明高中"的。[④]1932 年秋季入平民中学就读的沈容澈,则是手拿"柳树人给叶非英的介绍信","不远数千里""从北京香山慈幼院来到泉州"的。[⑤]

---

① 《晋江各校学款补助之支配 以教室为标准》,《江声报》1933 年 4 月 17 日。

② 《泉州各中学今春始业学生陟减》,《江声报》1934 年 4 月 1 日。

③ 杜因:《我最怀念的老师——姜种因先生》,《怀念集》第 9 辑,泉州平民中学、晋江民生农校校友会 1995 年 10 月编印,第 67 页。

④ 《黎明学生投江死身世可哀》,《江声报》1934 年 6 月 3 日

⑤ 沈容澈:《忆叶非英老师》,《怀念集》第 1 辑,泉州平民中学、晋江民生农校校友会 1986 年 11 月编印,第 29 页。《怀念集》为泉州平民中学、晋江民生农校校友会编印的不定期小册子,此第一本为"向母校建校五十六周年校庆之献礼",原书无"第 1 辑"字样,因此后各册有从第 2 辑开始的连续标示,本书为引用方便,本册引用时姑且标明。

图52　1931年8月15日《江声报》刊载的
平民中学招生广告

另外，黎明黄侯侃、林健民来自菲律宾，平民中学的张十方（张广桢）来自香港①，李杜莲为印尼华侨子女，1933年入校的阮兴国是越南共产党创始人阮爱国（即胡志明）的弟弟②，黎明高中的张水民则来自朝鲜③。

至于学费，平民中学不详，前面引述的黎明高中招生广告中称："高中学费二十元，预备班学费十元，杂费六元（讲义、运动、试验等费在内）制服费约十元，膳费每学期三十元。"④以当时泉州一带的生活水平看，这样的学费对于广大学生来说并不算低。但是，黎明高中在招收学生方式上还实行工读生办法，"对贫苦学生给予半工半读，优待减免学什、膳食等费"⑤，这在一定程度上体现了平民教育的理念。谢真曾是当年黎明高中的"工读生"，据他介绍：黎明高中"学生多数家境贫寒，学校收费较低，穷学生可以申请减免学费，也有由学校供应伙食、每学期衣服一套的'工读生'，我在校学习一年半，就是'工读生'之一。工作就是每天为学校刻写钢板，油印讲义等等，每天工作时间约一二小时"⑥。而据前面已经引述的报道，1934年5月31日自杀的黎明高中学生王定五也是"工读生"⑦。

---

① 张十方：《一个真正的人——对陈范予师的追思》，《怀念集》第1辑，泉州平民中学、晋江民生农校校友会1986年11月编印，第84页。

② 沈容澈：《国际情谊——从郑明远的不幸谈起》，《怀念集》第3辑，泉州平民中学、晋江民生农校校友会1988年3月编印，第49页。

③ 谢真：《忆台湾爱国志士郑抱一》，《怀念集》第3辑，第25页。

④ 《黎明高中招生广告》，《江声报》1933年1月21日。

⑤ 赵祖培、陈程芳、林诗卿、伍泽仁：《黎明高中片段回忆》，《泉州文史资料》1962年5月第6辑，第55页。

⑥ 谢真：《忆秦望山先生》，《鲤城文史资料》1988年9月第3辑，第6页。

⑦ 《黎明学生投江死身世可哀》，《江声报》1934年6月3日。

第二节　献身理想教育的人们

关于黎明高中创办时的师资,秦望山的回忆介绍说:"预备班开学后,梁龙光往上海,拟聘沈仲九(铭训)任校长。沈因劳动大学事不能来,转介绍云南张景,张亦不能来,最后介绍吴克刚为副校长(吴是法国留学生,为安那其主义者),梁龙光仍兼校长。黎明高中所聘的教员,一般颇具资格,学有专长者不少……"①不管是拟聘沈仲九还是张景或吴克刚,在考虑校长人选时安那其的意识是很明显的。而在山口守对吴克刚的访谈中,有一段关于黎明高中师资以及一些关于这所学校的安那其色彩问题的对话,对进一步了解这所学校有一定的帮助:

> 山口守:那你去福建泉州当黎明中学校长的时候啊,谁给你介绍到那个中学呢?
>
> 吴克刚:对,黎明高中,
>
> 山口守:谁给你介绍的呢?
>
> 吴克刚:这个,有一个我很佩服的人叫做秦望山……(此处删去与秦望山认识以及对他的介绍约180字——笔者注),许卓然同他好像还有蔡元培,种种关系要办个中学,这个找不到一个适当的校长。因为他们两个也算是军事,或者是党。大概恐怕什么人说,要我去,虽然年轻一点,但是好像总是这一行嘛。哪想到我到了黎明时间一年就生病了(许多的回忆都认定,吴克刚到泉州后是因生病而离开,稍后的引述可见另有隐情——笔者注)。

---

① 秦望山:《安那其主义者在福建的一些活动》,《福建文史资料》1990年10月第24辑,第192页。

山口守:秦望山他们请您去黎明中学当校长的原因是不是因为他们已经知道你是无政府主义者啊?

吴克刚:我们已经很密切,在上海的时候关系就好。他也是无政府。

山口守:那他也算是无政府主义者啊。

吴克刚:对对对。

……(此处删去关于其他一些问题的访谈约 680 个字——笔者注)

山口守:那你在泉州当校长的时候啊,你还记得有哪一位老师跟你关系比较密切?

吴克刚:因为我们那个时候啊,沈仲九的关系,是我们老师嘛。还有匡互生,匡互生虽然没有教过我们也算是老师,他们办立达。那个时候立达,那么在浙江还有两个学校同他们有关系,一个是春晖,一个是省立的一师。这几个学校的老师彼此的关系都很密切,像朱自清啦朱光潜啦,还有那个画家是什么。

山口守:丰子恺,

吴克刚:他们都是这几个学校里面的老师,那么我也是同他们请教嘛。我们也是打算在福建这个中学尽可能有他们来帮忙,所以我们那个时候请的人当中,尽可能还是水准稍微高一点。头一个是卫惠林,就把他拉来。还有那个农学方面的汤文通,汤文通是留美学农的,所以这个好像立达有那个农村教育科,这也是他们的关系。那么里面还有一个历史方面,后来是很有名气的历史家,有时候我们参考一点,那个里面是什么人(吴克刚回忆不起来姓名的这位是杨人楩,1920 年参加过沈仲九等组织的无政府主义团体安社——笔者注)。中间是有五、六个很有名气的人,后来都在北京师大当教授了!

山口守:当时你自己跟他们联系请过来的吗?

吴克刚:对对,因为我当校长嘛。坐船过去,到处去走,能够去抓得到,还有韩国人。

山口夫人:柳子明一个。

吴克刚:对,还有两个弟兄就是李又观、李海观,还有个柳絮。

山口守:那你是怎样认识他们那些朝鲜人呢?

吴克刚:那个时候我们还是无政府的关系嘛,很容易,这个大家。韩国几位还是什么人的关系多,他恐怕还是同福建的关系多。他们,我想是他们在福建的关系深。①

除了秦望山和吴克刚前面
提到的,在其他人的回忆或当年
的新闻报道中,黎明高中先后的
教师还包括教务主任姜种因,训
育主任陈君冷,以及陈侃、朱冼、
吴金堤、叶非英、陈范予、王鲁彦、
郭安仁、周夷白、吕展青、邵惟、
郎伟、张景、许烈秋,等等。姜种
因 1923 年在安徽编过无政府主

图 53　接受山口守采访的吴克刚（1998）

义刊物《先锋月刊》,1925 年与沈仲九、卢剑波、毛一波、卫惠林等 16 人共为
无政府主义团体民众社发起人②,1929 年又与卢剑波等编过无政府主义期刊
《土拨鼠》③。陈君冷（1903—1981）原名欧阳建平,广东新会县篁村人,1924
年冬,在家乡创办平民学校,1925—1926 年组织过无政府主义社团火焰社,
国民党"清党"时遭通缉,1929 年应梁龙光邀请到黎明高中,任训育主任④。
陈侃为无政府主义刊物《春雷》杂志成员⑤。王鲁彦（1901—1943）原名王
衡,浙江镇海人,1919 年致信并加入蔡元培等在北京组织的工读互助团,改名
"忘我",靠工读在北大旁听,并学习世界语,1923 年任俄国作家爱罗先珂的
世界语助教,1924 年加入文学研究会,1926 年任教长沙第一女子师范,1927
年任汉口《民国日报》编辑,1928 任南京国民政府国际宣传科世界语翻译,
1930 年经巴金介绍到厦门编《民钟日报》副刊,1931 年秋到黎明高中任教,
1932 年春离开。陈范予（1901—1941）原名昌标,浙江诸暨人,1918 年入浙

　　①　引自［日］山口守对吴克刚的采访,1998 年 3 月 11 日。吴克刚此处记忆有误,实际上李又观、
李海观以及柳絮此前已经先吴克刚到了泉州。

　　②　《出版〈民众〉半月刊宣言》,《民钟》第 1 卷第 13 期, 1925 年 9 月。

　　③　葛懋春、蒋俊、李兴芝编:《无政府主义思想资料选》（下册）附录《社团报刊名称》,北京大
学出版社 1984 年版。

　　④　陈登才:《访问陈君冷同志的纪录》,《中共广东党史访问资料之 100》;陈登才:《访问范天均
先生的纪录》,葛懋春、蒋俊、李兴芝编《无政府主义思想资料选》下册,北京大学出版社 1984 年版,第
1039 页。

　　⑤　陈登才:《黎昌仁的回忆》,《无政府主义在中国》,湖南人民出版社 1984 年版,第 533 页。

江省立第一师范学校，1926年到厦门编《民钟日报》副刊，1927年到上海劳动大学工学院任教，1930年春到黎明高中。①郭安仁（1909—1968）即丽尼，湖北孝感人，1922进武汉教会中学读书，"五卅"惨案后因参加学生运动被开除，1927年底入上海劳动大学当旁听生，1929年到黎明高中，同时任《泉州日报》副刊编辑。周夷白（1900—1977）出生于湖南长沙，20年代前期在武昌师范大学预科旁听时接触到克鲁泡特金的无政府主义，后从《湖南自治新报》和广东的《民声周刊》及一些无政府主义的小册子吸收安那其思想，1927年"清党"因与无政府主义者张铁军在武汉总工会从事工运被捕，出狱后经上海劳动大学学生汪夫申介绍到泉州西隅师范学校和黎明高中任教。②吕展青（1909—2002）即吕骥，湖南湘潭人，1924年入湖南第一师范学校，由于参加合唱团、学习世界语接受无政府主义思想，1927年"清党"时因"无政府主义者"身份差点被抓，后到上海报考劳动大学未被录取，入劳动大学补习班学习，与张庚、邵惟、张履谦（即吴为、谦弟）、郭安仁为好友，后到黎明高中任教。③张庚（1911—2003）原名姚禹玄，湖南长沙人，1927年先到武汉，考入黄埔军校第七分校，后失学；1927年底考入上海劳动大学，为剧社的社长，后来于1933年夏到黎明高中任教半年。④邵惟早年就读于私立北京人艺戏剧专门学校，来黎明高中前为上海劳动大学教师，主要与向培良指导劳动大学学生剧团排演话剧，并曾"加入剧中串演"⑤；1930年冬天与泉州庚戌剧社、五三剧社成员联合组织成立晋江戏剧研究会，1931年5月23、24日，组织在平民中学公演《孔雀东南飞》（袁昌英编剧）、《午饭之前》（田汉编剧）、《父归》（菊池宽编剧）等话剧⑥。郎伟（1903—1974）为沈仲九女婿，毕业于中国公学中学部，后到日本、法国留学，1933年春到黎明高中任教。张景即张晓天，早年留学日本，就读东京高等师范学校和早稻田大学，到黎明高中任教前，

①　参见［日］坂井洋史：《巴金与福建泉州》，［日］山口守、坂井洋史《巴金的世界》，东方出版社1996年版；［日］坂井洋史整理：《陈范予日记》，学林出版社1997年版。
②　参见董旸：《场上案头一大家——周贻白传》，《中国戏剧》2003年第3期。
③　参见朱习文：《人民心曲震华夏国魂——记革命音乐家吕骥》，《湖南党史》1998年第3期；李业道：《吕骥评传》，《音乐研究》1995年第3期。
④　参见张晓果等：《回忆张庚先生》，《文艺理论与批评》2007年第6期；安葵：《张庚评传》，文化艺术出版社1997年版。
⑤　《民众剧团一九二九年下期工作概况报告》，《劳大周刊》1930年4月26日。
⑥　《泉州有戏看，邵惟导演三剧，廿三四日公演》，《江声日报》1931年5月16日。

在上海劳动大学编译馆任职。吴金堤也来自上海劳动大学。许烈秋和柳子明、柳絮等一样，都是流亡中国的朝鲜无政府主义志士。

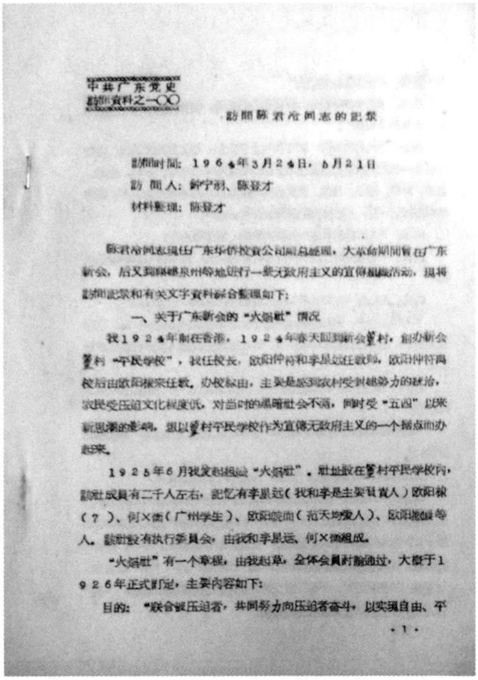
中共广东党史
访问资料之一〇〇

访问陈君冷同志的记录

访问时间：1964年3月24日，6月21日
访问人：钟宁羽、陈登才
材料整理：陈登才

陈君冷同志现任广东华侨投资公司副总经理，大革命期间曾在广东新会，后又到福建泉州等地进行一些无政府主义的宣传组织活动，现将访问记录和有关文字资料综合整理如下：

一、关于广东新会的"火焰社"情况

我1924年前在香港，1924年春天回到新会[illegible]村，创办新会[illegible]村"平民学校"，我任校长，欧阳仲衍和李愚远任教师，欧阳仲衍离校后由欧阳标宗任教。办校缘由，主要是感到农村受封建势力的统治，农民受压迫文化程度低，对当时的黑暗社会不满，同时受"五四"以来新思潮的影响，想以[illegible]村平民学校作为宣传无政府主义的一个据点而办起来。

1925年6月我发起组织"火焰社"，社址设在[illegible]村平民学校内，该社成员有二千人左右，记忆有李愚远（我和李是主要负责人）欧阳标（？）、何×儒（广州学生）、欧阳晓帆（范天均爱人）、欧阳继蟠等人。该社设有执行委员会，由我和李愚远、何×儒组成。

"火焰社"有一个章程，由我起草，全体会员讨论通过，大概于1926年正式订定，主要内容如下：

目的："联合被压迫者，共同努力向压迫者奋斗，以实现自由、平

·1·

图54 《中共广东党史访问资料之100》之《访问陈君冷同志的记录》

在上述这些教师中，大部分都有无政府主义色彩，而且一大部分与上海劳动大学有直接的关系。另外，这些教师也都学有专长，由他们分别担任不同的课程，也很受学生的欢迎。赵祖培、陈程芳、林诗卿和伍泽仁回忆说："各位教师因各有专长，授课时间又宽，所以讲授的学科，大部分系教师自己编撰讲义，很少采用通行课本。上课讲授也采用讲座形式，学生是否遵照课堂秩序听讲，教师完全听任自觉。当时有杨人楩、朱少希的历史课，胡仲纾的逻辑学课，王鲁彦、朱宗慈的文学课，梁龙光、吴克刚的社会科学课，黎蛮支、夏之骅、陈允敦、徐君燮的数理课，柳子明的生物学课。他们都有丰富的教材和生动的教法，能适应学生胃口。"①

据秦望山的回忆，吴克刚到校后担任的是副校长，正校长仍然由梁龙光兼任。而吴克刚的回忆似乎是自己当了校长，梁龙光去任。实际上由于自身师资的问题，引发过两场校内风潮。秦望山谈道："黎明高中虽是同仁勠力创办起来的，但建校还不到两年，即以连续发生两次校潮而伤了元气，这与校中师资情况不无关系。黎明的教员多信仰安那其主义，以新剧是宣传之利器，在各种社会活动中尤着重戏剧的演出。……有些教员本身就是戏剧专家，如邵惟是专门研究舞台艺术的，周夷白对新旧剧都有研究，吕展青（即吕骥）是音乐专家，再有一些文艺爱好者的配合，戏剧演出之开展颇具条件，所以一开始就排

---

① 赵祖培、陈程芳、林诗卿、伍泽仁：《黎明高中片段回忆》，《泉州文史资料》1962年5月第6辑，第56页。

演有安那其色彩的俄国大型剧《夜未央》。排演一久,其中主要的两个男女演员竟然发生恋爱,对此如何处理,同事之间颇生意见分歧。终经梁龙光校长采取措施,男教员某君离校,一场风波始告平息。"①

关于这场风波,实际可能比秦望山回忆的复杂得多。据巴金描述,"男教员某君"即郭安仁(丽尼),在黎明高中教英语。女演员是位吴姓的学生,但她在到这学校读书前,"家里早替她作了安排,挑选的未婚夫就是这个学校的校董,本省一位有钱的绅士"。单就事件本身在 20 世纪 30 年代的闽南地区就已经够引人非议,女方的未婚夫又是本校的校董,事情当然就更复杂。巴金回忆说:"他们之间就只有这样一种感情的交流。然而压力来了。女的不肯屈服;男的先是受到批评,后来给赶出学校,逃到鼓浪屿,住在友人家中"。这事情的后续是:"校董胜利了。婚礼提前举行。姑娘还不甘心投降。但是她有什么办法冲出樊笼呢? 在结婚的前夕她还冒着大雨偷偷跑到鼓浪屿去找我那个朋友(即郭安仁——笔者注),表示要跟随他流浪到天涯海角,永不分离。我那个朋友一则没有胆量,二则不愿意让她跟他一起吃苦,他婉辞谢绝了她的爱。她绝望地回到家中,不再作任何冲出去的尝试了。寂寞的死亡在等待她。"② 后来巴金根据丽尼这段经历及自己晋江收集到的其他相关素材,创作了一部美丽哀婉的小说《春天里的秋天》③。

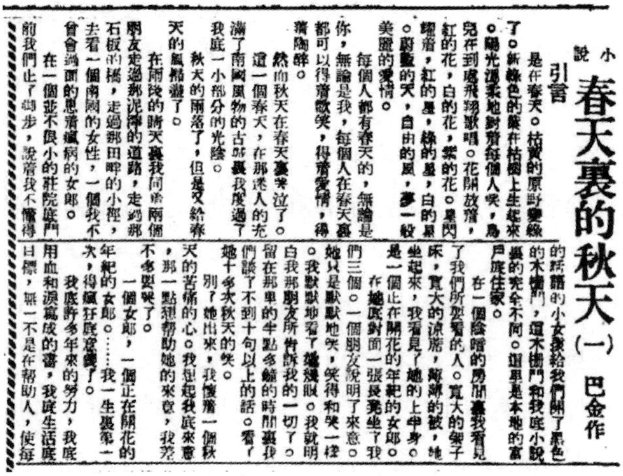

图 55 在上海《时报》连载的《春天里的秋天》

在秦望山回忆中提到,对此事如何处理同事之间颇生意见分歧,最后是经梁龙光校长"采取措施"郭安仁离校。巴金的表述是"给赶出学校,逃到鼓浪屿"。那么采取何"措施"语焉不详,这背后过程恐怕很影响教师的团结。

---

① 秦望山:《安那其主义者在福建的一些活动》,《福建文史资料》1990 年 10 月第 24 辑,第 193 页。

② 巴金:《关于〈春天里的秋天〉》,《巴金全集》第 20 卷,人民文学出版社 1993 年版,第 576—577 页。

③ 1932 年 5 月 23 日起在上海《时报》开始连载,同年开明书店出版单行本。

学校的另一次的风潮则直接导致了教师队伍的分化。秦望山回忆：

> 随着学生人数的迅速增长,安那其主义者如巴金、朱洗、卫惠林、叶非英、陈范予等先后来校任教,且其中有的资历很高。梁龙光认为学校人才济济,自己可以腾出时间出国深造了,就将职务交副校长吴克刚代理,请假到日本留学。不料吴克刚与教务长姜种因等因思想分歧(姜系专门研究教育学的安那其主义者)而积不相能,渐而互相排挤,大有你留我去、你去我留誓不两立之势。梁龙光闻讯自日本赶回,亦被卷入旋涡,演成不可收拾地步。结果吴克刚、卫惠林、陈范子等离校。这时叶非英(叶情况见下述)已在平民中学任教,颇有权力,欢迎吴、卫、陈到该校去,一批拥吴的学生也跟着离校。……这时庄希泉先生接办上海泉漳中学,我同庄商量,请泉漳中学尽量收容黎明高中离校学生,结果有数十人转入该校。经过一段时间,在梁龙光与教员学生的努力下,黎明高中也整顿好了,继续上课。十九路军入闽后,我才回到泉州,大家倾谈一切,都以大局为重,始和好如初。①

当时恰许卓然被刺,秦望山忙于处理许案官司,且泉州又为陈国辉所部占领,他不便亲自回泉处理。作为当事人,以赵祖培领衔,四人联合署名的文章有比较详细的回忆：

> 自从吴克刚、卫惠林、陈范予、叶飞英(原文如此,应为叶非英——笔者)这些安那其主义者到校之后,他们在留学资格或学术地位都自负甚高,对梁龙光领导校政不服气;他们又错认黎明经费充裕,学校有扩展前途;又以闽南地区偏处一隅,思想活动比较自由,于是他们企图控制黎明作为安那其活动的大本营。1930年秋,梁龙光离校赴日,吴克刚出任校长,吴等为提防梁龙光重主校政,即施用一些手法:首先,在学生中采用拉拢和打击的办法,来分化削弱梁的威信,如对学生吕文苑、黄金燧、林双全、吴贞等拉拢为骨干;对洪一萍、陈荣祖、潘曜人等进行打击排斥,借口洪一萍因参加社会活动缺课八小时给予开除学籍的处分。对一些无党无派学生苏昭道、王鹄台、林诗卿等加以怀疑诬陷,借口他们到诗山演出新剧系

---

① 秦望山:《安那其主义者在福建的一些活动》,《福建文史资料》1990年10月第24辑,第193页。

参加苏维埃秘密会议,造册密告驻军,事由王觉辉透露,迫使苏等离开泉州避居乡下。其次,解聘和迫走梁所聘任的教职员,如教师吕展青、杨人梗、胡仲纾等以及教务主任姜种因、训育主任陈君冷、总务主任赵祖培,均于此时相继离开。其三,吴等取得黎明为活动基地之后,同时发展外围力量,其措施:①由叶非英、陈范予到平民中学进行安那其主义宣传活动,夺取该校为基地;②由袁国饮、袁继烈、黄金燧等组织泉州市世界语学会,广泛吸收中、小学教师及社会知识青年,伸张安那其主义力量到闽南城乡各角落;③开设和平书店,大量贩卖安那其主义书籍。

　　吴克刚就任校长之后所采取的一系列措施,虽然初步实现了他们的愿望,但在黎明经费这关,却无法挣扎过去。当时吴等误认黎明经费很有办法,殊不知前阶段的维持与扩充设备,是在艰苦支绌的情况下,煞费苦心,多方筹划支应的。吴当时碰到经费非常拮据,出乎意料,正在一筹莫展欲罢不能的时候,适值梁龙光再由日返泉,洪一萍等出面欢迎,吴即借口梁有意重任校长要迫他离开,悄然离校往厦,并于事前暗中布下反梁校潮。所以当吴去梁来之际,吴的亲信学生吴贞、谢仰丹等持手枪纠集亲吴学生,凶殴训育主任陈君冷及学生洪一萍,学校造成真空,真正陷于无政府状态。当时在学生中对学校比较关心爱护的如苏昭道等,闻知校潮讯息,立即由乡下回来,出面招呼同学回校,欢迎陈君冷代理校长、赵祖培复任总务主任,校潮平息……①

图56　武庙遗址（坂井洋史摄,1985）

赵祖培等这一文章写于20世纪60年代,处于特殊的意识形态语境,所以似乎把校潮之根源归咎于无政府主义与非无政府主义之争。实际上,梁龙光、杨人梗、姜种因、陈君冷等当时的无政府主义色彩也很鲜明。另一当事人吴克刚在六十多年后的回忆则认为校潮的起因在于工资待遇等

---

① 赵祖培、陈程芳、林诗卿、伍泽仁:《黎明高中片段回忆》,《泉州文史资料》1962年5月第6辑,第59页。

矛盾,他对于吴贞等学生的罢课也认为"不应该"。另外,吴克刚也非"悄然离校往厦",他是染上了"霍乱"被急送厦门鼓浪屿英国人办的医院抢救的。他在医院昏迷四个星期后居然醒回痊愈,英国医生说全医院的病人(估计是指传染上霍乱的病人)他是救活的唯一一个。关于这方面的情况,巴金的相关文章也有记叙。[①] 另,吴克刚在厦门治好病后就离开了福建,所以赵祖培等所说的他悄然离校后吴贞、谢仰丹等的行为他可能也不甚了了。吴克刚晚年回忆说:

> 这个黎明高中的校长本来是梁龙光,创办的时候他是校长。那么后来嘛,秦望山要我去当校长的时候,他那个黎明高中已经有一些老师了。那这些老师是梁龙光请来的,程度不高。那个我去了以后啊,我们不是请了这样一些(山口守:都是第一流的),所以他们那几个人,我们就商量一个什么办法。因为我们这些新请的人薪水都很高嘛,那原来那些人当然就比较有问题了嘛。那我们有时候,也等于谈判了嘛,跟原来这些。因为当中有一两个老师他说我们是挑"饭碗"。那我二十几岁嘛,情绪,听了这个很不高兴,我说我们还是要想法子啊。有一次开会,我在台上讲话的时候,梁龙光还同这几个老师一起啊跑到台上,上台嘛,样子好像要赶我走啊,冲突的样子嘛。那么那个时候是一个,怎么说,是一个很重要阶段。我看他们上台,也不好冲突,我就另外,在台上,他们来,我就只好再下去了,那么这样一来是个很大的事情。所以黎明中学那些学生是很不好,很不以为然,是不是你昨天提到吴贞啊还是什么人,这个吴贞他们很机灵,吴贞他们不应该,就罢课了等等。那么他们总算还好,这个上海有个学校,好像是泉漳中学嘛,那么就把这些黎明的学生,你们愿意到上海,就到那个学校。所以黎明的学生就,这些韩国的朋友什么的很多就慢慢离开了……[②]

黎明高中这一历史公案各有各的说法,不过上述大段的引文有助对当年黎明高中的政治倾向和经济状况的了解。另外,当年的报纸也以《泉州黎明高中校潮,因去任校长干涉学校行政,吴克刚及全体教员均离校》为题,对校

---

①　参见巴金:《南国的梦》,《大陆杂志》第 2 卷第 1 期, 1933 年;巴金:《黑土》,《宇宙风》第 80 期, 1939 年;《怀念叶非英兄》,《巴金全集》第 16 卷,人民文学出版社 1991 年版。

②　引自 [日] 山口守对吴克刚的采访, 1998 年 3 月 11 日。

潮进行过比较详细的报道,其中牵涉的似乎还不仅仅是"思想分歧"或"薪水"问题。现全文照录,以供参考:

　　泉州讯,黎明高级中学,开办已有两年,颇具相当成绩。近日该校,有现任校长离校,学校停课之事发生。继又有全体教员离校之事,内中情形,颇难推拟。兹将该校全体教职员离校所发宣言书录之如后,以见其一般真相。

　　黎明高级中学校自吴克刚先生担任校长以来,而虽经去职之梁龙光先生,对于黎明学校实未尝忘怀,此稍知黎明情形者,颇能首之。去年秋季黎明工读生洪一萍,以及一二不良学生,听人教唆,在校秘密组织私党不勤学业,以鼓励风潮破坏学校,曾激起全校学生公愤。学校当局不得已开除洪一萍一名,余则准其自动退学,以宽大为怀,未尝加以严厉之处分。乃本月九日上午,正当学校举行开学典礼之际,梁龙光先生突带其一二私人,带该洪一萍等直入校内,遍观各处。继晤吴校长声言学校办理未善,本人愿尽力帮忙。并欲继任前教务主任姜种因为本学期教务主任,前训育主任陈君冷为训育主任,前事务主任赵祖培为事务主任,某某为数理化教员,某某为英文教员,同时且提出令洪一萍等学生回校。吴校长以教务训育二主任早已聘就,前事务主任赵祖培已于半月前准其辞退,新聘事务主任亦早到校办事。其他教员皆在接派聘请中。今梁先生提出全盘人物,无异欲完全改组,当即表示本人乏力主持,不如梁先生来担任校长。遂电本校董,请其允许辞职。乃梁先生主持校务心切,急不及待,未得董事会回电,一即嘱洪一萍等搬迁行李,占住学校寝室,一即欲令赵祖培一日内来校就事务主任之职。吴校长见此情形,即预备结束,于十二日赴厦筹款。吴校长走后,梁先生来校遇本校教员,要求办理移交,声称来校主持。同人等观于事势之离奇,唯有早日退让,不得不一致离校。窃梁先生虽为本校董事之一,然董事有董事会之组织。梁先生对于学校有何□□□,理应要求董事会,不然亦应得董事会长之授意。今竟单藉董事名义,直接干涉。则董事非梁先生一人,苟皆为某先生擅自直接干涉,尚查何人足以维持学校。同人等虽明知陈(疑为"梁"——笔者注)先生此举,不合情理,不合手续,惟向来视教育事业为神圣之职务,学校非争夺个人饭碗之场所,今既人人注目于此,自应离去以让贤者。至于学生学业,虽因此将受影响,然事已如此,同人等才浅力薄,无法挽救。深憾之余,惟愿后来者,以人格教育为前提,珍爱神圣之教育机关而已。

因恐各界人士不明真相，特将经过情形及同人等态度，略述如上，惟愿垂察焉。

又该校学生，因学校产此风潮，除组织团体，贴发标语传单表示外，并于昨推派代表赴厦，请求校长吴克刚回校，并挽留各教职员一律回校。结果如何，待探续志。[①]

关于校潮的考察就此打住，但关于离开的教师，有不少并未离开泉州，而是转到平民中学任教，这是因为：

> 1929 年冬（或 1930 年春），安那其主义者叶非英等多人来泉，时黎明中学教员已满，容纳不下，故叶非英虽入校，但未正式担任课程，只有时替朋友代课，或对学生演讲及帮助学生实习。不久叶由人介绍给平民中学校长苏秋涛，入该校为义务教员。那时平民中学情况相当困难，但叶是个道地的安那其主义者，只要给他以接触青年和宣传安那其的机会，他就不计较什么待遇与报酬，因此颇安于义务教员之位。叶没有家属，生活简单，做事认真，每天经常工作十五六个小时，深得同事和学生的好感。叶入校不久，就有左右校政之潜力，黎明高中校潮时，一部分安那其主义者如陈范予等人退出，就由叶非英引入平民中学。[②]

于是平民中学的师资队伍也非常壮观。其首任校长是苏秋涛，之后担任校长或主持校务的还有刘青山、陈范予、伍禅。从相关资料看，先后在平民中学任教的老师还包括袁继热、袁国钦、范天均、叶非英、王鲁彦、陈洪有、杨春天、吴朗西（吴文林）、吴季朴、陈瑜清（诸侯）、邵惟、张庚、陆圣泉（陆蠡）、刘家鉴、薛璠（薛淑屏）、郎伟、周鉴之、莫民生（莫俊峰）、俞福祚、卢采，以及外籍志士许烈秋（朝鲜）、金圭善（朝鲜）、张水民（朝鲜）、吴思明（即谷田部勇男，日本）、赵逸萍（越南），等等。苏秋涛后来回忆，叶非英到平民中学后，除介绍学生阅读安那其书籍，组织读书会、研究会，以及印发安那其小册子外，他"引进来的教员如吴朗西、伍禅、杨春天、陆圣泉、陈范予（后任校长）等，也都是安那其主义者"[③]。

---

　　① 《泉州黎明高中校潮，因去任校长干涉学校行政，吴克刚及全体教员均离校》，《福建民国日报》1931 年 2 月 27 日。

　　② 秦望山：《安那其主义者在福建的一些活动》，《福建文史资料》1990 年 10 月第 24 辑，第 194 页。

　　③ 苏秋涛稿，仲实整理：《安那其主义在泉州的活动》，《泉州文史资料》1962 年 1 月第 4 辑，第 37 页。

图 57　民国时期泉州府学（文庙,张性白摄,
《国闻画报》1928 年第 11 期）

这名单中,除了出自宣传养成所的和从黎明高中转过来的,新出现的吴朗西 1920 年在巴县县立中学读书时参加过著名无政府主义者陈小我组织的学习会,同窗好友李天宇为第二年 6 月在上海运动会上散发无政府共产主义同志社传单而被捕的李光宇（后来病死狱中,吴等为其领遗体收殓）①。1922 年考入中国公学后结识沈仲九、孙俍工、匡互生、陆不如、袁绍先、吴克刚、郎伟,以及日本的饭森正芳、武良二、朝鲜的柳子明、李海观、李又观等无政府主义者,参加沈仲九组织的无政府主义小团体新生社。1925 年赴日留学后,又与日本无政府主义人士辻润、石川三四郎、山鹿泰治等过从甚密。他 1932 年 8 月到达平民中学,之后由他介绍到上海招聘过来的陆圣泉、薛璠、郎伟、吴季朴等也都来自上海劳动大学。② 所以秦望山才说,"平民中学的安那其色彩,甚至比黎明中学还浓厚,两校可说是兄弟校"③。

尽管黎明高中、平民中学教师之间在办学过程中有过这样那样的矛盾或不愉快,但是在他们大多数人身上还是体现了"幸福并不在个人的享乐,也不在利己的或最大的欢喜,真正的幸福只能得之于在民众中间与民众共同为真理和正义奋斗"④ 的道德理想。因为他们坚信,虽然"崇高的道德理想自然不是革命之主要条件,但它却是革命的鼓舞,它可以鼓舞民众向着他们所认为是正义的目标奋勇前进"⑤。在黎明高中、平民中学学生的眼中,他们不仅是自己的老师,也是自己人生的楷模,自己投身社会理想的领路人。半个多世纪之后回忆当年所受师恩,还都饱含深情:

　　　五十几年前,二兄秋涛（即苏秋涛——笔者注）、非英师,刘青山、陈范予、陆圣泉、沈一叶、邵惟、袁国钦、卢采、黄中灿师,还有伍禅、巴金、吴

---

　　① 　郑佩刚:《无政府主义在中国的若干史实》,葛懋春、蒋俊、李兴芝编《无政府主义思想资料选》下册,北京大学出版社 1984 年版;吴念圣:《吴朗西年谱》,《吴朗西文集》,上海书店出版社 2014 年版。

　　② 　吴念圣:《吴朗西年谱》,《吴朗西文集》,上海书店出版社 2014 年版。

　　③ 　秦望山:《安那其主义者在福建的一些活动》,《福建文史资料》1990 年 10 月第 24 辑,第 194 页。

　　④ 　苇甘:《从资本主义到安那其主义》,上海自由书店 1930 年版,第 289 页。

　　⑤ 　同上书,第 285 页。

朗西、袁继热、闭梦萍、黄金瑞、薛淑屏、盛子诒等老师,他们怀着"教育救国"的理想来到咱母校。他们学问渊博、各有所长;他们勇于探索和富有开拓精神,对教育思想、教育方法都有所建树,不仅培育智力,也随时随地对我们进行心理品质的培育(这包括情感、意志、性格、高尚的道德、情操等等)。心理上启迪、生活上关心,学业上循循善诱,行为上指点,处处以身作则,真是名副其实的"人类灵魂工程师"。最使我感念不尽的是教我们选择正确的人生道路——为劳动人民服务。如叶非英师教育我们说:人生的意义"在予不在取","生而有用,就成为社会进步的原动力"。老师们的理想贯穿在学校的思想品德教育中,至今仍然在闪闪发光。[①]

1930年郭(郭安仁,即丽尼——笔者注)老师应梁龙光校长的邀请来校任教,教我们英语。郭老师风度潇洒,谈吐风趣,和蔼可亲。因为我的年纪较轻,丽尼老师亲昵地呼我为"小鬼"。我对英语课特别感到兴趣,每上完一课,便把课文翻译成中文请他审阅。他常叫我到宿舍里面评,拿着红铅笔一丝不苟地点点划划,并指出直译和意译的不同点和怎样审度原文语气,准确地表达词意。他那循循善诱诲人不倦的精神,至今仍在我的脑海中留下深刻的印象。

郭老师学问渊博,才华洋溢,不独英语造诣精湛,对文艺、戏剧修养亦

图58 平民中学学生合影(1933)(本书关于平民中学的照片,除特别
注明,均选自泉州平民中学、晋江民生农校校友会编印的《怀念集》)

① 苏慈音:《为人师表 无尚光荣》,《怀念集》第2辑,泉州平民中学、晋江民生农校校友会1987年7月编印,第49页。本文作者为苏秋涛妹妹,1930年入平民中学读书。

深。他常和王鲁彦、邵惟老师探讨问题,并曾亲自参加学校话剧《夜未央》演出,轰动一时。他对学生重视思想教育,要把学生培养成为有理想、有抱负的斗士;对鼓动学生参加救亡运动,导演话剧宣传抗日,不遗余力。①

在受教导的两年中,他(姜种因老师——笔者注)鼓励我读书、写作、以及做人和做事的修养,在物质上也给我许多帮助,真是使我说不尽,写不完。最使我深深烙印在心坎里的是他经常用最简明而通俗的言词,很有系统地为我们讲解人生的哲理。他说:"人生,综合起来不外乎三件大事,就是:(一)求学;(二)做人;(三)做事。"且言简意赅,条理鲜明,扼要分析说:……这些简要精辟、通俗又有系统的人生哲理,正像一把光明的火炬,永远照亮在我的脚前,使我不致迷失,也不致跌交,越过了许多崎岖的羊肠山路,而走上了平坦的康庄大道……你说:像这样一位看似平凡,实是伟大的恩师,我怎能片刻忘怀呢?②

鲁彦先生在泉州先后不过短短一年,但给泉州青年人留下很深刻的印象。他爱憎分明,诲人不倦,生活朴素,不拘小节。蓝布长衫下面,露出打上大块补丁的黑布鞋,络腮胡子长了也要到理发时候才一起刮,还经常抚须微笑,颇有自矜的气概。他性格豪爽平易可亲,没有当时一般国文教师那种道貌岸然的

图 59　平民中学学生合影(1934)

① 叶蕲燕:《怀念丽尼老师》,《怀念集》第 2 辑,泉州平民中学、晋江民生农校校友会 1987 年 7 月编印,第 89 页。

② 杜因:《我最怀念的老师——姜种因先生》,《怀念集》第 9 辑,泉州平民中学、民生农校校友会 1995 年 10 月编印,第 67 页。

学究架子。认识他的学生和校外青年都敬爱他,向他求教如何写作或学习世界语,他热情给他们指点引导,从不厌烦。虽然生活清苦,但他很乐观。在深度的近视眼镜后面,总是闪露着奕奕有光的、和蔼的眼神,他喜爱接近年青人,更喜欢孩子。他坚持教书又教人,以身作则,是青年人的良师益友。①

他(柳子明——笔者注)平易近人,言语不多,普通话说得流利、好懂,他处处表现诚挚待人的兄长般风度。……柳老师植物学的知识太丰富了。当时我们常到公园草地上听课,他喜欢用实物讲课,从植物形态、分类说到植物生理……。同学们随手采来的花草,提的问题,他都能满意地给你回答,令人敬服,给同学们留下美好回忆。②

他(杨春天——笔者注)接受了刘师复等倡导的"大同"思想。他又把刘师复提出类似佛教徒似的"不吸烟、不喝酒、不吃荤、不婚嫁(这一条他后来打破了——原注)"等戒律也接受下来了。……他笃信人类只有走上"互助"、"合作"的道路才有出路,他坚决反对相互"杀戮"和"仇视"。……他又从广义的"博爱"落实到对青年学生无微不至的热爱和关怀,所以他的学生都说他是"慈母"。③

至于被称为"那个将碎片集在一起用金线系起来,要在这废墟上重建起九重宝塔的被我们称为'耶稣'的人"④叶非英,巴金认为"在这学校里充满着殉道者的典型,但是他比别人表现得最完全"⑤。其事迹最为动人,学生怀念他的诗文也最多。叶非英1906年出生于广东东莞,曾就读于通尔小学、广州八桂中学,1922年毕业于东莞中学,1923年入北京世界语专门学校,大量阅读宣传新思潮书刊,并开始在《世界日报》上发表文章。1926年7月因家中欲

---

①　蒋刚:《忆王鲁彦师》,《怀念集》第1辑,泉州平民中学、晋江民生农校校友会1986年11月编印,第55页。

②　谢真:《深切怀念柳子明先生》,《怀念集》第1辑,第57页。

③　沈容澈:《虔诚的人道主义者》,黄厚源主编《永怀师恩》,立达平民民生在台校友1992年联合编印,第55页。

④　巴金:《短简》,《作家》第1卷第5期,1936。该文后改题《家》,详见《巴金全集》第13卷,人民文学出版社1990年版。

⑤　巴金:《南国的梦》,《良友》第144期,1939年。

为其包办婚姻愤而出走后任教广西南宁的省立第三师范,并兼任省政府出版的《革命之花》副刊编辑,开始被视为无政府主义者,继以叶一茅之名,与"也被称为无政府主义者"的领导者在东兰创办农民讲习所,历"百色起义"。广西开始"清党"后遭通缉避居香港,任职《大同日报》社。1930 年秋到泉州,先后任教于黎明高中、平民中学和后来的民生农校。据叶非英自己回忆,到泉州后"我才开始系统地阅读克鲁泡特金的著作并认识巴金。克氏著作在做人修养方面,思想方法方面及科学知识方面给我许多启发"①。叶非英在泉州正式的工作为黎明高中、平民中学及民生农校的教师,但也广泛而深入地参与了办报、学运、农运及乡村建设等社会活动。其苦行奉献的道德人格及所主导的平民教育实验、乡村教育实践在泉永一带有广泛的影响,在众多黎友、民友②的笔下几乎有口皆碑。叶非英在泉州活动长达 17 年之久,在黎明高中、平民中学的学生中很有影响,后来泉州平民中学、晋江民生农校校友会编印的《怀念集》中,回忆、怀念他的诗、文就有20余篇(首)③。其学生单复曾这样怀念自己的叶非英老师:

> 从他身上,我才懂得什么叫作力量,叫作克制。他患着很重的痔疮,这是十分折磨人的一种病痛。我看到他的内裤常是一摊血,许多朋友劝他到医院里去治疗一个时候,他总是感激地笑一笑,就没有下文了。虽是有病,一天他还要跑一百多里路,由学校到邻县的分校,那样来往不绝地奔走。他不痛苦吗? 他不疲乏吗? 不! 他是用最大的毅力,把一切痛苦忍下了。他过着教徒般的最简单最严肃的生活,没有任何嗜好,他好像活下来就是为着别人。他从来不想到自己,他很少有钱,但一有钱,他常拿给比他更需要的人。不知多少次了他把朋友筹给他医病的钱,用在学校里,送给失学的青年,或拿去印制刊物去了。有个朋友看到他穿得太破烂,给他送来西装大衣,他让它睡在枕头下,结果给别人拿去穿了。他快四十几了吧! 还没有结婚,他把学校当作他的家,学生当作他的儿女。用工作的疲乏来减低性的欲求,他的生活是在一种升华的状态中。④

---

① 叶非英:《自传》,《怀念集》第 4 辑,泉州平民中学、晋江民生农校校友会 1988 年 10 月编印,第 15 页。

② 黎友指黎明高中校友,民友指平民中学和民生农校校友。

③ 《怀念集》第 1—11 辑,泉州平民中学、晋江民生农校校友会 1986 年 11 月—2000 年 11 月编印。

④ 单复:《理想的化身》,黄厚源主编《永怀师恩》,立达平民民生在台校友 1992 年联合编印,第 20 页。

在叶非英及黎明高中、平民中学这些编织教育理想的老师们身上,大都体现了安那其的某种理论预想:"人类为顺应环境起见才生出了他的社会本能(互助),一切道德就是从这个泉源来的。因为互助能使人类的生活发达繁荣,所以便在人类中渐次发达变为同情之感情,由此更发展成了别人的两个更高的阶段,正义与自己牺牲";"由这而生出来的一种道德理想有时候是可以唤醒人的社会本能,养成他的同情心,点燃他的爱自由爱正义的热情。自己牺牲,奋勇救人,援助别人,不

图 60 叶非英

求报酬,这一类的行为是常常有的,这足以表现出人的本性和他的根深蒂固地潜在着的同胞爱与团结性,连带性"。① 所以巴金由衷地赞叹说:

> 他们和匡互生一样,都是献身于一个教育理想的人。他们在极其贫困的环境里支持着两三个学校(小学和初中),使得许多可爱的贫家孩子也尝到一点人间温暖,受到一点知识的启发。他们的那种牺牲精神可以使每个有良心的人流下感激的眼泪。②

> 没有充足的饮食,没有充足的睡眠,没有充足的休息,他们沉默地把那沉重的担子放在肩上,从没有一个时候发出一声怨恨。他们忘了自己的健康,忘了自己的家庭,他们只知道一个责任,给社会制造出一些有用的好青年。

> 他们也许不是教育家,但他们并不像别的教师那样把自己放在学生的上面,做一个尊严的先生。他们生活在学生中间,像一个亲爱的哥哥,分担学生的欢乐和愁苦,了解那些孩子,教导那些孩子,帮助那些孩子。③

---

① 苕甘:《从资本主义到安那其主义》,上海自由书店 1930 年版,第 287 页。

② 此段文字后来收入单行本时有较大的修改:"他们和最近在上海逝世的匡互生(对于这我所敬爱的人的死,我不知道应该用什么话来表明我的悲痛。他的最后是很可怕的。他在医生的绝望的宣告下面,躺在医院里等死,竟然过了一个月以上的时间,许多人的眼泪都不能够挽救他)一样,都是献身于一个教育理想的人。他们在极其贫困的环境里支持着两三个学校,使得许多可爱的贫家孩子也尝到一点人间温暖,受到一点知识的启发。他们的那种牺牲精神可以使每个有良心的人流下感激的眼泪。"《巴金全集》第 12 卷,人民文学出版社 1989 年版,第 112 页。

③ 巴金:《南国的梦》,《大陆杂志》第 2 卷第 1 期,1933 年。

第三节　学校即社会的尝试

如果说在无政府主义的思想渊源上,黎明高中、平民中学与上海劳动大学有千丝万缕的关系,那么在具体的办学模式上,两校则更接近于立达学园。吴克刚在其晚年的回忆录中曾谈到,当年被请泉州主持黎明高中,他四处聘请优良教师,"目的在成为立达一个分校"①。在黎明、平民两校的教师,除了上海劳动大学,他们中的许多人或多或少也都与立达学园有着特殊的关系。另外,平民中学第三任校长陈范予很快也兼任上海立达学园农村教育科主任,并且主要时间在上海,校务实际由伍禅代理。所以立达"修养健全人格,实行互助生活,以改造社会,促进文化"②的办学理念,以及学校即社会的办学模式,都对黎明高中和平民中学产生重要的影响,两所学校的办学特色也因此而显得格外鲜明。

首先在入学考试方面,黎明高中实行了比较灵活的办法,据谢真回忆,他的入学考试是"随到随考","作文题是:'冥冥之中有无上帝之存在?'这明显是反宗教的题目,在当时要写好并不是很容易。1930年春的作文题目是:'我的人生观'。可见在入学之前,学校就很重视学生的思想情况了"③。平民中学的入学考试课程相对循规蹈矩,考试的科目为党义、国文、数学及常识。如果

---

① 吴克刚:《一个合作主义者见闻录》,台北:合作学社1999年版,第116页。

② 匡互生:《立达、立达学会、立达季刊、立达中学、立达学园》,《匡互生与立达学园》,北京师范大学出版社1985年版,第24页。

③ 谢真:《他永远是走在时代前面的人》,陈觉万等主编《梁披云教育思想研究》,厦门大学出版社1994年版,第125页。

是投考二三年级,则须加考英文。①

赵祖培、陈程芳、林诗卿、伍泽
仁等人回忆,黎明高中推崇"主张
个性自由发展,主张人类互助合作"
的道尔顿制的精神,"重视学生自
觉学习,发挥自由思想"②。这"互
助"和"自由"某种程度也体现了
安那其的理想,"只有当每个人是

图 61　黎明高中遗址(辜也平摄,2016)

一个自由独立的单位,志愿地为着互相的利益与别人平等地合作之时,全(原
文如此——笔者)工作才能成为有力而达到成功",而"社会互助与个人自由
只有在安那其主义的社会中才能够得到完满的表现。那时候这两个理想才能
够连在一起并排发展"③。

在教学管理和课程设置方面,黎明高中"打破班级制度的教学活动","功
课安排除必修课程外,还分设自然科学和社会科学两系,学生可以自由选修。课
程和一般学校不同的有社会科学、逻辑学、社会发展史和农村教育学等"。"把
主要学科如文学、数理、英文等授课时间安排同时同节,按学生各科程度高低分
别编班授课,打破年级限制。这样一来,学生数理差的可到预备班(初中班)上
课,文学程度深的可在高中部各年级去上课"。"上课讲授也采用讲座形式,学
生是否遵照课堂秩序听讲,教师完全听任自觉"。课外还有文学、社会科学、数理
和外文(包括日文、英语、法文、世界语)等学会活动,组织各种读书会、研究会、
演讲会和辩论会,以培养学生课外自由钻研的精神。赵祖培等人回忆说:

在学会中,文学和世界语等比较活跃,参加的人也比较多。当时阅读钻
研的书籍,其中不少是安那其主义作品,如克鲁泡特金自传、互助论、面包略
取、国家论、断头台上和柴门霍甫的世界语作品。巴金每一新著,在读书会中
都很风行。……安那其主义没有入党组织形式,但是通过各种学会活动,从
中灌输和孕育安那其主义思想,培养种子,这确是它一个很主要的活动方式。

①　《平民中学招生广告》,《江声报》1931 年 8 月 15 日。
②　赵祖培、陈程芳、林诗卿、伍泽仁:《黎明高中片段回忆》,《泉州文史资料》1962 年 5 月第 6
辑,第 54 页。
③　苇甘:《从资本主义到安那其主义》,上海自由书店 1930 年版,第 262、221 页。

　　提倡体力劳动,在课程表上,正式安排有体力劳动课,每周两节,师生均得参加劳动。同时反对读死书,鼓励学生参加社会活动。赵祖培等人回忆:当时学校礼堂上有两对校联,其一,"家庭何尝是家庭,学校便是家庭;学校何尝是学校,宇宙乃是学校"。另一对,"少爷气、小姐气、书呆气,根本要不得;革命化、科学化、社会化,着实做起来"。横联写:"奋斗便是生活"六个大字。这些校联正可说明黎明开办的目的和发展方向。黎明校章的含义,也反映学校的意图。校章系画家丰子恺绘制的,其图景为三只小鸽站在晨曦前面,象征着黎明即将到来的意义,意在启发学生要有蓬勃新生的朝气,要有站在时代前列的革命精神。学校开办伊始就重视戏剧活动,师生曾有合组的蓓蕾剧团,几乎每个学期都有大型或中型的戏剧演出。剧团不仅注意排练与演出效果,也很重视剧本的翻译与创作。① 据同样也是黎明高中首届学生陈腾芳后来回忆,当年学校的课外活动包括了"学生辩论会""墙报园地""体力劳动""远足野餐""戏剧演出"等。②1930 年入学的李向真对上一级同学谢真的相关回忆虽然字数不多,但比较具体地再现了当年一般黎明高中的学习生活状况:

　　　　谢真于 1929 年在泉州就读黎明高中,我 1930 年春进入黎明高中时,他正是黎明高中的工读生,与我恰是同班同学。在校时他负责刻写钢板与油印讲义的工作,因此,在校时他得享受食宿待遇,据他说也分得一套衣服。可是学校放假时,什么待遇都没有了,只好找点事做,维持生活。有时和国钦、继热、延年几位吃住,有时自己在街道上买些地瓜粥吃。延年当时也是黎明的学生。……黎明高中的经费有时困难,教师工资不高,有时发不出只供膳,我们的教室屋顶上是稻草盖的,但是穷学生可以申请减、免学费,学校经济虽困难,也不影响教师的教学热情,有许多门课是靠教师自编讲义的,或者讲授时由学生记笔记,看参考书进行学习的。学校举行各种演讲会、辩论会,都由学生主持。我们提倡大公无私,"自私自利"成为骂人最重的话。学校提倡勤俭好学,朴实向上的校风,小姐气,少爷气,书呆气,成为众矢之

────────────

　　① 　上述介绍参见赵祖培、陈程芳、林诗卿、伍泽仁:《黎明高中片段回忆》,《泉州文史资料》1962 年 5 月第 6 辑,第 54—60 页。

　　② 　陈腾芳:《缅怀黎明母校,赞颂梁老夫子》,陈觉万等主编《梁披云教育思想研究》,厦门大学出版社 1994 年版,第 131 页。

图62　平民中学泉州语文学社社友合影（1933）

的。学生思想比较活跃,反对国民党反动派的专制统治呼声,更加高涨。[1]

平民中学的课程相对规范系统一些,当年报纸的报道曾记录了其开课的情况:

> 泉州函:平民中学本年春过该校学生分为两组,一注重工商业,一注重农业、乡村教育及农业知识。又该校以闽南各乡小学师资缺乏,本学期暑假开设乡村教育暑期学校。其科目有教育原理、教育心理、儿童心理、学校行政、普通教学法、各科教法、乡村教育、民众教育、课程编制、小学教育、训育问题、社会问题、农业大意、农村组织等。[2]

据苏秋涛介绍,和立达学园一样,平民中学也提倡劳动教育。学校不雇厨师、校丁,师生共同劳动,共同生活,以培养学生劳动习惯和服务精神,树立生活朴素,吃苦耐劳的优良校风。同时,学校的园艺试验场、养蜂场等是学生的实习基地,是理论联系实际和教育与劳动生产相结合的场所。平民中学也注重课堂教学与课外活动并重,除了普通的必修科,在二三年级还另外开有社会学、文学、戏剧、世界语等选修课,同时组织各科研究小组、读书会、演讲会、辩论会,以增进见识。学校鼓励学生课外阅读和课外写作,出版壁报、刊物,同时也组织有平民剧团,排练演出中外名剧。

平民中学的另一创举是,为培养学生组织能力与自觉自治精神,学校在1933年改制,试行"平民公社"。据苏秋涛回忆,学校不按照部颁学校组织章

---

① 李向真:《谢真与黎大》,《怀念集》第7辑,泉州平民中学、晋江民生农校校友会1991年7月编印,第69页。

② 《泉州有办乡村教育者》,《江声日报》1931年5月23日。

图63　刊载《平民公社章程》的平民中学校刊

程,校长只是挂名,对外而已。内部组织不采取集权制,完全以民主自由互助的形式成立"平民公社",教职员生一律平等,成为社员。学期开始召开成立大会,选举社务委员若干人。公社组织为生活、生产、研究、总务四组,组长由教师中选任,组员则由教职员生选任。组织财务委员会,也由社员推选,以示财政公开。此外膳食委员,由教职员生推选,学校并无雇工人及炊事员,日常生活由社员轮值。学校亦无制定纪律条例,但以自订公约,互相监督。① 为给后续研究提供便利,特全文照录当年这一实验的重要文本,珍贵的《平民公社章程》②:

平民公社章程

平民公社组织大钢

一、平民公社由本校全体同学(教员学生)组织之。

二、平民公社之意义为学校即社会,教员学生都是学校一份子,校内生活研究须共同计划处理之。

三、平民公社的最高决定权在于公社大会,公社大会不时召集之,讨论一切事项。

四、公社之组织如下:

1. 代表会

2. 读书会

① 苏秋涛:《平民中学和民生农校创办沿革忆述》,《泉州文史资料》1983年8月第15辑,第75页。

② 《平民公社章程》原载平民中学校刊《平民》,1933年9月。此据平民、民生校史编写组编印《平民教育之光——泉州平民中学、民生农校校史汇编》(2005)整理录入。

3. 讨论会

4. 演讲会

5. 学务委员会

6. 生活委员会

7. 图书室管理委员会

8. 合作社干事会

9. 膳食委员会

10. 夜学委员会

11. 出版委员会

12. 生产委员会

13. 体育委员会

14. 娱乐委员会

15. 各种研究会

五、各会组织大纲及办事细则另定之。

六、公社经费由校费支出及同学集纳之。

七、公社同人必须爱护团体,热心公事,信奉信约及遵行公约。

八、公社分子有违反或破坏公社之根本精神与规约得由公社大会处以开除及其他严重之处分。

九、本大纲经公社大会通过实行,以后得经公社大会通过修改之。

平民公社各会组织大钢

一、代表会

1. 由各组会书记及校长组织之。

2. 负责对外,及处理一切不属于他会与临时之事项。

3. 重大事项或有提交大会可能之紧急事项必须提交大会。

4. 设书记一人,负责召集开会。

二、读书会

1. 由各组读书会书记及教员一人组织之。

2. 讨论各组读书会工作情形及改进办法。

3. 促进全校读书活动之计划与实行。

4. 设书记一人负责召集开会。

三、讨论会

1. 由各组讨论会书记及教员一人组织之。

2. 讨论各组讨论会工作情形及改进办法。

3. 全校讨论会之计划与实行。

4. 设书记一人,负责召集开会。

四、演讲会

1. 由各组演讲会书记及教员一人组织之。

2. 讨论各组演讲会工作情形及改进办法。

3. 全校演讲会之计划与实行。

4. 设书记一人,负责召集开会。

五、学务委员会

1. 由各组学务股与教导主任组织之。

2. 讨论全校学务实施办法。

3. 印刷缮写等学务概由委员会分配担任之。

4. 以教导主任为书记,召集开会。

六、生活委员会

1. 由各组生活股及生活部主任组织之。

2. 拟定及执行生活公约。

3. 编定生活值日。

4. 生活部主任为书记、召集开会。

七、图书室管理委员会

1. 由各组图书股及教员一人组织之。

2. 轮流管理图书室。

3. 讨论图书室一切事宜。

4. 设书记一人,负责召集开会。

八、合作社干事会

1. 由各组合作股及教员一人组织之。

2. 决定合作社之办法。

3. 合作社之分配。

4. 其余概根据合作社社章。

九、膳食委员会

  1. 由膳食团员选出下列人员组织之。

    a. 会计一人,负责总收支及保管。

    b. 采办二人,采办米、柴。

    c. 烹饪二人,油盐酱之采办,分配膳食值日并协助之。

    d. 事务二人,膳厅及厨房之清洁与卫生。

  2. 膳食值日二人,买菜,煮饭,炒菜,盘菜及洗碗。

  3. 膳食委员会每月开会一次,讨论膳食事宜并报告帐目。

十、夜学委员会

  1. 由各组夜学股及教员一人组织之。

  2. 讨论夜学办法及招生。

  3. 分配夜学功课及工作。

  4. 设主任一人,召集开会。

十一、出版委员会

  1. 由各组出版股及教员一人组织之。

  2. 讨论各组壁报全校刊物及其他出版事宜。

  3. 设书记一人,召集开会。

十二、生产委员会

  1. 由各组生产股及生产部主任组织之。

  2. 举办及管理生产事业。

  3. 督促各同学努力生产事业。

  4. 由生产部主任召集开会。

十三、体育委员会

  1. 由各组体育股及教员一人组织之。

  2. 编配球队及练习时间。

  3. 关于体育之工作与设备。

  4. 设书记一个,召集开会。

十四、娱乐委员会

  1. 由各组娱乐股及教员一人组织之。

2. 讨论及举行各种娱乐事项。

3. 设书记一人,召集开会。

十五、各种研究会得自由组织之。

十六、各会会章及细则另定之。

十七、本组织大纲经公社大会之通过实行,经公社大会之通过得修改之。

平民公社组会组织大纲

一、组会为本组同人共同研究的集团,关于本组之研究与生活事宜均由本组全体同人协同计划处理之。

二、全组大会可随时开会,讨论一切问题。

三、组会会务分下列各会股分别执行之。

1. 书记一人负责对外、收支及召集开会事宜。

2. 读书会,设书记一人,负责读书登记统计事宜。

3. 讨论会,设书记一人,负责演题及讲稿选编。

4. 学务股　人,负责本组出缺席及成绩统计事宜。

5. 生活股　人,负责卫生及在本组中执行生活公约,并协助全校生活计划事宜。

6. 图书股　人,协同各组图书股管理图书。

7. 合作股　人,代表本组合作社员负责合作社社务。

8. 夜学股　人,举办及负责平民夜学事宜。

9. 出版股　人,出版壁报及刊物。

10. 生产股　人,促进全体同学办理生产事业。

11. 体育股　人,负责球队之编配与练习。

12. 娱乐股　人,负责本会游艺同乐事宜。

13. 各种研究会。

14. 值日二人,负责本组教室清洁事宜并填写课室日志。

四、各会股章及细则另定之。

五、各股负责人选由全组大会决定之,唯一人不得任二种以上之工作。

六、组会经费向本组同人徵收,每人每季　　,其半数交平民公社应用,并得请学校补助及教员捐募之。

七、组会活动须根据平民公社之信约公约。

八、本组同人有违反信约公约及全组大会议决时,得由组会予以相当惩罚及处分。

九、组织大纲经全组大会之通过实行,经全组大会之通过得修改之。

平民公社组会各股工作大纲

一、书记股工作大纲

　　1. 召集开会。

　　2. 开会时记录。

　　3. 撰拟及保管组会文件。

　　4. 代表组会参加平民公社代表会。

　　5. 经费出纳事项。

　　6. 不属于其他各股的事项。

二、读书会会章

　　1. 本会以本组全体同学组织之。

　　2. 本会目的为勉励全体同学自动读书,并共同作书籍研究。

　　3. 为实现本会目的得采用下列方法:

　　　　a. 规定读书数量(如每日十页或每周一本之类)。

　　　　b. 规定读书时间,大家按时自由读书。

　　　　c. 规定必读书类。

　　4、读完一本书或一章必须写笔记。

　　　　a. 内容摘要。

　　　　b. 读后感。

　　　　c. 疑难问题。

　　　　d. 笔记大家公阅或请教员评改。

　　5. 每周开会时轮流作口头读书报告(每次五—十人),可以彻底明了书中意义,并扩大读书经验与兴趣。

　　6. 本会应选出书记一人,负责召集开会,记录图书统计保管文件及出席公社读书会。

　　7. 本会得成立图书馆由会员私有图书集成之。

8. 读书会定每周开会一次。

9. 本会章由本组全体同学多数通过实行,得经多数通过修改之。

三、讨论会会章

1. 本会以本组全体同学组织之。

2. 本会以团结同学精神,共同探究各种社会及切身问题,藉收集思广益之效为目的。

3. 本会会员有下列之责任。

　　a. 出席集会

　　b. 对于本会决定讨论之问题须尽力探究。

　　c. 于集会时尽量发表意见。

　　d. 对于本会特别委托其研究之问题不得推卸。

　　e. 履行会议规则及本会一切议决。

4. 本会选书记一人召集开会,记录,保管文件及出席公社讨论会。

5. 本会集会每次讨论一问题,亦得连续讨论。

6. 集会主席由会员轮流担任。

7. 讨论方法分:

　　a. 自由讨论。

　　b. 由会员逐一发表意见,然后加以讨论。

　　c. 委托一部分会员负责研究报告,然后根据报告加以讨论。

　　d. 将问题分成两面,由会员分别担任一面辩论。

　　e. 讨论之评判由全体会员决定,唯亦得请指导员评判。

8. 讨论结果由当值主席会同书记整理发表之。

9. 本会每星期　午　时为会期。

10. 会员因事未能出席须先向书记请假。

11. 本会经费由组会支用之。

12. 本会章由全组同学通过实行,经全组同学通过得修改之。

四、演讲会会章

1. 本会由本组全体同学组织之。

2. 本会以互相勉励练习口才,发挥思想为目的。

3. 本会定每星期开会一次，由同学轮流演讲。

4. 演讲题目分自由及规定两种办法，演讲者须先将题目交会编定次序，依次演讲。

5. 演讲者须将演讲稿交会，必要时可发表之。

6. 开会时会员必须出席，有事必须请假。

7. 开会时得请指导员批评，并得举行演讲比赛。

8. 本会选书记一人召集开会，记录、保管文件及出席公社演讲会。

五、学务股

1. 绘出席表。

2. 登记及统计出席缺席。

3. 请假须得学务股及级任的许可。

4. 各种研究会的发起和组织。

5. 成绩统计。

6. 参加平民公社学务委员会。

六、生活股

1. 编定本组轮流值日（每日二人）

2. 监督值日执行清洁事项。

3. 关于本组会之特别清洁事项（大扫除）。

4. 执行关于个人生活及团体生活的公约。

5. 参加平民公社生活委员会。

七、图书股

1. 参加平民公社图书室管理委员会。

2. 与各组本股人员协同管理图书室。

八、合作股

1. 在本组提倡合作事业。

2. 与各组本股人员协同创办合作事业。

3. 征求本组之合作社社员及收集社金。

九、夜学股

1. 参加平民公社夜学委员会。

2. 与各组本股人员协同负责夜学进行事宜。

十、生产股

1. 在本组提倡生产事业。

2. 计划及实施本组生产劳作事宜。

3. 参加平民公社生产委员会。

十一、出版股

1. 本组壁报之出版。

2. 研究刊物之出版,参加平民公社出版委员会。

十二、体育股

1. 经组员之同意编配本组各种运动(球类)人员。

2. 提倡关于各种有益身心之运动。

3. 参加平民公社体育委员会,协同进行全校体育各种事务。

十三、娱乐股

1. 关于本组之日常娱乐事项。

2. 同乐会、游艺会、旅行会、野餐会等之举行。

3. 参加平民公社娱乐委员会。

值日及其任务

一、办公室值日(由教员轮流之)的任务。

1. 通知各值日员。

2. 监督各值日执行工作。

3. 整理办公室。

4. 接待来宾。

5. 维持学校秩序。

6. 填写学校日志。

7. 其他临时事项。

8. 通知下次值日员。

二、生活值日(由住校同学轮流之)的任务。

1. 早起。

2. 打钟。

3. 监督各村早起。

4. 协助办公室值日。

5. 接待来宾。

6. 通知下次值日员。

三、交通值日（由通学生轮流之）的任务。

1. 送信。

2. 购买常用物件。

3. 其他事务。

4. 通知下次值日员。

四、课室值日（由各组同学轮流之）的任务。

1. 整洁课室。

2. 维持课室秩序。

3. 每课后擦黑板。

4. 填课室日志。

5. 通知下次值日员。

五、村值日（由村民轮流之）的任务

1. 早起并通知村民。

2. 村整洁。

3. 农场淋水。

4. 维持村秩序。

5. 看护村民疾病并通知生活部。

6. 通知下次值日员。

六、膳食值日（由膳食团员轮流之）的任务。

1. 买菜。

2. 煮饭。

3. 煮菜。

4. 盘饭菜。

5. 膳厅整洁。

6. 洗碗碟。

7. 厨房整洁。

8. 烧开水。

9. 通知下次值日员。

我们的信约

我们是一个"人"，我们来校求学，为的是做一个好好的人。

一个身心健全的人应该有自发的活动力，热烈的进取心。我们应该自己爱研究，读书、观察、思想、劳作，在整个活动的过程中求得无限的进步。学校是我们求进步的最好的环境，协助我们进步的是教员。

个人是人类的一个体，个人是不能离社会而生存的。学校不能与社会分离，学校是理想社会的实验地，是现实社会的中心。

要求万人的幸福必须万人平等互助，理想的学校组织应该依据平等互助的原则共同生活，共同研究，由是而育成我们平等互助的人格与习惯。

我们必须热心参加学校的整个活动，正如我们必须热心参加各种现实社会的活动。我们在社会生活中学习得怎样好好地安排我们的社会生活的知识与能力。

人类生存在自然界中，由开发自然界而获得人类生存的资料，并由是而获得开发自然界的知识——科学。我们须努力研求万年来人类知识累积的各种科学，并进一步研究未为现代科学所开发的伟大的自然界的秘密。

我们认为求学、做人、做事应合一，求学不过是为的做好人做好事。而努力去做好人——自利而利人的人，便也获得人生的知识与活动的能力。有目的有计划的做事才能实践人生的目的而获得实用的知识。

但是在现社会中我们没有求学的自由，真理为强权所掩蔽，也没有做人的自由。我们最低限度的衣食住行也不能得到满足，做事的自由也是没有的，有的职业还没有保障，创造的活动更不用说了。

我们是一个人，应该有人的满足，人的自由，阻碍万人的满足与自由的障物我们应打破它。不平等、反互助、统治现人类社会的强权自私制度便是造成现世界的罪恶与痛苦的主因，我们必须以革命的手段来推翻它。

　　因为求学做人做事与革命是一致的,要有求学、做人、做事的自由便须革命。革命的目的在求万人生存需要的自由满足,建设平等互助的社会。

　　我们抱着这样的信念来求学,我们根据这样的信念来实践我们学校的共同生活。"公社"便是我们信念的结晶,生活的团体。

　　努力发展我们公社的组织,以公社的力量适应社会革命的潮流。[①]

　　虽然由于各方面原因,这一校园实验实际上只试行一学期就被取消,但其所体现的意义远远超过了平民中学本身。从整个实验的设计而言,这一实验明显受到立达学园和劳动大学等的影响,而从泉州无政府主义运动发展而言,这一实验既与黎明高中的系列改革互为参照,共同体现了学校即社会的教育理念,同时也贯穿着无政府主义关于平等、自治、互助与合作的精神。无政府主义者认为:"人愈多用互助与合作来代替互争,则人愈向前进步";同时,"这样的合作(共同工作)是自由的,志愿的,并不需要政府的强迫"。[②]

---

　　① 《平民公社章程》原载平民中学校刊《平民》, 1933 年 9 月。此据平民、民生校史编写组编印《平民教育之光——泉州平民中学、民生农校校史汇编》(2005)录入,对原全文各层次编号格式不统一作相应调整,层次及各层次编号序列不变。

　　② 莘甘:《从资本主义到安那其主义》,上海自由书店 1930 年版,第 227、220 页。

第四节　课外实践与地下活动

值得注意的是,表面上看"平民公社"的教育实验只完整地进行一个学期,但在这前后,由《平民公社章程》所体现的办学精神或教育理念,一直无形地贯穿于平民中学的办学过程中,并且在数十年后还一直为当年的师生所乐道。俞福祚 20 世纪 30 年代初从法国勤工俭学回国后一直无固定工作,后接受陆蠡邀请到平民中学任教,他晚年回忆道:

> 平民的办学风格实际近于晓庄,教师和同学同住、同吃、同劳动。我睡在孔子的神座后面,床全部是竹制的,记得有一次睡到半夜竹架子倒了,就斜躺着到天明。同学就睡在教师的周围。吃则每桌夹一二位教师,厨房里仅有一位工友,做些收拾、洗碗等工作,买菜、烧菜、做饭都由同学自己做,教师也跟着轮流值班。莫先生知道我们几位初来的上海教师不太习惯大锅饭,有时送给我们几把采摘来的草菇,于是我们晚上拿到小馆子里炒米面吃,味道鲜美极了。上某些课时,同学和教师常常围聚在大院的大榕树下讨论、讲谈,一只上下课用的钟也挂在榕树上,圣泉的散文诗《钟》《榕树》就是在这里写成的。全校师生一起动手搞清洁卫生,做校园的农活,干得很有劲、很愉快。我教一年级的英语(用的教材是开明英语读本第一册),二年级的历史及全校各年级的美术课。并且因吴金堤的介绍,又在黎明高中兼美术课。但是,无论平民和黎明都是发不出薪水的,然而大家还是工作、生活得十分愉快。即使在这种经济状况下,在圣

泉的主持下,学校还购置了一批理化实验仪器。当时学校的文艺活动也很活跃,不少同学十分喜爱话剧和歌剧。有段时间在南门外的广场上,每星期六晚上各校轮流演出话剧和歌剧。剧本是比较进步的,有些是宣传抗日救国的题材。记得有一次轮到我校参加演出,由圣泉和我负责灯光,当时所谓的灯光,无非是在舞台的中间挂盏汽灯罢了,而圣泉则用二盏汽油灯放在舞台前的两个角上,后面以适当的角度竖着两面二尺长的长方镜子,灯和镜都掩藏在幕后,这样射出的光线很柔和,产生了一种很好的效果,为平民中学的演出增添了不少光彩。[①]

图64　1931年5月16日,《江声报》报道泉州的戏剧活动

1932年入平民中学就读的蒋刚,在晚年的自传中比较具体地回忆了当年在校学习和参加社会活动的情形:

　　读书互助　平民中学的学生大都是贫农和城市贫民的子弟,它们的特点是:第一是家庭经济拮据,来校读书,除了交膳费的钱,几乎没有零用钱,有时需要买课外书或者参加校外活动的点心钱都没有。第二个特点是就学年龄都比较高,我们班的同学凡是乡村来的年纪都在二十以上,比我还多五六岁、七八岁不等,……而年纪较大的同学虽然比较勤学却学业成绩反比年纪轻的差。基于上述两个原因,老师鼓励我们自愿结合地组成读书互助组,同班的几个互助组再联合成立读书互助会。我们的读书互助组与一般学校学生所组成的又不大同,我们是读书互助之外,生活

---

①　俞福祚:《忆平民中学》,《怀念集》第4辑,泉州平民中学、晋江民生农校校友会1988年10月编印,第43页。

上也要互助,每个人都把所带的零用钱交给互助组,以帮助家境清寒的同学。有时还用小集体的力量帮助同组同学解决暂时困难。但这种经济互助只限于寄宿的同学。但最主要的是,读书互助组是在学业上互相切磋、解惑、钻研,彼此都有提高。同时在阅读课外书时可以定期作读书报告和讨论,即对社会问题也可作为一个题目进行讨论,提高认识。我是到二年级时才因学业需要向学校要求晚上在学校参加自习,并且寄宿的,我只参加一般的读书互助组。主要是因我家经济困难,不能拖累别的同学。

社会活动　我校同学都在老师领导下或读书互助会分配下参加各种社会活动,如县学生联合会领导的反日、抵制日货、破除迷信等活动;在老师领导下到市郊帮农民组织农民协会,办农民夜校,教农民识字;有的到总工会办的工人夜校授课。高年级同学谢堡丁他们还在老师指导下办店员补习学校,利用夜间上课,帮助店员提高文化（有的提高到初中一年级文化程度,如现在还健在的原工人夜校学生曹耀焜、陈金生、陈向荣三人,还参加平民中学校友会）。比较突出的是石狮分校高级农村教育科的同学,他们的学识丰富,思想进步,还到蚶江农村帮助农民组织民团（由郭帮助同学主持）和开办农民夜校,利用假日到蚶江镇上课。有的组织纠察队,搜查奸商囤积的日货,予以充公;或到沿海与农会配合查缉日货进口,没收充公。

图65　平民中学黑星篮球队

　　我在平中学习的两年半中,由于我的学业基础差,而且为争取得到好成绩可以免交学费（我每学期学习成绩都在前三名之列）,因此较少参加课外活动。我参加的不多,最经常的是在陈瑜清、吴朗西老师指导下编写壁报,有时也写些无病呻吟的小诗,有时也写些评论时事的小文章。其次是参加破除迷信的毁佛活动,曾与同学们到石狮镇和蚶江镇去进行反对封建迷信的宣传,还把一些木偶泥像集中一起打破和烧毁。此外,我还曾随同读书会同学步行到安海镇,住在一位同学家,当晚,我们出外发散传单。传单内容是号召百姓们起来抗缴苛捐杂税。传单署名是"一群青年安那其主义者"。后来,据说有人看过传单,竟认为发传单的是一群安海青年人。因为他们对"安那其"是无政府主义的音译并不了解,只从字面上有个"安"字来猜测的。①

陈章尊是蒋刚所推崇的石狮分校高级农村教育科的学生,在其遗稿中有这样的回忆:

　　1932年秋,平民中学增办高中部,一个新型的高级农村教育科班级诞生了,她是以"生活教育"理论为指导,以上海立达学园农村教育科为蓝本,进行新的教育形式的探索。农村教育科招收初中毕业生,没有毕业年限,没有固定课堂,学生们不但要学习书本上的知识,还要通过实践考验,成为名符其实的农村工作者。开办不久,农教教育科就从泉州迁往石狮镇,借用文昌宫作教室,面向广大农村,一面学习,一面战斗,学习越紧张,战斗也跟着紧张。我们一天上课八小时,晚上还到在石狮街创办的七八所工人夜校担课,后来又在附近村庄办了几个农民夜校,半工半读地学习着。从第二学年开始,有些同学便被介绍到附近的小学任教,如沈廷佑担任爱群小学教导,林添恩任五社小学校长,李觉民任教员,还有些同学到附近小学兼课,边教边学。那是"九·一八"事变后,各地掀起热烈的反日运动的时候,我们学校师生积极投入反日斗争中,如肖永瑞、李振贯同学等加入石狮抗日救国会,积极参与宣传抵制日货和到沿海没收走

―――――――――――

① 蒋刚:《风雨八十秋》第49—51页,2000年。

私日货的工作。值得一提的是,许多到校外工作或兼课的同学,他们省吃俭用,节约钱交给学校,帮助交不起膳费的同学维持生活。大家认为互助友爱是做人起码的道德,认为既要做到爱全人类,必先爱护自己的同学。①

无政府主义认为,革命大体可分别为两种。有些革命只变换了政治形式,换了一批新统治者来代替旧的,这种革命是政治革命;另外一种革命不是变换统治者,而是志在改变全社会组织的革命,这种革命是社会革命。而"社会革命不仅是改变社会制度,同时因了社会制度之改变,它又建立了新的社会关系,新的人对人的态度,一种个人生活与集体生活中的新精神"②。黎明高中、平民中学的种种尝试,无不体现创建这种理想社会的努力。

课外培养锻炼学生的另一创举,是平民中学利用假期组织他们外出参观学习,以锻炼体魄,磨练意志,开拓视野,增进知识。苏秋涛回忆说,先是1934年组织了中华沿海教育参观步行团:

全团三十多人,由教师叶非英率领,每个成员只准备旅费三十元。行装力求简便,只有油漆雨衣一件,油布一条,斗笠一个,行李袋一个。三月中旬从泉州出发,经过惠安、仙游、莆田、福清、长乐、福州、连江、罗源、霞浦等,以至浙江之平阳、温州、台州、宁波、杭州、绍兴等。沿途参观各地较有特色的学校,如杭州的社会教育学院,上海立达学园,以及农场、工厂、科学馆、博物馆。复至南京参观晓庄师范,燕子矶小学,工学团,生活教育社。

一九三五年夏,又组织华北教育参观团,亦由叶非英率领,全团二十多人。这次不是步行,由泉州乘轮到上海,转南京乘津浦火车到青岛,往山东邹县,参观梁漱溟乡村建设学院,与晏阳初设立的平教会、民教馆、合作社、平民学校,工艺传习所等。……回来带了他们所编著的教育

① 陈章尊:《忆平中高级农村教育科》,《怀念集》第7辑,泉州平民中学、晋江民生农校校友会1991年7月编印,第21页。

② 蒂甘:《从资本主义到安那其主义》,上海自由书店1930年版,第241页。

图66　平民中学中华沿海步行团过沪留影（《大公报》1934 年 7 月 11 日）

理论及实验报告。后来民生农校许多教育设施，都渗进陶行知、晏阳初的教育理论与教育经验，以及部分安那其主义思想，汇成一种新的教育思潮。①

关于中华沿海教育参观步行团和华北教育参观团的活动，在巴金的著作以及当年的《中央日报》《福建民报》《江声报》以及南京中央社都有记载或报道。②

除了上述课内与课外这些公开的改革与试验，黎明高中和平民中学对于学生的教育或影响，实际上还包含了地下的一些秘密活动。关于这方面的情况因各方面的原因很少见之文字，目前只能从巴金的文学作品中找到一些蛛丝马迹。如巴金的小说《雷》中就有一段相对完整的描写：

---

①　苏秋涛：《平民中学和民生农校创办沿革忆述》，《泉州文史资料》1983 年 8 月第 15 辑，第 72—77 页。

②　参见巴金：《南国的梦》，《良友》第 144 期，1939 年；《沿海步行团日昨抵省，留闽数日参观各学校，即赴京沪或将往平津》，《福建民报》1934 年 5 月 29 日；《泉州平民中学沿海步行团抵京，历四十三日步行千八百华里，第一段路程告终即由沪返闽》，《中央日报》1934 年 6 月 24 日；《泉州平民中学步行团昨抵京》，《江声报》1934 年 6 月 24 日；《继中华沿海步行团泉州农教团步行华北》，《时报》1935 年 6 月 12 日；《泉州民生农校参观团步行参观华北昨天来沪，步行数十县二千五百余里》，《民报》1935 年 8 月 16 日，等等。

一个傍晚，影跟了慧去参加那学生会。慧不告诉她会场在什么地方，她只是默默地跟着慧走。她心情很奇怪，她平时很少是这样。这是紧张，是高扬，她自己找不出话来形容。

她们穿过一条巷子，又走过一条长街，走的总是些不平坦的石板路，路旁偶尔有几家旧的小院。有几处，路旁就长了深的青草。刚下过雨，石板有些滑，空气却很新鲜，而且有草香，有树香。从院子里伸出来的荔枝树在开花了。

没有月亮，有几颗星，天色却是很亮的。街道很寂静，她们所走的都是些僻街，这时候差不多就没有人经过。只偶尔有一只狗跑在她们的后面叫起来。影的心因了胆怯而厉害地跳动了。慧却没有一点怕惧。她那镇静安详的态度使得影禁不住要佩服她的胆量。

最后在一个旧院子门前她们停住了。两扇矮小的门关住了里面的一切，在影的眼里看来这院子和别的并没有两样。但慧轻轻在那门上敲了两下，门马上开了。从里面露出一个孩子的脸。

"慧，是你！"孩子对着慧笑了笑，又用天真的眼睛把影打量了一下。影看见他的天真的面孔就很觉得奇怪，他年纪很轻，至多也不过十五六岁。

"这是影，就是我说过的那个，"慧对那孩子这样解释过，就带了影往里面走了。

"他这样年轻，就到你们这里来？"影一面走一面低声问慧。

"他还不算是最小的，他已经有十九岁了，"慧不在意地说。她一面又要回答别的青年的招呼。

她们走完了天井，就进了一个小廊，那里面有一个楼梯引了她们到楼上去。

楼上两个房间里面都有不少的人。前面一个房间接连着露台，房间不大，只有些少的旧家具，好些人就坐在地上。德已经来了。影看见他站在露台上和两个学生谈话。

人家叫影坐在那张木板床上，坐在她旁边的还有两个女学生，慧到露台上去了。房间里好几组人在低声谈话。接着又来了几个人，夜也跟着来了。

"明，再没有人来吧，"德在露台上面转过身子问那个站在门上的方脸学生道。并不等明回答他，就继续说："不等人来，我们就开会吧。"

"好，人来齐了，"明回答说。接着房间里起

图 67　闽南传统民居，天井一侧各有上（白鸭头所对）下（堆放木头处）两个小走廊（辜也平摄，2017）

了小小的骚动后，后面房里和露台上的人都拥挤到前面房间里来。除了五六个人外，大家都盘脚坐在地上。门关闭起来。桌上一盏旧煤油灯的微光黯淡地在一些人的脸上涂了一层黄色。众人沉静着，三四个人用窒息的声音咳嗽。在片刻的宁静之后明的声音响起来了。

明说明了开会的本意，就让德来说话。德坐在桌子前面，背着灯光。人看不清楚他的脸，但他的话语是不会被人遗漏的。他从开始说到结尾，中间就没有停顿过。热情鼓舞着他，又使他鼓舞着别的人。他陈说着，在目前的环境里青年团体应该如何地加紧工作。他的论据在那些学生的耳朵听来是异常雄辩的。每个青年的心都为他的话而颤抖了。

影在这环境里是生疏的。但德的话把她吸引住了。这些时候她就没有把眼睛离开过德。德的脸就像一张鹰脸似地压迫着她的眼睛。她被两种思想折磨着：时而，不要再说了；时而，继续说下去吧。他的话被她完全听进了耳里，而且经过了仔细的咀嚼。好些话使她难堪，但是她又禁不住在心里说："你是有理由的！你是有理由的！"在她的谦逊的女孩的心里，她把德过分地看重了。

街上简直没有一点声音。夜从窗外窥进来。房间里空气很沉闷，又有好些人在低声咳嗽，但德的话语依旧没有阻碍地流下去，像一股流水。水流进了影的心里把她的畏怯全洗了。"他有好些话都是指着我说的，他在指摘我的错误，"当她听见德说到对于旧势力应该坚持着不妥协的态度时，她忍不住激动地这样想了。

水终于流尽了。德闭了嘴让另一个青年起来说话。接着第三个人又

说,就这样继续着。这全是些工作报告和以后的工作计划。影觉得自己不能够全懂。但她也努力听了。她很奇怪,好几个年纪很轻的学生居然是那么勇敢,她平时也偶尔遇见过他们,她绝不会猜想到。还有她旁边坐的那个相貌丑陋(后来版本改为"长得不好看"——笔者注)的女学生也说了许多使人激动的话。所以当她被介绍到那些同伴中间时,她不觉惭愧地红了脸。别人接连问了她几句话,她一时几乎回答不出来。

后来会开完了。门打开,人陆续散去。学生们赤脚走下楼梯,每一个青年的脸上都带了严肃的表情,不说话,好像奉了一个重大使命离开这里。

影跟着慧走了。她们走得不很快。一会儿德又从后面赶了来。他走在她们前面,和一个学生谈话。

没人预备火把。灰白色的天空给这一行人指着路。影一面和慧说话,一面却在注意德的背影。德的瘦长的影子像一只鹰盘旋在她的头上,那大的翅膀给她遮住了眼前的一切。①

图68 传统的闽南民居(辜也加摄,2017)

在这小说中,德和慧都是青年安那其,德同时还是这学校的教师,而影正暗恋着德。巴金用固定内聚焦写出了影对于德的崇拜,同时也通过她的视角客观地记录了学生集会具体情形,简明勾勒出第一次参加秘密活动时的紧张与兴奋。巴金虽不是黎明高中或平民中学的老师,而且在泉州停留的时间也很短,但是作为泉州安那其运动的局内人,他应该亲历过这样的集会。因为后来他在文章曾不止一次提到,"晚上我们打着火把,走过黑暗的窄巷,听见带着威胁似的狗吠,到一个古老的院子去捶油漆脱落的木门。在那个阴暗的旧式房间里,围着一盏发出微光的煤油灯,大家怀着献身的热情,准备找一个机会牺牲自己"②。同时如果并非亲临过其境,他也不可能对夜行于古城石板路上的感

---

① 巴金:《雷》,《电》附录,上海良友图书印刷公司1935年版,第285—291页。
② 巴金:《黑土》,《巴金全集》第13卷,人民文学出版社1990年版,第279页。

觉以及独具闽南传统建筑风格的房间布局做如此精准的描写。小说写到"她们走完了天井,就进了一个小廊,那里面有一个楼梯引了她们到楼上去"。泉州传统民居以形似殿宇,包含正厝与两边的护厝①,形成一个密闭的空间。其中正厝含门厅、天井、正厅(大厅)和十个房间,其中左右又各有两个廊道通往护厝。一般所有的大厝都平屋,有楼层的都是在护厝。所以,虽然上述的描写片段并未指明是黎明高中或平民中学的学生聚会,但它无疑提供了泉州安那其运动不为人知的一面。

总而言之,在 20 世纪 30 年代前期泉州一系列的民众运动中,平民中学与黎明高中是并列的排头兵。黎明高中所在的武庙(关帝庙)在城之北端,平民中学所在的文庙(孔庙)在城之南端,但两校"往来甚形密切,对外行动一致,在教学、研究、社会活动各方面,彼此合作",凡有大的运动,两校也遥相呼应,互为伯仲。而"从中培养出不少染有安那其思想的人,分布各地,如海澄的海沧小学、晋江石狮的爱群小学、泉州附近的法江小学、清濛小学"②,进而极大地促进了无政府主义在泉州的转播,并直接推动了泉州无政府主义运动的全面开展。

图 69　闽南传统民居屋内架子床及床边(右侧)的小过道(辜也平摄,2017)

---

① 这里正厝两进,大族或大户有的三进、五进。如果三进,那就有后轩及左右各两间。不管几进,正厅正中香案之上供奉的都是祖宗的牌位。由于特殊的结构和老式的窗户,泉州传统民居的采光和通风的效果都很差,所以巴金有关泉州的作品常提到"黑暗的窄巷""阴暗的旧式房间"。他也常写到"两扇矮小的门"或"矮小的大门",这是因为泉州传统民居的门户大小严格遵守古制,除非已获相应功名,一般少高门(大院)。另,巴金的《电》第一章写到李佩珠住的地方"一张大的架子床横放在中间,把房间隔成两部分。帐子垂下来遮住后面一部分的地位,但床头留了一些空间让人从这里进到后面去",这样的房间一定是正厅两侧的大房或边房。笔者入大学之前在这样的民居生活二十余年,这大房、边房或护厝二楼房间都住过,故深感巴金小说描写的细致与精确。

② 苏秋涛稿,仲实整理:《安那其主义在泉州的活动》,《泉州文史资料》1962 年 1 月第 4 辑,第 37 页。

第五章
因时际会云集刺桐城

　　泉州因古城形似鲤鱼称鲤城,五代时清源军节度使留从效拓建城垣时，环城遍植刺桐树，故又名"刺桐城"。马可·波罗的游记,是以刺桐的音译来指称泉州的。1927年之后,秦望山因清党不力人所共知,但被撤后又很快复出并担任泉永二属民团编练特派,加上有许卓然的默许,在全国血雨腥风,遍地白色恐怖的历史关头,这个曾经的开放之城,无疑成了各地的无政府主义者心目中的世外桃源。他们相率而来,云集刺桐,开始在这个避风港编织起中国安那其的南国之梦。

第一节 以"党权高于一切"的名义

在谈及 20 世纪 30 年代泉州无政府主义运动得以兴起的原因时,秦望山有两段话极为重要:

> 我的家乡闽南,是我们早年搞民军时频繁活动的地方,我们在这里具有历史的潜势力。有此基础,加上作为泉属五县中心的晋江县的县党部落到我手上,以及北伐后国民党一度高唱所谓"党权高于一切",我们得以运用一切有利条件来权宜行事。蒋介石背叛革命、实行"清党"之后,四川、湖南、广东等地一些安那其主义者纷纷避难来泉,我们不能不加以掩护和照顾。这些人为数不少,我都通过县党部关系,把他们作为骨干,安排到农、工、青、妇等群众团体担任工作。他们在工作中挂国民党招牌,行安那其之实。因此,在一个相当长的时间里,泉州这块地方便被人们看做是安那其的"世外桃源"。

> 自 1926 年至抗战初期(这段时间、我断断续续在泉州,总计时间不上三年),泉州的社会团体,特别是国民党的晋江县党部,始终控制在安那其的人手里,所做的事情多与安那其有关,那是很自然的。先后在泉州主持事务的人员,被视为和我有密切关系的人不少,其中主要的有张赖愚、袁国钦、郑健魂等,他们多数是外地人。一些地方人士如陈泗荪就责我不培养地人,对此十分不满(陈长期任晋江中学校长,曾任国民党晋江县党

部执委,后变为泉州 CC 头子),这是因为他们不了解我所信任的多是安那其的人。①

秦望山的这两段回忆强调的,实际上包括这么几层的意思:

首先,泉南地区有其历史形成的势力范围。

第二,国民党高唱所谓"党权高于一切",而作为泉属五县中心的晋江县的县党部始终在其控制之中。需要特别说明的是,当年晋江县县治包括泉州城;历史上,晋江县的行政机构以及后来新出现的党务机构,一直都设在泉州城内。

第三,对于晋江县党部的控制并不一定始终靠自己一个人,有时是通过张赖愚、袁国钦、郑健魂等无政府主义者实现的。秦望山紧接这段话之后特别介绍和确认了他们三人的无政府主义身份:

> 张赖愚,湘籍,早年在湖南搞工运,是国民党党员中的安那其主义者,清党时,在湖南被捕未获,跳车逃来泉州,初在总工会工作,后被选为晋江县党部执委兼《泉州日报》社经理。在一段很长的时间里,泉州的事情均由他主持,他的影响力有时还伸展到泉属各县去。

> 袁国钦,福建上杭县人,晋江县宣传养成所毕业,国民党党员,被培养为安那其骨干,曾在县总工会任职,被选为晋江县党部执委。袁负责青运和学联会工作很久,能用世界语写文章。

> 郑健魂,晋江县人,菲律宾归国华侨,国民党党员。我们早期组织农民协会时,他颇积极,因他倾向安那其,故介绍他到上海立达学园深造。郑以后在县农会和区党部工作,后被选为晋江县党部执委。②

第四,通过县党部,把云集泉州的各地无政府主义者作为骨干,安排到农、工、青、妇等群众团体,行安那其之实。

然而,秦望山的回忆是否夸大其词呢? 历史老人的回忆文字有时令人怀疑的原因,就在于其特别容易沉浸在自身过往的美好记忆或心理暗示中,因此

---

① 秦望山:《安那其主义者在福建的一些活动》,《福建文史资料》1990 年 10 月第 24 辑,第 181、183 页。

② 同上书,第 183 页。

即使是一贯实事求是者对自我过往的认识，一般也必须通过互证、实证才能最后加以确证。秦望山这一回忆的真实性，在另一在场者的回忆中似乎可以得到初步的互证。范天均在接受访谈时说，他1927年六七月间第一次到福建泉州，"主要是进一步筹备组织民众武装的活动"，而已经在泉州的无政府主义者"以秦望山为首利用国民党的招牌，搞党务'宣传员养成所'"。1928年七八月间，他第二次到福建"当时大家总结过去的工作，认为军事活动已不可能，因而重起炉灶，展开群众组织、文化教育等工作"，所以"利用国民党晋江县县党部，开展群众组织工作。当时由陈君冷去掌握县党部，通过县党部同商会、工会、妇女界取得联系；通过'黎明高级中学'和各学生会取得联系；以工会和学生会为重点，进行群众组织活动"①。范天均的回忆与秦望山的基本一致，只不过谈到具体控制县党部的是陈君冷。但是这一出入问题不大，因为陈君冷本身也是个纯粹而坚定的无政府主义者，而秦望山表述本身也并不排除其他无政府主义者。

而苏秋涛在后来的回忆中，也明确提到："1929年，秦与许卓然、梁龙光等创办黎明高中。梁任校长，他是国民党员，又是安那其主义者，因此所聘教员如吴克刚、陈君冷、陈范予、柳子明、许烈秋、邵维、王鲁彦、郭安仁（丽尼）、叶菲英等，也都是安那其主义者；而晋江县党部执监委员袁继热、袁国钦、张赖愚等也是安那其主义者。"叶菲英入平民中学后，"由叶菲英引进来的教员如吴朗西、伍禅、杨春天、陆圣泉、陈范予（后任校长）等，也都是安那其主义者。黎明与平民，往来甚形密切，对外行动一致，在教学、研究、社会活动各方面，彼此合作，从中培养出不少染有安

图70　《社会新闻》刊载的《福建泉州"安那其"的怪态》

---

①　陈登才：《访问范天均先生的纪录》，葛懋春、蒋俊、李兴芝编《无政府主义思想资料选》下册，北京大学出版社1984年版，第1040、1044页。

那其思想的人,分布各地、如海澄的海沧小学、晋江石狮的爱群小学、泉州附近的法江小学、清濛小学;此外如晋江的妇女会、工会、渔会等组织,也都有安那其的人"①。

通过"控制"国民党的晋江县党部开展安那其活动的另一佐证,来自于当年文字的记载。曾有《福建泉州"安那其"的怪态》一文抨击道:"泉州国民党的县党部,一贯为安那其所把持,张赖愚袁鑫(疑为袁国钦之误——笔者注)等与党部的委员,都是安那其的跨党分子。他们挂着羊头卖狗肉!而另一方面,简直是秦望山的万世江山!"秦望山几年前"入安那其党做党内的特别党员,于是秦望山遂成为泉州安那其的干爷!而安那其亦得他加入之后的便利,在闽南发(应是"繁"字之误——笔者注)荣滋长着。"②

中国国民党在福建成立地方组织始于1925年。1925年的6月,国民党福建临时省党部在厦门成立。第二年10月,临时省党部委派秦望山、周骏烈和陈泗孙等3人为晋江筹备员;11月,东路军占领泉州后,12月下旬,秦望山在泉州城内的北鼓楼主持召开国民党晋江县代表大会,国民党晋江临时县党部宣告成立。大会选举秦望山为主委,并兼任组织部长,选出宣传部长黄哲真,工人部长林植兰,农民部长陈伯清,青年部长郑剑雄,妇女部长余佩皋。并划全县为12个区党部。之后相继成立妇女解放协会;人力车、建筑、瓦窑、汽车、店员等工会。又通过"宣传员养成所"学员分头下乡发动、组织,农民协会大批涌现,到1927年春达到121个,会员2万多人。1927年4月,因"清党"不力,新编军军长谭曙卿下令通缉秦望山;6月,省党部复派高为国(时属新编军)为晋江县清党委员,又改派丘咸、叶清泉、林逸民和富恩潭等为晋江县党部筹备委员。7月,晋江县党部筹备委员会成立。③但不及半年这状况又发生变化。10月,第十一军入闽,新编军被缴械,谭曙卿被押解出境;11月下旬,第十一军进占泉州;12月,福建省党务指导委员会复派秦望山等6人为晋江县党务指导委员,成立县党务指导委员会。从此时开始的很长时间里,甚至连许多基层组织,也一直由无政府主义者所主导。这情形在下列相关报道中都可以得到充分的证实。

---

① 苏秋涛稿,仲实整理:《安那其主义在泉州的活动》,《泉州文史资料》1962年1月第4辑,第36、37页。

② 羲和:《福建泉州"安那其"的怪态》,《社会新闻》第2卷第25期第362页,1933年。

③ 关于"清党"不力等相关内容参见本书第二章第三节。

晋江党务消息 第一区党部已成立

晋江讯,该县第一区党部,于本月十八日下午二时,假县指委会礼堂,开选举执监并执监宣誓就职典礼大会,到会党员八十七人。监选邹纯,主席陈君冷,纪录陈周雄,司仪陈炳,监誓员刘尊光,林植兰,李拱辰,唱票曾焕溙,记票陈伯清,赵福建。推定后,主席恭读总理遗嘱,监选员致词,略谓同志须认清党义,严密的组织,和巩固党的基础,并托陈伯清以本地话代其解释区党部执监委员选举条例和规则,后即开始选举。结果林植兰六十票,陈君冷四十六票,陈炳四十票。曾焕溙二十七票,李拱辰二十四票,当选为执行委员。陈伯清二十票,邹纯二十二票,当选候补执委。秦望山四十二票,当选为监察委员,蔡浚十一票当选候补监委。选举后,即举行执监委员宣誓就职典礼,除秦望山在病假期内,未出席外,余均同时宣誓就职。指委会派刘尊光监誓,刘致词后,执委林植兰,候补监委蔡浚,相继答词。后有党员某君起立,报告民众近日备受污吏敲诈之苦(并交出物证)。关于此事,议由陈君冷偕被害人到县政府交涉。又该区党员韩潮、魏志成,自由早退,由会严行处分,最后呼口号而散。①

1929 年 5 月,晋江县党务指导委员会通电全国,反对讨伐冯玉祥,反对中央委张学良以要职;下旬,国民党中央直接下令解散晋江县党务指导委员会,并停止秦望山党员权利两年;福建省党务指导委员会另派张赖愚、林逸民和魏德成任县党务指导委员。但是,张赖愚等人本身就是外来无政府主义者,他连同原来的林植兰、黄哲真,以及新进的袁国钦等还是实际控制了党指委:

图 71 《民钟日报》刊载的《晋江最近党务消息》

---

① 《晋江党务消息》,《福建民国日报》1929 年 4 月 30 日。

晋江最近党务消息

张赖愚定期视察各区分部,救国会定由袁国钦等改组。

晋江新指委会成立以后,对于该县党务,颇见进行。并探悉其最近工作情形如左:

党务之进行　十七日下午二时,该会组织部召集各区党部各区分部执行委员谈话。是日到会者,有三十余人,由组织部长张赖愚主席。行礼如仪后,当即报告开会宗旨。略谓。该指委会奉令成立,为时未久,对于各区党务,不甚明了。是以召集各区分党部执委来会,请各执委代表各该区分党部,报告现况,使指委会彻底明了,俾便进行,此开谈话目的之一也。同时,各区分党部对于指委会之态度,当有未明了者,亦可因此会而了解云。张报告后,各区执委乃相继依详细之报告云。又该会组织兼训练部长张赖愚,对于各区党务的组织与训练,甚为注意。拟自昨日二十三起,本人偕该部职员,亲到各区分党部考察其组织,有无完善。同时与各该区分党部党员谈话,藉资测验党员之思想,以便训练。此项工作时间,以两星期为限云云。

工商运消息　总工会整委林植兰他调,遗缺派袁国钦充任。商民协会加委林植兰、王铮两人为整委。

救国会改组　晋江救国会原为邹纯等七人所组织,开办未及一月,耗费至五百余元。而进行迟滞,人言啧啧。指委会成立后,曾令其准备结束,听候派员改组。本月二十日明令已下矣,旧委中撤去邹纯与蔡敬伍两人,加委袁国钦、林植兰、蔡锦星、吴步高等四人。合前执委简玉峰、黄哲真、龚念平、赵福建、王谦逊等计九人。指定由袁国钦召集开会,讨论改组之后进行方针云云。①

1930 年 1 月,福州发生"一·六政变",省指导委员会活动停顿;7 月,新的省指导委员会圈定,丘咸等人为晋江县执行委员;8 月晋江县执行委员会

---

① 《晋江最近党务消息》,《民钟日报》1929 年 7 月 24 日。

成立;9月,《泉州日报》创刊,由朱世渊为社长,张赖愚任经理,陈范予等先后担任编辑。1932年11月,晋江县第四次全县党员代表大会召开,选举朱世渊、袁国钦、陈泗孙、张赖愚、郑健魂等为县执行委员,谢爱华、陈嘉诒、黄炳坤为候补执行委员;余伯贻、袁继热、庄澄波为监察委员,施石谋为候补监察委员。在这次会议开幕典礼上,秦望山发表长篇演讲,内容包括"报告晋江党史,整顿全县水利,扩大文化运动"等,福州的《福建民国日报》分三天加以连载。①

1933年"福建事变"发生,11月,十九路军接收国民党晋江县党部,设泉州文化运动大同盟总部于威远楼。但即使是被改组为文化运动大同盟,谢仰丹(以"谢真"之名)等还是当选为执委。②1934年1月,"福建事变"失败,晋江县党部恢复;不久,晋江县县党部取消,设县党务指导员办事处。之后,安那其左右晋江县党部的状况才逐渐被改变。

---

① 《检阅过去和决定今后工作,秦望山在晋江县四全大演讲》,《福建民国日报》1931年11月17、18、19日。

② 《泉州文运总同盟成立大会选出执委》,《江声报》1933年12月1日。

第二节 "中国无政府共产主义者联盟"

　　到黎明高中、平民中学创办，泉州先后已经云集了全国以及日本、朝鲜、越南等国的无政府主义者。就前面几章所提到的，参照相关资料加以补充，先后到达过泉州的外来的，和本地成长的无政府主义者或有无政府主义倾向者至少包括：秦望山、梁冰弦、刘抱真、范天均、张履谦（吴为、吕千）、林和清（林憾庐）、董寄虚、郑文湘、张性白、沈应时、朱平之、冯××、陈君冷、陈炳、陈侃、张赖愚、张人任、郑健魂；漳州寮干部训练所的李良荣、梁龙光；宣传养成所的袁国钦、袁继热、谢仰丹（谢真）、谢宝贤、谢宝儒、王一平、周志全、曾左亭、陈志谦（陈言廉）、李苑豪、王东海、吴祝民、许辉询；黎明高中与平民中学的吴克刚、卫惠林、巴金、叶非英、黎昌仁、陈范予，伍禅、杨人梗、姜种因、朱冼、陈范予、郭安仁（丽尼）、周夷白、吕展青、邵惟、张庚、吴朗西（吴文林）、伍禅、杨春天、王鲁彦、吴季朴、陈瑜清（诸侯）、陆圣泉（陆蠡）、陈洪有、刘家鉴、薛璠（薛淑屏）、周鉴之、莫民生（莫俊峰）、卢采、袁志伊；朝鲜的柳子明、李箕焕、李又观、李海观、于关、柳絮、许烈秋、金圭善、张水民；日本的岩佐

图72　笔者与蒋刚（左）（1997）

作太郎、吴思明（谷田部勇司）；越南的赵逸萍，以及黎明高中学生吕文苑、黄金燧、林双全、吴贞、洪一萍、陈荣祖、潘曜人，等等。

上述仅是笔者目力所及一些回忆文章中所提到过的，实际在20世纪20年代后期至30年代前期到达泉州的外来无政府主义者当不止这些。另外，黎明高中、平民中学学生中受无政府主义影响者当不在少数。笔者80年代后期开始认识的一些黎明、平民校友有些就颇有安那其色彩，如1932年入平民中学就读的蒋刚在公开场合就几次毫不忌讳地公开宣称自己曾经是无政府主义者。[①]至于没进入黎明高中、平民中学，但通过报纸、书刊和当地实际的无政府主义运动接受影响的人应该也大有人在。

那么，这么一批人因时际会云集桐城，他们之间是如何认同，又是如何进行他们共同的事业呢？作为泉州无政府主义阵营的主要人物秦望山，他对于无政府主义者的信仰、身份以及社会实践是这样认识的：

> 作为一种主义，安那其先天欠缺了完备的科学理论依据，它的信仰者也没有在一种严密的制度下组织起来。一个人如果和安那其主义发生了关系，那主要是在他的思想倾向上，换句话说就是他对安那其主义有了信仰；安那其主义者也就根据这一点，把他视作自己人，并在彼此间建立起同志的关系。就我来说，我虽被视为安那其主义者，但并没有通过什么人的正式介绍，也没有办过什么手续，无所谓参加不参加，只是某些信仰安那其主义的人知道我也有这种信仰，彼此间就心心相印了。1930年及1946年，我前后数次参加过李石曾等人在上海召开的座谈会，他们认为我是信仰安那其的，而我适在上海，就邀我参加了。我被邀请参加，并不意味在安那其主义者中存在着什么地方组织与中央组织的关系。他们对讨论的事，会前并没有经过周密的研究，讨论中，也没有定出具体明确的行事计划，只是几个人碰碰头，说到哪里，以后就做到哪里，很多事情，都是这样搞起来的。他们崇尚自由，无组织框框，甚至反对纪律强制等等。[②]

---

① 印象最深的如1989年11月召开的首届巴金国际学术研讨会（上海）、1999年10月第五届巴金国际学术研讨会（襄樊）的讨论中，蒋先生都曾公开表明自己当年就是小安那其。

② 秦望山：《安那其主义者在福建的一些活动》，《福建文史资料》1990年10月第24辑，第182页。

　　在 20 世纪 50—60 年代的中国大陆，还能够坦然承认自己曾经的安那其身份的秦望山，他的这一理解，对界定个体的无政府主义身份或者团体的无政府主义性质无疑是很具参考价值的。自认为是"纯粹的无政府主义者"的吴克刚，在与山口守讨论到这一相关问题时也有一个比较具体的表述：

　　　　山口守：那当时你们无政府主义者啊，因为是没有自己的组织啊，是怎样形成一个圈子呢？

　　　　吴克刚：好像没有组织。不过我们那个时候好像接近立达学园也算是个非正式的，我们到了黎明高中也算是很好，好像有很多来接头的地方。

　　　　山口守：那可不可以这样理解啊，就是清党以后啊，有很多无政府主义者加入国民党，跟着吴稚晖他们啊。另外一派，有一帮无政府主义者他们把立达学园或者黎明中学当作一个自己运作的基地？

　　　　吴克刚：不是不是，我们在立达也好在黎明也好，已经不把无政府的色彩挂出来，好像就是教育的性质啦。因为人的关系比较接近，但是在学校里面绝对不谈这个事情。①

所以这也是刚才我们称秦望山为"泉州无政府主义阵营的主要人物"，而不称其为"泉州无政府主义阵营的领导者"的原因所在。具体谈到泉州 20—30 年代的无政府主义运动的展开，秦望山说：

　　　　从 1926 年至解放前夕的二十多年中，安那其在泉州这块小天地里，除经办的一些事业（如《泉州日报》、黎明高中、民生农校等）有专人负责工作外，一些社会活动，都不是由于组织的关系，而是由于个人一时的信念，自动干起来的。如有些人对文化运动感兴趣，就不但在文化部门中宣传安那其主义，还进行举办新剧社、世界语讲习会、读书会、合作训练班以及出版一些不定期刊物等活动，其活动范围远及泉州以外的地区。②

---

① 引自［日］山口守对吴克刚的采访，1998 年 3 月 11 日。
② 秦望山：《安那其主义者在福建的一些活动》，《福建文史资料》1990 年 10 月第 24 辑，第 184 页。

　　但是,有些事情既然可以"由于个人一时的信念,自动干起来的",那么对于组织团体这样的事情,有人热心组织也无可或非。在一般人的观念中,无政府主义就等同于无组织,但实际并非如此。信爱(沈仲九)在此前就谈到过:"现在有许多人怀疑、误会安那其主义,以为他反对组织、没有组织。这种怀疑和误会,实在太奇怪了。安那其主义何尝反对组织、没有组织?不过他所主张的是自由的组织,合意的组织,不是强制的组织,权力的组织。"[①]1927年夏天,壬平(巴金)在原拟提交"无政府主义者国际"(即国际无政府主义者同盟)的筹备会的报告中也提出:"无政府党是需要组织的,而且需要严密的组织"。他认为"从前有些同志深恐严密的团体组织只能妨碍个人的发展,这种思想实属错误的,团体组织非但不能妨碍个人的发展,反能帮助他发展。团体组织所得的功效,除了各个人活动的效果外,还有一种群体活动的效果,这是分立的个人的活动所不能有的"[②]。后来他还强调:"阶级斗争便是社会革命之预备工作,因为在阶级斗争中要保持自己的营垒不为敌人所败,必须把自己严密地组织起来。斗争的需要使得无产阶级渐次形成了自己的战斗方法,成立了自己的战斗组织,扩大了自己的互助行动与团结。"[③]或许受这类主张的影响,被称为纯粹的无政府主义者的叶非英等人,1930年在泉州组织一个相对秘密的无政府主义团体——"中国无政府共产主义者联盟"——也就顺理成章。

　　但由于始终处于半秘密状态,该团体当年见诸文字记录的极为稀少,而在50年代之后关于泉州无政府主义活动的回忆文献中,这一团体也几乎不被人提及。目前笔者仅见1933年的《福建泉州"安那其"的怪态》一文有相近的记载。该文的署名"羲和"可能为笔名,标称"寄自厦门"。就文中对泉州"安那其"宏观的扫描及鲜明的批判立场看,这一作者的确比较熟悉泉州"安那其"阵营所进行的一切,所以除涉价值判断,所记史实大致可信。文章称:"安那其是没有组织的,因为他们主张自由无政府。可是泉州的安那其则不然,他们抄了CP的组织原则,他们组织什么'无政府主义大同盟',争人权大

　　① 信爱:《对于开大会的意见》,《自由人》第32期,1924年5月。转引自葛懋春、蒋俊、李兴芝编《无政府主义思想资料选》下册,北京大学出版社1984年版,第759页。
　　② 壬平:《无政府主义与实际问题》,《平等》第1卷第2期,1927年8月。
　　③ 苇甘:《从资本主义到安那其主义》,上海自由书店1930年版,第243页。

同盟,世界语研究会,晋江书局……这些机关都是他们吸收党员及群众的媒介所。"① 这其中的"无政府主义大同盟",估计与"中国无政府共产主义者联盟"为同一组织。

而考察"中国无政府共产主义者联盟"的组织情况以及实际聚集在泉州以及附近闽南地区（含厦门、漳州）的无政府主义者的相关人数,比较可靠的另一文献是:1956年肃反时,《泉州市"中国无政府共产主义者联盟"专案情况报告》（含附录468人名单）、《中共中央十人小组办公室关于对"中国无政府共产主义者联盟"专案情况报告的批复》以及1969年2月福建晋江专区革委会人民保卫组回复巴金专案组函调所附该组织的468人的名单。② 可惜的是,由于种种原因,笔者目前也仅能确认这些文献的存在而未能一睹这些文件的全貌。

与此相关的另一重要资料是,在经过长达3年的调查核实之后,"文化大革命"时期上海的"巴金专案组"的结案报告。虽然这一报告成文于特殊的历史阶段,但涉及对"中国无政府共产主义者联盟"相关情况的

图73　《关于巴金定案请示报告》附件二

认定,其提供的信息应该还是比较可靠的。《关于巴金定案请示报告》(1972)附件二认为:

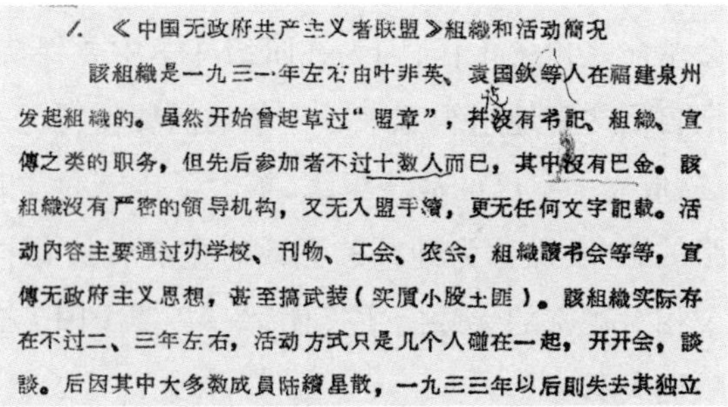

> 该组织是1931年左右由叶非英、袁国钦等人在泉州发起组织的。虽然开始曾起草过"盟章",并设有书记、组织、宣传之类的职务,但先后参加者不过十数人而已,其中没有巴金。该组织没有严密的领导机构,又无入盟手续,更无任何文字记载。活动内容主要通过办学校、刊物、工会、农会,组织读书会等等,宣传无政府主义思想,甚至搞武装（实质小股土

---

① 羲和:《福建泉州"安那其"的怪态》,《社会新闻》第2卷第25期第362页,1933年。

② 参见"文化大革命"时期巴金专案组组长吴立昌文章:《我与"巴金专案"》,陈思和、李存光主编《讲真话——巴金研究集刊》卷七,上海三联书店2012年版。

匪）。该组织实际存在不过二、三年左右,活动方式只是几个人碰在一起,开开会,谈谈。后因其中大多数成员陆续星散,1933 年以后则失去其独立性。……晋江专区革委会来函所附之名单,经查实,系由 1956 年有关审查对象交代自己所了解的中国信仰无政府主义分子的名单,并非参加该组织的成员名单。①

倒是巴金的《爱情的三部曲》中对这一组织的活动有过相应的描写。其中的短篇小说《雷》1933 年 11 月发表在《文学》第 1 卷第 5 号,1935 年 3 月作为"附录"收入上海良友图书印刷公司《电》。后连同《电》收入作者的《爱情的三部曲》时,《雷》放到了《电》的前面,即《雾》《雨》《雷》《电》。这是因为"《电》和《雷》一样也是在 E 地(原文如此,后来的版本才改为'F 地'——笔者注)发生的事情,不过时间比《雷》迟了两年半以上。在时间上《电》和《雨》相距至多也不过两年半的光景"②。

巴金是 1930 年 8 月第一次到泉州的,③ 这一时间正是泉州的"中国无政府共产主义者联盟"成立的前夕,即这一组织的筹办时期,而《雷》也是巴金第一篇正面描述泉州无政府主义运动的小说。特意强调这一背景至关重要,因为《雷》表面讲述的是一个多角爱情(性爱)故事,但在这表面错综复杂的两性关系的背后,作者讲述的是一个关于地下团体和秘密文件的安那其革命故事。在小说中,慧和敏是一对恋人,影暗恋着德,但德拒绝所有的异性。影向慧倾诉自己的苦恼,但慧却又故意去诱惑德,并和他发生了关系。而敏和德最后又都知道了彼此都与慧发生了关系。值得特别注意的是,巴金早期的小说有许多都包含了爱情故事,但笔不涉性,而《雷》是个例外。这例外让人有充分的理由相信,小说中这种大胆的、复杂的、超出常规理解的性关系描写只是在布迷魂阵,而复杂性关系背后透露出的组织活动才是其重点。小说一开就写道:

① 上海文化系统四连三结合领导小组:《关于巴金定案请示报告》(1972)附件二《关于巴金是否参加反动的无政府主义组织问题》,1972 年。另外,吴立昌 2017 年 4 月 2 日回复笔者询问相关情况的电子邮件中谈到,根据当年外调笔记,"关于组织一事,最早是在(上海)市内外调吴朗西时,他说,1932—1933 年他在泉州平民中学,知道'叶非英、陈洪有等曾谈起欲(要)有组织'"。
② 巴金:《〈爱情的三部曲〉总序》,见《爱情的三部曲》,良友图书印刷公司 1936 年版,第 72 页。
③ 参见笔者:《巴金三次福建之行时间考》,《中国现代文学研究丛刊》2007 年第 4 期。

　　一条静寂的街上有几家荒凉的旧院子,有几棵树。路是用窄小的石板铺的,从石板缝隙里长出了青草。

　　没有路灯,每家院子的门关得紧紧的。时候快逼近中夜了,天色是黑暗的。街上没有行人,除了风声吹着树叶颤动外,就没有别的声音。仿佛一切都睡去了。

　　突然黑暗里起了一个低微的响声,一家院子门开了,从里面射出一点灯光,一个人影闪了出来,接着又是一个,两个,三个……

　　"敏,草案你带去了?"院子里面的人低声问。

　　叫做敏的那个青年刚要跨出门限,便回头匆忙地答应了一句:"带走了。"于是他大步走出了旧院子。他右手里拿着一根火把,光不大,却也照亮了他的圆脸。两只眼睛是很明亮的,他是一个二十岁光景的人。

　　院子的门关闭了。十多个人被赶到荒凉的街上来。街上就起了皮鞋的声音。都是沉重的,而且单调地在这静夜里响着,没有回应。

　　火把被风一吹就爆炸似地燃起来,火花时时落在地上。黑暗的街道在它的微暗的火亮面战抖了。那些青年的脚步踏在那街心,永远是沉重的。从一条街道转到另一条街道,大家都不大说话,只听着风吹动树叶的声音。两三个人分成一组,每一组相隔有十多步路的光景,后来进了一条较宽敞的街道,于是大家分散开了。①

　　之后小说十余次提到敏、慧和德商量修改那"草案",并借敏口强调草案"是很要紧的东西""明晚上开会就要用它"。又交代"团体里工作一天一天紧张起来了。德好几夜就没有睡够觉"。后来敏遇到了危险,一个士兵要检查他,而他身上就带着团体的文件。危急之时,德机警地掩护了敏脱身,自己却牺牲了生命。因为德很清楚敏"身旁的文件要紧!"②

　　无独有偶,在《电》中青年革命者更是经常提到"我们的团体"如何如何,小说在一开始甚至还正面描写了团体开会的情形:

　　大家围着方桌坐下,仔细地轮流翻阅桌上的文件。房里静静的,在天井

①　巴金:《雷》,《电》附录,上海良友图书印刷公司1935年版,第264—265页。

②　同上书,第272、295、308页。

里谁也不会想到房里会有这许多人。于是仁民的窒息的低声响起来了,是一篇长的报告。过后就有好几个人接连地发言。碧和志元说得最多,佩珠、雄、慧也说得不少。他们的声音都很低,在房间外面人便听不清楚。

在某一点上,一个小的争论起来了,慧和志元站在反对的两方面,两个人起初都不肯让步,反复争论了好一会,众人带了兴味地看着。志元的不清楚的口音渐渐地敌不住慧明快的口齿了,他显得着急起来,差不多红了脸。这其间佩珠却出来抓住了两个人的论点,而极力使它们接近。后来志元作了一个小小的让步,让大家修正了慧的提议而通过了。众人带着微笑来讨论新的问题。没有人觉得奇怪,在他们的会议里事情常常是如此进行的。[①]

细读文本,在《雷》和《电》中,对于工会,妇女协会、报社、学校等团体的活动,描写都是很直接、很清晰的,唯独对于这是什么团体语焉不详。在《电》的其他相关章节中也可以看到,有关泉州工会,渔会、商会、学联、报社、妇女协会等的所有活动都是公开的。现实中这些团体开会的内容以及决议、草案等文件,在当年的新闻报道中也大多是公开的。唯独很少见诸文字报道的,就是"中国无政府共产主义者联盟"。

这或许也是巴金数十年一直宣称喜欢这个"三部曲"(特别是《电》),一直试图为这一作品辩解,但又一直无法完全解释清楚的原因所在。在1935年的《总序》中巴金说:"在《电》里面这样的处所是很多的,这些在一般的读者看来也许很平常,但对于我却有很大的吸引力,并且还是鼓舞的泉源。我想只有那些深知道现实生活而且深入到那里面去过的人方可以明了它们的意义";"关于《电》我似乎有许多话想说,但是在这里却又不便把它们全说出来";"关于《电》,可以说的话都说出来了。应该说的话似乎还有,但是我也不想说了"。[②] 之后他有时也曾试图做类似的解释,但结果也都是欲语还休或语焉不详。这是因为无论是50年代之前还是之后,暴露关于这一团体的任何信息都有可能给朋友、给自己招引莫大的麻烦。

---

① 巴金:《电》,上海良友图书印刷公司1935年版,第17—18页。
② 巴金:《〈爱情的三部曲〉总序》,见《爱情的三部曲》,良友图书印刷公司1936年版,第13、73、81页。

据前述"巴金专案组"调查的结果,"中国无政府共产主义者联盟"成立于 1931 年左右,开始也曾起草过"盟章"。《雷》一开篇就提到"草案",并一直强调敏、德等不断讨论、修改"草案",随着情节的展开,后来又交代"团体里工作一天一天紧张起来了。德好几夜就没有睡够觉"[1]。综合这些迹象,这所谓的团体只能是"中国无政府共产主义者联盟",而所谓的草案也可能就是其"盟章"。至于《电》一开头中所描写的团体开会的情形,也印证了"巴金专案组"调查结果所说的"该组织没有严密的领导机构","活动方式只是几个人碰在一起,开开会,谈谈",客观上也形象体现了中国安那其在强调组织的同时所表示的,"组织固然必要,但无政府党的组织是和其他政党不同的,这不是集权的组织,这一点,中国同志也是很明白的。中国同志所企求的组织是以自由联合的原则为基础的"[2]。

总之,前述的相关文献资料至少表明 20 世纪 30 年代的泉州还有过"中国无政府共产主义者联盟"这样的安那其团体,一些安那其主义者也曾有过这样的愿景和实践。同时那份作为附件的名单,也大致可见当年泉州安那其运动的规模。而巴金小说的文学描写则从一个侧面佐证或再现了相关的历史场景。

①　巴金:《雷》,《电》附录,上海良友图书印刷公司 1935 年版,第 295 页。
②　壬平:《无政府主义与实际问题》,《平等》第 1 卷第 2 期,1927 年 8 月。

第三节　农工青妇等团体活动

中国当时的安那其认为，"社会革命的战争也不限定是巷战，而且不一定靠现有的军队，它是有组织的民众运动"[1]，而"无政府主义者的理想社会是一个无阶级的自由平等的社会，由人民自己组织的自由联合的团体来管理他们自己的事业"[2]。所以，不仅仅秦望山，范天均等在后来的回忆中也都提到，20世纪30年代之后，聚集泉州的安那其认识到开展军事活动已经不可能，于是就"利用国民党晋江县县党部，开展群众组织工作。当时由陈君冷去掌握县党部，通过县党部同商会、工会、妇女界取得联系；通过'黎明高级中学'和各学生会取得联系；以工会和学生会的重点，进行群众组织活动"[3]。实际上正如前一章所谈到的，在泉州安那其运动中，除了黎明高中，同样活跃的还有平民中学。而泉州无政府主义运动的高潮出现在1930—1934年间，这也正是黎明高中和平民中学从创办到被取缔的时段。在后面即将考察的当年运动高潮的众多斗争中，几乎都活跃着这两所学校的旗帜，所以关于这方面的情况也不必再作专门的介绍。不过从下面的报道可以看到，在十九路军入闽，泉州民众运动热情高涨之际，这两所学校组织的学生运动规模以及力图通过联系全省学生团体，扩大安那其运动之影响的愿景：

---

[1]　苇甘：《从资本主义到安那其主义》，上海自由书店1930年版，第239页。

[2]　黑浪：《给急弦的信》，《平等》第1卷第3期，1927年9月。

[3]　陈登才：《访问范天均先生的纪录》，葛懋春、蒋俊、李兴芝编《无政府主义思想资料选》下册，北京大学出版社1984年版，第1044页。

　　泉州讯,晋江学生联合会,十六日召集各校代表大会,到者廿余校代表,各区学联会亦派代表出席。主席林必果,记录谢堡丁。一,关于各县学生团体,缺乏联络,应设法联络案。议决,函请泉永各县学生团体,组织泉永学生团体联合会,推而闽南及全省学生之联络组织。二,社会教育,应如何推广案。议决,组织学术研究会举办民众夜学,及阅书报社。三,贫苦学生,无力就学,以致失学者甚多,应如何设法救济案。议决,呈请县党部,县政府,设法救济,并函请各校予以优待免费。四,此次石狮抗日会,被土劣奸商捣毁,抗日工作人员被惨杀,本会应如何援助案。议决,派代表赴县政府,六一师部,请速予办理,并通电各地一致援助,呈请党政军严缉石狮土劣奸商蔡培庆、何恭察、王苇航、蔡彬庆等归案惩办,以维抗日运动。讨论毕,举行改选执监委员。结果,选执行委员九人,并推黎明高中,乡村师范,泉州中学三校,为常务委员。平中任总务股,西师任组织股,晦鸣任宣传股,晋中为研究股,私中为出版股,培元中学为纠察股。并选培英女中,南华女中,华侨女中,法江学校等为监委。最后推选林必果等六人为代表,相率赴县政府,面谒县长高桓,请求严办石狮奸商。高派一职员代见,代表等声述来意后,高之代表答候转达严查核办。六代表诣六一师部请愿,由陈庚尧副官接见,面允即转达张副师长办理。又县府事前会派教育科督学张宜林,前往石狮调查市上标语传单布告,及他种非法组织。张昨(五)经报告到县。又六一师部对石狮检货流血案甚为重视,屡饬县府妥速查办。[①]

　　关于组织工会,泉州本来工人就不多,能把他们组织起来并成为运动的主力,确实不易。因为明清之后的海禁政策,泉州港口对外通商受限;近代之后厦门、福州两地对外通商,泉州现代化进程放缓;泉州连同所属各县,不仅没有重工业,甚至也没有半机械化手工业。因此泉州的工人不仅为数不多,而且都零星分布于各种小行业,或者多为出卖苦力的破产农民。

　　但是受广东工人运动,特别是广州、厦门机器工会以及五卅运动、省港大罢工等的影响和鼓舞,1926年北伐军入闽后,晋江临时县党部以及政治监察署开始分别发动组织人力车、建筑、瓦窑、汽车、店员等工会,泉州工运颇具规

---

　　① 《晋江学联会改选执监,决扩大组织全省学生团体,派代表赴县请严办石狮案》,《江声日报》1933年9月18日。

模。"清党"时泉州工会被勒令停止活动,但随着第十一军解决新编军,原晋江临时县党部恢复,宣传养成所毕业学生被派参加发动组织,泉州的工会组织又很快活跃起来。秦望山回忆说:

> 因"清党"影响,外地安那其分子纷纷避来泉州,其中大部分人亦被安排在总工会工作。这些人对于工运较有经验,对工人也较有感情,因此、很快就完成了总工会的调整改组工作。张赖愚、陈君冷、王(应为"范"——笔者注)天均等负责总工会,运用安那其一套理论和经验,工作开展得十分活跃。以后,养成所出身的袁国钦、袁继热、谢宝儒、谢仰丹、王一平等人就逐渐被提为骨干。总工会领导下有店员、码头、搬运、人力车、建筑、五金、机器、汽车、渔业、瓦窑、丝竹和印刷工会等十几个工会,会员发展到6、7千人。工会组织在泉州群众运动中起了中坚的作用。①

这其中,"王天均"为范天均或王深之误,范天均自己的回忆是"总工会设常务委员会,主席范天均(代号王深)、周贻白(湖南人,现在北京),常委是袁国钦、袁继业(均闽籍、'宣传养成所'青年)"②。但范天均又把袁继热回忆成"袁继业"。而秦望山、范天均回忆涉及的是20世纪20年代后期到30年代初泉州工会活动的情况。其中如1930年3月成立的晋江渔业工会,从当年的报道大致可见其宗旨与工作状况:

> 晋江渔业工会,九日上午十时,假党部开筹委会成立会。到会十四团体,主席陈炳。会场中对于渔业之衰退,与奸商乘机引入白鱼,及其垄断渔业,颇呈愤慨气象。该会并发有成立宣言,共要点略谓。在成立之日,便是开始工作之时。本会所负的使命是要:一、团结渔民力量。二、解除渔民痛苦。三、增进渔民生活。四、提高渔民地位。五、反对加以渔民苛捐杂税。六、反对奸商垄断渔业。现在,自去年冬以来,竟有一般丧心病狂的奸商,购买大宗日本冰鱼,运来晋江,充售泉市,以至我们渔业为生的十数万工友,损失了数十万的金钱。本会为了要挽回国权,保障渔业工人生活,必须领十数

---

① 秦望山:《安那其主义者在福建的一些活动》,《福建文史资料》1990年10月第24辑,第197页。

② 陈登才:《访问范天均先生的纪录》,葛懋春、蒋俊、李兴芝编《无政府主义思想资料选》下册,北京大学出版社1984年版,第1045页。

万的工友,誓死反对奸商运售日鱼云云。能达到我们一切的希望。①

但是,到陈国辉驻防泉州时期,晋江县总工会被查封,工人运动陷入低谷。据苏秋涛回忆,1932年十九路军入闽后大力支持民众运动,泉州工会重新恢复并有较大发展。"同时广东的机器工会,也于此时在泉州设立分会,由陈君冷负责领导"。这一时期也成为"解放前泉州工运史上最兴盛的时期",参加工会的人数也从3000增加到6000多人。并且,"因会务发展,县党部复派黄也鲁、谢真、许谦、程永才、郑约等为干事,进行成立泉州总工会的筹备工作。不久,召开总工会成立大会,推选蔡先乞、张一票、王一平、黄妙基、欧阳某、许澄海、张汉玉等为理事,欧阳某、王一平、张一票等为常务理事,黄也鲁任总干事"②。

参照《鲤城区志》③等大致可以梳理,1927年2月,晋江县总工会在明伦堂成立,委员长富恩潭,秘书王台晖,5月因清党停止活动。1928年3月,晋江县总工会在镇雅宫恢复,主席范天均,副主席周贻白。1931年1月,晋江县总工会被查封。1932年12月,十九路军入泉,晋江县总工会再次恢复,迁泮宫,黄也鲁任总干事,袁国钦、袁继热、谢真、张汉玉、王舜卿任常务干事,1934年3月晋江县总工会迁明伦堂,常务理事为黄妙基,理事陈祥福、翁仲康、张一粟、蔡宗一。但《鲤城区志》所记载,也仅是大致一个概况,泉州工会活动的具体情形实际上是一直处于变动之中,如1931年5月13日晋江各工会开谈话会,讨论厂方是否有自由进退工人之权等议案的消息显示,正在南京参加国民会议的工会代表是张赖愚,推定组织工人俱乐部的筹备员是欧阳某、任文庆、林何志、叶景致、李承宗、王舜聊、蔡先乞。④同年6月代表工人参与泉安劳资纠纷谈判的工会代表是"工会理事曾超"和"工会职员袁国钦"。⑤而1934年5月总工会议决和选举的情形是:

晋江县各工会代表大会议案:一、建议中央宣传委员会,准予恢复五一劳动节列入纪念日。二、请中央修正工会法,准予各省劳工团体,恢

---

① 《晋江渔业工会成立》,《民钟日报》1930年3月12日。
② 苏秋涛:《解放前的泉州工会》,《泉州文史资料》1962年1月第4辑,第58页。
③ 泉州市鲤城区地方志编纂委员会编:《鲤城区志》,中国社会科学出版社1999年版。
④ 《晋江各工会纠正"厂方自由进退工人"》,《江声日报》1931年5月17日。
⑤ 《泉安劳资纠纷已解决》,《江声报》1931年6月2日。

复维持组织。三、切实调查各工会之失业工友人数,请党政机关设法救济,设立劳工职业介绍所,举行劳动储蓄,请政府开辟飞机场需要工人尽量任用内地工人。四、各工会干事员应由总工会遴选富有工运经验人才充任。五、呈请党政机关通饬各业雇用工友应雇工会会员,或由各工会介绍。六、呈请党政机关通饬各业工友一律加入工会。七、劳资纠纷应呈县政府迅速召集劳资双方调解,资方如不遵调解,各工会应予援助。八、用大会名义呈请当局取销船税。九、应请政府机关严行□□保护□□□机工友。十、设立工人俱乐部以供工友娱乐。十一、健全各工会组织。十二、各工会工作人员应每月开交谊会一次,互相讨论工运。十三、呈请党政机关保留训练员。十四、各工会应开办工人夜学。十五、用大会名义电请中央暨省政府取销海味营业税及再加税率。十六、各工会自行办理会员登记。临时动议:□已见另条略。议毕,选举总工会执委。王一平、张一粟、欧阳某、张汉玉、王舜卿、蔡□华、蔡先乞、陈桂林、伍国华等中选,何容村、李天竺、陈文通、朱添福、蔡朝昌等中选监委。[①]

总之,从 1928 年 3 月总工会恢复到 1934 年夏天是泉州工人运动蓬勃兴起的时期,而活跃而且主导其中的包括范天均、郑建魂、张赖愚、袁国钦、袁继热、谢真、谢宝儒、王一平、张汉玉,等等。有关这方面的具体情形,在稍后的关于工运专章时还将有更详细的介绍。

现代泉州的妇女解放运动虽然开展得比较早,但与学生运动、工人运动比较还是相对逊色。现代泉州的妇女解放运动,最早可以追溯到 1919 年五四运动浪潮影响下,泉州侨办女子公学暨女子师范部的学生发动妇女剪辫子,除缠足布,走出家庭参加社会工作,宣传恋爱婚姻自由。1926 年年底宣告成立的国民党晋江临时县党部的组成人员中,也包括妇女部长余佩皋(庄希泉夫人),并且很快也在北鼓楼(临时县党部所在处)成立了以余佩皋为主任委员的晋江县妇女解放协会。这时协会参与者主要是部分中小学的女教师,所以进行的主要工作是筹办妇女工读学校,但尚筹备中就遇上市卫队祸害地方,妇女解放协会也因此停止活动。

---

① 《晋江总工会选举执监决议十六条》,《江声报》1934 年 5 月 4 日。

泉州虽然在宋元时期曾是通商国际的大都市,但广大的内陆交通仍不发达,所以民间还是保留着比较传统的习俗。后来实行海禁,加上近代福州、厦门两口通商,泉州地区相对封闭,原有的文化习俗得以继续保存,这从1930年代记者进行的"晋江县教育与风化"调查中可见一斑。其中事关两性观念、地位的,摘录如下:

> 男子或女子吸食鸦片或吗啡者,据此次烟民登记……中以男子最多,女子殊少。

> 本县男女□□结婚年龄为十六至二十岁。近来风气稍开,早婚已减少。故现至二十岁以上结婚者甚多。订婚手续,仍以父母之命,媒妁之言为多数。先谈恋爱,而后得双方家庭同意而订婚者,惟知识界有之。结婚仪式,采用旧礼节占多数,新式礼节间亦有采用,但都未能脱旧礼节之窠臼。蓄婢之风甚盛,上中等人家,多有蓄婢。盖以本地雇用女工不易,取妇恐非旦夕间所可能。惟纳妾之风则未见若何盛行,因此地妇女,甘心作妾者,每为人所鄙视也。养童养媳,此间亦有此风俗,但未普遍。此间尚有海滨邹鲁遗风,对于卖淫之事,群目为万恶,惩罚甚严。惟近来市面繁荣,娼妓出没,现代都市之罪恶已见萌芽矣。

> 继承遗产,女子例不得承受。……寡妇再醮,普遍并未反对。惟须由家长或族中长辈作主,不能自由,且有抬赘他姓男子或与夫家之兄弟辈同居之习俗。门第稍高之家庭,即竟有不准寡妇出嫁,而为螟蛉幼子使其守节终身。如犯奸淫之事,处置尤严。

> 男子蓄发者仅六十岁之老人,今已不可多见。妇女缠足在稍僻之乡村,虽亦有之,惟在二十岁以下之女子,则多不愿缠足。至风气稍开之乡镇及市区,更是稀少。①

后来黎明高中毕业生走上社会,泉州妇女运动就出现了一个新的局面。1932年秋,黎明高中首届毕业生陈兆英、蔡秀明与刘瑜璧等筹创妇女会。12月,国民党晋江县妇女会成立,陈兆英为理事长,会址设泮宫。成立当晚,还举办了大型的晚会,当年的报纸刊登的晚会的节目单如下:

---

① 《晋江县教育与风化》(续昨),《江声报》1936年2月17日。

晋江妇女会成立大会游艺会节目

时间：民国廿一年十二月廿四日至廿五日
地点：承天巷内晋江戏院
票资：普通小五角、丙等大一元、乙等大二元、甲等大五元、名誉券

第一晚节目（廿四日）：

决绝（独幕剧），妇女会

天鹅（歌舞剧，全本），南华女中

彩虹环绕我的身（舞曲），晋江公学

魔笛（歌舞），晋江中学

幸福之贼（独幕剧），平民中学

碧水舞（对舞），南华女中

形意舞，妇女会

第二晚节目（廿五日）：

好儿子（独幕剧），妇女会

原来是你（歌舞剧），晋江中学

居住二楼上的人（独幕剧），平民中学

我愿意（歌舞），晋江中学

蝶与小孩（歌剧），晋江中学

空中音乐（歌剧），妇女会

谁和我玩（歌剧），妇女会 [①]

在秦望山及晋江县长周骏烈的支持下，妇女会还引进 4 台织布机，开办妇女收容所。后理事长由张赖愚妻子张人任担任，会址迁明伦堂。之后，在许多民众运动中，妇女会都参与其中，只不过由其牵头主导的活动比较少。但

---

① 《晋江妇女会成立大会游艺会节目》，《泉州日报》1932 年 12 月 24 日。

在 1934 年 5 月的黄彬彬事件中①，各界人士成立的"晋江青年援助黄彬彬被迫惨死大会"则以青年女学生和女教师为主，张卓英、刘瑜璧、陈如玉（陈家繁）、施秀敏等还被选为大会执委。为维护女权正义与切实之援助，在这一次运动中，广大青年妇女团结一致，始终走在斗争的前列。

推广世界语历来是中国无政府主义运动的主要内容。刘师复在 1914 年的《致无政府党万国大会书》中就明确提出：

> 吾党散在各国，言语不一，此实为不能联合之一原因。窃谓宜采用世界语，以收语言一致之效，凡吾党之正式文字，均以世界语为主，而各国语为辅，并多结团体，传播世界语于吾党，如《自由星》（ *Liberiga Stelo* ）之类，多刊世界语印刷品，从事于万国传播（ Internacia Propagnado ）。此举不独足收言语统一之效，且于东亚之传播有绝大关系，盖东方同志之谙世界语者颇多故也。②

在范天均的回忆中，泉州无政府主义者也积极"进行世界语活动，宣传'大同主义'思想。当时在黎明高级中学、西隅师范、泉州中学中开班，由天均和袁国钦传授，参加学习者二百人左右，记忆有黄金瑞、吕文皖等人。后来袁国钦等组织'泉州世界语学会'（大约成立于一九三二年左右），与国内外无政府主义者取得联系，并办世界语刊物×××"③。据苏秋涛回忆，该世界语刊物为《绿星》，而且他对 20 世纪 30 年代泉州因为无政府主义者云集，学习世界语风行一时也有详细的回忆：

> 先之，黎明高中开设世界语讲习班。继之，平民中学也开设世界语学习班。后来，平民中学更把世界语列为必修课程与英语并重。为了推动世界语运动，世界语者范天均（王深）、杜承思、黄金隧、袁继热等发起组织泉州世界语协会。还有世界语不定期刊物《绿星》（油印本）的出版，由王鲁彦主编。另一方面，沈一叶向外集资创办和平书店及印刷所，推销世界语刊物以及国内外新文艺作品，间或翻译东欧各国世界语作品，

---

① 详见本书第十一章。

② 刘师复：《致无政府党万国大会书》，葛懋春、蒋俊、李兴芝编《无政府主义思想资料选》上册，北京大学出版社 1984 年版，第 304 页。原载《民声》第 16 号，1914 年 6 月。

③ 陈登才：《访问范天均先生的纪录》，葛懋春、蒋俊、李兴芝编《无政府主义思想资料选》下册，北京大学出版社 1984 年版，第 1046 页。

或自行出版、或在报刊副刊发表。这时世界语在泉州蓬勃发展，影响所及，不但黎明、平民两中学习世界语，其它各校如泉中中学、法江农中、华南女学、西隅师范、乡村师范等，也闻风而起，都向世界语协会要求派教师到校传授。后来该会与平民中学一部分教师（有留日、留法的）为了进一步推广外语与世界语，即由范天均、黄金燧、沈一叶、袁继热、吴朗西、伍弹、陈瑜清、陆圣泉、薛叔屏等发起"泉州语文学社"的组织，在平民中学校内开设世界语、日语、英语、德语、法语、俄语学习班，利用夜间学习，作为业余教育。所招收学员，大都是社会青年或在校学生，凭个人志趣，各科任其选修，而选修日、德、俄、法语的却寥寥无几。最多者是世界语与英语，这时学习世界语蔚然成风。一九三二年，世界语者、作家巴金第二次来泉，对泉州世界语运动的开展有了促进。在泉州的世界语者王鲁彦、沈一叶、黄金燧等人发起组织"晋江县世界语学会"，推动泉州世界语的工作。从一九三二到一九三四年上半年，是泉州世界语运动最兴盛的时期，除在泉州各校开设世界语学习班外，并出版世界语刊物，每年十二月十五日和四月十四日都分别为世界语创始人柴门霍夫博士的诞生与逝世开纪念会，并在泉州各报出纪念特辑，各有关部门单位也出版特刊以资宣传。①

引用似乎过长，且其中语句略有不畅，但为再现当年场景还是原文照录。苏秋涛的回忆除写出 20 世纪 30 年代泉州世界语传播的热烈盛况，实际上也客观介绍了泉州无政府主义运动与世界语传播的紧密关系。除了作为互证的范天均、苏秋涛的回忆，下面再引几段当年报道，以作这段历史的确证。

首先是刊载在世界语刊物《希望月刊》1931 年第 2 卷第 2 期上的《国内世界语组织的调查》一表提供的信息：

名称与通信处：泉州世界语学会，泉州县党部袁继业转

成立年月：1930 年 7 月

会员人数：五十人

职员：袁继业（应为"热"——笔者注）、袁国钦、沈一叶等五人

举办事业：办有世界语班，出版刊物，并在学校担任教授。现筹办图

①　苏秋涛：《世界语及其在泉州的传播》，《泉州文史资料》1983 年 3 月第 14 辑，第 132 页。

书馆 ①

同一期刊物上刊载的"泉州世界语学会书记"袁继业（应为"热"——笔者注）给"汉口世界语学会诸同志"的信，对泉州世界语运动的情况有更为具体的介绍：

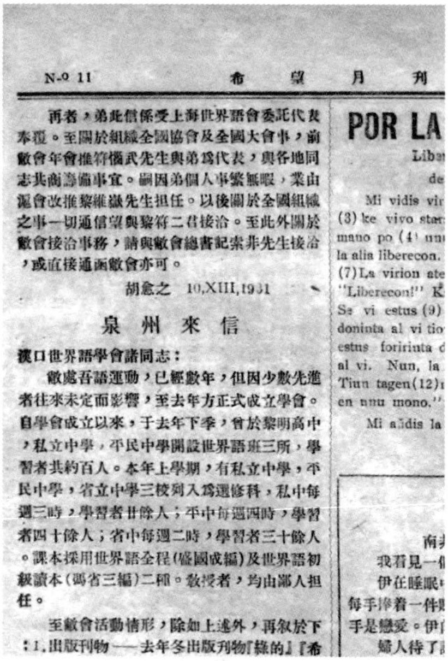

图74　《希望月刊》1931年第2卷刊载的《泉州来信》

敝处吾语运动，已经数年，但因少数先进者往来未定而影响，至去年方正式成立学会。自学会成立以来，于去年下季，曾于黎明高中，私立中学，平民中学开设世界语班三所，学习者共约百人。本年上学期，有私立中学，平民中学，省立中学三校列入为选修科。私中每周三时，学习者廿余人；平中每周四时，学习者四十余人；省中每周二时，学习者三十余人。课本采用世界语全程（盛国成编）及世界语初级读本（冯省三编）二种。教授者，均由鄙人担任。

至敝会活动情形，除如上述外，再叙于下：1. 出版刊物——去年冬出版刊物《绿地》《希望》两种，附于地方报副刊，后因故停刊，本年自行出版《Nova Voko》，现已出一期，因经济关系以及印刷无世界语字母的原故，未能按期出版。以后拟定期出版月刊。2. 筹办图书馆。3. 正式向党部及政府备案。4. 本年此地国民党部举行全县代表大会，曾建议该会，请中央采用世界语为国际宣传并令教育部饬各级学校列入必修之外国语科程，经该会决议核办。5. 暑期拟开设暑期学校，但因人数不多，暂未开班。大概情形系属如此。不过，我们力量薄弱，屡有感于有志未达之慨。但我们始终努力，绝不稍懈，促进闽南世界语运动。甚望贵会有以助力为盼！②

另据《希望月刊》同年年底消息，"泉州世界语学会主办的不定期刊物

---

① 《国内世界语组织的调查》，《希望月刊》第2卷第2期，1931年。

② 《泉州来信》，《希望月刊》第2卷第2期，1931年。

《Nova Voko》第 1 期于 7 月 5 日出版,第 2 期 11 月出版,第 3 期亦已印出,并将篇幅扩大,内容亦更见充实起来"①。

此后两三年,报纸上也常有关于泉州世界语活动的消息:

> （泉州通讯）十二月十五日为世界语创造者,柴门荷夫诞辰日,泉州世语界学会,于北鼓楼举行纪念会,到会人数八十余。第二军政治部及县政府均有代表参加。摇铃开会后,唱希望歌,全体向柴门荷夫像致敬。由主席尘心致开会词。略谓。今天是世界语创造者柴门荷夫博士诞辰纪念日,世界各地均举行纪念会。我们纪念柴门荷夫,应认识世界语是和平之福音,促进世界大同的利器。我们应努力世界语运动,反对战争,实现世界和平等语。继由金瑞报告柴门荷夫史略。第二军政治部及县政府代表演说,赞助世界语、并望诸世界语学者努力,云云。后有会员用世界语演说。相继讨论,议决:（一）本月一日,民众开大会时,蒋介石派遣飞机轰炸无辜民众,惨无人道。本会于正义和平之立场,应提出严重抗议,并用世界语将轰炸经过情形,宣告于全国及世界。（二）举行募捐,并请军政当局拨助宣传费。（三）征求会员。（四）呈请人民革命政府文化委员会列入世界语为中小学必修科课程。摄影散会。会场空气,热烈一时云。②

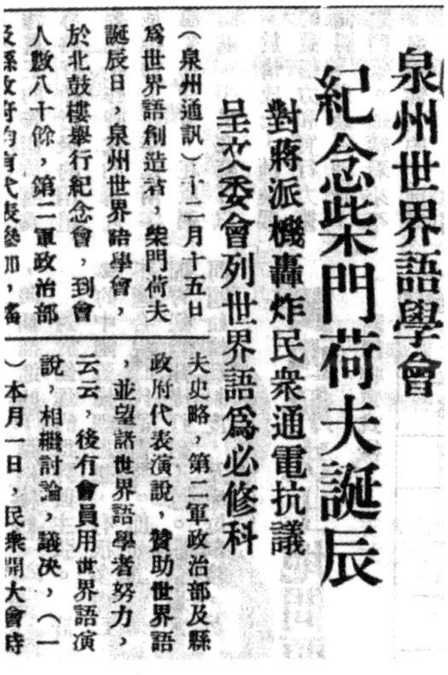

此前,《江声报》的消息除了同样的内容,还报道了世界语学会干事会的工作:

> 泉州讯,……世界语学会干事会,于明日开会。出席八人,讨论事项,探录于下:一、工作为书记、研究、宣传三部,推杜承思任书记,思明任研究、尘心任宣传。二、设办事处于北鼓楼文化运动总同盟。

图 75　福州《人民日报》1933 年 12 月 23 日刊载泉州世界语学会消息

---

① 《国内外消息:泉州新刊》,《希望月刊》第 2 卷第 12 期,1931 年。

② 《泉州世界语学会纪念柴门荷夫诞辰,对蒋派机轰炸民众通电抗议,呈文委会列世界语为必修科》,福州《人民日报》1933 年 12 月 23 日。

三、由宣传部起草大会议决之抗议蒋介石派飞机轰炸宣言。四、请第二军部政治部县政府及各机关捐助宣传费,由各干事分头募捐。五、本会常会日期,定每星期日下午一时。余略。①

此处引用的是福州、厦门两家报纸的消息,另外泉州当地的《泉州日报》也作了详细的报道。这其中,福州的《人民日报》为"闽变"时期"中华共和国人民革命政府"的机关报,先后以胡秋原、王亚南为社长,存在的时间仅五十几天。

而泉州的近代报业不仅出现的比较迟,而且也不甚发达,这与泉州的地理位置以及城市规模有关。最早的报刊出现在民国初年,革命党人许卓然等为宣传革命创办《新民周报》,但赠送为多,且在袁世凯称帝后也被封禁。之后尚有《复报》《闽声日报》《民众报》等出现,但规模都很有限,且存活时间也都很短。泉州人阅读的报纸,始终以从上海、天津、福州、厦门、香港等地输入为主,其中尤以厦门的《民钟日报》《声应报》《江声报》比较流行。海军陆战队林寿国入驻泉州后,办有《晋江周刊》,后来省防军第一旅陈国辉占驻泉州又办有《双江日报》,但均为捧场造势的报纸,订阅的非常少。这类报纸随着主子退出泉州舞台,大都很快寿终正寝。晋江县党部在1930年春也创办《江涛周刊》为机关报,但同样在很短时间内停刊。因此,泉州秦望山等安那其为掌握言论机关,乃策划出版《泉州日报》:

> 先组织《泉州日报》筹备处,俟各项事体就绪后始正式出版。嗣从民团内拨出一笔经费交县党部作出版费用,由县党部罗致对新闻事业感兴趣的人,先尽义务,分担编辑、采访、发行的工作。泉山书社为报社义务印刷,仅收成本。开始时每日出版四开一小张,向各界赠阅数天,颇受欢迎,订报者纷涌而来,短短几天间,订数即达数百份。于是举张赖愚任经理,积极经营,发行量很快就超出一千份,且一直上升。为应需要,乃自置印刷机;改为每日出版四开二小张。后以发行量上升不辍、达到2000份以上,又改四开为对开,改每日出版二小张为一大张,旋又改为一大张半。

---

① 《泉州世界语学会纪念柴门荷夫诞辰,决请列世界语为必修科,通电世界抗议蒋机轰炸泉民》,《江声报》1933年12月17日。

此后不久,再由一大张半改为二大张,成为正式大报,发行量升至 3000 多份,至淞沪抗战爆发,一跃而至 7000 多份。此后保持日出版 4000 份左右的水平,畅销兴、泉、永十多县。……在一个很长的时期内,报纸副刊由安那其主义者如陈范予、潘柔仲等先后担任编辑,尽可能多地编发具安那其色彩的文章。①

因此,范天均称其为"无政府主义在福建公开活动的报纸","流行于闽南,远销南洋,与《民钟日报》并驾齐驱"。② 关于报馆的工作,巴金小说《电》第 5 章、第 7 章中也有比较集中的描写,并明确提到因为"报纸上那篇社论把旅长得罪了",最后报馆被查封,总编辑雄以及志元被捕牺牲。这里提到的旅长,巴金曾明确说过是"由土匪改编的旅长"陈国辉。③

20 世纪 30 年代为《泉州日报》全盛时期;抗战全面爆发之后,该报仍为泉州地区最有影响的报纸,直至 1949 年。另外,在抗战全面爆发之后,叶非英、纪昆仑、姜宇文、黄金燧等还创办有《大众报》(半周刊),除宣传、报道抗战消息,还继续安那其宣传,此为后话。

---

①　秦望山:《安那其主义者在福建的一些活动》,《福建文史资料》1990 年 10 月第 24 辑,第 198 页。

②　陈登才:《访问范天均先生的纪录》,葛懋春、蒋俊、李兴芝编《无政府主义思想资料选》下册,北京大学出版社 1984 年版,第 1046 页。

③　巴金:《新版题记》,《巴金全集》第 6 卷,人民文学出版社 1988 年版,第 1 页。

第六章
反抗强权与压迫的斗争

　　自从 1924 年前后许卓然、秦望山认识到"我们这班民军太不争气，没有清醒的头脑，更没有革命意志，所以扶起东来又倒西，甚至各自为政，积不相能，更谈不到什么奋斗目标"①，"认为要搞好革命，就要从头做起，很好地训练出一批新的干部，建立起一支新队伍"② 之后，秦望山解散了手下的民军队伍，并且和梁龙光进上海大学学习，李良荣等也进入黄埔军校学习，秦望山他们正式与民军分道扬镳。此前，从闽南靖国军、福建自治军、到讨贼军时代，许卓然和秦望山都与高为国、陈国辉等为反对北洋政府而共事于民军之中。后来许卓然、秦望山与高为国、陈国辉反目成仇的具体时间无从稽考，但至少在 1927 年秋秦望山被指"清党"不力而被迫出避，高为国出任晋江县清党委员时，秦望山与原来一帮民军首领已经形同路人。从 20 世纪 20 年代后期开始，秦望山实际上已经成为反抗民军祸害地方的人士。如果说他开办漳州寮干部训练所和晋江县宣传养成所主要还是为了培养安那其骨干，那么，出任民团编练特派员、组织民团编练处、民团联合办事处以及后来的民众自卫会等，其主要的工作重点包括反抗、防御土匪和民军等的专制压迫。而从 20 年代后期到 30 年代初期，横行泉州地区的主要专制势力就是高为国和陈国辉军队。

---

① 秦望山：《我与自治军及讨贼军的关系》（下），《泉州文史资料》1963 年 2 月第 8 辑，第 14 页。
② 秦望山：《安那其主义者在福建的一些活动》，《福建文史资料》1990 年 10 月第 24 辑，第 187 页。

第一节　以民众之利益为利益

从严格意义上说,高为国的队伍并不能称为军队。但是在军阀割据的年代,"政府是被公认的土匪,而土匪是不被公认的政府"[1],兵匪本是一家。当高为国的队伍发展到一定的规模,他也就拥有了各种名目的军队招牌。而当失去靠山、失去地盘,沦为被收编或剿灭的对象,他则又自然回归其土匪的身份。

高为国本名纪哮,又名高经礼,晋北福山腰村人,出生于泉州城里东街相公巷。其父以小贩为业,但在高为国10多岁时去世。高为国成家后也肩挑叫卖为生,但性好结交,喜赌博,刁劣好斗。民国初年入民军杜信忠部为护兵,后在仙游白格岭一带落草为匪。白格岭山高路险,高为国靠拦路截劫获取巨资后招兵买马。1916年5月,他被吴威委任为永(春)德(化)大(田)警备司令,同时回晋江县双阳福山腰老巢建立根据地,匪部扩充到1000余人,开始日为军,夜为匪生涯。1917年受编于闽南靖国军,在第四旅第八团任连长;1924年3月投靠泉州警备司令王永彝,任捕盗营营长;1926年北伐军入闽,被谭曙卿收编,任新编军第二师第四旅第七团团长;1929年5月又被海军陆战队的林寿国收编,任海军陆战队晋南惠游击大队大队长,进驻泉州城。

不管为匪为军,高为国从没改变其桀黠刁顽、凶残暴戾的土匪本性。公然为匪时,福山腰是高为国的老巢,受编为军入驻泉州时,福山腰也仍然是其关藏肉票、聚敛财宝、屯兵把守的根据地。在横行晋惠南十余年里,他烧杀抢掠,

---

① [日]岩佐作太郎:《追忆(十六)·民团训练所》,日本《平民新闻》,昭和22年10月10日。

掳人勒赎,无恶不作。据后人根据相关资料汇集整理,其大派"乌单",强行勒索的累累罪行包括:"1926年冬向邻近的仕林坑村强行摊派巨款2000元,遭到村民抵制后,便派出大批匪徒将全村所有民房悉数放火焚毁,并当场把无辜村民许扁、郑石、许清和林魁刺杀,余者被驱赶出村长期流离失所。1927年高匪向晋北大河内一次勒派的乌单就多达3000元,村民因一时交不起便焚毁民房多达30多座。……1930年元旦前后,高匪仗势在泉州环城四周派饷,乡民不堪其扰,曾奋起反抗,高为国更亲率大批匪徒对20多个乡进行包围焚抢,连续5天抓走乡民153人,枪杀44人,逼使大批乡民含泪携老带幼离开家园。同年6月下旬,高匪林定营在双髻山后暗林等地,受挫于另一股匪蓝荣,高便亲率大批匪徒23日晨焚毁暗林乡民房10多座以泄愤,城门失火殃及池鱼,乡民迁徙一空。……1929年秋由匪部营长吴持、黄衍真等带领三连匪兵驻扎于洋坑村的赤土园、曾池和新厝强行摊派巨款,对一时无力缴交者严刑拷打。该乡的岭顶下厝村村民吴善皇被抓到曾池匪兵驻地后,用火烫的铁棍活活烫死。匪徒驻村20多天,先后被抓到福山腰老巢的村民达37人(多数是归侨和侨眷),全村48头耕牛被牵走47头。村民吴祥弯被抓走,因凑不足赎款于农历九月初五日被关死于福山腰山洞。此外,高匪还于同年的农历八月卅日,十一月初五日和翌年正月十七日连续3次,出动数百匪徒,洗劫霞井侨乡,实行惨无人道的烧杀掠夺,计烧毁吴祥穆、吴祥贤等侨房'十间张'大厝8座、护厝数十间,被枪杀1人,被斩首1人。……1930年11月8日,高匪几乎倾巢出动,携带机关枪兵分数路,包围惠安县的主要侨乡东园、林口、长坂、新衙、新厝头、后新厝和埭庄村等30多个村庄,任意掳人击杀、奸淫焚毁,村民被枪杀达100多人,财产被劫掠一空。……1929年12月26日,一批荷枪实弹的高部匪徒进入南安县的大霞美、杏埔、麻山焚毁民房10多座,枪杀无辜村民4人。29日转掠洋塘、官宅、上村时又焚毁民房10多座,劫走一位年仅17岁的妙龄少女,任意进行轮奸,百般摧残。"①

高为国祸害乡里的另一罪行是"绑票"。据称其母贪婪残酷,唯利是图,不仅支持鼓励高为国的绑劫生涯,而且推波助澜,插手指挥,常教训手下喽啰,"不管大富小富,砂母榨了也出油,抓到一个'鲨仔'(土匪黑话,指肉票),总比养一只猪值钱"。其发妻许韭能使双枪,凶悍成性,多数绑票案由其指挥,赎款多少,也由其定价。这婆媳两人甚至把这做成"生意",有散匪绑了人,以低

---

① 吴灿辉:《闽南著匪高为国的罪行与覆灭》,《泉州文史资料》1998年12月新16辑,第166页。

价卖与她们,她们把肉票移藏福山腰,再开高价通知其亲属取赎。有后人根据相关资料汇集整理,被高家绑架勒索的主要案例包括:

1. 1919年绑架南安四都萧前乡商人卢友信,拟勒款二千元,因许卓然派队提解释放,勒赎未遂。

2. 1924年绑架南安六都仁宅乡菲侨黄奕道幼儿,勒赎一千元。

3. 1924年绑架石狮新华路金店老板刘海通勒款五千元。

4. 1924年绑架南安丰州石盘乡乡民七人,共花一千四百元取赎。

5. 1928年绑架南安六都仁宅乡东山坡菲侨黄奕抛,勒赎五千元。

6. 1929年绑架南安七都溪西乡菲侨黄奕赐勒赎三千元。

7. 1928年绑架南安七都卢内潘乡,前清拔贡潘章,拟勒一千元,因无力取赎,被禁经年,后逃出。

8. 1928年绑走南安七都菲侨赵宋票,勒款五千元。

9. 1928年绑架南安六都仁宅乡东山坡菲侨黄世传勒款五千元;黄世贤勒款四千元。

10. 1929年绑架南安六都仁宅乡东山坡菲侨黄郁沼,讨份二千元,因无力取赎,被关死,后由家属备五百元赎尸安葬。

11. 1930年绑架泉州州顶许禄,勒赎五百元。

12. 1930年绑架惠安洛阳镇杉木行老板吴某,以五千元赎出。

13. 1930年绑架泉州市涂门街协义首饰店老板陈祥林,勒赎二千元。

14. 1930年间抓走泉州医生柳鸿鸣,声言非拿赎款三万元即杀,弄成柳家变卖一切,才凑足一定款数向高赎出。

15. 1933(存疑,或为1930之误——笔者注)年绑架晋北董厝乡一小孩,讨价五百元,因家庭无力,后病死,家属不知,仍付赎款五百元,只领回孩尸一具。[1]

1931年5月25日,陈国辉击败高为国占领福山腰,"还于山林深密匪窟中,又救出肉票五十余人"[2]。

---

[1] 参见陈朝卿整理:《高为国三数事》,《泉州文史资料》1982年3月第10辑,第156页。

[2] 《陈国辉击败高为国》,《江声日报》1931年5月28日。

　　但就是这么一个劣迹斑斑,罪行累累,罄竹难书的顽匪,在那个时代居然可以朝秦暮楚,不断改换门庭,不断为各路军阀所收编。而泉州的无政府主义者则自觉与民众之利益为利益,组织了抵抗高为国的斗争。据范天均回忆,他1928年七八月间第二次到福建时,泉州的无政府主义者总结过去的工作,"认为军事活动已不可能,因而重起炉灶,展开群众组织、文化教育等工作"。但其中也有过动员民众武装保卫城市,抵抗土匪高为国进攻泉州的斗争,他回忆说:

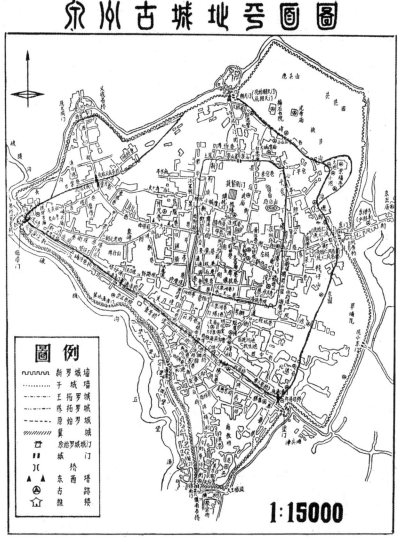

说明:此图系根据1922年泉州工务局测绘的"福建泉州城市平面图"绘制。原图较简略,除新罗城墙外,子城墙、王拓罗城、陈拓罗城、原始罗城、翼城,原始罗城城门、各城门、吊桥等遗址以及部分古地名,均由陈允敦教授根据实地调查结果增添。

绘图者:王　愚

图76　民国时期泉州平面图

一九二八——一九二九年间,总工会开始组织训练工人纠察队。当时高为国等土匪八千人左右向泉州进攻,围攻晋江县,国民党防军又因调动,泉州无守兵,局面混乱。各界代表集合商量应付局面,当时县党部主任委员张赖愚和天均商量,决定万不得已才全部退却,以晋江县总工会为中心,动员群众武装保卫城市。用总工会的名义向民众借枪三、四百支,以码头工会为主力,汽车、瓦窑等工会群众都集合起来,由谢宝儒、周志全(前"宣传养成所"学生)任指导员,进行编队,教练开枪射击,配置力量,把守通路。当时,工人群众表现了高度的革命性,主动修筑工事,以御匪兵。为了适应形势需要,总工会设立总指挥部,常委是范天均、谢宝儒、周志全等。匪兵闻讯我们已有防备,因此,在离泉州三十里左右地方驻兵,不敢轻进。经过半月左右,局势发生变化,福建省国民党当局派来军队一旅人,名义上是解泉州之围,实际上防军司令与土匪首领相勾结。司令一入城即设宴招待匪首,匪首提出消灭工会力量,方能平定事端。防军司令完全照办,即下令包围晋江县总工会。我们闻讯,即偃旗息鼓,隐藏枪支,分散人力,转移到安海(离泉州五六十里的地方),以避免损失。范天均也避于澳门。①

范天均这段回忆所说的福建省国民党政府派来的一旅人,为林寿国所部的海军陆战队第二独立旅。此前的 1929 年 6 月,林寿国旅奉省府命令,率其手下林秉周团及一机关枪连自莆田仙游南下,10 日下午进驻泉州。林旅到达后,原晋江各界所组织之治安委员会,也无形取消。但是在林寿国部进驻泉州之前,高为国先于 7 日据惠安之洛阳,9 日率部四百余,赴南安,10 日入驻洪濑。而惠安县城则为悍匪汪连明、汪柴水等盘踞。而林寿国入驻泉州的两天后,12 日上午又分兵二连到安海驻防。所以为增厚实力起见,林寿国令其手下第四团杨延英部抓紧集中仙游,以便日后开到晋江、南安、惠安等县增防,并放言"陆队接防晋南惠,系奉省府命令而来,如未奉开拔令前,绝不开拔。陈国辉部欲谋接防者,断不能容许其要求"。为稳定自己在泉州的脚跟,林寿国抵泉后即电在厦门的秦望山,请其回泉主持党务,秦望山当时的身份仍为晋江县党部指委。但秦望山以因病尚待调养,一时不便即去作复。他明确表示:"林如能切实与民众合作,立定剿匪宗旨,勘定惠安匪祸则本人愿站在民众地位,共同努

---

① 陈登才:《访问范天均先生的纪录》,葛懋春、蒋俊、李兴芝编《无政府主义思想资料选》下册,北京大学出版社 1984 年版,第 1045 页。

力,否则不愿再干",并且于6月15日发出致海内外各界代电:

晋江、惠安、南安、永春、德化、安溪、同安各县指委会,各县民团总办事
处、各社团、南洋新加坡五邑会馆、菲律宾中国国民党总支部、中华总商会公
鉴:泉永轮回于军匪之患者久矣。在昔一般民众,颠连困苦于北洋军阀虐政
之下。及吾党军出师北伐,军阀势力既消,乃一般匪阀,又继而兴。其淫暴
残酷,有甚于军阀者。倘不为正本清源之谋,难免载胥及溺之祸。盖游手好
闲之徒,既不甘于胼胝;而骄奢淫逸,则自跻于特殊阶级。其视我日出而作,
日入而息之良民,曷啻刀俎鱼肉,生杀予夺,为所欲为。吾民饮泣吞声,憔
悴于此特殊阶级之势力下,求生不得,求死不能。洎乎晚近,人民既悟不可
无自卫之无力,政府复有组织民团之规定。至是吾泉永二属,革命民众,始
有武装自卫之民团出现。殊不料嫩芽初苗,竟遭匪徒嫉忌如是之甚也。此
次汪杜等匪,在惠安之洗劫焚杀,其残暴虽张献忠、李自成无以过之。而其
念恨则以吾民,不肯俯首帖耳,以受宰割也。呜呼时至今日,民与匪,不可避
免之事实,界限分清,毫无妥协之余地;孰存孰亡,胥视最后之决斗。在此当
中,凡能肃清匪患,为民除害者,皆为吾民之友,反之皆为吾民之敌。乃者汪
连、杜建、李法、郑成宗等,猖獗于惠邑;汪柴水、高为国出没于晋南;陈国辉
复假张师之命,将率队侵入泉永,今后之局面,将益纷乱。倘吾革命民众,而
无正确之主张,以谋自救之道,窃恐泉永二属,将沦为土匪世界,而复演成民
十五以前之状态。割据称雄,各霸一方,吮脂吸髓,民无噍类矣。今省政府,
已令海军陆战队第二独立旅驻泉。而林旅长亦再三表示,欲彻底剿匪。但
匪之最凶暴者,莫如汪郑杜李等股,倘林旅长而有与民更始之决心,则应先
诛诸匪首,以谢惠民,而一扫历来带兵者编匪制匪之劣政策。诚能如是,则
泉永民众,为地方安宁,与自身利益计,应联合一致,助其清匪计划之成功。
否则善恶不分,是非无定,仍不免蹈以往之覆辙。吾革命民众,必宜本革命
精神,自求出路,不受任何方面所利用。凡此种种,须待事实之证明,以定从
违。而山个人今后之工作,亦视当局,是否诚意,为民众解除痛苦以为定。
简而言之,服务党国,誓必以民众之利益为利益,以民众之从违为从违云。①

---

① 《林寿国表示积极剿匪,林语人陈国辉编匪防夺地,泉指委谓诛匪首以图更始,惠区党部则谓
林大编土匪》,《福建民国日报》1929年6月20日。

图 77　《福建民国日报》刊载的秦望山致海内外各界代电

作为泉州、晋江无政府主义者的核心人物，秦望山的这一公开信，实际上体现了泉州安那其在 20 世纪 20 年代后期到 30 年代前期对于地方时局的原则与态度，其"以民众之利益为利益，以民众之从违为从违"的基本立场，实际上已预示他们与盘踞泉州地区的高为国、陈国辉等"匪阀"不可调和的斗争。

但高为国就在这时投靠上林寿国，被委以海军陆战队晋南惠游击大队大队长（有时也称晋南惠边防保卫团）大队长。于是他更加肆无忌惮地继续其派单勒索，烧杀抢掠的勾当。前述"1930 年元旦前后，高匪仗势在泉州环城四周派饷，乡民不堪其扰，曾奋起反抗，高为国更亲率大批匪徒对 20 多个乡进行包围焚抢，连续 5 天抓走乡民 153 人，枪杀 44 人，逼使大批乡民含泪携老带幼离开家园"[①] 一节，高为国派饷、乡民反抗以及高为国的焚杀抢的具体经过，当年的新闻有过详细的报道：

> 厦门通信：晋江土匪高为国昔为高义部下，今（一九二九年——笔者注）夏归顺，由陆战队第二旅林寿国收编为晋南惠边防保卫团，近与晋江民团冲突。（十二月）二十七日晨三时，高部在晋属杏浦，与民团激战。民团参加者，大下尾第三区七百人，浮桥第一区七百人，树兜第二区七百人，合约二千人，高部六百人。结果民团无部勒失败，被捕数人。后井乡屋被焚，温山乡也被焚屋五座。南安民团第二区延陵乡九百人往援，

①　吴灿辉：《闽南著匪高为国的罪行与覆灭》，《泉州文史资料》1998 年 12 月新 16 辑，第 166 页。

死七八人,伤五六人,亦败。二十八九日晋江北区潘胡及上村乡继续有冲突。二十九日晋江县党指委应各社团之请,召集晋江各界代表大会,到百余团体。议决:一、请林旅派兵剿高。二、请林旅通缉高属爪牙。三、电请国府省府,派兵剿高。四、如三十日林旅无剿高举动,即罢市以示坚决。五、组织晋江各界剿匪促进委员会,以县指委等十三团体组织之。即由县指委张赖愚领全体代表,赴旅部请愿。由张发言。最后旅长林寿国云三十日派兵两连,先驻北门西门附近各乡。至三十日晨,林旅军队尚未出发,泉城自南街头起,各商店均罢市,表示援助民团,要求剿办高为国。同日,晋江附廓及新涂区民团代表杨光鍊到厦,向旅厦晋江公会请求声援。晋江县指委会三十日拟定晋江剿匪促进委员会组织大纲,上午八时,在指委会开第一次会议通过。组织常务委员会,以县党部总工会民团总处北区民团城厢南区民团任常委。至此次高与民团冲突之原因,据杨光鍊向晋江公会声诉,谓高为国二十六日派黄清弈率二百人至新区,自蔴乡起,分送派款单。计树兜一乡二万五千,黄陵乡十万,大下尾十万,其他七八万三四万不等。各项踌躇未允,高部遂捕去山尾乡二人,西福乡一人,后寮二人。各乡民团大愤,致起冲突云。

同日同报同一新闻续报:

> 厦门通信:泉州因晋南惠保卫团高为国与晋江民团冲突,晋江各界代表上月二十九日向林寿国要求剿高。三十日陆队未出发,遂酿成泉城罢市风潮,旅部派队劝商民开市无效。至三十一日,由晋江商会万年芳、林植兰劝导,始行开市。晋江各界代表大会三十日电省府主席杨树莊(应为"庄"——笔者注),略谓:"高为国蹂躏地方十余年,林寿国旅来泉驻防,编高为晋南惠边界保安团。乃高不洗心革面,反益猖狂。霞井一带,惨被洗劫;晋北居民,无家可归。林旅近在咫尺,不加制止,反向钧府保高为游击队。高近变本加厉,派其爪牙,在涂区各乡强派勒借,围攻民团。后在西北城厢谋派巨款,任意杀戮,焚民房达百座,逃城难民数万人。昨日开会公决,全体代表谒见林旅长,请其出兵剿匪,林旅以未奉省令为言。本日商民以匪祸城厢,酿成罢市风潮。特电请速派得力军队,来泉剿匪",云云。三十日晋江县指委会据各界代表呈诉,转电省指委,请函省府,设

法救济。至旅部方面，林寿国旅三十日纪念周，关于此次风潮演说，略谓。"吾人职在剿匪，泉属匪众，必先分强弱缓急，各个击破，对陈国辉正计划续剿中。昨日因高为国派饷事，晋江各界在县党部开会，由一二恶化分子主持，提严重条件：一、罢市罢课抗捐抗税。二、限三十日十二时答复，否则电省、中央；驱逐海军，欢迎某部驻泉，显系有人借题发挥。高为国如有骚扰地方，吾人责应肃清。真正民众，稍有表示即足。何为如造反之以罢市抗税相挟。剿高军事进行，须请示省府，何能限时答复。且剿匪吾人职责所在，无须人迫。现一方负责剿匪，一方力防反动派。至剿匪目标，当然承省府之命，不能从同于人"，云云。厦门方面，因晋江公会开会不成，旅厦泉州人另组晋江旅外联合会电省府及中央请愿。现泉人对高为国反对仍烈也。①

这场泉州民众与悍匪高为国的抗争，虽然最后由于"无部勒（闽南话，设谋略之意——笔者注）失败"，但其中的确也有过范天均所说的"匪兵闻讯我们已有防备，因此，在离泉州三十里左右地方驻兵、不敢轻进"的短暂小胜，当年报纸也有"泉州环城各乡乡民二十八日将土匪高为国部击退"②的报道。也正如范无均大致的回忆，"国民党政府紧接着派军队一旅人，名义上是解泉州之围，实际上防军与土匪首领相勾结"。林寿国部紧接着"宣布泉州军事戒严，"并且开始收缴民团的武器③。所以民团方面只好偃旗息鼓，隐藏枪支、分散人力、转移到安海。

也就在1930年1月，福州发生"一·六政变"，割据闽北的卢兴邦派兵入福州绑架扣留省政府官员。2月林寿国部开拔参加讨伐卢兴邦，刘和鼎部入泉州接防。5月，刘和鼎部的"驻泉陈万泰旅调省对卢兴邦作战，高为国奉命接防"④。高为国15日进驻泉州，设队部于东街旧府署，开始更为残酷的统治。他公然而然地挖空心思，巧立各种名目勒派饷款，搜刮民脂民膏。"其中，最不得人心的就是强征铺捐、门牌捐和派买彩票。铺捐即店铺捐，由高为国的心腹走狗韦乔（即韦拔亮，时任营长）领办。该捐无一定捐额，全凭韦一人任意摊派，商家叫苦连天。韦认为这一家店面该收五十元，店主即须在三天内一文不

① 《吃饷不剿匪几为福建军人惟一之信条，泉州罢市风潮之原因》，《益世报》1930年1月16日。
② 《泉州乡民击退匪众》，《新闻报》1929年12月30日。
③ 《泉州民团缴械》，《民国日报》1930年1月6日。
④ 《愁云密布泉州城》，《公教周刊》第61期，1930年。

图 78　《高为国祸泉州真相》（《新闻前锋》
1931 年第 6 期）

短地缴清，丝毫不容通融。倘逾期不交，加罚一倍，再不认缴，立即派兵封店抓人。此时，主家除赶紧补纳罚款外，还要托人说情，送谢礼及'放索费'（每名六元），始肯起封释人。在高部驻泉期间，类此事件，时有所闻。韦乔倚仗高匪势力，横征暴敛，不上一个月时间，即上缴高为国两万五千元……门牌捐。高为国将他盘踞下的城镇、乡村划为几个区，然后按区派定总捐额，包给捐虫（均是他的爪牙）征收。又设门牌捐局于新门街敬文亭，委金石为坐办；并派营长黄清逸率部扎驻华侨公会助征。按其规定，不论城镇乡村，洋楼瓦房，即连猪栏牛舍，只要有屋盖者，概须缴纳门牌捐。捐率则分甲、乙、丙三等，甲等户征收十二元，

乙等户八元，丙等户四元。对那些富裕户或侨户，则给钉上特种门牌，捐额面议，在这种情况下，往往被敲索至百余元到数百元之多始肯罢休……彩票。高部进城后，除大开赌禁，以征赌捐外，又印制一种叫'彩票'的赌票，全额每月定两万元。票面分一元、五元、十元三种，列有号码，定期开彩，中者获奖。当时，老百姓根本不信这一套，且因畏惧高匪势力，即使中彩，又有谁敢往老虎嘴里掏食？故开设后没人愿买。高为国见骗术不灵，干脆改为派买，按乡硬摊。"[1] 高为国的倒行逆施终于引起公愤，再次触发闽南地区空前的民团联合反抗行动。

在 1930 年夏天的这次反抗中，富甲一方的树兜乡的民团与秦望山所属的晋南民团黄金炎部等联合作战，三度攻入泉州城，重挫高为国。

树兜乡位处鲤城西南，紫帽山东北麓，为蒋姓家族聚居之地。其历辈族人互相投靠、帮衬，在印尼泗水侨居发展，致富后又纷纷返乡盖起大厝洋楼。树兜乡也就成为泉南著名的侨乡，新门外富庶之地。辛亥革命时期，树兜乡的蒋

①　傅维翰：《1930 年驻泉高为国匪部被袭记》，《泉州文史资料》1982 年 3 月第 10 辑，第 141—142 页。

以麟、蒋报和、蒋以芳、蒋报料、蒋德卿等泗水华侨青年参加隶属孙中山领导的同盟会,返乡与许卓然、王重生等泉州同盟会成员策动、组织反清斗争,出资购买武器,组织准备起义的敢死队,为泉州的光复作出过重要的贡献。民国之后军阀混战,匪祸丛生,为救乡自保,树兜乡此前就有组织冬防大队、乡团、民团救乡自保的传统。所以面对高为国的威胁勒索,树兜乡民不堪其扰,决心武力抗争。树兜乡民团,一向以组织健全、训练有素、装备精良著称。在旅居印尼泗水华侨的资助下,乡民团经过一番筹划,于1930年7月10日至17日连续3次袭击高为国驻泉队伍,并且都取得胜利。在三次"抗高袭泉"过程中,树兜乡得到了邻乡民团武装"一致步伐、互相援助"之支持。特别在7月17日清晨和午后的两次攻泉战斗中,秦望山所属的晋南民团黄金炎部也发挥了重要的积极作用。① 除了后来的相关回忆文字,当年许多媒体报道留下了原初的记录,以下选详细者一二,一窥全貌:

> 泉州自五十六师一六六旅陈万泰调省后,由游击大队高为国接防。高为惠安河市著匪,去岁经海军陆战队第二旅收编为海军游击大队,今年改编隶省。高接防泉州后,以向各乡派饷过苛,激成晋江南安两县民团联合反高攻城。一度攻入,旋退出。十七日再度攻城,未克,为闽南空前未有之民众反抗举动。详情如左:

> 先是,高入城后先向城内及安海派饷,继向各乡派饷。先及泉城新门外各乡,青芒下□陈店三乡各派两万元。树兜乡多南洋华侨故居,向以富著称,派中国银行红色十元纸币五十斤(约十万——原注)。派款钞票以斤计,已奇事,并拘该乡居民四十余人,限四乡派款三日内缴清。

> 泉属各乡向有民团组织,但以势散力分,不能抗匪。高新门外之派饷,为乡民所难堪。于是此四乡民团,乃会议联合反抗。集众约六百人,先派饷满期一日发动。

> 十日午后,先以百余乔装小贩及赌徒,各怀短枪,混入城内,约时内应外合破城。入夜十一时许,本队便衣长枪民团四百人,自树兜出发,距城仅二十里。急行,未午夜已到城外,城中无备。民团分三路突攻新门西门南门,各门守

---

① 参见蒋报捷:《树兜乡自卫小史——创办冬防大队、乡团、民团的始末》,《泉州文史资料》1982年3月第10辑,第124页。

城高部,仓皇不及抵抗。西门一排全部覆灭,尽缴械。新门一连缴械二十余,死伤十余。此时城内民团发动,斩关纵兵入,于是民团乃全入城,时正午夜十二时也。城内高为国及所部分驻各地者,不敢应战,群向北门退出。民团入城后,四索高部。至夜一时半,搜至高队总部,阒无一人,知高已退。惟新门民团仅一部分凭一鼓之气而来,并无计划,亦无后援。恐高反攻,乃于十一日晨天未明时,集队南门外新桥头,全队退回树兜乡。计此役毙高部五六十人,缴步枪八十余支,手机关枪二挺。高的驳壳连约三十人,叛附民团。

高为国退至北门外吴卜营集合,见无追兵,复悉新门外民团来攻人数不多。于天明五时许,率队复入泉城,大索城内余兵及内应者,得退伍民团北方人三名。又以叛去之驳壳连为北方人,遂迁怒北方人,大索城内北方人,小贩走夫亦不免,被斩首及以大石压毙者三十余人。又迁怒树兜人,南街德胜明德两钱庄为树兜人营业,劫三万余元,掳店伙十人送禁。其福山小腰老桥温陵医院老医生陈祯嘉,向为树兜乡绅所信,常赴乡诊病。因是树兜人特在树兜与陈医院间架设专用电话一具,为延医之用。高认树兜民团之乘虚入城,系陈以城内无备电告引来者,捕陈斩首。十一十二十三等日,杀人焚屋掳劫,高之寻仇举动,遂成为恐怖世界,全城为之闭门罢业者三日。泉州安海间汽车停驶,交通为之断绝者二日。十三日高强迫商民开市,众不敢。继令有不开门者罚五百元,始有启户者。泉安汽车亦于十三日午始恢复交通。

此事发生后,晋南两县各乡民团大联合组织晋南二县民团联合办事处,集中民团,继续反高。十二日电省,恳速另派正式军队来泉驻防,以安民心。同时晋江县党部亦电省,略谓,高匪驻泉掳劫虐杀,无虚日,暴敛横征,人民迁徙流离。近竟变本加厉,向树兜乡勒钞票五十斤。一日之中,掳附廓居民数十名。凶残所至,激成民众反抗。真(十一)日高部与民众激战杀害殊惨,本日并掳杀在城无辜北方人三十余人。现泉城秩序大乱,民命莫保。恳即速派劲旅严惩痛剿,以解倒悬云。

十三日高为国再派兵进驻青阳安海。但同时晋江南门各乡民团在石狮集合,分六队约六百人,于十四日进占青阳。高驻安海青阳部急撤回泉城,往攻树兜部队亦中途撤回。十五日南门民团进至顺洲桥,十六日进至距泉城二里之东山乡,树兜民团亦进至新门外,会议再攻泉城。计南门团兵六百人,可有预备队四五百人,树兜乡亦约六百人,预备队四五百人。两方在前线者均为常备队,臂缠"晋南二县民团常备队"及"清匪自救"字样之标识。

十七日侵晨,第二次攻城。南门民团分两队,一由正指挥黄金炎统率三百余人攻南门,一由副指挥许乞统率二百余人攻涂新门。树兜等乡民团四百人,由蒋光铁谢光辉统率,攻新门西门。拂晓三时许,三路进攻。南门之黄金炎,于七时许冲至南门外新桥。高退入城内,黄恐高诱敌,未敢轻入。八时许,高大队出城反攻,激战至十时许。民团死伤一二十人,不能胜乃退回东山乡。攻涂门之许乞,已一部冲入城,达近城门之天后宫。因南门方面民团退却,复撤回新门。西门一路,因高预焚毁木桥,民团不得进,亦退。

此民团二度攻城情形也。现民团复准备作第三次进攻,陆战队第二旅长林寿国派两营如入泉,日内可到。[1]

第三次进攻是同日(十七日)午后三时,晋南民团实施第三次攻城:

是日攻城者,为新门南门两区民团,仍分三路进攻。树兜乡民团攻新门,由蒋光铁指挥。南区民团攻南门,由黄金炎指挥。许乞另率一队三十余人,由溜石乘船上驶,作偏师游击。高事前准备,驻大队于南门,架机关枪于新桥头,以阻民团前进。蒋光铁因此不能渡河,乃以团兵一百五十名,驰赴南门助战。民团奋勇冲锋,死伤三四十人,高部死伤亦相等。时许乞偏师由溜石袭入南校场,高部军心大乱。正欲退走,适陆战队第二旅林寿国部陈名扬率陈忠魏铎两营,由惠安洛阳直进东门,立派机关枪队一连趋南校场迎战。许众寡不敌,急退回原防。旋陈名扬又令高部尽退入城内,派魏营各连分配各城门防守,陈营则守承天寺。民团初尚再攻南门,与魏营接触。继知系陆战队,乃停止进攻。嗣经陈名扬与高面商结果:一、泉州由陈负责维持。二、高部尅日退驻南安城洪濑河市一带。三、以后高部入城不许携带枪械。预即于十九晨陆续撤退福山腰洪濑。十九日陈名扬令汽车公司恢复交通,二十日又布告商民复业。惟高尚有便衣队百余名,蛰伏泉州未退,高所委之捐局人员亦照常视事云。[2]

① 《泉州民团反抗高为国》,《时报》1930年7月21日。因原文较长阅读不便,录入时稍加分段,文字照旧。

② 《高为国部退出泉州,林寿国部入城,高部撤至洪濑》,《益世报》1930年8月8日。

关于高为国匪部进城之后凶残暴戾的报复，此处借助当年新闻报道及当事人亲历回忆略加佐证，立此存照，以窥匪祸之一斑。除前面所引报道中略微涉及，高为国七月十一日晨率队重入泉州城后三日的烧杀抢掳的具体情况，当时许多报纸均有报道，其中《民国日报》较为具体详细，此节录其中片段如下：

杀人如麻 高十一晨重入泉城，截至十四日止，无辜被杀者，有南门温陵医院医士陈家祯（原文如此——笔者注）及其什役陈隶人丁某，新桥头明德庄伙二人，宝玉金店门口二人，涂山街一人，乌石乡三人（共捕九人遇害三人），顺洲桥一人。北籍民被指为民团，因而斩杀者三十八人。新门外、泉州车站、南门、西门、府口、涂山街等各地均有，其中以卖糖片、花生及流丐为多。昨（十四）晨在南校场又杀六人。其掳回福山腰在半途杀害及未尽查详者，尚未从知其确数。大约至少总在二百余人以上，可谓泉城自有匪祸以来之空前惨劫矣。至陈家祯之被杀，系陈置有电话一架，可接通树兜，盖欲以便利诊病。讵高竟指为晚民团袭城之役，为陈通报消息。乃将其分斩四段，藉以泄愤。其什役丁某亦斩作六段。晋江同乡会三人则腰斩。宝玉金铺门口二人系洋客，于十二日由厦返泉，抵新桥头高部搜其行篓中有中山装，谓系反动派，即在街中斩之。其余多以巨石压毙。又厦门市有布店伙四人，赴泉收账，被高掳去，闻其中一人已遇害。

新浮成虚 此次被祸最惨者，莫如新门浮桥一带。十二晚，新门外下洲，被抢半乡，被绑五人。十二日，黄甲街被绑颜猫精、颜秋二人。二颜托涂飞成之部下某，向高说项，以三百五十元放出。新门民团总林彬西住宅被毁。浮桥街亦被全抢，即粗笨家具亦被运回福山腰，并掳去十九人。其中霞洲乡三人，一陈西姑，系宝玉金铺伙计，一薛枣，一林者。西姑已以一百五十元赎出，林薛无力取赎未放。又一人为浮桥街名医卓克禹，现年已七十余岁。又一人为法律药店伙计，余尚未详。现新门浮桥街一带，已成丘墟。前（十三）日驻浮桥之高部，又发信百余，通分至新门外之王宫、井尾洴口、后头、黄甲街三迁坛高山店头乌石将其洋屿大房塔前后墩各乡，限将前派各款，于昨（十四）日交清，否则捕人，如逃则焚屋。致各乡民众，携老扶幼，窜走野外。……新桥头明德钱业，除被抢去现银二百余元，尚有金条十三斤。上述被虏人数，不过一部分。据闻连日载回山腰之肉票，至少亦在二百人左右。①

————————
① 《泉州浩劫，民团攻击高为国部，高戮人民二百余》，《民国日报》1930年7月23日。

另外,时任高为国副官的傅维翰作为亲历者之一,也回忆过:"高为国被民团两度袭击,兽性大发。十六日①晨,高回城后,即下令实行戒严,派部四处搜捕嫌疑分子。这群凶神恶煞,到处乱抓滥杀,破门抢物,闻有硬指为民团密探而当场被用石头砸死的,有被用斧头活活剖腹挖心的,有被用铅线捆肩,然后拖在军车后,然后开快车,而下身尽被磨掉的。一时,全城笼罩在极度恐怖的气氛之中。 在这场屠杀中,高部究竟捕杀了多少人,实无从统计,我只知道以下几起:……这天上午,高匪部又从南岳某人力车店抓来了十二个车夫,多数是莆仙人,也被指为民团的内应。晚上,高又叫我去审问这些人。我出去一看,外面果真绑着一串人。我先挑两个最年青的(均不到二十岁),叫卫兵松绑,带进后堂。我问了情况,证实完全是无辜者,正在想办法要将他们释放。不料,高见没有动静,叫林应兰过来看看有没有在审讯,林回去说我审问的方式不对,高大发雷霆,立即出到后堂,喊卫兵召犯,要亲自审问。问不上几句,便叫用刑。我骇怕,退回高的房间,后堂已传来惨叫之声,令人毛骨悚然。……当天夜里,这十二个人被用卡车载到东门车站砍头,成了高匪屠刀下的冤鬼。据押送的兵士说,刽子手就是高的心腹护兵猫唐,他一手执大刀,一手拿手电筒,当其他兵士把这些浑身瘫软的莆仙人,一个个拉下来时,猫唐便挥动大刀,象砍瓜一般,'卡嚓'一声,一颗人头滚落在地。砍完了十二个,那猫唐还亮着手电筒朝卡车上照照,问:'还有吗?' 真是凶残至极。当时,附近居民都听到了那撕人肺腑的嚎哭声,好不凄惨!"傅维翰把这几天称为"泉州民国史上短促的一幕,但也是最黑暗、最惨酷的一幕"。②

而关于这次武装抵抗土匪高为国的斗争,巴金在他的小说《星》中有过相关的描写。巴金很明确地说过:"《星》里面曾写过一个土匪汪国刚,那是高为国,他曾占过那个古城,后来被民团赶了出去,以后一直驻扎在城外,但终于被陈国辉打败捕杀了。"③1930年7月17日高为国第三次受袭撤出泉州城后,巴金于8月下旬第一次到达泉州。而这小说正是通过一个从上海到古城探望朋友的写小说的青年"文学家"志良的视角,讲述秋星、家桢和众多热血青年

① 傅维翰回忆的日期六月十六日为农历,即公元1930年7月11日。
② 傅维翰:《一九三〇年驻泉高为国匪部被袭记》,《泉州文史资料》1982年3月第10辑,第149—151页。
③ 巴金:《〈爱情的三部曲〉新版题记》,《巴金全集》第6卷,人民文学出版社1988年版,第1页。

通过工会、妇女协会、学校和民团,组织民众抵抗高为国,武装保卫城市的故事,歌颂泉州安那其反抗强权的献身精神。所以小说一开始就交代"汪国刚是这里一个土匪的名字。三个月前那个人还占据着他们现在正要去的那座古城,后来被民团赶走了"①。

图79 30年代的威远楼(1969年被毁)

到达古城后,志良的活动轨迹基本上都可在现实场景中找到印证。志良和家桢"走出了车站就到妇女协会去。那是在一座古旧的钟楼上。从那里望下去,这个古城的唯一的马路和那两排比较繁盛的商店就豁然映入眼帘。她(秋星)正靠着栏杆看望街景"。后来"他们下了楼,沿着马路走去。街上行人不少。商店门口顾客进出不绝。人力车上坐着大肚皮的女人,被壮年的车夫慢慢地迎面拖过来,经过钟楼下面的大门往后面去了。……他们过了一条街,在十字路口看见了警察和团丁。然而市面上依旧是一片和平的景象"(第三章)。小说中不断提到的"团丁",指的是秦望山组织的晋南民团,树兜乡民团在第三次攻入泉州后即主动撤回了家乡。

根据当年相关记载,妇女协会曾先后设在威远楼、泮宫和明伦堂。楼上可以"靠着栏杆看望街景",人力车可以"经过钟楼下面的大门往后面去",小说这时所描写的妇女协会所在地显然是坐北朝南,可以俯瞰从北到南整条大街的威远楼。威远楼据载为古桐城之谯楼,下为门,上为楼,民间俗称为威远楼或北鼓楼,历代兴废不常。但小说所记之威远楼后来已毁于1969年,现在的威远楼重建于1989年,楼址比原旧址北移100米,而且下面的大门也不能通过了。他们过了一条街到达十字路口则是东西街和南街的汇合处,当时显然还没现在所能见到的标志性建筑钟楼。在这一章中,秋星还告诉志良,他们"有时就住在工会或者学校","有时也睡在妇女协会"。

第二天上午,秋星带着志良走下妇女协会前往公园。"两个人走下楼,往

_____

① 巴金:《星》,《发的故事》,文化生活出版社1936年版,第101页。

那条微微倾斜的土路走去……"
"公园就在眼前,地方很大,却现着荒芜的样子。有几条曲折的小径,交叉地伸到里面去。路旁凌乱地长了不少的龙眼树,一串一串的淡黄色果子垂在绿叶丛生的枝上。草长得很高,成了绿油油的一片。在小丘上面立着一个新修的亭子,红色油漆的圆柱和栏杆,鲜明地在绿树丛中映出来。没有门,没有篱笆。公园前面有一座纪念碑。过了这座

图 80　建成于 1929 年后被毁不存的中山公园八角亭

纪念碑,他们就进了公园。"(第四章)这公园原为清代提督衙门所在地,民国后辟为中山公园,地势比威远楼略高。纪念碑为七十二烈士纪念碑,亭子为 1929年刚刚兴建的八角亭,后均被毁不存。他们在亭子谈话中,秋星手指的东边那座山,"那边离城不过几十里路,本来可以去玩。但是现在是汪国刚在那里"。这座本可观光的山实为东北方向的清源山,高为国撤出泉州城退回福山腰老巢,其兵力就部署在清源山之后的大、小阳山(双阳山)一带。所以秋星说如果汪国刚得胜打进城来,"他们就会从这道城门进来",这城门指的是当时还留存,位于中山公园北侧的北城门。秋星还告诉志良,"汪国刚本来是个恶霸,他很残酷,我有一个朋友被他砍了头";"前一次汪国刚在这个城里,我们也在。汪国刚这个人是残酷嗜杀的。我们还看见他穿着长袍马褂,坐了轿子到武庙去拜关帝,他的卫兵手里都拿着大砍刀,还有人打着杏黄旗在前面开道……"

此时的武庙为黎明高中的所在地,但小说的讲述没涉及这一学校。在之后的两章里就重点描写了这批年轻人在另一所学校开会、组织学生疏散以及

图 81　右侧的清源山及左侧远景中的双阳山(辜也加摄,2020)

经历汪国刚攻城的惊险之夜。"这个学校是由一座庙宇改建的。两边的房屋是课堂和宿舍,正面是大礼堂。礼堂上燃着明亮的煤油灯,维德用他的粗壮的声音在那里对学生讲话。"(第五章)这改建成学校的庙宇为泉州文庙(孔庙),时为新办不久的平民中学。据相关回忆,文庙的正殿被学校用作礼堂兼师生吃饭的场地,两边两排房子分别做教室与教师宿舍,巴金第二次(1932年4月)到泉州就住于此。当天夜里战斗果然打响,并且极为激烈:

> 忽然一个隐雷似的声音冲破了静夜的网,把空气大大地震动了。树上的雀鸟惊惶地乱飞着。接着又是一排枪。过后炮声继续响着,枪声又密放起来。学生们在天井里惊恐地嚷着。有些人就急急走上石阶进房去。
>
> "汪国刚有大炮,事情有些不妙了,"秋星忽然惊疑地说。
>
> "一定是省里发的,招安的条件大概讲妥了。省里对民团也很猜忌,正好借重汪国刚。不过汪国刚有炮,恐怕也不会放,打不准,"若愤激地接口说。
>
> "只要我们能够在这里多住五年就好了,现在一切刚有了个眉目……"秋星好像没有听见若的话,她沉溺在自己的思想里,用了痛惜的调子自语地说。
>
> 炮声停了,排枪依旧在放,似乎近了一点,机关枪声又响起来,在这中间夹杂着一片人声,这是喊杀的声音,但很远,很低。
>
> 在冲锋了! 志良这样想着,他脸上的肌肉就搐动起来。他的眼前现出了无数根锋利的枪刺,好像就对着他冲过来。他不觉闭上眼睛惊叫一声,音虽很低,但已经够把秋星和若惊动了。……①

后来战斗的气氛持续紧张,因为原来就有"情况紧急的时候就派学生到乡下去工作"的预案,天亮之后他们开始疏散学生。"学生们陆续地走出来,站在阶上,排列成三队,大多数的人手里都抱了个包袱,也有的挟在腋下。人数一共是六十几个。""矮小的中年男子一边跟维德说话,一边走出来。他用眼光在学生们的脸上扫了一下,说了两三句话,就带着他们走出去了。"(第六章)。志良也在大家一再劝说下离开古城,留下秋星他们继续紧张地斗争。

关于树兜乡民团与晋南民团联合攻城的进退线路,可参见《民国时期泉

---

① 巴金:《星》,《发的故事》,文化生活出版社1936年版,第150页。

州平面图》。民团三次袭泉使高为国元气大伤,其嚣张气焰深受重挫。

　　但高为国被迫撤出泉州城后仍是残暴依旧,匪性不改。1930年11月8日,又"几乎倾巢出动,携带机关枪兵分数路,包围惠安县的主要侨乡东园、林口、长坂、新街、新厝头、后新厝和埭庄村等30多个村庄,任意掳人击伤、奸淫焚毁,村民被枪杀达100多人,财产被劫掠一空"①。于是,以秦望山为首的晋南民团再度出兵,大战土匪高为国和汪汉民。这场大战规模空前、互有重创,当年的媒体报道详细如下:

　　　　福建游击大队长高经礼,又可以屠杀惠安东园区民众们。查高经礼原名高为国,系泉属土匪,受编后盘踞惠安、南安一带,截留捐税、重征暴敛,久为泉属民团所反对。本月(十一月——笔者注)八日,高氏因向惠安东园区派饷八万元不遂,突派所部杨罗林剑吾等,率兵袭击该区。该区民团无备,又以众寡不敌,遂被击破,乡民被杀百余人,被绑七八十人,屋宇被焚四十余座。财物被抢一时尚难精确统计,大抵总在百万元以上。嗣以附近民团来援,高部仍进往杏田。东园一区数十乡,乡民万余,奔走流离,哭声震野。尚有十余万人逃避不及,被高部包围。此事发生后,晋江南安两县民团,以兔死狐悲,议决联合出兵相援。晋南两县民团办事处,于十二日召集各队民团五六百人,在泉州青阳车站集中,即时出发,前往惠安应援,在洛阳桥会集惠安民团及晋北保安队。于十三日起,双方在杏田沙母苍秀涂一带大战,战线延长三十余里,双方参加战事合计约三千余人。民团方面有黄汉夫部五百余人,张照亭部百余人,康伯沧杜辉部百余人,黄金炎部二百余人,尚有后备队七八百人。高部方面,有杨罗营三百余人,郑成宗营百五十人,林剑吾营二百人,卢蕃薯营约三百余人,卫队连百余人,此外尚有大炮一尊,水机关枪二架,手机关枪十七枝。战区附近人民纷纷逃避,并电省告急。十五日高部联合汪汉民匪军攻破涂寨,杀掠略如东园。现民团加入攻高者愈众,迄今战事尚未停止。高部已战死百余人,伤者也百余人。民团方面亦死伤甚多。省府日前电令驻莆田之海军陆战队第二旅旅长林寿国,就近查明处理。林氏以双方各趋极端,战事日烈电复省府,请由省府径电双方停战,再行核办。省府得电,已于十九日分电林寿国及教导团代团长周孝培,

────────

　　①　吴灿辉:《闽南著匪高为国的罪行与覆灭》,《泉州文史资料》1998年12月新16辑,第166页。

省防军第一旅旅长陈国辉,劝渝民团赶日撤退。一面电高经礼固守县城,候令办理……①

从上述报道可以看出,省府责成海军陆军队的林寿国"就近查明处理"但林氏推诿。众所周知,高为国所以能几年间在闽南独霸一方,可以肆无忌惮地为非作歹,正是与林寿国背后的支持,与省政府的肆意纵容分不开。所以晋江县党务指导委员会与泉属各县民众团体、海外各埠华侨社团只能不断函、电

图82　文庙大门（坂井洋史摄,1985）

南京方面,强烈要求派兵围歼高为国。新加坡永春旅外联合会南洋总支部和新加坡永春会馆还派代表专程前往南京,面恳迅派义师入闽,彻底剿灭高为国。其中,晋江县党部11月15日发通电宣布高为国祸泉罪状,呼吁"各军会剿"。②

泉州民众和旅外华侨的强烈要求终于得到南京方面的回应,南京方面致函福建省府,责令福建省府查办。而这之前,福建省府已经取消了陈国辉通缉令,并恢复其省防军第一混成旅旅长官职,因此又加封他为兴泉永警备司令,责令其负责剿歼高为国。陈国辉奉命进驻泉州,后派兵进攻福山腰,并于1931年5月25日攻下福山腰。高为国兵败出逃,潜往闽北投靠第五十六师师长刘和鼎;因已被通缉在案,又为刘和鼎监禁。但其残余暗中活动,准备以重金赎救,以期东山再起。消息传出,深受其害的"闽南各界请求将高氏择日枪决之电,纷至沓来"③。迫于舆论,在福建省府责令下,高为国被刘和鼎押解省城,并于1932年8月15日下午在福州验明正身,执行枪决④。

①　《闽省民兵一幕武剧,高为国屠戮东园涂寨,晋江南安民团联合攻高》,《益世报》1930年12月2日。

②　《高为国祸泉州》,《民国日报》1930年11月16日。

③　《高为国已由延解省,晋江旅外联合会电省府刘帅,请将高迅正典刑》,《江声报》1932年6月21日。并参见《惠安旅厦同乡会请将高为国明正典刑》,《江声报》1932年6月14日;《高为国解省后》,《江声报》1932年6月25日,等等。

④　《闽南著匪高为国枪决》,《大公报》1932年8月17日;《高为国已枪决》,《申报》1932年8月16日。

第二节　在严酷的日子里

"泉州一块肉,万人想染指。"[1] 在此期间,长期盘踞泉南地区的陈国辉部虽被调往龙岩"剿共",但也无时无刻企图杀回泉州与林寿国争夺地盘。所以虽然高为国被赶走,但并不意味着泉州民众彻底告别了被欺压的日子。就贪婪残暴而言,陈国辉比高为国有过之而无不及,而陈国辉的势力之大,陈国辉盘踞泉州时间之长,范围之广则更是高为国所无法比拟的。所以对于泉州安那其主义者来说,陈国辉取代高为国统治泉州的时期则是更为严酷的岁月。

陈国辉(1897—1932)号耀臣,南安县九都西头村人。农民家庭出身,为生计所迫于18岁投奔福建护国军第一路军司令吴瑞玉,为其随身勤务兵。第二年(1915),吴瑞玉率部策应革命党人进攻泉州北洋军溃败阵亡,陈国辉收集残兵20余人退居八都山自树一帜,草落为寇。在打劫富户中声势渐大,成独占一方的草莽英雄。1917年被护法军收编,任第四支队副营长。1918年,闽南靖国军打败护法军,陈国辉再受编,任靖国军独立团副团长兼第一营营长。不久,广东护法军入闽攻打靖国军,陈国辉兵败,只带10余名亲信重回八都山。1922年许卓然回闽组织自治军,不久改编为东路讨贼军第八军,陈国辉任第一路司令。1923年东路军赴广东讨伐陈炯明,陈国辉转投陈炯明部张毅师,任第四旅旅长兼十团团长。1926年秋,国民革命军第一军入闽,陈国辉转投国民革命军新编军,任第一独立团少将团长,此时已拥兵千人。1927年9月,陈国辉

① 《愁云密布泉州城》,《公教周刊》第61期,1930年。

图 83　陈国辉

奉命围阻南昌起义部队,率部进驻龙岩、漳平。1927 年 11 月,蒋光鼐、蔡廷锴的第十一军和杨树庄、方声涛合作,缴械遣散新编军。陈国辉急向省府委员兼军事厅长方声涛表示愿意效命,于是受委任为福建省防军第一混成旅旅长。盘踞龙岩期间,陈国辉搜刮民脂民膏,加紧扩充部队,队伍增至 3000 多人,同时残酷镇压共产党领导的农民暴动,迫害革命党人。

时中共闽西地方党组织乘国民党省党部改组之机,恢复"清党"时被捣毁的国民党龙岩县党部,共产党人郭滴人、谢宝萱、邓子恢等均为党部成员。他们也是利用国民党县党部名义活动,组建农会组织,开展减租减息斗争。陈国辉则先后下令逮捕、枪杀中共闽西地方党组织的重要干部谢宝萱、陈国华,党员柯玉湘以及 20 多名革命志士。1929 年 3 月陈国辉唆使手下在光天化日之下枪杀龙岩县党部指委陈雪琴,引发社会公愤。据当年记者报道,陈雪琴因陈国辉勾结腐恶,摧残党务,病党权旁落,所以在 3 月 18 日,由龙岩启程,请一族亲担荷行李,准备经厦门往福州,向省方报告一切。"十九日至金山土地公庙,遇陈国辉,及其兵士十几人。继至杨路亭,陈倩两兵追至,用驳壳枪,向雪琴射击,腰腹饮弹四粒倒亡,又用短枪连击四枪,叱陈挑夫速走,将其尸首推下崖脚。斯时又从土地公庙赶来机关枪兵一名,见其已死,乃三人结队回去。"① 事件发生后,群情愤激,各界团体纷纷通电控告、声讨陈国辉,安那其党人掌控的晋江县党部也发檄文如下:

中央党部、国民政府、暨各级党部、各机关、各团体、各报馆、各学校均鉴:倾准龙岩旅厦同志为陈雪琴申雪惨案会代电开,龙岩县党务指导委员会委员陈雪琴,被陈国辉枪杀,请一致电请中央准予痛剿,及按例抚恤等由准此。消息传来,曷胜愤慨。查陈国辉本闽南著匪,枉法横行,且十余年。人民遭其杀戮焚毁掳勒威迫至于死亡转徙,无家可归者,不知凡几。自己则高厦洋楼娇妻美妾,钱庄银号,极其富裕荣华。党军入闽,不咎既

---

① 《陈国辉枪杀指委陈雪琴》,《福建民国日报》1929 年 3 月 27 日。

往,曲予优容。为国辉者,应如何忏悔前非,效忠党国。谁料匪性不改,恣横如故。身为党治下军官,而视党务工作人员,俨如仇敌。前此擅捕龙岩县党部筹备委员谢宝萱。虽云有共党嫌疑,然不解省讯究,私自杀害,已属目无党纪。今竟白昼唆使护兵,屠杀最忠实之龙岩县党务指导委员会委员陈雪琴同志,将以便其私图。此□不除,党权扫地,不惟未清之土匪益无顾忌,将使武装阶级视党若无。忠实党员,相顾灰心。党国前途,何堪设想。惟恳全国上下,一致声讨,铲此大憝,以慰陈同志之幽魂,以救人民于水火。党权国纪,咸利赖之。中国国民党晋江县党务指导委员会,暨晋江各界纪念黄花岗殉难烈士大会叩支。①

对各界团体纷纷通电控告、声讨,"当局投鼠忌器",一直未有办法,所以陈国辉"仍跋扈如故",对还留居龙岩的县执委郑德基、郑审、刘琼英严密监视,限制他们行动之自由。为此,闽南 17 县及闽侯县指委会代表 4 月 29 日齐聚厦门,讨论援助陈谢家属和对付陈国辉之办法,并通过 10 条议决:

一、决定本会名称为"闽南各县指委会为援助陈谢惨案代表会议"。

二、推举秦望山、黄澄渊、朱培璜、徐斌、李爱黄、罗凤岐、赖文清七人为执行委员。

三、推举李凤油、陈侃、丘成、罗凤岐、李爱黄、朱培璜六人为向中央请愿代表,谢凌霜、李拔英二人为向省指委会省府请愿代表,协同陈谢二人家属,请求剿办土匪陈国辉及其走狗。

四、呈请省指委会转呈中央将陈国辉撤办正法,并抚恤陈谢二同志家属。如不能达到目的,各

图 84 《益世报》(天津)刊载的闽南 17 县及闽侯县指委会通过的 10 条议决

---

① 《陈国辉惨杀指委,各方通电声讨再接再厉》,《福建民国日报》1929 年 4 月 14 日。

县指委一致总辞职,以求彻底抗争。

五、龙岩旅外同志会请求分电南洋、上海、南京各地福建侨胞,并各总支部一致声讨陈国辉,决议照办。

六、龙岩旅外同志会请求设法救出龙岩县指委郑德基、郑审、刘琼英三同志案,决议函张贞师长令饬驻龙岩之张旅设法保护该三同志来厦。

七、决议将陈谢史略及被害经过情形,详细通知各县宣传部作普遍宣传。

八、函请本省留京学会就近设立援助陈谢惨案委员会或办事处。

九、函请各县指委会一致于五月十五日为陈谢两同志开追悼大会。

十、函请闽侯县指委会召集闽北各县指委会代表会议讨论一致援助本案办法。①

1929年6月,红四军第二次入闽攻下龙岩城,陈国辉部被歼2000多人。陈国辉只身逃往漳州设立收容所,收聚到残部近千人,后聚集同安进行整编。时方声涛已离开福州,福建省政府主席杨树庄令陈国辉收复失地,将功赎罪。陈国辉惊魂未定,犹豫不前。于是省方责其抗命,以剿共不力,擅离防地宣布取消福建省防军第一混成旅番号,通缉陈国辉。陈国辉放弃同安,逃回南安老巢八都山,招兵购械,重整旗鼓。次年又打通省方的关节,通缉令取消,恢复省防军第一混成旅旅长头衔。嗣后又被加封为兴、泉、永警备司令,进驻泉州,所辖地盘扩至莆田、仙游、晋江、惠安、南安、安溪、永春、德化等县。接着又因剿平高为国有功,陈国辉晋升陆军中将。此时的陈国辉,人称"泉南王"。辖区内县长官员均为其手下,财税也由其包办,队伍增至15000人以上,装备精良,并购置有飞机多架,在永春、南安、仙游及泉州等地建有小型飞机场。

初入泉州之时,陈国辉尚能表现比高为国"正规"的省防军面目。吴克刚晚年回忆录中曾两次重复提到与其打交道的情形,他说当时"土匪一万,打进城里。我任中学校长,看到师生惊恐,无计可施。只有拿张名片,去见匪首。出乎意外,匪首竟表欢迎,说是看得起他。派了匪徒,站在学校门口,负责保护。泉州商会,急电南洋侨胞汇款,匪方满足了要求,并未骚扰"②。陈国辉本来

---

①　《闽省防军旅长陈国辉暗杀党委风潮扩大,闽南各县党委联名请将陈国辉正法否则总辞职》,《益世报》(天津)1929年5月13日。

②　吴克刚:《一个合作主义者见闻录》,台北:合作学社1999年版,第21页。另外,作者在该书第4页相关回忆中,有"只有拿张名片,去见匪首陈国辉"的明确记载。

自底层,对读书、办学等圣贤之事潜意识里尚存敬畏之心。在占据泉永之时,他也的确重视地方的一些文化建设,兴办了一些学校。吴克刚时为高中校长,留洋先生,能持名片登门拜访,对于民间口碑甚差的草莽枭雄当然觉得莫大荣幸,是"看得起他"。

但为长期盘踞和应付庞大军费开支,陈国辉还是得滥科捐税,以至强迫农民种植鸦片,苛收大宗烟苗税,并对华侨巨商强行摊派,敲诈勒索,进而引发民众强烈的反抗。泉州的无政府主义者也积极介入,参与发动、组织反抗陈国辉苛捐杂税的斗争(参见本书第八章第一节),于是引发了他对泉州无政府主义者与广大民众的残酷迫害。

陈国辉对于泉州无政府主义者与广大民众的迫害,首先是大量收编土匪杂牌,增加军力,同时扩充防地,排挤秦望山控制的泉属民团,直至最后取消其在泉州的地位。

此前高为国进驻泉城后,菲律宾侨领李清泉曾致电秦望山,希望他领导的民团消灭高为国匪部,解民于倒悬,并汇5000元为活动费。秦望山方面商讨后认为,以当时民团的力量,解决高部1000多人的乌合之众是有可能的,但要彻底解决泉永匪患,还必须以陈国辉为对象。当时的陈国辉羽毛未丰,如有组织健全的一团武装作为中心武力配合各地民团举事,加上对陈内部的分化,完全可以消灭之。陈国辉如解决,其他的也就好办了。他们把这意见长函详告李清泉,即得李复电,表示完全同意这个时划,并告已由马尼拉华侨总商会邀各侨团开会,成立"泉水民团后援会"进行募款,请秦望山这边按照计划迅速进行。秦望山方面由于一时没有较适当军事人才,"不得不把李良荣找回来(李在宣传养成所负军士教练,该所结束后到上海劳动大学学习,此时已离校)。一面将前干部训练所和宣传养成所的学生集合起来,交李指挥,并办一个军事连(以后扩充为教导大队)"①。同时邀请南洋归侨王雨亭担任泉永民团联合办事处秘书长。菲律宾方面也积极募捐,很快陆续汇入10多万元。于是,

①　吴克刚回忆录中谈及:"良荣黄埔一期,英勇作战,北伐前锋,领先攻进上海。后因不愿参加内战,考进劳动大学,修习工科,决定从事建设工作。因望山为保卫家乡组织民团,坚请良荣回来相助,良荣被迫,重穿军装,仍任营长,驻守泉州。"见吴克刚:《一个合作主义者见闻录》,台北:合作学社1999年版,第116页。另,本书第二章谈到,在入上海劳动大学前,李良荣曾被秦望山请回负责晋江宣传养成的军事训练。李当时就与日本的岩佐作太郎表露"他不喜欢当军人而想做科学研究"。参见岩佐作太郎:《追忆(十六)·民团训练所》,日本《平民新闻》,昭和22年10月10日。

以"旅菲华侨泉永民团后援会"名义,"向国民政府代为申请,准发给购买步枪 600 杆、子弹 100 万发的护照",① 并且委托张贞负责经办。

但陈国辉进驻泉州之后,即于 1931 年 3 月初调陈佩玉团一连进驻水头,进逼晋南民团驻扎区。接着又增兵官桥,"汲汲收编地方杂牌部队者,实时扩充实力,以与秦望山所率之泉属民团对抗"②。而张贞也将购得的军火解运往漳州,拒绝交与民团。陈国辉消灭高为国之后,指派的晋江县县长余辉照上呈福建省各县保卫团督促委员会称,"晋邑民团与各县组织不同,民团总之姓名人数,县政府无案可稽,向不归县节制调遣,另归晋南民团统率办事处指挥,县府实无能力取缔。现在改编限期瞬届,应如何办理,请鉴核"。6 月 22 日,方声涛主持的各县保卫团督促委员会召开第六次会议通过决议案:"为全省划一组织起见,该县保卫团,未便独异。应将最近本会所拟整理各县团务大概情形,电致张剿匪司令,请将该统率办事处先行撤销。"③ 至此,秦望山苦心经营,一定程度上代表民众武装自卫力量的泉属民团统率处被彻底取消。

接着,陈国辉开始没收民间枪械,在壮大自身装备的同时,进一步消解民众反抗的力量。本书第一章第四节谈到,由于近代以来特殊的历史地域背景,闽南、泉州地区除了民军、民团、土匪等,民间也藏有大量的枪支。在第四章第一节谈及黎明高中校内风潮以及第八章第三节谈及反契税斗争中都谈到,即使是黎明高中的学生也都私下持有枪支。这些枪支一般从南洋、日本、台湾等地,通过海路由华侨带进,虽然散落民间,制式也各不相同,但许多是精良武器。单是 1931 年六七月间,陈国辉从惠安一县(大致为原秦望山的晋南民团的活动区域)就收缴枪支"四五百杆",其中包括"王笃初三十一杆,武崇(应为"崇武"——笔者注)五十余杆,辋川八杆,庭边三十九杆,东园一百四十余杆,涂寨五十三杆"④。

①　参见秦望山:《"福建省海内外民众团体代表联席会议"纪实》,《福建文史资料》1995 年 9 月第 33 辑,第 158—159 页。

②　《陈国辉大编土匪军,以与秦望山所属民团对抗》,《福建民国日报》1931 年 4 月 8 日。另关于陈国辉与泉属民团"积不相能",步步紧逼的军事行动,可参见:《陈国辉日事扩充防地》,《福建民国日报》1931 年 3 月 6 日;《泉属民团与陈国辉冲突》,《福建民国日报》1931 年 3 月 14 日;《陈国辉增兵官桥》,《福建民国日报》1931 年 3 月 16 日;《泉州形势已趋缓和,民团与陈国辉部暗潮》,《福建民国日报》1931 年 3 月 18 日,等等。

③　《撤销泉属民团统率处》,《福建民国日报》1931 年 6 月 23 日。

④　《陈国辉实行没收民间枪械,迫收烟捐不种烟苗也要负担》,《福建民国日报》1931 年 7 月 4 日。

在解除民众自卫力量之后,陈国辉进而着手解决一直由无政府主义者控制的晋江县党部。他先是"向省诬告该党部有反动嫌疑,且谓于必要时,当于解决"。县党部"鉴于陈上年惨杀陈谢之事",相关人员只好"于四月卅日离会来厦,以避凶焰"。之后陈国辉又动手抓捕袁继热,谢一山(宝儒)等。而省党部又两次电令张赖愚等,要求其返回泉州,"以期党军合作"。在环境恶劣,暂时不敢回泉的情况下,张赖愚只好直接电函省党部揭露陈国辉的罪恶行径:

> 福建省党务指导委员会钧鉴,令电均奉悉。愚等上月离会详情曾经电呈,并由陈炳同志来省面呈一切,并随时详报。□□□□□。查陈国辉驻晋年余,所有一切施为,均经详报钧会。过去党部未曾公然反对者,以早则高匪为国为祸晋江,嗣则国难正深,只得始终忍受。然居心且问,负党负民罪戾滋多。不料陈竟乘此次共匪陷漳之际,反欲解决党部,向省诬告中伤。时愚等得讯,以鉴于陈过去之惨杀陈谢,及此次在泉密捕菲律宾总支部执委颜武煌之事,迫不得已,只有暂时离会。乃陈竟又以愚等之离会,怂令晋江县长余辉照电省铺陈其词,重欲加以离会罪名,居心狠毒,殊为可痛。不知愚等之离会,纯系陈之诬害中伤而出此。兹经事实之证明,果愚等去后,陈竟逮捕本会干事袁继热,又欲逮捕监察委员陈泗孙。及陈临捕脱险,竟捕去陈所主办之省中同行教员,至七人之多。嗣后又在渔会逮捕党部所派之指导员谢一山等数人,至今生死未明。目下陈国辉摧残党务工作人员,较前更无顾忌。使陈一日在泉,则泉民惟有一日被其蹂躏。情形恶劣至此,竟何以策其万全,愚恳钧会详□,再行予以指示是为至幸。①

图85　晋江县党部电蒋光鼐痛陈方陈祸闽罪恶(《江声报》1932年6月7日)

---

① 《陈国辉摧残晋江党务,执委张赖愚等被迫避厦,袁继热谢一山生死未明》,《江声报》1932年6月5日。

电函所说是密捕菲律宾支部执行委员颜武煌一事,其实类似土匪之绑票。陈国辉密捕由海外回泉之颜武煌,监禁一月之久,后"经人说项,予以释放,但已被勒去一万四千元"。另外他还"怂令心腹陈昌侯,包庇奸商干涉反日运动,在本会滋闹数次,最后则殴打反日会常务委员张炳铭"。[①]至于谢一山(宝儒),最后则惨遭陈国辉杀害,晋江渔会因此专电中央控诉:

> 本年四月二十晚十时,福建省防军第一混成旅陈国辉,怂便衣侦探四名,闯入本会内,谓奉旅部命令搜查反动嫌疑分子,即将本会职员谢一山(又名宝儒)捕去。本会曾向该旅部及侦探队交涉,而彼竟置之不理。谢同志本系县党部派充本会之组织指导员,自本会成立后,则任本会文书干事职,为人忠实、努力工作,毫无反动嫌疑。并经呈县党部转函交涉释放,孰料该旅部复县党部不肯承认,谓未捕此人,殊属滑稽之至。查其时该旅宣布戒严,军警林立,防守严密,岂有在大街上民众团体内捕人失踪之事发生。退万步说,纵谓谢同志非该旅捕去,而在该旅防地发生此大不幸事,该旅亦不能卸其责。况谢同志被捕后二日,又有侦探数名来会。适本会其他职员均未在会内,幸未再遭非祸。嗣后侦探队又到发顺渔行诘问本会内尚有何人,办事住址何在,是可证明陈旅有意加害本会。查谢一山同志,为龙岩人,乃前被陈旅枪毙之龙岩县党部筹备员谢宝萱之堂弟。陈旅旧恨未消,故态复萌,是以拘捕谢同志。本会近已探悉谢同志被陈旅捕去后,即用汽车押赴南安九都(陈之家乡)秘密枪决,埋没尸骸,呜呼惨哉……[②]

上述仅是陈国辉进驻泉州后与安那其及当地民众力量对立冲突见诸报端的部分文字,对于泉州安那其来说实际的情形可能比从报刊看到的要严酷得多。从陈国辉入泉州到1932年4月,可以看到的压迫与反压迫的大致脉络是:初入泉州之时,陈国辉尚能表现比高为国"正规"的省防军面目,但很快就暴露滥科捐税、敲诈勒索的本性,因而引发民众的强烈反抗,泉州安那其迅速介入后与陈国辉冲突不断。紧接着陈国辉加紧收编各路土匪杂牌,扩充防地,于

[①] 《晋江县党部电蒋光鼐,痛陈方陈祸闽罪恶》,《江声报》1932年6月7日。

[②] 《谢一山被惨杀,晋江渔会电中央控陈国辉》,《江声报》1932年7月2日。据秦望山回忆,谢一山(宝儒)被害的前因后果是:"在陈国辉部驻泉州时期,渔会与鱼牙行发生冲突,鱼牙行凭恃陈国辉势力,将渔会干事谢宝儒掳去沉海灭尸。"参见秦望山:《安那其主义者在福建的一些活动》,《福建文史资料》1990年10月第24辑,第198页。

1931 年 6 月初剿灭高为国，6 月底通过省政府的方声涛彻底取消秦望山苦心经营民团组织，并开始严厉收缴民间的武器，削弱安那其赖以支撑的民间反抗力量。在这一切之后，陈国辉开始着手捕杀由安那其控制的学校、工会、妇女协会以至晋江县党部的成员，迫使许多安那其骨干于 1932 年 4 月 30 日紧急撤离，避居外地，泉州的无政府主义运动陷入低谷。

对于这一过程，除了身处运动漩涡的泉州安那其，作家巴金应该是最感同身受者。他 1930 年 8 月下旬第一次到达泉州，9 月下旬离开。时高为国被赶出城外退回福山腰老巢，陈国辉因红四军攻克龙岩所部被歼，被省府以"剿共不力，擅离防地"通缉，他缩回南安老家重招旧部，泉州局面暂时为秦望山之民团势力掌控。所以黎明高中、平民中学初具规模，《泉州日报》出版发行，工会、学联、妇女协会、世界语学会纷纷成立，罢工抗税检查仇货等民众运动风起云涌。但当巴金一年零九个月后重返泉州，安那其事业正遭受陈国辉的残酷迫害。他是 4 月 17 日经厦门到达泉州的，4 月 29 日即从厦门返回上海，① 这行程匆匆的个中原因正是严酷的局势。在泉州一个多星期里，巴金亲历 4 月 20 日谢一山（宝儒）被捕，也感受了张赖愚等 30 日离泉避厦前夕的紧张氛围。而在这前后，还发生了颜武煌、袁继热以及省中 7 教员被捕、张炳铭被殴以及最后传出的谢宝儒遇害等事件。所以，这些事件虽然在当时的媒体中无法得到相应的报道，但是在巴金的小说《电》中却永久保留了艺术的再现。

巴金在《电》完成于 1933 年 12 月，原拟刊 1934 年年初出版的《文学》第 2 卷第 1 号，但在书报检查时被抽去。后于 1934 年 4 月改名《龙眼花开的时候——一九二五年南国的春天》，在《文学季刊》上连载，1935 年 3 月出版单行本，1935 年 4 月收入《爱情的三部曲》出版。十年之后，巴金在新版《爱情的三部曲》的"题记"中特意说明："《雷》同《电》里面写的是在陈国辉统治下的一个闽南古城的生活。我到那地方去时，正是这个由土匪改编的旅长作威作福的时期，那里的确发生过行刺陈国辉的事，自然没有成功。但一两年后这个旅长就因了人民的告发，被正规军捕获正法了。"② 关于陈国辉被正规军捕获正法是后话，详见本章之第三节。而关于"没有成功"的行刺陈国辉的事件，泉州学者杨江云在《泉州安那其主义活动在〈雷〉〈电〉〈星〉中的印记》一文中提

①　辜也平：《巴金三次福建之行时间考》，《中国现代文学研究丛刊》2007 年第 4 期。

②　巴金：《〈爱情的三部曲〉新版题记》，《巴金全集》第 6 卷，人民文学出版社 1988 年版，第 1 页。

到:"《电》中关于敏炸旅长汽车的事件是根据当时泉州总工会骨干渔会干事谢宝儒为首的工会于1931年上半年刺杀国民党旅长陈国辉未遂事件进行艺术处理的。"[①] 但杨文对于如何认定是谢宝儒为首的工会进行这次行动却没提供具体的文献支持，

图86　文庙大门内的天井,也是个大广场,两旁有两株大榕树
（坂井洋史,1985）

笔者至今也未找到当年任何的文字记录,此事只能待考。但尽管如此,这一小说还是艺术地映现了当时的一些具体场景。

首先是在第三章完整地再现了发生在妇女协会和工会门前一场热烈的民众集会:

外面是天井,这是一个大广场,平日显得很宽敞,两株大榕树排列在左右两边,占了小小的位置。这时候广场完全给人头堆满了。这景象使得她们惊讶起来。她们万料不到在这短时间里会来了这么多的人。

那一个新近搭的戏台做了讲台,好几个人站在那上面。明在那里说话,他的声音很低,只有断续的字句送进她们的耳里,在前面人声嘈杂。好些学生在人丛中挤来挤去,散发着传单。她们看见英吃力地挤着,满头都是汗,挣红了那可爱的小脸。接着又看见贤抱了一卷传单挤进人丛里去。她们也用力在人堆里挤着,一些人看见她们,便让出了一条窄路,她们还不曾走到讲台前面,掌声就突然响起来。掌声不断地响着,后来渐渐地稀少了。人丛中忽然起了一个清脆的喊声,是女人的声音,叫着一个鲜明的口号。接着许多青年的声音从四面八方响应起来。于是全个广场都震动了。那些粗暴的喊声像海涛一般向着讲台冲过来。

"你看,佩珠在那里,"影像发现什么似地惊喜地推着德华的手膀说。

德华随着她的手指看去。在左边的榕树前面的那个石凳上就站着佩珠。她举起一只手在空中挥动,她口里嚷着,头摇着,那一头浓发全散开

①　杨江云:《泉州安那其主义活动在〈雷〉〈电〉〈星〉中的印记》,方航仙、蒋刚主编《巴金与泉州》,厦门大学出版社1994年版,第63页。

来,跟着她的头飘动,那么一大堆!时而遮了她的半边脸,时而又披到后面去。人远看去,好像那是一个狮子头,狮子在抖动它的鬃毛。在她下面有许多人在那里伸了颈看。她又埋下头来对他们讲话。①

后来这一聚会为"旅部"派来的军队所包围,但是在克等人的组织和"纠察队"的维持下和平撤离。

小说再现的第二个重要场景的报馆被查封的情形:

……他们（李佩珠和吴仁民——笔者注）看见一个警察拿着鞭子在赶人。但是过一会儿那警察不见了,退下来的一群人又围了上去,前面松动了许多,他们趁着这机会,费力挤到了报馆门前。

报馆前面停着一辆大汽车。步道上站着十几个持枪的兵士。门开着,两个兵在门前守卫。在报馆里面闪动着兵士的影子。

……他们都仰起头去看楼上,那些关闭的窗户遮住了里面的一切。但是从那里面却送出来脚步声、吵闹声和移动家具的声音。

一个兵捧了一束纸件跑出来,另一个兵又抱了些簿子和书本。他们把这些东西都放进汽车里面。接着报馆里面又起了大的声响。……

从报馆里面一些警察赶了几个人出来,让他们走开了。接着几个武装兵士押着一个人出现了。……

雄穿着青西装裤,上身只穿了一件衬衫,两只手反剪地被缚在背后,一张脸阴沉着。那脸上没有一点惧怕的表情。四个兵押着他。他平静地走着,一面把他的锋利的眼光往四面射,好像在人丛中寻找什么人一般。

……他们把头伸出去把眼光向着雄的脸投去。于是他们的眼光和雄的遇着了。雄微微地一笑,那眼光就变得温柔起来。佩珠的眼里迸出了泪珠,她几乎要叫出声来,却被仁民一只手轻轻把她的嘴蒙住。他们还在看雄,但是雄马上掉开了脸,低下头跟着兵士走了,仿佛并不曾认出他们来。

佩珠用眼光把雄送上了汽车。仁民却痴呆地望着那报馆门。一阵惊骇使他的眼睛变花了。从那门里兵士们又押出来一个人,是一个三十几岁的男子,穿了一身的灰西装,两只手反剪地缚在背后。他昂然地走着,

① 巴金:《电》,上海良友图书印刷公司1935年版,第79—81页。

并不掉动他的头,两只眼睛梦幻似地望着远处,方脸上带了一点光辉。他半张开大嘴哼着一首叫做《断头台上》的日本歌。

"原谅我吧,朋友们,

我无限地热爱着你们……"

……但是那个人却跟着兵上了汽车不见了。

……那些兵士都拥上了汽车,于是喇叭一响,汽车就开始动起来。人丛中接着起了一个大骚动,许多人嚷着跑着,警察又拿起鞭子来驱逐看热闹的人,很快地马路上现出了一条路,让那汽车得意地开走了。

报馆门被锁住了,人已经在门板上贴了封条。一个警察还留在那门前步道上徘徊着。看热闹的人散去了,他们一路上谈论着。许多人的口里都发出来不满的言论。①

对于针对旅长的未遂刺杀,小说也有比较具体的描写:

他走上了步道,正预备走进酒馆里面去,忽然听见在前面响起了汽车的声音。他的心马上剧烈地跳起来,他把脚缩回去,转身走下马路,站在街边去看那汽车。……

"我胜利了,"敏想着得意地笑了笑。他的右手在袋里提起了那东西。

汽车在他的眼前出现了。他远远地就看见车外面那两个站在踏板上的马弁。他紧紧地望着那辆车,把全副精神都放在一对眼睛和一只手上。他不能够忍耐地等待着。

汽车逼近了,很快就飞驰过来。他忘了一切地冲出去,他做得那么快,没有人来得及阻止他。他的眼睛里,就只有那辆汽车,别的一切都变得模糊了。他甚至没有看清楚车里的人脸。他疯狂似地把袋里的东西拿出来在汽车前面的地上一掷。他只听得耳边响着许多声音。

于是一个爆炸的声音突然响了起来。他的眼睛花了,在一阵剧痛以后他完全失了知觉。

街中间起了一阵剧烈的骚动,哭叫声压倒了一切。很快地人就逃光了,剩下那宽敞的马路。在那上面凌乱地躺着汽车的碎片,和死伤的人的

---

① 巴金:《电》,上海良友图书印刷公司1935年版,第132—136页。

尸体。马弁死了一个,旅长不过受了一点微伤。离汽车不远的一个地方在血泊里躺着敏,人看不清楚他的脸,那上面全是血,一只脚离开了他的身体。①

敏的擅自行动不仅牺牲了自己的生命,同时也把团体的整个"计划毁了",并且给整个安那其运动"带来更多的压迫"。② 兵士马上查封了工会,抓走了工会的职员,妇女协会从此也关门了,陈清、慧等先后被捕,几天里就快把最好的人损失完了。这时这些安那其革命者才发觉"在这样的环境里我们的势力太微弱了。我们还不能正面和他们抵抗"③。他们终于觉得该接受克带来的建议,全部暂时撤退到城外去,只留几个不大被注意的人在城里。

可以说,巴金的小说艺术再现了陈国辉残酷统治下,民众运动被摧残,张赖愚等被迫离城前的紧张局势。

---

① 巴金:《电》,上海良友图书印刷公司 1935 年版,第 221—223 页。

② 同上书,第 232、233 页。

③ 同上书,第 254 页。

第三节　推动闽南救乡大运动

图 87　泉州万人空巷欢迎十九路军（《时报》1932 年 6 月 28 日）

正当陈国辉在泉州为所欲为之际，外部的形势发生了重要的变化。1932 年 1 月 28 日淞沪抗战爆发，十九路军的壮举获得了全国人民及广大海外侨胞的赞赏与支持。新加坡、马来西亚华侨组织救济上海伤兵难民筹赈委员会，筹捐经费 40 万元叻币（新加坡元，相当当时"国币"100 万银元），菲律宾华侨捐购 15 架飞机。据十九路军司令部后来统计，在总收捐款 1068 万之中，四分之三为华侨捐款。《淞沪停战协定》签订后，十九路军奉调入闽的消息一传出，福建的民众与侨胞更是欢呼雀跃。

1932 年 6 月 7 日下午二时，十九路军到达秀涂港，泉州万人空巷，在大雨倾盆中热烈欢迎十九路军。"沿后渚一带，有当地各界所扎贴之欢迎牌楼及标语"，大街上的"商店则多有摆设案桌，办香以迎者已不仅箪食壶浆已也。"[①]

---

① 《大雨倾盆中泉州万人空巷，欢迎十九路军》，《江声报》1932 年 6 月 9 日。

对于十九路军的到来,泉州民众与旅外侨胞欢欣鼓舞,也充满期待。在此之前泉州民众与华侨已经多方控告陈国辉,但均未为国民党当局所注意。此次十九路军入闽,终于使他们盼来了新的希望。

就在十九路军到达泉州的第二天,1932年6月8日下午,闽南各团体联席会议在香港举行,主席林和清(林憾庐),记录王雨亭,会议决议:"由本联席会议发起函电海内外民众团体派代表,于本年7月7日,在香港开福建海内外民众团体救乡联合会第一次代表大会,讨论救乡具体方案"①,并成立筹备委员会着手筹备。一个月后,"福建海内外民众团体代表联席会议"如期在香港召开,各团体的出席代表共104人,会期3天。出席会议的海外代表中,包括了菲律宾华侨总商会代表许友超(并代表会长李清泉)、桂华山与王泉充,爪哇华侨总商会会长李双辉,华侨教育会会长郭美丞等,越南"安南福建同乡会"颜沧溪(代表会长颜子俊),以及马来亚、缅甸、日本神户等地的华侨领袖。香港方面的代表包括旅港福建同乡会及福建商会代表庄成宗、王少平等。国内方面出席的代表主要来自泉永二属,泉州(包括晋江)的秦望山、张赖愚、袁国钦、郑健魂、庄澄波以及永春的梁龙光都参加了会议。秦望山后来回忆:

> 会议共收到提案90多件,可分为两大类:一类是关于改革省政包括清除匪患的,有60多件,其中以控告陈国辉的为最多(陈罪状可谓罄竹难书),指控方声涛、张贞的亦不少:认为方收匪殃民,扩充个人势力,纵容陈国辉屠掠湖洋,对永春海内外同胞之呼吁置若罔闻;张贞收编安溪李昭言、惠安江汉民等,祸害闽西和泉永不浅。一类是关于地方建设的提案,有20多件,中以关于兴办水陆交通和河流水利问题的为多。对各项议题,代表们进行了热烈而认真的讨论,但大家的注意力更集中到整饬吏治问题,认为这是首要问题,否则建设等等,均无从下手。这方面尤着重三个问题,即改组省府,肃清土匪,惩办方、张等。②

会后,原拟派人回闽将议决案和提案交十九路军,刚好蔡廷锴由上海到

---

①　《闽南各团体救乡大运动,定期召集海内外民众代表,在香港讨论救乡具体方案,昨推出五团体负责筹备》,《江声报》1932年6月9日。

②　秦望山:《"福建省海内外民众团体代表联席会议"纪实》,《福建文史资料》1995年9月第33辑,第163页。

广州,于是推派李双辉、郭美丞、许友超、王泉笙、桂华山、庄成宗、王少平、王雨亭、秦望山、黄振家、李拱宸、张赖愚、袁国铁等20人往穗向蔡廷锴详陈会议情况,并面交议决案等,蔡廷锴出席了由肖佛成、陈济棠出面策划的座谈会,听取并表示接受大家意见。

另一方面,陈国辉进驻泉州后,福厦两地报纸揭露控诉陈国辉罪恶的通讯报道本已连篇累牍。十九路军入闽前后,海外控告陈国辉文电,更是数月不断,现仅就笔者目力留记,列举如下:

《泉永联合会联电控告陈国辉……苛捐杂税数十种,公然保护种烟且设局征收烟捐》,《福建民国日报》1931年1月30日。

《陈国辉蹂躏泉永,民众昨电省请剿》,《福建民国日报》1931年2月12日。

《侨胞反对陈部驻泉,陈国辉包庇种烟玩视功令》,《福建民国日报》1931年2月14日。

《陈国辉电索巨款,截留公路费……》,《福建民国日报》1931年3月17日。

《陈国辉兼营盐业……盐务局制止被殴》,《福建民国日报》1931年4月9日。

《陈国辉又扰湖洋,旅菲同乡会请省府究查》,《福建民国日报》1931年4月14日。

《湖洋旅外乡民,请调陈国辉离湖》,《福建民国日报》1931年4月16日。

《陈国辉治惠北,烟苗捐加三成,烟膏□子抽税》,《江声日报》1931年5月8日。

《陈国辉治下之泉州营业税》,《江声报》1931年6月3日。

《泉州又办契税……所得归陈国辉》,《江声报》1931年6月12日。

《晋江税征到千分之六十》,《江声报》1931年6月18日。

《泉州契税商民议纳"补充费"一月……请减轻营业税》,《江声报》1931年6月27日。

《泉州契税须三月租金》,《江声报》1931年7月5日。

《泉州契税又有附征》,《江声报》1931年7月14日。

《笋业又另设征收所》,《江声报》1931年7月14日。

《陈国辉部在惠安迫种烟苗,勒款毙民……》,《福建民国日报》1932年1月28日。

《闽南旅沪同乡,请惩陈国辉》,《福建民国日报》1932年2月2日。

《陈国辉勒收惠安烟苗捐,又激民变》,《福建民国日报》1932年3月26日。

《惠安哀声遍野,陈国辉勒征烟捐不遂,派队下乡掳劫焚杀惨不忍闻……》,《福建民国日报》1932年4月27日。

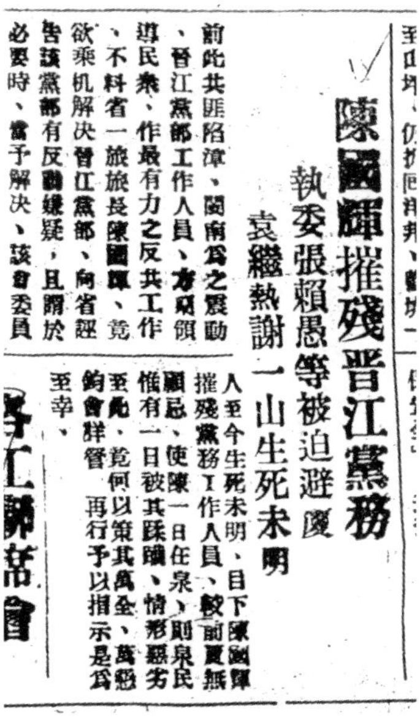
陳國輝摧殘晉江黨務
執委張賴愚等被迫避廈
袁繼熱謝一山生死未明

前此共匪陷漳、閩南爲之震動、晉江黨部工作人員、[illegible]爲領導民衆、作最有力之反共工作、不料省一旅旅長陳國輝、竟欲乘机解决晉江黨部、向省報告該黨部有反動嫌疑，且謂於必要時、當予解决、該會委員人至今生死未明、目下陳國輝摧殘黨務工作人員、較前更無顧忌、使陳一日在泉、則泉民惟有一日被其蹂躪、情形惡劣至此、竟何以策其萬全、萬懇鈞會詳督 再行予以指示是爲至幸、

图88　陈国辉摧残晋江党务的消息
(《江声报》1932年6月5日)

《陈国辉摧残晋江党务,执委张赖愚等被迫避厦,袁继热谢一山生死未明》,《江声报》1932年6月5日。

《晋江县党部电蒋光鼐,痛陈方陈祸闽罪恶,请转恳中央将"方声涛撤职查办,陈国辉置之重典"》,《江声报》1932年6月7日。

《思明一区一分部请办陈国辉余辉照,"摧残党务,助纣为虐"》,《江声报》1932年6月7日。

《惠安旅外救乡会呈国府行政院军委会,请撤办方声涛解决陈国辉》,《江声报》1932年6月7日。

《晋江各工会电中央,请办方声涛陈国辉,"湖洋碧血未干惠北屠杀又见,视法纪如弁毛等民众如猪狗"》,《江声报》1932年6月9日。

《陈国辉铁蹄下之安溪》,《江声报》1932年6月9日。

《惠北各乡十室九空》,《江声报》1932年6月10日。

《谢一山被惨杀,晋江渔会电中央控陈国辉》,《江声报》1932年7月2日。

上述如《陈国辉摧残晋江党务,执委张赖愚等被迫避厦,袁继热谢一山生死未明》等本书已有引用，下先录 1932 年 6 月 7 日，惠安旅外救乡会的快邮代电，次叙"陈国辉又扰湖洋"案，再引晋江县党部的长篇电文，以窥史案之一二。惠安旅外救乡会电文如下：

> 南京，分送国民政府林主席、行政院汪院长、军事委员会蒋委员长、军政部何部长钧鉴：惠民不幸，比年以远；因地方多故，匪祸频仍。政府既不锐意清剿，民众又乏能力自卫，以致地方糜烂，村里为墟。自现任代主席方声涛，欲掺持政权，蒙蔽中央，取消闽南巨匪陈国辉之通缉，恢复省防军混成旅名目，调往惠安之后，惠民痛苦更不堪言。盖陈国辉驻惠以来，大逞其绿林兽性，肆意横行。设捐敲剥，苛细及于棺木；纵队骚扰，劫掠笼蓿侨商。占据党部，驱逐指委，摧残中学，逮捕学生，罪恶所披，罄竹难书。迺陈国辉凭借方氏之包庇，竟敢在全国厉行拒毒之际，违抗中央禁令，强迫民众播种烟苗。蕞尔小邑，勒派至二百万元。劫后灾黎、何来巨款？陈国辉竟借贻误税收之名，派大队下乡勒索。轻则拘捕，重则枪杀。惠北坝头区一带，困贫因无力负担，被焚劫达二十余乡，捕杀四十余人，流离失所而逃亡外县者达千余人。现尚屯庄驻兵，肆行抢掠无辜。乡民奔走流离，惨难缕述。敝会暨惠安旅外各团体，痛桑梓之糜烂，愤匪军之无状，曾叠向省府呼吁呈诉，乃方氏充耳不闻，益加包庇。法纪既无为民锄暴之能，匪恶益逞生杀予夺之焰，惠安民众处此军匪交恶之下，忍痛含泪，为时已久。长此以往，将无噍类；瞻念前途、怆然曷已。兹幸钧府派十九路军入闽绥靖，旱罢渴水，企望殊殷。恳令十九路军对匪军陈国辉部，严予痛剿。并请即将祸民之现代主席方声涛严职查办，以惩匪恶，而靖地方。临电不胜迫切待命之至，惠安旅外救乡会叩。①

而所谓"陈国辉又扰湖洋"，是因为一年多前陈国辉已经在永春湖洋制造过骇人听闻惨案，当时津沪各大报纸也都有长篇的报道。事发 1930 年 7 月，时杨树庄、方声涛等组织对卢兴邦的军事发生，为增加实力呈请民国政府取消对陈的通缉令，并恢复其省防军旅长之职，而陈国辉与永春湖洋的保卫团本有交恶。此前陈国辉虽然龙岩剿共败北遭通缉，但仍退回南安重召旧部招兵买马，至再得省防军第一混成旅番号时已有枪 3000 余杆，并盘踞了安溪、永春及南

---

① 《惠安旅外救乡会，呈国府行政院军委会，请撤办方声涛解决陈国辉》，1932 年 6 月 7 日。

安大部地盘。在永春,各区民团均就范受编,惟湖洋不受陈国辉节制。湖洋为永春最富之区,民团兵力也最强,有快枪800余枝、机关枪2挺、大炮1尊,组织严密,且民众极为团结,陈国辉部一直不敢入湖洋半步。但7月上旬民团首领刘子宽与区长黄河书因侨汇利益产生矛盾,21日爆发团兵、民众包围区公所的严重内讧。陈国辉得知后,"即于二十三晨派陈育才、林尚轩、李雄(即李祖仪——原注)、彭同各营,分路袭攻湖洋。李雄林尚轩西趋仙溪,彭同陈育才东进龙山。二十三晨李林部在田头焚屋二十余座,二十四日进至仙溪。仙溪有枪楼一座,民众及常备队百余人被迫退入枪楼内。结果,民众及常备队全数被杀,枪械被缴数十杆,屋被焚十余座。二十五日彭陈进围龙山,民众走入龙山学校者,咸被枪杀,非死则伤。二十六日陈李彭林会攻桃源,又焚屋十余座。至此,陈部各军成一水平线,湖洋区已去半壁。下午六时,进抵湖洋,湖洋民众被枪杀者共约三百余人,房屋被焚者两百余座,常备队枪械被缴七八十杆,损失在百万元以上。现湖洋难民,无家可归者二万余人,多散处于仙游边界及毗湖各乡"[1]。"湖洋乡民因匆促出亡,多未及携带财物,以至无衣无食,狼狈不堪。是方稻谷成熟,乡民均不敢回家收获。二十七日陈部乃召南安人到湖洋割稻。是日陈部继续焚杀搜索,未逃老弱都被杀害,妇女则奸后择其少艾者同男女小孩押赴南安发卖。而搜索财物时,并挖及地板墙壁。"[2] 而1931年陈国辉再次

图 89　泉州各界欢迎十九路军(黄剑豪摄,《时代》1932 年第 11 期)

---

① 《陈国辉陷湖阳乡,焚屋数百杀人数百,民团起内讧被陈所乘,尚有千余被围两炮楼》,《时报》1930 年 8 月 4 日。

② 《陈国辉陷永春湖阳,焚杀抢掠甚惨》,《新闻报》1930 年 8 月 4 日。

接防泉州后，又违反省府关于"湖洋不得驻兵"的决定，"派彭同所部前往驻扎。乃彭同竟藉到区接防为名，又纵容部队，肆行掳劫"，[①] 所以永春的旅菲同乡会只能再次电请省府究查。

晋江县党部也为泉民呼吁，发致福建绥靖主任蒋光鼐长篇电文，痛陈方陈祸泉之罪恶，强烈要求将"方声涛撤职查办，陈国辉置之重典"：

> 福建绥靖主任蒋钧鉴：吾闽陷入匪共两大灾祸之中，已数载于兹。近顷匪共陷漳，全闽震动。剿匪军既畏葸失事于前，而省当局主政之人，以及所谓清剿军队，则各利用时机，以编收土匪，起用匪要，图势力伸张，夺取地盘为目的，以继其后。日前共匪自动离漳，竟有丧心病狂之徒，欲多方阻止贵军来援者，其原因即在于此。充彼辈之所为，不过演成共匪循环之为祸，长苦吾民耳。痛八闽之地，几无地不匪，而闽籍军队几又
>
> **无军非匪**，匪焰高涨，民命憔悴。政府对匪优容，坐使匪祸滋大。追原祸始，责有攸归。尤可痛者，现驻晋江之省防军第一混成旅旅长陈国辉，本为闽南巨匪，赋性暴戾恣睢，惯行焚杀掠抢，过去作恶有如积山。昔年经政府收编，予以自新，乃匪性难驯，为非如故，割据龙岩，暴敛深诛，焚杀任性，民怨载道。致遭共匪乘虚击溃，嗣以惨杀该县执委陈谢一案，激成国内公愤。政府至此，始明令通缉剿办。以该匪败于共匪之残部，本不难将其歼灭，乃现代理省府主席方声涛，为私职势力之计，竟朦禀中央，将陈通缉取消，再由方卵而翼之，任为今职。该匪于去年一月间，窃据晋江，至今为一年有余，所作之恶，罄竹难书。此次共匪陷漳，请中央派兵来援，此为全省一致之欢呼。乃本会向中央
>
> **请兵电报**，竟被该匪扣留，禁止拍发。其用心盖以能阻止中央军来援，则彼之扩充地盘由旅成师，以及勒筹巨款，都为有望。立心如此，其恶可痛。兹列举该匪一年来在泉为祸之大者，以例其余。一、中央明令裁厘，陈则于晋南安惠德永六县，私设关卡，增收厘金如故。只晋江到永春，路仅长一百二十里，而私设关卡，至七处之多。二、陈在防地内，公开烟赌，坐收巨捐。晋江城内，消遣捐违禁品检查处，月额收至三万二千余元。案经本会呈报省指委会，转行省府制止，而陈则抗令不理。去冬以来，益无忌惮，强民种烟，泉永六县勒收烟苗捐达五百余万。惠北农民，以反对此项捐税，被陈派队屠杀，死亡流难载道。此案至今未了，

---

① 《陈国辉又扰湖洋，旅菲同乡会请省府究查》，《福建民国日报》1931 年 4 月 14 日。

屠民军队现犹未撤。惠安县长叶明焜,即以本案被迫离惠者。三、陈暴敛苛征,晋江精华已被其刮削殆尽。去年在城内勒收契税,至四十余万。一时商民因被捕勒索者,几无日无之。尤其营业税一项,归陈包办,各货抽税,违反定额,月收至十余万元,其税款超过原税率十倍至三十、四十倍以上。尤对殷实商号,则任意指征多少,小商号则更有任其鱼肉。此种苛索之款,均有各商号一年来账目可查者。四、陈擅设泉永财政整理处,将国家地方收入,一概把持,任意扣留,此均财厅有案可稽。更在晋江省府直辖机关,如县政府、公安局、教育局、建设署,以及地方法院,无不予以蹂躏。如去年六七月间,县长陈人杰,公安局长侯启彬,法院院长陈硕夷,均被迫离职留省,不敢来晋执行职务。究其结果,无不

先后被迫而去。至于泉永教育机关,陈派其私人,垄断把持,教育实施未见,而泉永各县以教育捐一名义,设立苛捐杂税至数十种之多。致令安南永各校间,均有被人误认为变成苛捐杂税机关,造成神圣教育之污点。而另一方面,则造成乡民对学校一种深刻仇视。就中婚书一项,尤惹民痛恨之深。又陈改建晋江新桥,只见以改建名义,征收公私各捐,至二十余万之多。兴工年余,今尤未竣。本会曾函请将收支公布,则置之不理。又陈建筑汽车路,则夺取民田,概不给偿,驱使民办,任意派工,义务归之于民,利益则归之于己。乃陈常以建筑汽车路夸之于人,亦作恶而寡耻矣。凡此陈蹂躏各机关,与藉教育建设以敛财害民之所为者。五、陈

勒索殷实,每派便衣队环伺其居之前后,一遇其人,即挟之而去。巨款到手,始行释放。去年六七月间,以此而被勒索者,日有所闻。故当时殷实者,咸逃而之厦。至对各殷实者,指名勒借,又实烦有徒。凡被勒者,均讳不敢言,盖一泄外,则为祸更大。此质之晋江市民,都能祥言其事者。六、本年四月间,晋江有一家二婢,双死惨案,而陈则暗中得金三万二千元,其部属及其马弁,又共朋金三万四千余元,于是地方法院,不能依法进行公诉。只此一案,足证陈贪财毁法,不顾舆论有如是,其他贪财之所为,更可推而知之。七、陈摧残本党,在上年惨杀陈谢一案,国内固咸知之。乃去年夏间,陈秘捕由海外回泉之菲律宾支部执行委员颜武煌,监禁一月之久。虽经人说项,予以释放,但已被勒去一万四千元。最近则怂令心腹陈昌候,包庇奸商

干涉反日运动,在本会滋闹数次,最后则殴打反日会常务委员张炳铭。

又前日陈乘共匪陷漳之际,竟向省诬告本会有反动嫌疑,谓必要时,当予解决。乘时猖獗,肆无忌惮。果于本会执委被迫离会后,竟逮捕本会干事袁继热,监禁一日夜。又欲逮捕监察委员陈泗孙,幸陈临捕脱险,则捕去陈所主办之省中同行教员至七人之多,绑禁一日之久,始行释放。又最近捕去本会所派之渔会指导员谢一山,经本会具函质问,陈则不答。此人至今生死未明,据调查所得,传有枪毙之说。凡此均陈反动摧残本党之重大罪戾。窃陈本系土匪出身,其部队悉由土匪编成,陈作恶于上,部属作恶于下,奸淫劫杀,

残民以逞,至令造成今昔泉永之一片惨相。再查陈以近年所编兴泉永三属土匪,虽号称一混成旅,其兵额已超过一师以上。土匪集团,声势浩大,如此已久在匪共蹂躏下之闽南民众□之,岂有噍类耶?窃查陈国辉此日祸国殃民至此,实系以现代理省府主席方声涛为其靠山。方氏吃食鸦片,神志昏乱,过去治闽罪恶,已彰著人间。乃前年因缘会时,乘卢兴邦之变,再起于政。为欲造成私人势力计,不惜编匪殃民,将各地大小股匪,以保安处职权,概以收编。于是吾闽被通缉之巨匪,如卢兴邦、杨汉烈、高义,以至此万恶之陈国辉,概向中央说项,将其通缉一一取消,使已经失败之土匪势力,依然复活,为祸八闽。以三千万生灵供个人争权夺利之牺牲,

方氏祸闽之罪,实又超过陈国辉诸匪之上。又方于去年为培养其各部匪军计,串同陈国辉等各地驻军,勒民逼种鸦片,致令全闽无一片干净土。经各地反对呈报中央制止,方概置不理。又方以省防主席名义,明令全闽鸦片公卖,惹起各界反对,而方亦不稍自敛迹。编匪害民,种烟害民,此两大罪恶,此方氏难逃国法之诛者。……全闽循环之祸,实方氏一手造成。庆父不去,鲁难未已,时日曷丧,民众

欲与偕亡者已久。兹值我公服膺绥靖,全闽三千万生灵,来苏在望。务恳旌节指日南下,指挥所部,剿共清匪,解决各部变相土匪之杂色军队,将陈国辉付之重典。并恳专呈中央,将方声涛撤职查办,以振国家纪纲,而树根本绥靖大计。党国前途,同深利赖,谨沥情以闻,即希监督是幸。中国国民党福建省晋江县执行委员会叩。①

---

① 《晋江县党部电蒋光鼐,痛陈方陈祸闽罪恶,请转恳中央将"方声涛撤职查办,陈国辉置之重典"》,《江声报》1932年6月7日。此引文保留《江声报》原排版样式。

面对持续不断的呈文、控电,十九路军在全部进驻福建之后很快作出回应。8月2日,有报道称:"蔡军长廷锴,以省防军第一旅旅长陈国辉在泉属一带,勒种鸦片,抽收苛捐杂税,骚扰商民无所不至,至本省各地人民团体,及南洋华侨等控告至蔡军长,案如山积。经蔡军长派员密查,均系事实。蔡拟将陈旅全部改编,以儆效尤。倘不就范,即将陈旅全部解散,亦在所不惜。"①之后有消息称,陈国辉旅将调往大田、德化或闽北等地,于是引起这些地方民众的极度恐慌,纷纷表示坚决反对。②最后经十九路军再三催促,陈国辉部于1932年8月中旬移驻仙游。此期间,对于陈国辉的控告也为蒋介石获悉。有消息称,蒋介石于8月12日代电福建省府,要求核查所控是否属实:

> 军事委员会蒋委员长昨代电省府云:据旅集安溪学会等,控陈国辉苛抽烟苗捐等项,稍与抵抗,则焚杀随之。如剑斗乡被焚百余座,民众被杀数十人。并将其所部,集中南安一带,勒筹给养。请俯恤民艰,电饬制止,以杜后患。等情。查陈国辉迭经各方呈诉有案,该会所控情事,是否属实,仰即查核办理。蒋中正,寝,印。③

十九路军经过一番精心设计,终于在1932年9月27日将被诱召至福州的陈国辉扣捕。消息传出,万民称庆。海内外民众许多团体又立即致电国民党中央党部、国民政府以及福建省绥靖公署,叩请立即将陈国辉就地正法,以防后患。兹录29日当天发出的一组电文如下:

图90　《福建民国日报》刊载《蒋电省府查办陈国辉》

电一:闽城绥靖公署蒋主

---

① 《陈国辉控案如山,蔡军长拟将陈旅全部改编,倘不就范即解散也所不惜》,《福建民国日报》1932年8月2日。

② 参见:《陈国辉部已开始调闽北,拟暂驻大田德化该地民众反对激烈》,《福建民国日报》1932年8月18日;《政和县党务特派员办事处通电反对陈国辉开入闽北》,《福建民国日报》1932年8月19日;《闽北救乡会反对陈国辉》,《福建民国日报》1932年9月4日,等等。

③ 《蒋电省府查办陈国辉》,《福建民国日报》1932年8月13日。

任、省政府方主席钧鉴:匪首陈国辉,罪恶滔天;顷闻就捕,万众欢呼。请即正法,勿留后患;一面下令,将该匪部彻底痛剿。并将匪产查抄、没收,以伸法纪,而顾舆情。永春旅外联合会厦门总会、旅厦永春会馆叩请。

电二:南京分送中央党部、国民政府林主席、军事委员会蒋委员长钧鉴:陈国辉为祸闽南,罪大恶极,万死不足蔽辜,现已由绥靖署扣留。请速明令蒋主任,即予正法。所部解散,其助虐之陈佩玉等,并予拿办。处以极刑,以慰民望,而绝祸根。安溪县党务指导委员会叩请。

电三:福州绥靖公署蒋主任钧鉴:陈国辉祸闽,万死不足赎其辜。闻已扣留,请迅予正法。所部解散,其助虐之陈佩玉等,并予拿办。处以极刑,以慰民望,而除祸根。安溪县党务指导委员会叩请。

电四:福州绥靖主任蒋钧鉴:闽陈匪国辉就捕,万民欣忭。该匪罪状,早在洞鉴。即请明正典刑,并将残部解决,以快民心。安溪旅外联合会叩。

电五:福建省绥靖公署蒋主任钧鉴:陈贼国辉,扰害闽民,罪大恶极,屡经海内外纷纷电呈中央,严令解除武装,通缉正法,拯民水火。兹据报载,感日蒙钧座救民有心,在省拘获。闻悉之后,万民称庆。伏乞迅予明正典刑,派员没收匪产;并将部属一律解除武装,反兵为工,另行分别严办,以张国法,而弥匪氛。□电迫切。中华海员工业联合总会厦门分会叩请。

电六:绥靖公署蒋主任钧鉴:陈匪国辉就捕,万民庆幸。恳请迅将该匪正法,一面痛剿余孽,免贻后患,并没收匪产,以伸国法,而顺舆情。晋江旅外联合会叩请。

电七:福州蒋主任钧鉴:陈匪国辉,蹂躏闽南,□难言状。顷闻就捕,万众欢腾。恳将就地正法,并饬队肃剿余匪,抄没匪产,以绝后患,而平民愤。安溪旅厦同乡会叩。①

9月30日南京方面,行政院第六十八次会议,议决令闽绥靖署严办陈国辉,并闻决将陈枪毙,以谢闽人:

南京三十日电,行政院今晨九时开第六十八次会议,出席顾孟余、陈绍宽、何应欢、朱家骅、石青阳、罗文干等。主席朱家骅。报告事项从略。

---

① 《陈国辉扣留后》,《江声报》1932年9月30日。

讨论事项:(一)福建绥靖主任蒋光鼐呈报省防军第一旅长陈国辉非法扰民,已予逮捕,并将该旅缩编为二团等经过情形,并请示如何处理案。决议由该绥靖署组织军法审判从严法办并函军事委员会。[①]

但这其中,围绕陈国辉的处置问题还是一波三折。10月7日有消息传出,陈国辉第四妾"恐陈有生命危险,特来省向方代主席哭诉,……与第四妾同来者,尚有陈部副官何国华,亦曾偕陈妾晋谒方代主席,其行踪甚为秘密"[②]。而3日,南京方面林森主席就已突然返回福州,蒋光鼐、方声涛均往欢迎,后又偕蒋光鼐同往海军俱乐部沐浴。虽然林森称"此

图91　在福州被拘的陈国辉(《商报画刊》1932年11月20日)

次回闽并无其他任务,……本人稍有闲暇,故返闽一行"[③]。后林森在沪又对记者发表谈话称,陈国辉案将由省府、绥署和司法三机关会审,于是引发各种猜测。晋江县党部立刻连同闽南七县党部与泉永各乡会、海外华侨团体等,致电南京方面等,反对三机关会审陈国辉:

　　国府主席林森氏在沪对记者发表谈话,谓陈国辉案,将由省府、绥署、司法三机关组特别法庭会审。此间社团,各县同乡会闻讯感愤,将有严重表示,业见昨报。昨思明晋江各县党部,暨永春各县旅外联会等,经通电反对矣。兹照录原文如左:

　　南京分送中央党部、林主席、蒋委员长、宋代院长、于院长、居院长、何部长钧鉴:侨务委员会、中央日报、新民日报、民生报钧鉴:上海分送泉漳会馆、兴安会馆、晋惠会馆、闽南同乡会、华侨联合会、新申报、大晚报钧鉴:民国日报、新潮日报、朝报、现代报、福建报钧鉴:顷阅沪电载,林主席

①　《昨行政院会议,陈国辉交绥署审判从严法办》,《江声报》1932年10月1日。

②　《陈部副官何国华来省谒方代主席》,《福建民国日报》1932年10月7日。

③　《林主席昨返闽》,《江声报》1932年10月2日;《林主席前日抵省》,《江声报》1932年10月5日。

谈话,陈国辉将由省府法院绥署,组织特别法庭审判,曷胜骇异。查陈国辉为一穷凶恶极之巨匪,在闽南各县焚毁农村,屠杀民众,勒种烟苗,拥兵叛变,创设苛捐暴税,捣乱剿共后方,凡此罪案,经蔡总指挥,九月卅日布告内历举无遗,并由蒋主任呈报国府,蒙行政院六十八次会议议决,由闽绥署组织军法会审,从严法办各在案。窃查海陆空军审判法,军法会审之组织,律有专条,省府法院绝无过问之权。今林主席所发谈话,不独在法律毫无根据,且根本推翻行政院之议案。以元首之尊,而发此不合法之言论,宁非失态?际此国难当前,万机待理之时,主席突告返乡,道路传言谓将为陈匪缓颊。悠悠之殃,属会本等不敢置信,今证以在沪谈话,欲由庇匪□民之省府,及黑暗腐败之法院参与审判,此中玄妙令人莫测。继之陈匪罪大恶极虽万死不足蔽辜,主席果别有感情,尽可下令特赦,固不必婉婉曲曲,以腾笑中外也。然事久变生,兔脱堪□,属会等为国家纲纪法律威信计,唯有请恳迅予正法,以谢国民。誓死反对三机关会审之非法措施,愤恨之余,词不暇择,伏乞迅赐施行。思明县党部、晋江县党部、金门县党部、安溪县党部、永春县党部、德化县党部、仙游县党部、永春旅外联合会厦门总会、晋江旅外联合会、南安旅外联合会厦门总会、莆仙旅厦救乡会、安溪旅厦同乡会叩径(廿五)。

本社昨接菲律宾中华商会国难后援会寄来快邮代电云,厦门江声报、转全国各报馆、各党政军领袖、各旅外福建同乡会公鉴:日昨敝会分电国府行政院、军委会、军政部、暨林子超先生,请立饬闽绥署,将著匪陈国辉等就地正法,彻底解决什色军队,以安闽局。文曰,(一)南京国民政府林主席、宋院长、蒋委员长、何部长钧鉴:陈匪国辉及爪牙陈昌侯,祸闽十载,罪贯恶盈,近被绥署拘留,方期立加显戮,以伸国法。乃倚匪自重之方声涛,惧地位摇动,对陈匪死力袒护;又令各部匪军掘壕备战,图最后挣扎;一面冀假内战之名,淆乱黑白。伏乞钧府迅即明令绥署,将陈匪国辉及党羽就地正法,方声涛撤职查办,更责成绥署彻底肃清余孽,以拯民命,而绝乱源。(二)福州子超先生钧鉴:陈匪国辉及爪牙陈昌侯等,蹂躏闽南,吾民宛转呻吟,呼天抢地。兹幸蒋主任将陈□□□□□□□□□□□□□□载,先生不惮跋涉翩然莅闽,而适于此时各部土匪变相之军队,突起掘壕备战。道路传闻,竟谓我公被庇匪之方声涛所蒙蔽,将为两方调停。倘所传非虚,是匪军无肃清之期,政局无改善之期,拂逆民意,莫逾于此。伏思方陈狼狈作恶,实乱闽症结,公所素知,前岁来菲曾亲电方氏勿编匪。前事不远,当未忘怀。今身秉国钧尚望本昔年之风骨,振今日之威棱,勿为群小所惑,速令绥署将陈匪及党羽立案重典,将方声涛撤职查办,彻底解决匪军根本,改组省府,则闽中父老海外侨民皆将拜公之赐,否则人言可畏,我公一生令誉将为彼辈断送矣。掬诚直言,诸祈三思,并盼示复,恳祈一致声援,是所至祷。菲律宾珉里拉中华商会,华侨国难后援会同叩寒(十四)。①

正因为此案如此复杂,海内外各界团体、党部,自陈国辉被扣押,才不断致电南京和福建相关方面,恳请立即处置陈国辉以平民愤,以除后患:

《京沪及海外闽侨纷请中央诛陈国辉》,《福建民国日报》1932 年 10 月 1 日。

《晋江民众召集会议请将陈及叶祖仪陈昌侯分别正法,晋江教育会请严办洪文德、郑维垣》,《福建民国日报》1932 年 10 月 1 日。

《晋江各界代表大会电联迅将陈国辉等正法》,《江声报》1932 年 10 月 2 日。

《旅厦泉永同乡请严办陈国辉》,《福建民国日报》1932 年 10 月 4 日。

《兴化旅港同乡连电各方请正法》,《福建民国日报》1932 年 10 月 5 日。

《惠安各界请枪决陈国辉党羽陈佩玉等,各地福建同乡再请将陈国辉正法》,《福建民国日报》1932 年 10 月 5 日。

《闽南学生请办陈国辉,明日赴绥靖署请愿》,《福建民国日报》1932年 10 月 8 日。

《安溪县党部电请严办陈国辉》,《福建民国日报》1932 年 10 月 8 日。

《永春各界代表大会请当局枪决匪党抄没匪产》,《江声报》1932 年10 月 16 日。

《安溪县党部电请严办陈国辉洪文德何显祖》,《福建民国日报》1932 年 11 月 3 日。

《新加坡闽粤侨团体联请立将陈国辉正法》,《江声报》1932 年 12 月 19 日。

---

① 《思明等七县党部与泉永各乡会反对三机关会审陈国辉》,《江声报》1932 年 10 月 26 日。电中"前岁来菲曾亲电方氏勿编匪"指此前 1931 年 4 月,林森陈耀垣在菲律宾曾致书福建省府,让其调开闽南的不良军队,未获回复。后于 4 月 16 日又再函福建省保安处,请方声涛将陈国辉高为国军队调离闽南,详见《林森陈耀垣再函保安处,请将陈高军队调离闽南》,《福建民国日报》1931 年 4 月 17 日。

在海内外各界持续不断的强烈要求下,陈国辉终于在 1932 年 12 月 23 日晨 7 时被押到福州东湖之校场执行枪决,并陈尸示众一日夜。福建省绥靖公署随后发布了由蒋光鼐签署的布告:

> 为布告事:照得福建省防军,第一混成旅旅长陈国辉系剽骑鸣镝之徒,因缘时会,啸聚闽南,暴戾姿睢,无恶不作。如庇匪掳勒,渎职殃民,横征暴敛,擅创捐税,勒种罂粟,屠杀焚村,摧残党务,拥兵抗命,种种罪恶,擢发难数,皆属社会共见共闻,无可掩讳之事实。当本军入闽之初,接受海内外民众团体及被害人控诉的文电,积存盈尺。本主任犹一再优容诫勉,冀其悔悟自新,不图该犯怙恶不悛,荼毒地方,拥兵抗命如故,如今拿办,业已呈奉国民政府,军事委员会,电令组织军事法庭会审,并经详细研讯,罪证确凿,法无可宥,该犯陈国辉一名,合依陆、海、空军刑法第二十五条,及二十七条、三十五条、四十七、六十三条各条规定,合并论罪,判处死刑,即于本月二十三日,验明正身,绑赴刑场,执行枪决,以昭炯戒,切切此布。计开陈国辉一名,年三十五岁,福建南安县人。[1]

十九路军扣留、枪决陈国辉是发生在泉州以至福建的大事。之后,泉州的民众运动又蓬勃兴起,工会、学联等团体也十分活跃。1933 年 11 月 20 日,十九路将领与国民党内部一些反蒋势力发动“福建事变”,在福州成立“中华共和国人民革命政府”,泉州也成立文化运动大同盟,总部设威远楼。根据福州“人民革命政府”的行政区域划分,1934 年 1 月 3 日,“兴泉省人民政府”成立。但十九路军的反抗斗争很快为蒋介石坐镇指挥的军队所镇压,1 月 21 日,聚集泉州的十九路军将领沈光汉、毛维寿、区寿年、张炎等向蒋军投降。接

图 92　被执行枪决并示众的陈国辉(《陈国辉百年图录》,香港书艺出版社,2018)

_____

[1] 《闽南著匪陈国辉昨日陈尸东湖,观众络绎于途无不称快》,《福建民国日报》1932 年 12 月 24 日。

着陈仪入闽主政,国民党南京方面实际控制福建。这期间,晋江县的县长也由陈国辉时期的余辉照,依次换成十九路军时期的周俊烈、高桓,以至陈仪入闽之后的徐涟、吴石仙等人。

至于已被十九路军处决的陈国辉,在陈仪入闽主政之后,家属、旧部为陈国辉举行了隆重的葬礼,极尽哀荣。据当时的媒体报道,陈国辉"自民廿一为蒋光鼐扣留枪毙后,其棺久寄鼓屿,尚未择吉安葬。现以时局变迁,蒋蔡已去,陈之旧部任团长者三人①,(陈育才外——原注)。若于此时举行葬式,必有素车白马千里来会之盛,并由陈之第四爱妾决定葬地,放弃久营'虎穴',而在鼓屿洋墓口本宅后园,重造新坟,且竖铜像。统计坟仪及一切功德宴饮之费,预定国币五万元,其规模不可谓不大。日来陈宅已成立治丧办事处,由旧参谋长洪文德叶祖仪两人主持一切。又由泉州特延苏灵槎孝廉来鼓,从事于赴告("讣告"之误——笔者注)事略之编印,以便及早分送亲友。闻葬期已定阴历四月中旬云。查苏君为泉州名孝廉,素以谀墓能手著闻,想不久必有一种使陈死人却立叹息不敢承认之洋洋大作,出现于厦鼓社会间,阅者但翘首企候可也。"② 文中所谈"虎穴",系因迷信风水,陈生前本已在家乡为自己选有风水宝地,但 "陈第四妾瑞堂,以陈生前仇敌众多,如张雄南、高为国等部属,均与陈深仇。绿林中难保无伍子胥其人,为此力排众议,主张将陈葬鼓。讨论结果,公认英雄所见,不及英雄之完善,以是遂葬于鼓洋墓口住宅内之空地。"③1934年 6 月 20 日,陈国辉落葬鼓浪屿福建路住宅内之花园。记者报道称:"本来掘土三尺可埋一棺,惟陈之家属部属,以陈生前知名,死后不可不一一示众。乃遍分讣帖,热乎其闹。洪文德、叶祖仪、陈佩玉等均到。届时,棺材由偏门抬出,正门抬入,于是掩埋矣。"④ 之所以偏门抬出正门抬入,乃按闽南旧俗,通过加长的送葬路线和庞大的送葬队伍,彰显尊贵与隆重。之后,还印发由时任"剿匪"总司令、驻闽绥靖公署主任蒋鼎文题名的《陈公耀臣哀荣录》,广赠亲友部属。《哀荣录》含有萨镇冰撰写"墓表",方声涛、张贞等的祭文,以及包括于右任、吴铁成、蒋鼎文、方声涛、刘和鼎、宋希濂等显贵的挽联⑤,此为后话。

---

① 陈仪入闽后整顿民军,取消省防军及各种民军的番号,设保安团。

② 《陈国辉葬期》,《昌言》1934 年 4 月 23 日。

③ 《陈国辉不入虎穴》,《江声报》1934 年 4 月 15 日。

④ 《陈国辉出入其妾之门,偏出正入直抵穴地,老绅旧部参与其盛》,《江声报》1934 年 6 月 21 日。

⑤ 《陈公耀臣哀荣录》,厦门风行印刷社承印, 1934 年。

第七章
破除迷信及其反响

泉州素有"世界宗教博物馆"之称,其宗教特征有门类齐全的特点,佛教、伊斯兰教、基督教、天主教、摩尼教、日本教以及拜物教都曾相继在此传播。又有历史悠久,蕴含深厚的特点,据载其境内有千年或接近千年的寺庙50座以上,五百年以上的数百座。但泉州民间的信仰又具有多元融合,多神崇拜的特点。在民间,许多人既信佛也信道,重大祭祀请道士也请和尚,也没哪个宗教发展成主要教派。除了信教,泉州民间还崇拜众多的神灵,包括自然崇拜,如敬天公土地公,祈风祈雨等;供奉神鬼,包括祭祀祖先,祭拜关帝妈祖吴真人,祭敬亡魂等,有各种民间信仰活动场所数千处。然而,泉州的信众佛道不分,泉州的民众也宗教与迷信混淆不清。很多居民信奉的并不是传统的宗教,而是一些悖离宗教旨义的所谓杂神。于是神棍巫女造谣惑众,借机敛钱;庸庸众生妄录福祉,破财伤身,迷信之风广为盛行。安那其主义者认为"宗教是迷误人智的,我们当以真理为归,无论如何不能拿一个渺茫不可知的偶像去崇拜皈依,我们当受我们理性的指导,不能为偶像的牺牲,即我们不当拿偶像去迷误别人,也不应以偶像来迷误自己"。他们把宗教和迷信与私产、政府、法律、军警、教会等同,认为"都是妨碍人类的进化,增加世界的黑暗的"①。所以1920年代之后,泉州的无政府主义者等先后发起过三场规模较大或影响较广的改变陋习、破除迷信的运动。

---

① 《均社宣言》,葛懋春、蒋俊、李兴芝编《无政府主义思想资料选》下册,北京大学出版社1984年版,第537页。原载《半月》第21号,1921年6月。

第一节　革命党首战康王爷

20世纪30年代曾有记者称泉州"宫庙五倍于学校"[1]，并且对晋江民间的宗教信仰进行具体调查和详细的报道：

> 十一，本县民众信仰宗教以佛教为多，基督教次之，回教亦有一部（仅金丁马郭四姓，人数约万人左右）。信仰佛教者多未能如正式佛教徒读经、礼忏、持斋，仅于各家庭中供奉了多种有名无名木偶。于朔望日焚香敬奉，或危难时祷告而已。至回教现尚存礼拜堂一所，内仅一二看守者。据云，现举行礼拜仪式，教徒平时亦无用何仪式崇奉，且有一部人已兼崇奉佛教，惟身后尚需其回教中人前往诵经超度耳。十二，基督教于前清及民国初年，常因袒庇教徒，凌虐平民，而以天主教为甚，故当时教民与非教民时有恶感。现未闻有冲突情事，惟彼此间感情尚未能十分融洽。十三，本县寺庙 除承天寺、开元寺、崇福寺、元妙观、城隍庙等外，城市分卅六铺，每铺各有宫庙一所，崇奉境主。城外各乡皆起庙供奉乡主。故寺宇林立，数达二千余所。庙产总数虽未确实调查，估价约在八十余万元以上。[2]

所谓境主、铺主和乡主由此而来。而在泉州民间，被许多乡村奉为镇境之神的是康谋才康王爷。有关康王爷的传说由来已久：据称康谋才原为明代武将，因为国捐躯而被赐塑像立祠。传入泉州后许多乡村建康王爷宫奉祀，其中以南

---

[1]　《晋江县教育与风化》，《江声报》1936年2月16日。

[2]　《晋江县教育与风化》（续昨），《江声报》1936年2月17日。

图93　泉州靖安殿康王府大门（辜也加摄，2021）

门外许坑乡的康王爷宫最负盛名，常年香火缭绕。相传清朝末年，南门城内发生劫案，知府、知县限期破案，差役侦查毫无结果，束手无策。但是在到许坑乡康王爷宫祈求帮助后不久居然人赃俱获。于是王爷英灵名声大振，官家也大备筵席香灼赴宫谢敬。同时还从香炉请回香灰，供奉于县衙。后改塑泥像并辟一室，常年崇祀，形同神庙。官家若遇刑案，必先祈告王爷。而民众有求，也到此祷告。因此衙门也常年香火不断。而泉州第一次震撼全市的破除迷信的行动，就是从康王爷开始的：

> 1923年，东路讨贼军入闽后，军阀李厚基倒台，泉州为革命军所占领，许卓然任泉州卫戍司令，陈清机任晋江县长，叶青眼任市政局长。时马来亚侨领陈新政、邱怡领、菲侨王雨亭（陈、邱、王与许、陈、叶均同盟会会员）回国参与建设，在泉会见许、陈、叶等老同志，在县衙见此怪现象，责他们说："革命是要革故鼎新，移风易俗，今县衙竟作王爷宫，宣扬迷信，实贻党人之羞"。陈、叶听了也觉得有愧，叶青眼即以市政局名义出告示，说："县衙供奉康王爷，实属愚昧迷信，败坏风俗、破耗金钱，麻醉人民，遗害社会，决定破除，群众勿得阻挠，毋相惊慌……"等语。告示贴出后，全市哗然，大有山雨欲来风满楼之势。翌日，陈清机、叶青眼、陈新正、邱怡领、王雨亭等，即在华侨公会集议，进行破除。当时一般思想较进步的华侨和社会人士，亦多表赞同，汇成一股洪流。遂于民国十二年（1923）古历十二月廿四日，由陈清机、叶青眼等率领这些进步群众，由新门街沿南大街，直趋东街，到达了县衙供奉康王爷的地方。首由陈清机发动，用手杖把康王爷的神像捣碎，众人纷将神帐撕破，神匾掀下，香炉花瓶打破。陈清机弄得满身灰尘，但大家都很痛快，感到革去人们精神上的枷锁，是革命的一胜利。他们毁了康王爷，并未再毁其他神庙。而风声所播，泉州的宫观寺院如奇仕宫、萧王府、城隍庙、关帝庙，以及各铺"境主宫"的神像，都纷纷抬走或藏匿，而神棍巫婆也各掩旗息

鼓,迷信之风为之稍杀。驻在南门外的秦望山部队也起而响应,烧毁了许厝乡新街的康王爷和许许多多的纸王爷,迎送王爷的恶习几乎被消灭了。[①]

从上面的描述看,这第一次的破除迷信主要还不是泉州安那其发动和领导的,只不过秦望山响应革命党人的运动,派部队大举烧毁纸王爷,并拆毁当时拥有无上权威的许厝新街的康王爷宫。当然秦部的行动显然比革命党人等激进,陈清机、叶青眼他们的行动只不过在县衙门进行,而且仅仅是捣毁神像,撕破神帐,掀下神匾,并未破坏任何康王爷宫,而秦望山居然指挥手下焚毁康王爷金身。

图 94　泉州靖安殿康王府（辜也加摄,2021）

但是这次破除迷信的反响并未持续多久。驻泉讨贼军奉调入粤后,高义民军在 1924 年 3 月乘机占领泉州,康王爷也因此被请回。于是民间就有康王爷实在灵应,所以革命军最后还是被打跑了的传言。而秦望山也回忆说:"1924 年,北洋军阀卷土重来之后,城外的神棍复大肆活动。当时我患足疾（关节炎）,许厝新街的神棍藉此造谣,说我因毁了王爷的'金身'而遭罚,被神兵施以剧刑,足已残废,云云。信之者众,王爷淫威一时复炽。"[②]

---

①　苏滔:《大革命后泉州三次破迷运动》,《泉州文史资料》1982 年 12 月第 13 辑,第 173 页。

②　秦望山:《安那其主义者在福建的一些活动》,《福建文史资料》1990 年 10 月第 24 辑,第 202 页。

第二节　摧毁宫庙之偶像

第二次破除迷信的行动发生于 1929 年,这一次的确是由一帮无政府主义者主导的。关于这次行动的背景与过程,秦望山扼要回顾说:

> 1929 年,我们在泉开展各项运动,破除迷信亦是其中重要的一项,由学联会带领学生进行。当时泉州有四所神庙香火最盛:通淮庙,供奉关圣帝君,最为善男信女所崇拜;富美王爷宫,供奉萧王府（萧何）;奇仕宫,供奉三夫人妈;玄妙观（也叫天公观）,供奉元始天尊太乙真人。每至时疫流行,常有人抬着偶像上街为病者求赦,沿途呼喊病者姓名（即招魂）,声声凄厉、深夜闻之、毛骨悚然。致连男女婚姻、经商远行之事,亦到庙祈祷。有些死者家属还请抽鸦片的道士超度亡灵,闹得乌烟瘴气。大家认为,要破除迷信,扫荡神权,就要以那四所香火最盛的神庙为重点,捣毁一切大大小小的神像。为防范神棍流氓生事阻挠,特联络杨逢年旅的青年军官（如沈向奎、王维明两位营长）,请他们也参加行动。部署既定,即雷厉风行地干了起来,城里城外同时动手,一天之内,除通淮庙和奇仕宫的关帝、三夫人神像被人抬走匿藏（因运动规模大,风声走漏）外,其余都被我们捣毁殆尽。事后,神棍流氓虽谋伺机蠢动,但不得逞,什么关圣帝君、三夫人也从此失去了威灵。①

---

① 秦望山:《安那其主义者在福建的一些活动》,《福建文史资料》1990 年 10 月第 24 辑,第202 页。

这次的行动在社会上产生
了很大的影响,甚至连上海的
《时报》也有长篇的报道:

图 95　民国初年泉州开元寺(《小说月报》1913 年
第 4 卷第 4 期)

　　今年新年后,闽南事
可记者,为泉州晋江县党
部各民众团体组织破除迷
信委员会,捣毁泉城各庙
宇神像一事。一时风雨满
城,闽南愚夫妇莫不骇然
走告,颇有震动遐尔之概,详情志左。

　　元旦日晋江县党部各团体举行庆祝后,即推十一团体组破除迷信委
员会。经两度会议,讨论进行方法。至八日,各团体及参加之军警,分队
出发,毁除各庙神像。元妙观、通淮关帝庙、城隍庙、奇仕宫、富美、萧王
府、县署康王府、花□庙,以及各铺宫庙等处神像,多被捣毁。泥塑者推
倒,或砍其头,木雕者火焚。惟当元旦日庆祝会议决组织破迷信会后,城
中迷信家已有戒心。迨后破除迷信委员会迭开会议,亦有所闻。乃亦同
时秘密组织,所谓“救神运动”。各庙神像,被秘密移去者不少。如奇仕
庙之三夫人、通淮庙之关帝、均先后移去,获免打倒。各庙神像捣毁后,复
标封各庙,禁止参神。于是千余年来盛旺之泉州各庙香火,为之断绝。十
日各团体复出发毁开元承天两寺各天尊,惟三世尊留而未毁。以后连日
毁像,截至十五日,所有泉城各街崇祀之境主,东门外东岳大帝,及两廊神
像,涂门外关帝庙之周仓关平,承天寺之十八罗汉,均被捣毁。开元承天
崇福三寺之四大天王像,因像大而坚,毁之工力太大,乃以布裹之,不使见
人。此泉州一周来破除迷信运动之经过也。

　　同时泉城之善男信女各庙董事,亦大致力于“救神运动”。迭与党
部当局磋商保存神像及庙产。尤以对承天、开元、崇福三大著名丛林及花
□庙之救护为力。结果党部对三大丛林允予保存,花□庙则不许。又开
元寺建于唐,为泉城最大丛林,有历史上位置。其东西两塔石刻,尤为中
外考古家研究中印文化交通迹象之重要材料。该寺檀越为黄姓,近亦开

家族会议,致函破除迷信会,请保存该寺。该会复函,提三条件:一、开元寺改为公园。二、所有神像除释迦佛保留外,其余均由委员会分别存毁。三、该寺慈儿院应遵部章办理,受地方教育行政机关监督,各项财政尤须公开。此外委员会对各方请求保存三大丛林者,提四条件:一、不许士女入寺祈祷。二、各寺产业应由破除迷信委员会监管支配。三、各寺和尚凡二十岁以下者须还俗、二十岁以上者须各有耕作,各自生活,不许拜忏诵经,向人民募钱。四、开元寺之慈儿院,承天寺之□山小学,所授课本,须受委员会审查,须合现代社会需求,不得一味灌输佛化。以上四条件,已得各寺承认实行。泉州之破除迷信运动,可谓已告段落。惟於毁像时曾毁及古物,为可惜耳。①

图96   泉州承天寺(《佛化新青年》1924年第4期)

而苏滔的《大革命后泉州三次破迷运动》一文对这一过程有比较具体、形象的描述,其中涉及个人与学校。秦望山说这次行动是由"学联会带领学生进行"。苏滔明确"首举义旗的为黎明高中与私立泉州中学校,因为他们接受了新思潮,眼见泉州社会迷信之深,黎明高中训育主任陈君冷与私立泉中教务主任张炳铭,出而领导破迷运动,事先对学生进行宣传迷信的危害性,陈、张二君在学校具有威信,经过宣传后,学生一致响应拥护"。而具体的行动过程是:

于是在一九二九年古历十一月廿八日上午,在威远楼集议,举行破除迷信活动。当时国民党县党部有一部分人与驻军团长沈向奎表示赞同,遂由张陈二人领导两校学生,从中山公园集合出发,浩浩荡荡地由东街直趋东岳庙,因东岳庙是供奉各种杂神荟聚之所,是迷信的渊薮,学生们或拿木棍、锄头,或带绳子,一到东岳即行捣毁,没有人敢来阻挠。东岳庙原

①   厦门通信:《满城风雨闹泉州,捣毁了各庙神相,忙煞了善男信女》,《时报》1929年1月21日。

有五殿，后仅存四殿，前殿祀东岳大帝、四丞相、胡将军；两廊祀八十四司神像，左魁星，右阴骘星君；第二殿祀五帝（东西南北中）；第三殿祀十殿阎君，中奉地藏菩萨；最后一殿祀陈、李、金三夫人。庙右有上帝宫，前有天坛，大门口有铜蛇铁狗将军的神像。最先被捣毁的是两廊八十四司神像、将军神像和地祇的神像。首殿东岳大帝，因泥塑神像高大，一时无法捣毁，其他神帐匾额、牌联、纸人纸马、花瓶香炉，或撕破，或打碎，或放火烧掉。捣毁后即返入城，先到元妙观，驻军为维持社会秩序，早已派军队在元妙观四周放哨，不准外人进入，破迷队伍一到达，即汹涌进入观里。元妙观原有前后二殿，前殿名三清殿，崇奉原始天尊、灵保天尊、道德天尊；山门有天丁力士；两庑有二十八宿；殿大门口左右壁有海龙王。后殿名紫薇殿，内崇奉救苦天尊、普托天尊，殿中系紫薇星君及玉皇上帝，殿内两旁有天师等偶像。队伍到前殿时，即用绳子把天丁力士、二十八宿各偶像的头子拉下来，个个泥头落地，再捣毁其他的偶像，有的全身粉碎，有的残缺不全。前殿捣毁后进入后殿，但事前庙里道士探知，已将玉皇上帝牌位移走，绣彩桌裙收藏起来，故后殿只毁了花瓶香炉，烧了神帐匾额。玉皇上帝及紫薇星君的神像，高大莫及，所以没有毁掉。元妙观与东岳庙虽为道教庙观，而牛鬼蛇神特别多，迷信气氛最浓厚，故为这次破迷的重要目标。捣毁元妙观后，队伍转往承天寺，该寺驻军沈向奎团，已令士兵将两廊的廿四天尊偶像毁掉。另一方面是私立泉中校长龚念平，不赞成捣毁佛寺，派人通知张炳铭，不要让学生进寺破坏，因此承天寺佛像得以保存。队伍由承天寺转往涂门街，闻知关帝庙的关帝爷像早已抬走了，就没有进去，而转往南门富美宫要捣毁萧王爷，也听说偶像早已转移了，所以没有去，而拟转上花桥亭毁花桥宫，再往西街毁开元寺。但事前佛教界人士叶青眼及地方人士等，已向驻军旅长杨逢年及县长李敬仲诉说，以花桥宫为善举公所办理慈善事业的地方，非迷信场所；开元寺为闽南名刹，佛教重地，宗教信仰与迷信鬼神不同，不应破坏。杨逢年与李敬仲亦认为保护文物古迹与宗教信仰自由，法有规定，乃一面出示保护，一面亲自前往劝阻学生，因此花桥宫与开元寺未被波及。破迷队伍即转往奇仕巷，欲捣毁奇仕妈偶像，亦因早已被抬走了，没有毁成。这一次破迷运动，青年学生个个精神振奋,视为一场与恶风陋习的战斗,有助于改进社会,启迪民智。①

这其中提到的叶青眼的概况可参见此前第四章第一节,但在六年前捣毁康王爷的行动中,他本是主要领导者。这次由于他和其他人的努力,花桥宫、开元寺等得以保护,实属功德无量。而时为私立泉中教务主任张炳铭(1902—1932)也实属不易,他为出生于泉州的本地人,早年考入私立泉中中学

图97　泉州开元寺的双塔(《中国营造学社汇刊》1937年第4期)

(今泉州六中),并被选为校学生会主席和泉州中学生联合会主席,五四运动时曾发动组织过2000多人的大游行。后考入北平师范大学化学系,毕业后回泉中中学任教,并担任教务主任,同时兼任舍监。由于深受五四新思潮的影响,张炳铭成为一个彻底的无神论者。在这一次破除迷信的活动中他是主要的领导者,在三年后的又一场反对迷信的斗争中,他不仅是主要倡导者,而且他的家还因此受到暴徒的重点攻击。

另外,《大革命后泉州三次破迷运动》对这次行动过程的描述如此全面、细致,作者如非亲自在场耳闻目睹恐难完成,但苏滔为何许人至今仍是个谜。从其描述过程的文笔看,苏滔可能也非一般的学生或社会上的普通人士。写作该文时事情虽然已经过去数十年,但因涉及宗教,亵渎神明,估计作者用了笔名隐去真身了。由此可见无论是民间信仰或封建迷信,它毕竟已成人类的文化心理,虽然历朝历代都有人想加以改变,但始终是挥之不去。

---

① 苏滔:《大革命后泉州三次破迷运动》,《泉州文史资料》1982年12月第13辑,第176页。

第三节 禁关帝出巡之反弹

泉州第三次破破除迷信的运动发生在 1932 年 7 月,主要由张炳铭、陈君冷、陈清机、叶青眼等首倡。据称泉州是年霍乱流行,疫情严重。一些地方人士向驻扎泉州的第十九路军第六十一师师长毛维寿申请,计划请涂门关帝庙的关帝"出巡",以"驱除瘟神"。时第十九路军刚刚入驻泉州,毛维寿不明就里批准申请。于是沿街居民张灯结彩,家家备香案烛炮、金银纸钱等待奉迎。事为时任晋江反日会总干事张炳铭觉察闻知,他马上联合县党部等致信毛维寿,痛斥此举之谬,信中有"不意堂堂抗日英雄竟许无知民众有此迷信举动,实令人大惑不解"①,毛维寿大为所感,立即下令禁止。但是民间人士不满禁令,组织各街罢市抗议,发表攻击党部、颂扬陈国辉宣言,并聚集群众冲击、捣毁县党部和张炳铭家。但是由于张炳铭、县党部和驻军的坚决斗争,关帝"出巡"的活动最终还是被禁止。

图 98　泉州关帝庙（辜也加摄,2021）

① 转引自苏涤:《大革命后泉州三次破迷运动》,《泉州文史资料》1982 年 12 月第 13 辑,第 178 页。

对于因取缔迷信而引发的罢市捣毁县党部的风潮,当年报纸有过连续的报道,现完整选取一则以窥当年场景:

> 泉州因取缔迷信,禁关帝出巡,致为人乘机激励,于十六日造成一时之罢市捣毁党部风潮,经见昨(十七)日本报泉州专电。兹据十七日泉州通信,详载本刊之经过如左。
>
> (泉州十七日通信)昨(十六)日本市迷信者因迎关帝驱疫被制止,为势力指使,发生轩然大波,捣毁县党部及商店甚多,兹志其详情如下:
>
> **迎神肇□**　查自泉市虎疫将稍杀,绅商与涂门街通淮关帝庙董事(多数老绅)即发起迎关帝驱疫,历向晋江县□六一师部暨该师特别党部县政府请愿未获照准,而一部市民四出宣称,谓各机关并未表示严禁云云。缘此全市好事者,热烈筹备空前大迎神。晋县党部为此函六一师部查禁,经六一师部出示取缔。先是关帝庙□□□关帝择定十七八九等三天举行,连日昼夜若狂,全市沸腾。市中各铺少数流氓向既迷信关帝,复可假借迎神以聚敛,加以利用市民对迎关之同情心,乃风起云涌,鼓吹市民积极筹备。然以党政军各机关均未明白许可,党部反对尤力。于是有以暴力对付党部之谣言。时至十四日晚商会等在关帝庙开会讨论,决于十五日由县绅商多人,向县党部作最后之交涉。时六一师参谋长赵锦文与县党部表示(坚)决禁止态度。
>
> **先夜示威**　绅商退出后,有少数流氓及迷信市民,殊为不满,于是就怂恿各铺提前作示威之持灯游行,紧张空气,欲借以挽回迎神局面。缘此恶势力,及一部流氓,遂乘机煽惑无知市民捣毁县党部。持灯游行即将散队时,九时许即有流氓百余人,拥往校场头攻入各界反日会执委张炳铭住宅,肆行捣毁,所有家器门窗尽行破碎并乘机有抢劫。所幸张闻风外宿,未被难。至夜半十二时许,市街已寂然,忽有一片喧哗沿南门而上,杂以敲锣声大呼"大家呀,明日须罢市,县党部不准迎帝爷呵"。市民均惊醒由门隙观之。此一干人约百猛,浩浩荡荡而上至县党部楼下,破口谩骂而散。
>
> **勒令罢市**　昨晨(十六日)南街□发现打倒县党部标语,沿街商店除曾被反日会破获仇货者中有一部未开店外,仍大多相率开店。然拂晓流氓已散布市上,见商店多数开市,于是一啸而来,分两路强迫关店。一

路由下十字街而上，喝令关店。稍迟者即拥至店外恐吓、怒□咆哮，肆口谩骂。大堆流氓，均私挟利器，每人皆手攒石块，准备捣毁开门之商店。下十字街头，先捣击□同益绸布庄，金源隆家长被追掳，险遭毒手。至此顶南街各商店乃纷纷罹祸，同时关门。于是全市紧张，秩序大乱。街市上军队少见，岗警畏惧逃离。流氓大队汹涌而上，再捣毁世界书局，攻入半掩商店多家。至镇抚巷口，拥入吴祝三医院门口，吴急关门，始告无事。

党部被毁　自是直奔县党部。先是党部及反日会职员遥见一簇人等直奔党部而来，审知来势有异，因相率退避黎明旅部（在党部后）告警。未几大队百余猛果将党部围得铁桶相似。为首者拥上楼顶，动手捣毁该部礼堂办公厅、会客厅、职员卧室以至厨房等处器物，门窗尽捣碎，总理肖像，被撕破倒悬半墙之间，所有文件簿籍，扯掷遍地，栏上花盆，破于室内及走廊。烈士遗像及历年县长像均被捣毁，晋江县党部招牌被拆坠屋脊上，值钱器具均被捣毁一空。各界反日会所获仇布，被撕毁数匹，抛马路上。楼下收发传达室，亦受捣坏。一时人声嘈杂，捣毁器物声达于附近。同时党部附近及南街一带，即发现拥护陈国辉传单。迨一二二旅步兵驰到弹压，此庄严之党务机关，已不成样矣。然此时流氓□等仍麇集党部附近不散，军队驰至，将把守楼下，予以驱逐。适该旅一班长身着汗衣短裤在场，被指为党部人员，群将包围。幸为武装士兵所看见，急加护卫，挥手提机关枪以驱散之。枪方举起已被一南门闲散（即流氓）抢住，双方忽彰严重。在旁弹压兵士，趋前擒捕，卒被挣逸。而大队叫嚣示威势将蠢然顽抗，士兵乃是向空开枪一响，乃哄然散，始告解围。而党部全体职员，亦始由旅部归来检视劫余惨状。

骚动以后　全市大骚乱，自晨七时许至午十一时许始平息。事后六一师会同公安局警察出发，各街沿途喝令复市。各商店

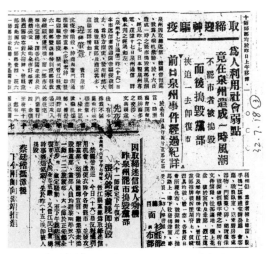

图 99　《江声报》1932 年 7 月 17、18 日对泉州禁关帝出巡的报道

皆为被迫罢市,一见军警挥手,立即纷纷开店。而六一师亦即散放岗哨,防止第二次骚乱,并增派巡查队十余队巡逻市上。同时县党部后面中山公园扎一营之众,南校场亦驻一营,西北门均有分营。至关帝庙则派兵设有机关枪二尊,其余各庙所,均派兵分驻以免再有迎神之事发生。晚上则有紧急戒严,党部前后均有驻兵,放岗哨最密。又昨暴动时人力车夫也被迫罢工,人事交通完全断绝。

事前事后　查前晚街上发现流氓鸣锣、骚动后,党部于一时半即转情函达六一师部。至昨早虽街上有军队逡巡,然捣乱者竟视若无观。当捣毁党部前之一刹那,正党部与赵参谋长通电话商量如何维持治安之时,乃电筒挂后,事即发生。事后党部曾派人至师部商量治安办法,时有商会委员二人,亦经赵参谋召令到部,解决复市。下午一时后,六一师副师长张炎始由漳回部。关于惩办首要,及善后与今后破除迷信之进行,张与党部,均有商量。上午有第四区党部筹委会振球来会,有六一师特务营长来会,下午师党部林□来会,政府公安局亦派人来慰问。至党部对本案,以事系恶势力中二三人,及几个流氓为主体,故并不认为如何重大事体。党部告民众书:

昨晚会后消息,八时许有迎神之舞龙数二队,舞过东街头被一二二旅巡查队擎枪冲散。八时许全市各街巷交通完全断绝,九时起全市行人绝迹。另据商界□昨傍谋为煽动风潮者,均着便衣入市,至主动之辈昨傍晚四出怂恿准备提灯强行出游,然以戒严周密不得逞。又昨日午后县府召集各机关代表,开会谈话,借以交换意见,并讨论善后。出席者有六一师部胡副长官,公安局长吴椿,县党部陈炳,商会黄淑梓、谢杰英,关帝庙董事会曾振仲、王平、杨景贤等(闻董事会代表本非负责董事,皆系临时推委者)。讨论结果,皆以市民捣毁县党部,殊属不法。为防范治安计,关帝不得出游。而肇事之人,俟另日再行追究云。

党部宣言　县党部昨日为不幸事件发生后,下午即发传单告同胞云:此次本会破除迷信,固是执行党的政策,另一方面是提高晋江的文化。不幸因此而有少数市民,未能了解。结果被恶势力利用,于今日上午八时乘机指使流氓,鼓动与威逼交至,演成罢市风潮。再进一步,并有捣毁党部之事发生。此种不幸,吾人认为在党部方面,觉无过失,因为执行党的策略与提高晋江的文化破除迷信而遭此;党与民众非具有宿愤,只因被恶势力利用而遭此。独是恶势力乘机大活动,尽其鼓动、威逼以至挑拨之能事,是足伤心至者。我们只□捣毁党部之际,而攻讦本党歌颂某某的传单,便有人在南街一带分发,岂非怪事。又当捣毁之时,只有强壮便衣前导,流氓随之,而孩童无数,则群集叫嚣,中间绝无真正商民在内,此均恶势力乘机进攻本党之铁证。况且以破除迷信之故,乃至发生罢市,与打党部巨潮,一个小题竟如此大做起来,恶势力之混入民众之间,大肆活动,尤令人认为心伤。本会对此案,早经看出结症所在。除对恶势力中一二首犯,当函请军警严缉惩办外,其余一切,我们只有原谅,绝不究及。至本会之遭捣毁,更只有认为不幸而已。破除迷信,既为党国政策,与提高地方文化,本会定不因阻碍发生而中止。事关党治前途,此旨未便稍改。本党为民众之党,本应誓与民众站同一线上,一切工作,誓当与民众合作到底。

我们口号:大家联合起来实现党治。严防恶势力利用民众。严防恶势力乘机挑拨离间。破除迷信是实现本党政策。注意卫生防疫。要提高地方文化须从破除迷信入手。铲除恶势力。

师部公告　六一师部,昨为本案布告云:为布告事,照得泉邑民众,近以时疫流行,有倡迎关帝二圣出游,此谓迷信诬妄行为。前经本部布告禁止游行,并发函各机关□行各往案。乃昨夕以来,竟有不肖之徒,借端煽动,威胁各商店罢市。且于本晨又有捣毁县党部情事发生。似此恶劣行为……,若不严加责究,何以杜隐患而靖地方? 兹于本月十六日起宣布戒严,彻底查究。在戒严期间,各商店日间应照常开市,夜间自八时起,至翌日早晨六时止,全市断绝交通,并不得燃放爆竹,及敲打锣鼓,各居民人等不得肩抬木偶游行街市,或结队成群,到处招摇。除饬各部队秘密执行外,合行布告仰合邑商民人等一体周知。如有不逞之徒,欲敢捣乱地方秩序者,当严拿究办此布。又六一师特别党部昨发告民众书云。[1]

---

① 《前日泉州事件经过记详》,《江声报》1932 年 7 月 18 日。

在这场因取缔迷信而引发的斗争中，张炳铭始终处于风潮中心。事前虽然就有风声威胁张炳铭，但他始终没有退缩，甚至在家被捣毁之后也毫不在意，这都充分体现了其坚强的性格和破除迷信的坚定信念。而作为反日会的总干事，在开展抗日宣传，打击日商私闯码头的斗争中，他也都身先士卒（参见本书第十章第二节），因此深受人们的尊敬。遗憾的是同年年底，他就因肺病逝世，年仅31岁。张炳铭逝世后，社会各界组成了包括陈炳（县党部）、龚念平（泉中中学校长）的治丧筹备会，并为其举行了公葬。① 后来泉中中学校友为纪念他，还创办了以其名字命名的炳铭小学。

当然，并没有相关的资料确证张炳铭为无政府主义者，而对于由无政府主义者参与或主导的三场破除迷信运动中捣毁神像，拆除寺庙等行为是否过激，现在也可以重新讨论。可以肯定的是"无政府党人所提倡的是科学真理，所反对是的宗教迷信"②，或者如范天均所说："无政府主义反迷信，实质是反宗教"；但这几场运动也"影响东南各省，震动南京国民党政府"，以致最后蒋介石不得不"下令限制"。③

图 100　泉州关帝庙全景（辜也加摄，2021）

① 《张炳铭君公葬期定卅一日上午十时，治丧会昨开首次会》，《泉州日报》1932年12月24日。
② 《区声白致陈独秀的三封信》，葛懋春、蒋俊、李兴芝编《无政府主义思想资料选》下册，北京大学出版社1984年版，第575页。原载《民声》第30号增刊，1921年4月。
③ 陈登才：《访问范天均先生的纪录》，葛懋春、蒋俊、李兴芝编《无政府主义思想资料选》下册，第1046页。

第八章
抵制盘剥为民请命

民国之后军阀割据,各路大小军阀占领地盘各自为政。先后占据泉州地区的大小军队(民军),像走马灯一样地频繁更替。他们往往借口军饷无着,在驻地强行截留税收,并巧立名目摊派各种捐税盘剥百姓。所以除了附加的田赋、契税,还有许多新创的苛捐杂税,泉州社会民不聊生。即使在南京方面实际控制福建,财政、军事日趋统一之后,泉州城里各商铺应负担的苛捐杂税,"国地正杂及摊派,大小凡三十五种"。具体包括:属于地方事业举办以及政府注定的捐税,如"保安警察捐、卫生捐、平民救济院捐、平民医院补助费、救火会常月捐、商会常月费、壮丁队捐、印花税、路灯捐、营业税、商民□□捐、地保□□捐",共计12种。属于地方当局临时征收的不定期捐有"保甲□□捐、乙种保卫团税、电杆费、飞机捐、铺捐、建筑楼□捐、专员公署建筑费、商会已征三万五千元摊款、县政府□征五万元摊款",共计9种。属于政府法定正税国地征收以及当地批准征收的,包括"契税、统税、牙税、竹木捐、牌□捐、花捐、屠宰税、煤油税、□麻油等特税、海味税、烟酒税、糖税、□□捐",共14种,总计35种。① 对于商铺是这样,对于农民、渔民、船民、人力车夫等也是这样,只不过征收的名目变个花样。所以泉州的无政府主义者利用晋江县和各分区党部,黎明高中和平民中学,以及商会、农会等,发动民众抗捐抗税。蒋刚晚年回忆说,在平民中学读书时,"还曾随同读书会同学步行到安海镇,住在一位同学家。当晚,我们外出发散传单。传单内容是号召百姓们起来抗缴苛捐杂税"② 。他们通过宣传告诉民众,"政府成立了种种直接的间接的捐税的名目在你们身上刮了钱,从县政府一直到国家政府都是靠你们的劳力生活的"③,进而号召他们加入反抗苛捐杂税的斗争。所以在20世纪30年代前期,泉州的各种抗捐抗税风潮十余起,其中比较大的就有1931年的反契税、反海味税海味营业税的抗争,1932年因反抗铺捐引发的西街罢市风潮,1933年反契税的罢市和学潮,等等。

---

① 《泉城捐税调查》,《江声报》1935年1月17日。
② 蒋刚:《风雨八十秋》第51页,2000年10月。
③ 苇甘:《从资本主义到安那其主义》,上海自由书店1930年版,第28页。

第一节　苛捐重赋下的抵制与挣扎

　　军阀割据时代苛捐杂税繁多本是通例，但陈国辉治下的泉州尤甚，各种名目无奇不有，当时的许多报刊都有过报道。其一盘踞泉州，就直接任命军需官任晋江县营业税局长，委派所部参谋陈昌侯为泉永各县义务教育办事处主任，然后随意征税和截取财政经费，同时通过各种捐、费，对泉州民众进行横征暴敛。据当年闽南民众戥赤救乡促进会调查，其名目繁多的苛杂包括"新厝捐、新笼捐、新婚、棺材、荣归、新丁、东西溪统税、公卖、烟苗、店屋、税验契、灶捐、教育附加、蔗草、消遣、公路、航空、新桥、猪牙、猪捐附加、门牌、家酿、油车、□涵等捐、又陈国辉生日捐"①，等等。1932 年《拒毒月刊》第 61 期刊载的报告称，"泉州陈国辉时代之苛杂已有调查如下"：

　　　　烟苗捐（派八十万）。剿共捐（派四十万）。新屋捐（规定甲等二千元，乙等一千元，丙等一千元，丁等五百元）。桥梁捐（值造县城南门桥决议派三百万元）。迷信捐（迎神赛会以及病家请神祈祷丧事攻果等，其征款每场多至五十元少至一元五角）。募兵捐（按里之大小征召士兵，如附城四里应召二百名，每月负担给费六千元）。拆城县（违抗海空军命令，擅拆毁安溪城石料，均用民船运往南安之潮塘九都，另派全县捐款达二十万元）。建筑县署捐（数多未详）。鸦片共卖捐（设立公卖局，勒令各乡认买公膏，其两数以乡之大小烟户之多少为准）。竹木捐（竹木以价值为例，每分征收大洋一角）。

————————

① 《漳泉苛捐杂税调查》，《江声日报》1931 年 5 月 25 日。

地瓜苗捐（以枝计算，百枝为一把，每把征大洋一角）。猪仔捐（每头征收四角）。灶捐（各灶每月纳捐五角，全年六元）。烟灯捐（除城市虚场外，凡私吸烟者每月应缴纳牌照捐十元以上，三十元以下不等）。地丁附加捐（每两附加大洋六元）。无线电费（全县按月勒派一千元）。运动会费（每四个月举行一次，全县摊派二万元）。香猪捐（价值一元之捐票，则收大洋四角）。私造印花票（每月初派二万元，仅就湖头街已每月二千元）。茶捐（除就出产地征收外，凡装出口者每箱二十八斤为一件，一件配运至厦应纳捐六元）。飞机场捐（全县勒派十万元）。棺材捐（每具征收二元）。纸捐（每捆征收大洋一角，此就本地出产粗纸而言）。家酿捐（烟酒正税外，收家酿以桶为率，强迫民众承认，每桶征收十八元或二十四元）。果树捐（不分大小每树征收洋二元）。百货捐（除沿途设卡，按里设局，征收虽小如鸡子，亦不能幸免）。瓦窑捐（凡烧窑每次所出瓦片至多上五万块，其征收法每次为率，每窑一次征收至大洋四十元或三十元二十元不等）。建筑监狱捐（全县勒派六万五千元）。飞机捐（派二十万）。加收屠宰捐（猪每头三元，羊二元，牛每头五元）。常月捐（即给养捐，全县十八里逐月摊征大洋一十万元）。石灰捐（以重量为率，每百斤征收大洋二元）。鸡鸭卵捐（每粒收铜仙一枚）。猪母捐（每头征收大洋一元）。道释捐（以寺院庵山石范围之广狭，道释之多寡为标准，其征收额不等）。修路捐（以乡之大小为率，每百户勒派一千元，乡之殷富者不在此限）。宣传费（分派爪牙宣传其残民政策，每月勒派一千元）。门牌捐（无论贫富每户勒收一元）。矿物学校费（全县每月负担大洋四千元）。保卫团费（全县分六大区，每区一月负担四千元）。特别给养捐（凡士卒分住所在，该所在地负责柴米菜费，每连达千余元）。菇笋捐（菇每百斤征收三十元，生笋每百斤征收二元）。嫁娶捐（男女家各征收六元）。贾铺捐（除正税外，全县附征四万元）。消遣捐（即赌博捐，每场每日征收三元至四元不等）。①

从报告内容看，上述基本为安溪县一年承担的苛捐总额。而差不多同期的上海《礼拜六》刊登的《五光十色之泉州苛捐》，所记名目、数额也大致相同，只不

---

① 《泉州苛捐杂税调查》，《拒毒月刊》第61期，1932年。

图 101　霞菲：《五光十色之泉州苛捐》(《礼拜六》第 469 期,1932)

过一些具体数目略有出入,如"新屋捐,甲等二千元,乙等一千五百元,丙等一千元,丁等五百元。……道释捐——寺院之和尚尼姑道士等,每名每年二十元"①。

陈国辉进兵驻防泉州后,首先是对惠北广大农民加收三成烟苗捐,这是当时的记者报道:

（惠安讯）陈国辉部入惠后,其治惠情形想为一般人所注意,兹略志如次:

陈氏向惠北抽取烟苗捐三十左右万元,又向各乡增加,计霸头乡增加五百亩、田头乡加一百五十亩、九乡加一百亩、刘山乡一百亩、十八乡一千亩、田里乡二百亩、柯厝乡五十亩、下村乡二十亩、后戴仔乡十五亩、后郭乡三十亩、西宅乡二十亩、老厝头乡二十亩、涂庄乡二十五亩、新宅乡四十亩、西蔡乡二十亩、港乾乡三十亩、红库乡十亩、坑边乡三十五亩、刘厝乡十亩、刘山乡二十五亩、溪古乡十亩、古县乡四十亩、社仔乡二十亩、土仁乡二十亩、陈兜乡二十五亩、虎岩乡二十亩、虎石乡四十亩、文版乡二十五亩、钟厝乡二百五十亩、路打乡二百亩、洋内乡二百亩、乡宫乡一百五十亩、西仁乡一百五十亩、陈童关乡三十亩、白米岭乡二十亩、后□乡十五亩、水蛙窟乡二十亩、五十三乡一千五百亩、内陈五百亩、四股八百亩、三

———————————

① 《五光十色之泉州苛捐》,《礼拜六》第 469 期, 1932 年。

乡五百亩、许埭乡三百五十亩、土坑乡三百亩、山腰乡计二十亩、郭厝乡四百亩、上坑乡五十亩、七社计三百五十亩、沙格乡二百亩、萧厝乡二百亩、峰尾三百亩、前阵乡九十亩、打银乡一百亩、前堂乡一百八十亩、瓦厝乡一百五十亩、外厝乡二百亩、施厝乡二百亩、西枫乡四十亩、蔡坑头乡三十亩、三配八十亩、麦厝乡六十亩、山仔乡一百五十亩、林柄乡一百五十亩、柳厝乡四十亩、岭口乡（一名霸头仔乡）二十亩、东张乡一百亩、新东张乡六十亩、东陈乡一百二十亩、鹅头乡二百亩、潘厝乡二百亩、港西乡二百亩、南庄乡三百亩、东吴乡二百五十亩、大路乡三百亩、楼仔下乡二十亩、北辋乡二十亩、下朱尾乡二十五亩、岭头乡六百亩、南埔乡四百亩、磁窑乡三百五十亩、伦头乡一百二十亩、邱厝乡一百亩、后坑仔乡三十五亩、港乾淹乡十亩、后陈乡二十亩、奎壁头乡一百亩、港头乡二十亩、仙仔乡二十五亩、庄厝乡四十亩、后圩乡十亩、引厝乡十亩、东坑仔乡十五亩、西华乡六十亩、石牌仔乡二十亩、月□乡二十亩、林里乡四十亩、顶村乡二十亩、下乡村二十亩、后戴仔乡十五亩、后郭乡三十亩、西宅乡二十亩、老厝头乡二十亩、涂庄乡二十五亩、新宅乡四十亩。①

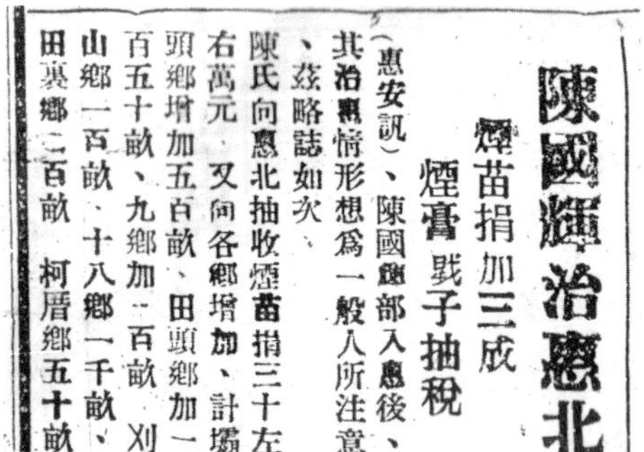

图102　《江声日报》1931年5月8日关于陈国辉强征烟苗捐的报道

陈国辉又以提倡教育为名委派所部参谋陈昌侯为泉永各县义务教育办事处主任,将已指定为晋江地方教育专款之泉安汽车公司股息五万五千元直接提走一万元,导致晋江教育局长吴殷恕以教育事权不能统一,不仅发展难期,即使维持现状亦有不能而向省教育厅呈请辞职。② 之后又派所部军需长刘超年出任泉州的营业税局局长,开办营业税,从而导致一些商家被迫停业:

昨据泉客云,泉州举办营业税后、局长为陈国辉部军需长刘超年。税

---

① 《陈国辉治惠北,烟苗捐加三成,烟膏□子抽税》,《江声日报》1931年5月8日。
② 《晋江教育经费受驻军干涉,教局长呈请辞职》,《江声日报》1931年5月23日。

率极重,甚至有不堪负担,迫而停止营业者。如豆饼商营业性质与其他业不同,例如春季田亩应灌肥时期,豆饼商始有生意,过此则否。而营业税局则以该商最旺之月为征税标准,且先预征三月。如南街竹树巷珍裕源被征七千四百元,同利四千元,合兴四千元,同德肥粉商四千元,尚有□号未详。此数家中,同利号因不堪负担,课款□后,已停止营业。又珠宝途("途",闽南话"行业"之意——笔者注),营业税局拟年征六万元,前日已先借去五千元。泉州珠宝商只数家,以值此金贵银贱,无可□注,且恐该局借支靡已,亦已全部停顿云。①

在开办营业税后,泉州又举办税契,陈梅接充税契局局长,并任命青阳、石狮、安海、水田(新门外)等区分局长,城区则陈梅自兼。另外惠安、南安也都由陈国辉手下接任税契局局长。据记者报道,此次契税将直接以剿匪费拨与陈国辉部,也有另一说是省方积欠陈国辉饷项(陈部此时已被收编为省防军第一混成旅),特指拨此项契税抵还。②但不管怎么说,反正在此地盘上所征收的契税均归陈国辉。晋江一县就预算征收 40 万元,而且摊派后就强制租户垫付。结果晋江和泉州城区的商民不堪重负,商会几次开会,几次与税契局协商。

> 十六日泉讯,晋商会为店屋补税一案,曾派代表向契税局接洽。据云契税局对此项税办理法,系分甲乙丙丁戊己六个办法,例如租金六十元者,作为甲等。详情详商会召集商民大会函中。录下:迳启者查六月十一日下午二时开各商联席会,讨论契税问题,议决举派代表陈砥修等七人到契税局咨询办法。据谓此次店屋补税,在业户而不在租户,但须由租户登记租金,借资估值,然后决定税额。例如每租金十元,估价一千元,的税六十元。当经该代表等以税额太重,负担难堪,力请变通办理。复据按以甲乙丙丁戊己办法,例如每租金六十元者,作为甲等,估价三千元,的税一百八十元。每租金五十元者,作为乙等,估价二千五百元,的税一百五十元。以次递降,至估价五百元者,的税三十元为止。事关各业户

---

① 《陈国辉治下之泉州营业税》,《江声报》1931 年 6 月 3 日。

② 《泉州又办契税……所得归陈国辉》,《江声报》1931 年 6 月 12 日。

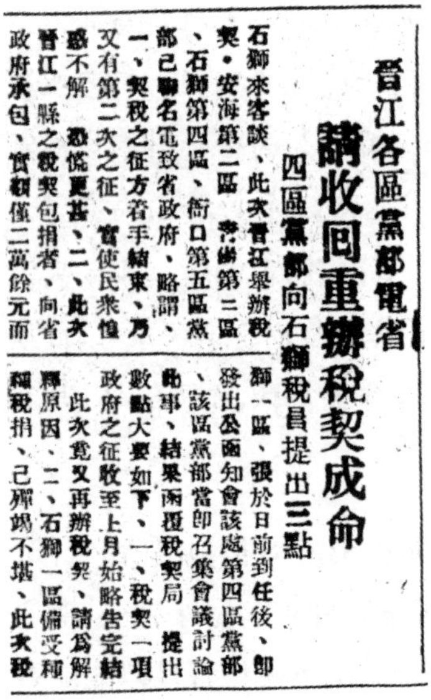

晋江各区党部电省
请收回重办税契成命
四区党部向石狮税员提出三点

图103　晋江各区党部电省反办税契成命(《江声报》1931年6月19日)

纳税问题,本会未便代为解决,惟念这次登记租金,或业主托租户代纳税款于商家煞有关系,特订六月十七日下午二时在南城楼本会开商民大会。届时希即准临,并由租户知会各业主共同莅会讨论一切为荷。①

但胳膊总归拧不过大腿,最后税局出票拘人,强制征收。"税局三日对税契降至二月半后,并警告商民若再无完满答复,五日起定自出征收。今(五)日忽见该局发出拘票多张,派兵四出拘人。每票拘□四人、由局员带护兵多名,依票索人。所拟拘者为胜裕漆行及苏子敬等数十家。自此事发生,商民具逃匿、惟恐后人云。"②

事已至此,商会最后只好呼吁县党部、县政府召开各界大会帮助解决。于是,晋江以各区党部联名方式电省,请收回重办契税成命:

石狮来客谈论,此次晋江举办契税,安海第二区,青阳第三区,石狮第四区,衙口第五区党部已联名电致省政府。略谓:一、契税之征方着手结束,乃又有第二次之征,实使民众惶惑不解,恐慌更甚。二、此次晋江一县之税契包捐者,向省政府承包,实额仅二万余元而勒派全县乃至四十万,省府所得甚微、民众乃负担孔矩。三、晋江民众因捐税之繁多,□掘已穷,请体念民艰,收回成命。……又税契局派张伯侯主办石狮一区,张于日前到任后,即发出公函知会该处第四区党部。该区党部当即召集会议讨论此事,结果函复税契局,提出数点大要如下:一、税契一项政府之征收至上月始略告完结,此次竟又再办契税,请为解释原因。二、石狮一区备受种种捐税,已殚竭不堪,此次税契何得又强使负担至七万之多?三、前届陈常经手办理税契正结束中,而第二回税契又举。前届手续不明,应请从速

---

① 《晋江税征到千分之六十,商会召商民大会解决》,《江声报》1931年6月18日。

② 《泉州契税已强制征收,非二月半租金不行,五日税局出票拘人》,《江声报》1931年7月7日。

将前期出入之账目确切公布。①

刚刚接洽告妥之际，税局又强征所谓"教育费"：

> 十二日泉讯　本市城区契税经商会委派代表与税局当局接洽征收办法，已告妥治。连日来税局已派员挨户征税，惟争长论短，颇费麻烦。前（十）日税局又派员到商会，谓照二个半月税金及手续费完纳外，并须附征昭味国学专修学校半成教育费，令转知各商户遵照续纳。商会主席陈砥修略以既征二个半月租金，商民概感繁重，事关公众，不便擅自解决。设势所不免，必另召集会议方好答复。税局意以为再候开会议决，而后进行，时间关系，不无迟疑，间已渐着手进行。又石狮来客谓，此次税契……②

这期间一波未平一波又起，晋江公安局认为商会"对契税营业税努力效命，少数警捐则搁置不复"，所以也抓紧向商会催警捐：

> （晋江讯）公安局长侯启彬，日昨迳函商会，字里行间，表示该会对契税营业税努力效用，对警捐则搁置不复，深致不满。（按晋江契税总数拟定四十万元，现□尚不止此数，营业税四五六三个月商家有被抽至三四千元者，故近商家负担不起倒闭者数家）其函云：径启者，案查本局前奉旅座谕饬整理警捐，以便增警捐加岗等因，当经拟定捐则，分为五等，由二角起至一元五角止。呈奉旅部和县政府分别核准，转行贵会协助进行，并派员诣商办理各在案。查增募此项警捐，关系整理警政不容或缓，且所定等额，为数其微，在商家按月负担无□。而本局集腋裘成，裨补实多。迄来本城营业税契两项，接踵而行，贵会努力效命，慕具互助之精神，成绩优良，昭昭在人耳目。而于本局增加少数之警捐则搁置不复，迄今日久。未闻贵会有何种确定办法，见诸事实。同属地方要政，岂容有所偏差。案关整理警政，相应函达查照，希即分传各商铺遵照，以便派员劝募，而利进行。仍烦见复为荷云云。③

① 《晋江各区党部电省，请收回重办税契成命》，《江声报》1931年6月19日。
② 《泉州契税又有附征，"昭味国专"半成，石狮契税重办》，《江声报》1931年7月14日。
③ 《晋江公安局又向商会催警捐》，《江声报》1931年7月5日。

营业税方面,渔业税经沿海渔民群起反对撤销后,又改名为海味营业税征收,渔民叫苦连天。于是无政府主义者又通过晋江县党部,继续组织渔民进行漫长的抗争,并电请财政部省政府省党部裁撤。关于此番抗争原委与经过,当年报纸有比较详细的系列报道,现选录二三则如下:

> 晋江讯,泉州内地营业税,自经沿海渔民群起反对撤销后,不意本月又改名为海味营业税,设局征收,每担进口货征海味税六角。消息传来,沿海渔民叫苦连天。以鱼肉之营业税,□□渔民负担尚不能起。现又□此□税,□系一物数税,违反中央裁厘之法规。故于十日沿海各地渔民,推举代表二十余人,呈晋江县党部,转请豁免。略谓觉民等滨海而居,同业千数余人,均捞鱼为生。其历风冒雨,牺牲性命于惊涛骇浪之间,验极人间生活之痛,海利偶丰,姑勿论矣。如其不然,则历经危险尚难以供生计。查此次内地渔业税产生时代,每担鱼类征收一角五分,业经泉属渔民剧烈高呼,始由财部准令财厅撤销在案。距料此次财厅派员办理泉属营业税局,于征收涂山街水巷鲜咸鱼行营业税外,对渔民运挑之鲜咸鱼类,每担又要征收大洋六角。现此次营业税局所征鱼行营业税,已由鱼行方面卸□渔民负担。似此类系一物两税,窃渔民既感生活之痛苦,何堪负担重任。设泉属营业税局如不收回成命,则民贫税苛、势必靡有□□。为此恳请转呈泉属营业税局转请省财厅撤销以卸民艰云云。查鱼类营业税早经沿海渔民请求豁免在案,此次省财政厅乃变其名为海味营业税征收之□□,较前为甚。实则海味营业税之章程,系前所颁发的鱼类营业税章程之原文,□有违反国府颁布,巧立名目之□意云。晋江县党部□□□代表呈文后,于十二日已据情电请财政部省政府省党部,其电文云:南京财政部宋部长、福州分送省党部省政府杨主席:顷据沿海各区渔民代表张觉民等呈称,窃查内地营业税业经部令撤销在案,乃泉属一带仍设局征收改名为海味营业税,渔民代鱼商缴纳营业税外,对运挑之鱼进口,每担又多征六角。渔民苦于苛税之下,唯有据情呈请钧部转请撤销等情。查渔民生计窘迫,对此一物数税,甚于属念生死有关,恳请明令撤销,请电示实为德便。福建晋江县党部叩□。闻沿海各渔民代表现欲拟组撤销海味税委员会作彻底交涉云。[①]

---

① 《泉州渔民反对海味税》,《江声报》1931年6月17日。

泉州讯，泉属渔民代表张觉民等二十余人，为交涉撤销海味业营业税，自呈县党部，并电请财政厅省政府省党部后，该代表以事延多日，尚未接到复电，迟一日则损失甚巨，故于昨日（二十五）又具呈县党部县政府，转请财政整理处先行停止征收。其呈文云“呈为转请泉永财政整理处停缓征收海味税事，窃查海味税一项，为各省所未有。而距离泉州咫尺之厦门，亦经财厅撤销在案。而泉永财政整理处，仍设局征收，每担鱼进口实征六角，渔民每日之损失为数至巨且大。似此苛征，实非政府保护奖励渔业之本意。若不迅予停止征收，则渔民之生活，势迫破产。渔业之前途，何堪设想。情迫不已，历情呈请均会察核援助孱弱，迅予转请泉永财政整理处停缓征收，实为德便，谨呈”。是日下午二时，渔民又推举代表张炳煌、张金春、郑诗烈、江金城等，向泉永财政整理处交涉，则由刘处长接见代表等，将其痛苦及负担之捐款已十余种，对于海味税不能负担之苦衷，略述后，刘处长说明此项捐税，系财厅之命令，并非财政整理处所定。代表乃问此项命令是否可以准予一阅，税率是否每担六角。刘处长以此项命令，均可公开，乃取出训令中所云，内地营业税取消后，改为海味税补助云。而税率章程，乃由财政整理处所印之章程出示。代表又问，现在捐税统一，各种捐税未经国民政府议决，皆不能自行规定。而此种海味税，又为各省所未有，福建何独有之。刘处长谓福建人当尊重福建省政府。代表最后乃请求海味税先行停止征收，暂行登记，俟交涉如何解决之。刘处长乃称以其停止征收，暂行登记，不如仍照旧征收。倘交涉撤销时，将所有征收之款项，一律交还。然在此种捐款于渔民并无损失，如鱼每斤五角，捐款须二角，则可售七角，羊毛之上又加羊毛，

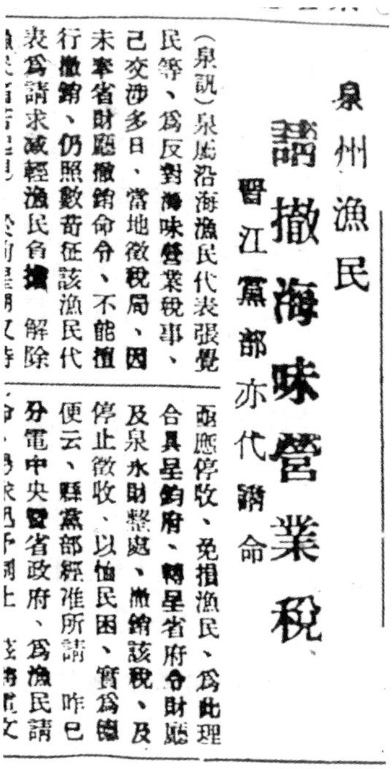
泉州渔民
請撤海味營業稅
晉江黨部亦代請命
(泉訊)泉屬沿海漁民代表張覺民等、爲反對海味營業稅事、已交涉多日、當地徵稅局、因未奉省財廳撤銷命令、不能擅行撤銷、仍照數苛征該漁民代表爲請求減輕漁民負擔 解除
亟應停收、免損漁民、爲此理合具呈鈞府、轉呈省府令財廳及泉永財整處、撤銷該稅、及停止徵收、以恤民困、實爲德便云、縣黨部經准所請 昨已分電中央暨省政府、爲漁民請

图 104　晋江县党部代请撤销海味营业税（《江声报》1931 年 7 月 9 日）

于渔民无损失。代表乃将近来外鱼及各处之鱼,皆以贱价销售,泉州各处本地鱼受此打击,价格亦甚低微。况鱼价高贵,人民谁购买之。刘处长称他系生长于本地,对于本地方有益之事,无不为之。倘余能为本地做事,则各位亦时时追念到余也。至于海味税事,各位可具呈来处,余当加说几句转请财厅,如果要求减少当可到处磋商云。谈至三时许,代表乃出。又向县政府交涉,适县长不在,由朱科长接见。代表将来意说明后,朱科长对于此项捐税,当呈请省政府撤销,并当于礼拜六代表到县政府看公事。最后朱科长又将此项海味税,各方交涉情形相告,四时许代表乃辞也。①

泉讯,泉属沿海渔民代表张觉民等,为反对海味营业税事,已交涉多日。当地征税局,因未奉省财厅撤销命令,不能擅行撤销,仍照数苛征。该渔民代表为请求减轻渔民负担,解除渔民痛苦起见,于前星期又特派代表数人,向泉永属财政整理处请愿,并分呈县党部县政府,力请停复海味营业税。原呈略谓。窃沿海渔民,近来受外鱼之打击,生产逐渐减少。同时所负担之捐税,如船牌捐、印花税、自治费、学校捐、并鱼行之营业税等,不下十余种。渔民之生活,已将破产。乃前财厅忽于前月设局征收营业税,经渔民反对,由中央明令撤销。不料财厅复巧立名目,现又变名为海味营业税。此税厦门经早撤销而财厅独歧视泉属,实违中央之命令,反裁厘之法规。顷阅报载,"实业部近据闽霞浦三沙商会电称,该省财厅违抗中央法令,擅设渔税,又改名营业税,一切照旧办理,应严令撤销,并停给协减,以重法令等情。查该税经奉令一律豁免,并禁止另立一名目,特分咨财部暨闽省府,分别转请该省财厅遵照,迅予以撤销,以卸民艰",云云。现此种税已有部分撤销,泉税局亟应停收,免损渔民。为此理合具呈政府,转呈省府令财厅及泉永财政整理处,撤销该税,及停止征收,以恤民困,实为德便云。县党部经准所请,昨已分电中央暨省政府,为渔民请命,恳求迅予制止。兹将电文探登如下:南京监察院、实业部、财政部、福州省党部、省政府均鉴:据泉州沿海渔民代表张觉民等呈称,民等应纳捐税,计十余种,负担繁重。加之日人深入内海捕鱼,奸商私运日鱼发售,种种摧

① 《海味税苦煞渔民,一再请愿切未准减,外鱼侵入市场贱卖》,《江声报》1931年6月30日。

残,渔民生活,将告破产。幸国府明令保护,禁止假名征收各项渔税,渔民方庆再生。□福建财厅,竟敢巧立海味营业税,每担鱼实征大洋六角。前经恳求□□在案,现查厦门经已销毁,独派员在泉设局强征,歧视泉民,情实难堪,万恳援助等情。查创设捐税,权在国府。该厅既不顾国府保护渔民意旨,又弗念渔民生活痛苦,擅创海味营业税,加重税率,强民负担,显系目无中央,违反民意,恳请迅予以制止,以苏渔民。并请严惩该厅长,而儆效尤,至为盼祷。晋江县党部叩□。①

后来,十九路军入闽并控制了福建的省政权,陈国辉他调,刘超然也逃离。但是继任的泉永属营业税局局长乃不顾民间痛苦,照袭旧规继续征收海味营业税,所以晋江渔会只能再次呈文县党部和十九路军驻泉六一师,继续请转绥署期望明令撤销:

晋江讯,本县渔会昨为反对违法之海味营业税,呈县党部师党部:略谓。查前泉永属营业税局局长刘超然,违反中央法令,凭借陈国辉势力,强迫鱼运入泉市,每担勒收海味营业税大洋四角,业经本会呈县党部,电请中央饬令撤销。旋奉县党部转知中央实业部,已电福建省政府令该省财政厅,迅将另立名目之海味营业税撤销,并禁止再有另立名目情事有案。岂料税局驻军,互为勾结,强力勒收。渔民无可奈何,暂复为容忍。兹幸陈部他调,前局长刘超然亦贸然离去,省方派……局长竟不顾民间痛苦,照袭旧规继续征收。各区渔民先后来会声称,绥靖公署有废除苛捐杂税之明令,当必集中力量,绝不承认等情。嗣经本会议决,一,再电请绥靖公署明令撤销,并饬六十一师派队拘拿非法之捐蠹惩办。二,恳请县党部,市党部,转绥靖公署及师部制止征收,拘拿惩办。三,通告各区渔民一致抵抗,自通告日起,拒绝缴交,等辞在案,此理合具呈请钧会察核,□即迅予转函师部派队制止征收,拘拿该苛捐局人员惩办,以维法令云。②

---

① 《泉州渔民请撤海味营业税,晋江党部亦代请命》,《江声报》1931年7月9日。
② 《晋江渔会,反对海味营业税,电绥署明令撤销》,《江声报》1932年9月22日。

第二节　八成铺捐引发的罢市抗争

十九路军入驻泉州后,原设在浮桥宫口,负责进口税征收的新门统税局表面即告关闭,实际上则"仍旧潜伏浮桥头某干果店内,依旧通令各商进口货须照数报记,其税款候来日解决",所以记者调查发现"泉州三种捐仍在暗勒中"。[①] 而十九路军入驻泉州后新派组的晋江县政府也继续征收原有的许多捐税,甚至派出军警维持其横征暴敛,由此终于酿成 1932 年 6 月泉州城内先后两次的大规模罢市抗议的风潮:

> 泉州快讯,日昨(二十三)上午晋县政府铺捐征收员龚淑云,暨县警等三人出发西街征收所谓"八成铺捐"。至安泉及新成春两号,征收员催迫交缴,该两号婉转缓颊,而征收员不理。该两号间曾涉及县府此项代办苛捐,已将取消云云。征收员闻言,暴跳如雷。同来警兵且跃欲试,双方遂起剧烈争执。时围观群众,一致激起公愤,自开元口至西鼓楼均罢市,主张前往党部询问(因县党部通告凡再收苛捐杂税者,准即到部密告,以凭转呈办理)。至此龚淑云等三人,遂被众拥至党部。党部乃具函连同此辈征收员转交县府查照办理。函略云:现民众群起将贵府税捐员带来,是受压迫过深,激动公愤,不得已而出此。除婉劝请愿民众归回,并派送员警回府外,相应函请贵县长查照。希将该八成铺捐收的数目,及其用途,

---

① 《泉州三种捐仍在暗勒中》,《江声报》1932 年 9 月 24 日。

明白宣布,以示至公云云。县府复函。略云:敝府于阴历二月间起收,各街均已照缴。惟东西街市店推诿至再。本日收至西街安泉新成春两号,竟敢将捐征员龚淑云聚众围殴,并声言此项捐款,绝不肯缴除。传该两号店东到案,先将捐款缴清,并予以处罚以绝傚戒。一面将尚余捐款收起公布用途外,相应函复云云。查县政府,前"奉□□旅部令",县政府另旅部行文。此□用上□行之呈文与□参,代办修葺兵房,及陈国辉之眠床用具等,用费不赀。初县府还以全市壹月铺捐十足征足,前商会令各商照缴。嗣经一再交涉,县府允减收二成故谓"八成铺捐"。查县府前征铺捐亦曾办过所谓"六成半铺捐"云。[1]

　　泉州快讯,晋江县政府因征收西街两肉店八成铺捐,引起商民公愤激成罢市,各情经志日昨本报。续查县府日昨(二十四)上午复派出武装县警八名,由警察队长项义宸带领,协同征收员张老延(锦荣),及前日(二十三)肇事之龚淑云、陈惠民等三人,前往西街拘捕当事人。适安泉号东王显□,行经邻店,遂被包围,强欲带走。王显□告以事不干己,员警不容分说,必捉将去。西街各商号又动公愤,遂发生第

　　二次罢市。当群众呼喊时,西街秩序,顿现紧张。县警见势不佳,顾自奔逃。警队长项义宸暨老延亦急奔西鼓楼下,望楼上十九路军请予制止。惟楼上军人见渠等有警兵,且群众毕至,知为收捐款引起纠纷,皆作壁上观。迨项张去,群众拥龚、陈二征收员,欲仍到县党部请愿时,鼓楼士兵,皆拍掌欢呼。二征收员被拥至党部后,适各界代表大会闭会,常委陈炳婉劝群众暂归。一面将二收捐员指交大会县府代表张鸿翔领县。至此各商人群众复往商会请愿。昨(二十四)傍晚,县商会委曾亦昌、黄叔梓、粘作楫、蒋厉□等,偕商人群众复到党部请求援助。曾黄粘三委旋往县府向县长余辉照请愿。余氏谓派警到西街传当事人,征收员有被殴。本人将退出县长地位,请法院验伤缉凶云。商会

　　不得要领而出。至晚,群众皆散,罢市至晚未复。先是群众拥二征收员到党部时,西街一带发现"反对苛捐税""贪官余县长"标语。第二次

---

① 《泉州西街罢市一瞥,因县政府迫征"八成铺捐"》,《江声报》1932年6月24日。

到县部时,即提出请愿三点:一、请县府将张老延(锦荣)、龚淑云、陈惠民等征收员撤职惩办。二、嗣后县府收特捐须先公布用途,及须决算,然后由商会同业公会开会讨论认捐,绝对废止包捐制。三、余氏任内所收飞机场地价、地方款、六成铺捐、八成铺捐,以及其他经征捐款,请

公布用途,或预决算。昨(二十四)县党部为罢市事件,再函致县政府。略云:昨日贵府所派收捐员警,在西街与民众发生冲突,酿成罢市,及商人群众来回请愿一事,经本会一面婉劝商民照旧营业,一面命人护送贵府员警回去,方庆风波告平。不料今日上午,贵府仍旧派员二人,增警八名往西街收捐,并要捕人,致又发生罢市。民众百余人来会请愿,除对请愿群众劝慰,并将收捐员龚淑云等二人交贵府代表张君鸿翔带回外,相应护送查照,务希

慎重处理,以免风波扩大。再昨准来函,略谓,西街安泉新成春两号声言渠亲戚多在党部服务,此次捐款、绝不止月缴。果如所云,则藉党为护符,倘系捏造,则直污蔑神圣尊贵之党部。是实是虚,二者必居其一等语。查本案起因,是为贵府收捐与商民一起直接行动,似未便移之借党委护符等语云云。①

后来,在县党部的斡旋下,商会提出的三项要求答复圆满,这次风潮总算彻底解决:

> 泉讯,西街罢市风潮,昨(二十七)已解决。查西街自二十四日起罢市,至二十六日县府仍无表示,故二十六日仍有第三日之罢市。此三日中罢市范围,系自西鼓楼至开元口止。但日昨(二十七)上午已激成全街罢市,(自西街头至西门城前)。是晨风潮扩大,西街各商店商民数百人集合散发传单。旋即警队出发再至县党部请□援助。县党部乃派何光伟,同至南门县商会,请商会会同往县府请愿答复。前日所提三条件由商会委曾亦昌黄数梓偕同西街商民代表李某偕同请愿书到县政府请愿。是日县长余辉照(余系前省一旅旅部参谋)适往永春,由科长朱东莱接见。

---

① 《晋江县府派警捕人,西街发生第二次罢市;商民提三项要求,县党部再函县府深重办理》,《江声报》1932年6月25日。此引文保留《江声报》原排版样式。

各代表提请第一条件县府嗣后收捐须公布用途及预决算,朱告关于此条当请示省厅。第二条请省府将征收员张老延、龚淑云、陈惠民等撤销惩办。朱答复查明严办。第三条,余氏任内所收飞机场地捐,地方捐,六五铺、八成铺捐,及他经收各捐,请公布用途。朱答当即完全□收。至县府函法验伤办法,两肉店东事为□□条,当由商会委曾黄二人,进请其日民众因县府征收人员引起西街商民群众公愤,非安泉及新成春两肉店单独行动。且双方冲突,难免互有受伤,商民不难诉请法院验伤。故贵县函法院传该两当事人庭讯事,请予收回。未经朱东莱允□函院销案,免予传讯。各代表认为满意,方始退出。偕返西街后,商会委曾黄二人遂沿街劝谕复市,昨下午乃各商复市如常,此罢市后之第五天矣。①

---

　①　《泉州西街罢市潮解决,三项要求答复圆满,待看公布各捐款数目》,《江声报》1932 年 6 月 30 日。

第三节 军警高压下的反契税高潮

发生在 1933 年 5 月的反契税罢市风潮,是由晋江县政府以契税名义筹款引起的。此时福建已完全为十九路军管辖,蒋光鼐任福建省政府主席。驻泉州的为十九路军第六十一师,而晋江县的县长高桓则是原六十一师毛维寿部的副官长。高桓"以契税名义,要在晋江筹款 200 万元。高首从泉州商户下手,内定城区额数为 40 万元,且急如星火,数周之内即征收现款 20 余万元(根据高后来在《泉州日报》公布的数字),商人叫苦连天"①。5 月 13 日石狮商人率先罢市,但很快就被军警镇压。5 月 14 日报纸即有简要报道:

> 泉州今晨五十分电,石狮市民反对契税,十三日晨,公安分局捕二人,全市罢市。至上午十时,市民三百余人,毁公安分局,捣毁器具,二警重伤。晋江县长高桓得讯,率警至石狮,戒严,捕七人,另枪伤一人。②

翌日,记者对事件又有更为详细的报道:

> 泉讯,石狮市民因反对契税,十三日晨公安分局捕二人,致县中罢市及市民殴公安事,略情已见本报泉州专电,载十四日本市版。兹续查此事,石狮市民酝酿已多日。县长高桓自兼契税局长后,泉市契税首先开

---

① 秦望山:《安那其主义者在福建的一些活动》,《福建文史资料》1990 年 10 月第 24 辑,第 200 页。
② 《反对契税捕人,石狮昨罢市毁局伤警,晋江县率警至戒严,捕七人枪伤一人》,《江声报》1933 年 5 月 14 日。

征。继即在石狮市分局征收,市民以

负担过重,前(十二日)即有人召集石狮全市五社街尾湖边券内等四境,联合开会,讨论契税

应付办法。结果议决,每境先出五百元,合计二千元,先交契税局。俟验契估价后,此二千元由局分别扣抵。会毕,由代表王章航等四人,赴石狮契税分局,向县府第二科长高文雄接洽,高未照准。昨(十三)日清晨契税分局征收员,率同县警复出催收契税,捕券内境柴商姜飘,五谷商施舍,店铺均被标封,激起商民群愤。上午九时许,全市四境,遂即罢市,

市民游行,塞途,全市顿入骚动状态。迨十点钟,市民约三百人,簇拥而至契税分局,请愿释放本晨被捕之姜施二商民,契税分局未准。当场有石狮区(即第四区)区长王鸿年,出向市民说话,约退群众。市民大骂王说官话,契分局即宣布戒严。局前后散放武装步哨,戒备暴动。市民数百振臂一呼汹涌而至新华公安分局。将近公局时,局外武装警察已起戒备,群众来近,即

举枪示威,弹压。间有警察举枪作瞄击状。市民见状即迫近局口,包围武装警察。一时砖石乱飞,群警被迫奔逃。中有警察二名,被乱石飞击受伤。嗣后复被群众拖住,(据警局中人云,二警受伤)。群众即趁机入公安分局,将该局桌上器物,一面捣毁,一面搬出街上,放火焚烧。公安分局长孟擢之避出,全局警逃避一空,二受伤警察往医院诊治。待石狮驻军闻讯,即驰往维持秩序,

予以弹压,群众亦散。上午十一时许,晋江县长高桓,得石狮区团部电话,亲率护兵警察队十余名飞赴石狮。高至石市,即派全县警队分布步哨于上帝宫、城隍庙、新华路等街戒严。一面派队缉捕市民之在场者,

市民奔逃。结果捕获施木,施位,陈正康,何锡,魏北,吴康,姜灯等七名。警察队在市角追人,开枪示威,枪声历历。有泥水工人名施点者,在街上被警枪击受伤,弹中臂部,晕倒地上血泊中。查施点系曾坑乡人,伤后送往石狮医院施救,弹已取出。嗣后,下午四时许,高县长即押解所捕七人入城。七人现押大城隍救济院。①

---

① 《石狮罢市殴警续详,原因为市民反对契税,事后捕七人伤一,警兵亦受伤二人》,《江声报》1933 年 5 月 15 日。此引文保留《江声报》原排版样式。

但是14、15日罢市仍然继续进行,而军警继续保持高压。晋江县府则发布通告称"如再反抗,定行格杀勿论"。官民相持不下,气氛日趋紧张:

> 泉州今晨一时三十分电,石狮未复市,仍戒严中。十五日晨县警封二商店,捕一人。市民再讳然,旋交涉,人释出,一店启封。十五日深沪契税亦进行筹备。

> 泉讯,前(十三)日石狮市民反对契税,全市罢市,捣毁公安分局,重伤二警。晋江县长高桓率警赶往大戒严捕七人,警察队开排枪,当场击伤一乡民施点各情,详志昨日本报。昨(十四)据晋江县长兼契税局长高桓谈,"此次石狮事变,近因系公安分局于昨晨捕阻碍人行道之一小贩摊而起,而反对契税亦不无其成分云。又谓此次本人奉令兼办契税,系遵照上峰法定。厉行实契

图105　1933年5月16日《江声报》对泉州反契税罢市的报道

实税,税收固较前包办制稍重,然人民业产得实际保障,而人民客小利忘大害,庸非怪事?此次事变当然严办"云云。昨十四晚续据石狮电话云,石狮前日全市总罢市,今日仅有极少数商店复市云。又石狮公安分局呈报失单到县,单长二十三页,合订为一大本。内开局中公具损失一千三百九十五元,局长孟擢之个人失物九百五十一元,局员李健个人失物四百二十一元,事务员土万楼个人失物值四百零五元,书记徐念准个人失物四百二十一元,征收员唐子祥个人失物值一百九十七元,其余警士伙夫失物亦不赀,总计损失值四千余元云。县府为事变昨(十四)日布告,嗣后如再反抗,定行格杀勿论,布告全文云:

县府布告

为布告事,照得契税一项,纯为维护业权,自应实契实税,方足以资保障。乃闽省历年办理契税,每多沿用包办制度,按乡摊款。在当局以办足比较为尽职,而人民以缴清摊款为了事。无论有契无契,概须负摊款义务。甚

至有契亦只知缴款,而不愿投税者。似此非特失保障业权之意旨,且可造成一班土劣从中剥削之机会。本县长不忍以保民者害民,是以此次兼办契税,恪遵上令,剔除包办恶习,厉行实契实税,不辞劳瘁,谆谆跣谕,挨家挨户,散发谕单,原使人民彻底了解,得正确享受保障权利。乃石狮有少数人纠合多人,迭次要求变通办法□□□□昨日,借公安分局捉获一小摊贩,乘机指使当地流氓,及无知识聚……(下缺——笔者注)①

泉讯,石狮市反对契税风潮,前(十四)日石狮市继续罢市,市面仅见极少数商店开门。县府布告晓谕,并云如再反抗,格杀勿论,各情志昨日本报。

复市未成。续查前(十四)日市面极形混沌状态,有王燕石等数人,往见县警察队副队长胡焕然,商复市问题,请胡担保警队与公安分局不再捕人。胡口头允之,王等约待四境市商开会后答复。商家等称市民已成惊弓之鸟,咸欲胡副队长以明文见示。会毕,王等复回胡转达此意。胡似有允意,而未遽行,王燕石等乃废然告退。

夜间枪声。是日县警察队三四十名警戒于新华路等处,(契税分局设新华路),市面仍形严重现象。前(十四)日上午十时许,公安分局长孟攉之,派警令各街开店复业,结果仅有大仓街商店一小部分开店门。入夜市上忽闻轰乱枪声两起,有谓发自警方。而据县府息,谓系市民开枪示威。市面恐慌数起,幸夜深仍相安无事。

封店捕人。迨至昨(十五)日晨公安分局称,据报新华路新华杂货公司,与捣毁公安分局有关,当即派警搜捕。捕一店伙,店中人逃避一空,店被标封。公安分局称检获手枪一杆,店中人则称店中货物另有损失。新华公司店伙被捕后,市上哗然,又起恐慌状态。据契税分局息,石狮蔡培庆遣人到公安分局晤局长孟攉之一度。孟氏即刻提出新华公司伙计释放,并将店起封。又上午大华号洋洗店亦由县府示令标封。昨日全市仍未照常复市,市上仍为县警察队散放步哨戒严,公安分局警队则仅在局口守卫,并未出勤。

县长表示。昨(十五)晋江县党部常委袁国钦晤县长高桓,征询高对石狮事变意见。高谓如石狮有正式代表出头,始有办法。袁氏昨下午

---

① 《石狮仍罢市中,昨捕一人封二商店,交涉人释一店启封,深沪契税昨亦进行》,《江声报》1933年5月16日。

经赴石狮一行,结果如何待查。另讯,县府第二科长高文雄,(即契税局坐办)昨(十五)日赴深沪,筹备在深沪设处开征契税事宜,昨傍晚经石狮即返县。①

在这情势下,晋江县党部的袁国钦等的积极介入,主要是希望事件能有一个妥善的解决:

> 泉讯,石狮反对契税风潮,酿成罢市,继续三日,各情均志本报。续查昨(十六)日,市上仍未复市,仅有十数家商店,门户半开,各街情势仍属严重。政警队继续戒严,情形纯与前(十五)日同。据闻昨日上午,政警队曾与少数公安分局警察,沿街喊令开店。经巡两次,结果仍归无效。唯前昨两日间,均幸未发生事故,市上骚乱状态亦较减。此间县党部代表袁国钦前(十五)日曾一度往石,昨日下午回城。石狮各界,曾推派代表两人,偕至县党部,详报风潮始末,并请迅与县府协商解决办法。午后三时许,由袁国钦函请县长高桓商善后,高因微恙,派第一科陈伯熊,至县党部与袁接谈。袁代达两代表来意,请求迅将前日被捕铺商陈正康等七人释放,以安民心。契税征税一项,请暂缓办理,俟市上治安恢复,再由该区各界直接与契税局切磋,或转达省财政厅酌减,当较妥善。至此次风潮,果系有人从中煽惑,自当查究。至公安分局被捣毁事,候复市后,由该处各界协商办法补救云云。当由陈当面表示接纳,并谓被捕七人,原非重要份子,俟再详为查讯之后,日内当即释放云云。昨日傍晚据该处来客称,市上盛传第四区长王鸿年昨日下午,由县府政警队副队长胡涣然,请至队切商善后,接谈十余分钟,即被扣押,谓与此次风潮有关。唯昨傍晚据县府息,则谓并未得到报告。闻上因青阳电话线发生毛病,电话未能通石狮,故真象未及询知也。②

> 泉州讯,十七日为石狮反对契税风潮第五日,是日市面仍未复市,大仑街一带,商户半开者虽较十六日为多,市面则仍萧条如故。故警队亦依旧戒严,唯空气较前和缓。十七日午后,该市各界,复派第四区党部执委吴慕农

---

① 《石狮反契税罢市风潮澎湃中,第二三日,官民相持之紧张状态》,《江声报》1933年5月17日。
② 《石狮反契税罢市风潮,党部与县府洽商消弭中,各界请释七人县府已允,请缓办或酌减复市再商》,《江声报》1933年5月18日。

为代表,晋城向县党部陈述各界意见,午后一
时,县党部常委袁国钦函请县长高桓,至县党
部再商善后。当由袁代述代表所提意见,经
高当面表示接纳,并允如各商日内复市,被捕
陈正康等七人,十八晨即可交保释放。至契税
事宜,日内暂拟缓办,可由该处民众正式向省
财厅请予减轻,再行办理。十七日县党部训令
该区党部今迅召集各界代表,开会讨论复市及
契税问题。闻区党部十八晨召集代表开会,
俟各界代表详为讨论后,即日当可复市。①

图106　袁国钦

之后历经半个多月的谈判,最后结局却仍然不尽如人意:

> 石狮税潮至今半月,经于廿八日完全解决。县府派第一科长陈伯熊,
> 于廿四日赴石狮邀集石各界人士,表示县府态度。石各堡乃有一度磋商,
> 请陈廿六日赴石开会。陈如约到石各堡人士先后数度商议,是日有某某
> 未到延会。迨廿七日下午二时许,始正式谈判。石市各堡商到者街尾堡
> 蔡联陛、蔡孝钳、蔡维锁、蔡迪愿,五社堡许世五,券内堡洪清机,湖边沟后
> 堡吴阁。谈判数次,各堡纷以契税中心问题。

> **谈判结果**:一、契税仍旧进行征办,惟石狮市以建设数兴,估值准予体
> 恤酌减至若干限度。二、各堡乡长具结保证嗣后不再发生同样情事。三、
> 石公安分局损失及伤警医药费赔偿二千六百五十元,券内及湖边两堡摊
> 负十分之七,街尾五社两堡则摊十分之三,券内湖边另行分捐三百元公益
> 金,以上各款日内照缴。四、肇事为首诸人,准予悔过自新。以上四条为
> 主体,尚有附件,即:一、甘结状及保释状送府所捕七人

> **随时释放**。二、条件履行完了,标封各商随时自行起封。三、各乡长甘
> 结状迅送府。石各堡廿八日要求县府先释人,石警察队午后有电话到县转
> 达,谓尚有券内湖边二堡未出具甘结,令甘结保送府,即刻释人,店屋同时准

---

① 《石狮税潮党政再商善后,商民复市县府即可释人,契税缓征准向财厅请减》,《江声报》1933
年5月19日。

自行起封。廿九日或卅日结状可由石狮送府，被捕七人即释。另讯，石各堡以某某故行动不能一致，街道五社甚易就范。陈伯熊到石宣告，若再那一堡观望玩延，即对付那一堡。石狮四堡，乃各服从。①

对于这样的结果，市民方面当然非常不满，"但不敢罢市，只半掩店门，高对此熟视无睹。对高的劣举，袁国钦等愤而不平，乃领导学联会带头反对，集合约400名学生包围县政府，要求高桓出来讲话"②。5月30日，黎高、平中、乡师、西师、晦中、泉中、培英女中等20余校学生代表约300人组成请愿团，包围县政府，要求县长高桓接受"减轻契税"条件，最后以高答应契税展期，所押市民释放而告结束：

泉州今晨一时四十五分电，三十日学生代表团为契税包围县长高桓请愿。提四项：一、契税展期，未减轻前不征税。二、撤回石狮征税人员，并登报声明。三、公布前收契税款项。四、释放石狮在押人。当高逐条签字加印县印，学生即请释放石狮被捕三人。退后，代表再开会，定六月一日二日赴乡宣传减税。③

泉州讯，晋县府召集各中校定六月一日分队出发，作地方自治宣传。前日学生会忽呈请县府，先减轻契税，始愿遵照出发宣传。经县府发出长篇指令，解释自治宣传与契税意义。三十日晨上午十时，各校学生会于纪念五卅惨案会后，开全体联席会议，议决组各校学生会代表团赴县府请愿。午刻十二时许，代表团集中泮宫，每校约二十人，计有培中、黎高、平中、乡师、西师、晦中、泉中、培英女中、泉州女中、南华女中、晋中、晋公、溪亭、西隅、孟群、闽南、崇德、立成等小学，城外到者有南区学联会、法江农中、新华小学、养正中学，计二十余校，约三百人，各校代表团推代表统率，直入县府大礼堂。时县长高桓适在办公厅办公，闻人语声出视，学生遂请高到礼堂接见。学生大队拥塞礼堂内外。首由总代表申述请愿来意，并提四项要求，请高照准。一、契税展期，税率未减轻前不征税。二、撤回石狮契税人员，并登报声

① 《石狮税潮已谈判解决，赔偿警局损失契税估值体检，乡长结保肇事人准自新》，《江声报》1933年5月30日。此引文保留《江声报》原排版样式。
② 秦望山：《安那其主义者在福建的一些活动》，《福建文史资料》1990年10月第24辑，第200页。
③ 《泉学生昨为契税请愿，提四项高桓均接受》，《江声报》1933年5月31日。

明。三、公布以前所收契税款。四、为契税在押人犯均释。县长高桓初略逐项解释,大意谓:契税纯系根据财厅法令办理,诸位能不能指出我违背法令额外苛征事实。又诸位是学生,契税征收的是资产阶级的钱,何苦反对政府法令,而替资产阶级说话。云云。代表团聆言,语声纷起。有代表与高争,谓你能不能指出贫穷的中国有几个所谓资本家,并且契税之征,原为不分贫富。时秩序已呈纷乱状态,学生蜂拥高之周围。高见状乃高声谓曰:"总之,我认为你们此来是代表公意,向政府请愿。此种行为,我可尽行容纳。你们有何要求我当代表政府答复。"云云。于是学生群要高逐条签字,高执笔书写。言辞之间又引起争执。最后,高亲书"关于契税一事,准展期。在契税未减轻以前不征税。将石狮契税调回,并将此事登报声明。关于以前所收契税款,应当公布。在押人民释放"等语。学生代表要求高加盖私章,又另盖县印。学生代表又要求即释放三人。盖因税潮被捕者,尚有三人未释。高允之。遂将石狮尚在押之姜丁之、吴坑、陈正康等三名释放。学生代表团大队乃告退,在庭前与三犯摄影而散。先后在县府请愿历一时有余。大队散后,下午二时许,复在泮宫学联会开学联会临时代表大会,决议再推四代表向县长高桓交涉……(此处约五十字模糊,无法辨认——笔者注)县府召集之一日至三日各校自治宣传,则议决遵照出发宣传。①

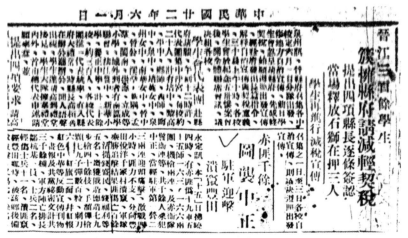

图107　《江声报》1933年6月1日对学生请愿逼县长逐条签认的详细报道

---

①　《晋江三百余学生簇拥县府请愿减轻契税,提出四项县长逐条签认,当场释放石狮在押三人,学生再进行减税宣传》,《江声报》1933年6月1日。

令人诧异的是：由袁国钦以县党部之名义出面协调半个多月，结果还不尽如人意，而是几个学校学生出面请愿，有强大驻军支持的晋江县县长居然完全接受要求。后来秦望山的回忆终于道出个中原因：

> 适十九路军某师师部就在县政府隔壁，见学生包围县政府，即派一连人包围学生，双方相持不下。高桓要学生推出代表商谈解决，当时有的学生暗藏手枪，即推带有手枪的8人为代表入内见高桓。双方辩论至为激烈，顷之，学生代表忽一起亮出手枪，厉声说："军队在外面包围我们，我们现在就在这里和你同归于尽！"高桓吓得魂不附体，当即答应两条办法：一是全县契税暂停征收，候省政府解决；二是将已收的现款帐目，即日在《泉州日报》公布。高桓亲手签字交学生代表。之后，学生代表挟持高桓遣散包围学生的军队，从容整队而归。①

那么，秦望山的回忆是否可靠？这在事件过后不久的6月3日，当地驻军的反应似乎得到了确证：

> 泉州讯，六十一师司令部昨令云，为令遵事，案查福建人民自卫枪械登记办法，经奉驻闽绥靖公署制发，并令饬遵照办理，随时具报在案。迄今日久，从未具报到部，究竟办理成绩如何，本部无从悬揣。现迭据各方密报，匪魁高义，有潜匿安溪一带，希图捣乱之讯。泉城不良份子，复有秘密组织等种种传说。谣言日炽，防范自宜周密。对于各地人民自卫枪械，若不速行登记，殊觉漫无稽考，不但歹徒易于作恶，亦非所以维护地方肃清匪类之善法。兹为正本清源计，亟应责成各县府迅起照上项枪械登记办法，切实办理，并限六月底以前登记完竣，发给枪照，以资考查，而免贻毒地方。至各地驻军，尤应督促劝导，协助各县府实行，以收互助之效。倘人民仍故意玩延，或言者莨莠，除依法严办外，并于七月一日起，禁止携带军械来往，暨随时检查。此项任务，即由各地警戒部队之检查所巡查队城防队担任，切实执行。若再查出有未登记无枪照之枪械，不问私有或民众团体公有，一律没收，并以私藏军火论罪，决不姑宽。事关地方安宁，及饬办要案，除分令及布告外，仰即遵照认真办理，如期从事，幸勿违误致于未便云云。②

---

① 秦望山：《安那其主义者在福建的一些活动》，《福建文史资料》1990年10月第24辑，第200页。

② 《泉州不良份子有秘密组织之传说，师部限期登记自卫枪械，逾期以私藏军火论罪》，《江声报》1933年6月4日。

第九章
为了工人自身的权益

　　泉州的工人运动兴起于 1926 年冬北伐军入闽时。那时的泉州工人先是自动参与大革命,有的参加农民自卫军,有的参加北伐军。年底,国民党晋江临时县党部成立,工人部长为林植兰。临时县党部派富恩潭等为工运指导员,着手组织工会,泉州开始出现有组织的工会团体。1927 年"清党"之后,各工会组织被勒令停止活动,泉州工会活动停顿一时。但十一军入闽解决新编军之后,晋江临时县党部的人员又复重来,宣传养成所毕业生被派参加工会工作,加上外地避退泉州的安那其分子如张赖愚、陈君冷、范天均等的参与,工人运动开始十分活跃。但陈国辉部驻泉州时期,谢宝儒等遇害,工会活动又受到压制。十九路军入闽后,支持民众团体开展抗日救亡活动,泉州的工人运动迅速得到恢复和发展。此时的工会组织成为 20 世纪 50 年代之前泉州工运史上最兴盛的时期。1933 年12 月"闽变"发生,驻泉州的六十一师在泉州中山公园召开誓师大会,停工集队参加示威游行的工人就有二三千人之众。"闽变"失败之后中央军入闽,南京国民政府实际控制了福建,泉州工运又逐渐低沉下去。"安那其主义者主张,总同盟罢工为工人反对资本家掠夺与政府压迫之斗争中的最强的武器"。他们认为"罢工可以训练工人的组织能力与互助精神","它们会训练工人,使工人知道合作之需要,使他习惯来与同伴联合一致为共同的利益奋斗。罢工会训练工人的战斗力,增加工人的责任心与团结力,巩固工人的组织"。① 所以在 20 年代后期到 30 年代前期,泉州的工人运动基本上都是由具有安那其理论又有从事实际工人运动经验的张赖愚、陈君冷、范天均等组织展开的。在他们的培养下,宣传养成所毕业的袁国钦、袁继热、谢宝儒、谢仰丹、王一平等后来也成为工人运动的中坚。这期间,泉州的各种工会发动和开展了一系列为捍卫自身权益的罢工斗争,并且产生了较大的社会影响。

---

① 莆甘:《从资本主义到安那其主义》,上海自由书店 1930 年版,第 160、243、259 页。

第一节　泉安汽车工人的大罢工

　　泉安汽车公司全称为闽南泉安民办汽车路股份有限公司,创设于1919年4月,是福建省民办汽车公司最早创办的企业(据称持有南京实业部颁发的序列第二号的执照),创办人为旅日华侨陈清机。陈清机深受西方工业文明的影响,又是实业救国的坚定信奉者,他同时还具有闽南华侨热心为家乡造桥修路的传统观念。1919年,许卓然和秦望山等在晋南组织靖国军,进驻安海一带。许卓然本与陈清机互为友好,并且都是同盟会会员,深知陈清机振兴实业的宏愿,所以电招其回国任路政局长筹办泉安汽车公路(时安海与水头划为一县)。后经筹备、勘路、动工,其中包括向菲律宾华侨招募股份获得赞助与支持,1922年6月完成安海至泉州顺洲桥公路的全线通达。之后逐段通车,至1925年始全线通车。因许卓然、陈清机政治上军事上控制闽南的设想,泉安公司名称上特意冠上"闽南"二字。由于原始投资的复杂性,历年股权变更频繁,后来的运营实际上为官僚、资本家把持,但内部有一套完整的现代企业制度。陈清机从创办时起至1940年均被选董事长,但他常年在南洋掌管自己的企业,对泉安公司的业务很少顾问。公司章程,"经理为公司法定代理人,对外代表公司负业务上之责任,对内则代表职工负责于董事会。凡营业之策进,计划之实施,资金之运用,职工之任免以及其他事务均负有完全责任",因此公司长期为经理吴警予所掌控。而公司所以在很短的时期内就发展为闽南地区的最大私营汽车公司,当然与无限制地剥削工人的剩余价值的资本累积有关。在1931年泉安汽车工人第一次大罢工前,一般汽车司机每日工作时间都在12

图108　晋江泉安汽车站（《福建建设厅月刊》1931年第10期）

小时以上，匠工、技工、徒工等的劳动时间甚至在16小时以上。而公司随意裁员减薪等，也都是常用的剥削手段。另外，自1924年起，公司为维护交通安全设立了全副武装的护路队，而这护路队同时也成为压迫职工的重要工具。①

1931年泉安汽车工人第一次大罢工就是从纠正"厂方自由进退工人"，争取8小时工作制开始的。接着公司护路队逮捕罢工工人，并开枪射杀工人徐尧卿。后经临时县党部调停，劳资双方艰难谈判，最后达成复工协议。对于这次影响很大的罢工，当时的《江声日报》（即《江声报》）有过详细的系列报道，其主要篇目包括：《晋江各工会纠正"厂方自由进退工人"，电张赖愚提出民会讨论》（1931年5月17日）；《泉安汽车工人罢工，工人徐尧卿被护路队开枪伤毙》（5月28日）；《泉安交通昨午恢复，徐尧卿系溺死非伤死，事实公司工友均开枪，双方现互诿责任，真相为劳资互轧》（5月29日）；《泉安劳资纠纷，资方之理由，泉安昨来电告复工》（5月30日）；《泉安劳资纠纷已解决，晋江县党部召双方调处，二十条件有修正》（6月2日）；《为工潮闭幕后说几句话》（6月3日）；《揭露郑健魂等把持汽车工会，惨毙工友危害交通之阴谋》（6月3日）；《泉安劳资纠纷协调后》（6月5日）。福建《民国日报》也有《晋江汽车风潮原因，为争执修改劳资条约而起，工友因公司派队压迫罢工》（6月1日）、《泉安汽车工潮平息，晋江党部调集劳资代表调解，双方重新订立协约一十九条》（6月12日）等长篇报道。

顺便纠正的是，关于泉安汽车公司护路队射杀工人徐尧卿事件，整理小组的《泉安汽车公司企业史》（《泉州文史资料》第3辑）的表述是"1935年5

---

① 参见《泉安汽车公司企业史》，《泉州文史资料》1961年10月第3辑。

月 26 日，吴警予曾无端命令护路队逮捕工人，并开枪射杀工人徐尧卿"。而秦望山的《安那其主义者在福建的一些活动》（《福建文史资料》第 24 辑）记成："第二次发生在中央军入闽之后，……汽车工人愤于汽车公司的无理压迫仍奋起罢工。公司驱使其护路队枪杀了一个工友，工人还是坚持斗争。在工人的斗争和舆论的压力下，终以资方接受了工人提出的某些条件而了结事端"。前者显然是以讹传讹，后者是明显的记忆错误。

而从下面选录的报道中可以看到，张赖愚、陈炳、谢爱华、袁国钦以及郑建魂等无政府主义者在这次工潮中，实际上从不同方面发挥了主导作用。

泉讯，十三日上午十时，各工会代表，假座县党部礼堂开谈话会，主席任文庆。行礼如仪后，报告纪念五一劳动节收支数目。讨论数事，一、建设厅奉实业部训令各县政府关于劳资关系厂方有自由进退工人之权等项有关工运应否表示案。议决：是项法令，关于工运影响甚大，陷工人生活于恐慌，应呈请县党部县政府，转呈中央，收回成命，并请县党部转电本省国民会议工会代表张赖愚等，提交国民会议讨论纠正。二、晋江各工会尚无共同娱乐场所，应组织工人俱乐部案。议决：组织晋江工人俱乐部，并推定欧阳某、任文庆、林何志、叶景致、李承宗、王舜聊、蔡先乞为筹备员，欧阳某为筹备主任，定两星期内筹备成立。三、晋江尚无合作社之组织，为改善工人生活起见，应筹备组织消费合作社案。议决：由工人俱乐部筹备员负责筹备云。

又晋江县党部据各工会呈　转电民会代表，其电文如下：南京国民会议事务所转福建代表张赖愚、刘澄清、孙世华鉴，据晋江各工会呈，实业部令，"厂方有自由进退工人之权"，是陷工运于困厄，请即提交民会讨论纠正，晋江县党部云。①

本报昨接晋江县汽车工作理事会代电两纸，谓泉安车公司经理，唆使护路队开枪射死工人徐尧卿等事。真相如何，容后详查。兹录该电如左：

（一）江声报转各团体鉴　宥日（廿六）泉安汽车公司经理唆命护路队到各站逮捕工人，晚八时在青阳站开枪射死工人徐尧卿，失踪数名。感

① 《晋江各工会纠正"厂方自由进退工人"，电张赖愚提出民会讨论》，《江声日报》1931 年 5 月 17 日。

日工人罢工,晋江汽车工会叩感(廿七)。

(二)衔略。查本会依据全县第二次代表大会议决案及地方情形,提向泉安、泉围、石永、溪安四汽车公司修正劳资合约一事,经本会一再交涉,乃泉安汽车公司不但不切实答复,反将工作时间要延长至每日十二小时。嗣经工友反对,维持原来每日十小时之工作。乃本月廿六日午后五时,泉安汽车公司经理吴警予、傅薇阁,突派护路队兵二十余名,武装实弹,强将本会在安海工友拘押在公司。工友问以何事,则谓召集开会云。随又派护路队兵多名驰到青阳,欲加诸同样行动。工友得悉,设法逃脱。护路队竟以经理命令"不去——开枪"为词,准备作开枪状。幸当时有庄栋先生在场,极力制止、遂免发生意外。同时本会在石狮工友,适在工人宿舍晚膳间。公司经理部突令驻石护路队兵四五名包围宿舍,声势汹涌,强迫全场工友要到安海经理部去,云云。工友未明有何事体,正形踌躇,乃护路队兵实弹示威,全场工友惊慌万状,四行奔散。而在安海被胁迫去开会者,经理强要他们签名否认条件,应要脱离工会,方得在公司工作云云。有些工友,据理辩驳,乃经理兽性大发,派护路队强到会工人要到青阳。抵站,护路队兵见车站有工友在休息谈话,即予开枪,连发驳壳枪四十余发。工友逃散失踪未返会者十一名。幸当地驻军民团出面维持,始得地方免受其害。本会工友,安分工作,究有何罪亦应据理到法庭控诉,岂得借护路队之强力,任意逮捕?且护路队之设,原为维护交通路

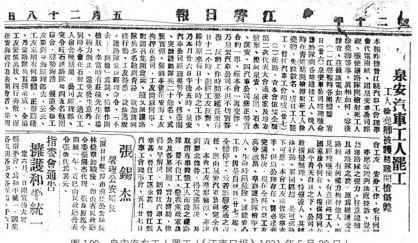

图109 泉安汽车工人罢工(《江声日报》1931年5月28日)

线,有何权力拘押他人? 显见经理唆使,有意摧残工人。国家法令何在?
人权保障何在? 处今青天白日之下,公司竟敢横蛮无理,恃强凌人,其越
法行动,形同绑劫。是可忍孰不可忍,本会工友虽皆空拳赤手,但以公理
存在,誓必达到完满解决。现在全县汽车工友万分激昂,群以护路队枪击
工人,生命时陷危险,谁能安心工作? 因是自即日(廿七)起,全体停工。
致若影响交通之责任,应由泉安汽车公司完全负责。本会工友群形奋激,
非达到要求条件,得完满解决,及取消专事杀戮工人而设之护路队,誓不
复工。凭我党政军诸公及各界同胞,实力援助,俾得及早解决,则晋江汽
车工人幸甚,晋江工运幸甚。晋江县汽车工会理事会。五月廿七日。①

福建《民国日报》1931 年 6 月 1 日报道《晋江汽车风潮原因,为争执修
改劳资条约而起,工友因公司派队压迫罢工》所载汽车工会理事会来函内容
与《江声报》上述报道相同。接着,《江声报》又报道来自公司方面的消息:

> 泉安汽车公司劳资纠纷,详情已两志本报。昨此间"闽南汽车公司联合
> 会"总干事李又铭已自泉返厦。据云,此次发生风潮,原因工人所提二十条
> 件,有公司方面不得辞退工人。果工人不守规则,应辞退者,每名须给费千元。
> 及工人只能工作八小时,无论如何,不得展长工作时间等。皆予公司以难堪,
> 故公司方面绝对不能忍受,致发生劳资冲突不幸事件。至此次肇事真相,及工
> 人所提二十条件,今(卅)日泉安公司方面将派人来厦,向各报报告云云。此
> 为资方之理由,至此事双方进展如何容续报。又闽南汽车公司联合会昨招待
> 各报记者,所述略如昨报所记,故不具录。又泉安工友二十八午已先后复工,
> 经见昨(二十九)日本报。昨本报又接泉安公司来电如左:"江声报,此间汽
> 车工人与本公司劳资纠纷,罢工事现已调处,交通业已恢复,泉安公司"②。

6 月 2 日,《江声报》详细报道了晋江县党部,泉州驻军张贞所部第
四十九师补充营以及秦望山所部民团办事处参与此次工潮调解,以及劳资合
约修改、签订的过程:

---

① 《泉安汽车工人罢工,工人徐尧卿被护路队开枪伤毙》,《江声日报》1931 年 5 月 28 日。

② 《泉安劳资纠纷资方之理由,泉安昨来电告复工》,《江声报》1931 年 5 月 30 日。

泉安汽车公司劳资纠纷,详情业迭载本报,昨据此间汽车公司联合会消息,此事经晋江县党部,四十九师补充营,及民团办事处调解后,已于前(三十一)日完全解决,至解决内容,据

三十一日泉讯:晋江汽车工会,与泉安汽车公司因交涉修改劳资协约,发生冲突而停工,廿八日复工。工友方提出复工五条件:"一、护路队全部暂时调回安海。二、复工后公司对于全体工友之待遇,一如平常。三、双方纠纷事由县党部召集双方调解。四、调解期间,双方应遵守和平,不得有越轨行动。五、两天内调解如无相当解决,复工条件,均作无效。"因是县党部廿九日召集双方,在青阳第三区党部开调解会。工会代表二人,一系工会理事曾超,一系工会职员袁国钦到会。公司则来函声叙种种困难情形,请改地点。嗣由县党部代表陈炳,谢爱华,临时改在安海第二区党部。公司代表系正副经理吴警予,博薇阁二人。工会提出修改协约之二十条件(经登三十一日本报)。经党部代表提向劳资双方再三磋商,已有头绪,现只欠签约手续。兹将该条约调解结果大概情形,探登于下:一、加薪,三条及附条照旧约。二、待遇,第四条,改为每日工作时间夏秋两季,每日以九小时计算,如有延长时,公司应照章津贴工资,(工厂八小时)。第五第六两条照工会原案不更改。第七条亲戚喜丧告假期,改为十六天,余照原案。三、保障,第八条,改为公司无故不得辞退工友,如根据公司规约辞退工友者,须知会工会。倘工会认为辞退理由不充分时,得请求县党部、县政府调查。如调查结果无违背规约者,公司应复其原职,在停职期内之薪金照发。再被辞退工友公司应津贴一个月或二个月薪金,外地工友,并须给发相当旅费。第九条改为公司缩小营业范围裁减工友,须于一个月前通知工会被裁工友。如在公司服务一年以内者,应津贴薪金二个月,二年以内者三个月,三年以内者四个月,四年以上者,一律津贴四个月。裁减之缺,不得另补他人。他日公司恢复营业时,应收旧工友优先雇用。第十条改为工友如遇疾病不能工作时,公司照发薪金,以两个月为限,并酌量津贴医药费,(花柳病不在此例)。第十一条照原案。第十二、十三、十四三条照旧约。第十五条改为公司在雇用工友,以先用工会会员为原则。第十六条删去。第十七条照旧约。第十八、十九、二十条照原案。闻县党部近两三日内当召集双方签字。想届期双方无多大争

执,所协商各条,不至有修改也。至工友死者徐尧卿,将由公司自动抚恤云。

据右讯,是双方三十一日已签字矣。惟修约内容是否照此无变更,则一二日当有详报告。又去年泉安劳资条约,因现已照工友新提二十条修正成立新约,旧约从略不再刊。①

6月5日的《江声报》和6月12的福建《民国日报》均全文刊登劳资双方新修订的协议全文。《江声报》在条文前还记录了当时签约的经过:"晋江泉安劳资纠纷,经县党部代表调解,第二次调解地点在县党部礼堂。晋江汽车工会到全权代表袁国钦,公司到全权代表吴警予。于六月一日下午四时许,接洽结果,双方签字盖印,当由双方声明,自今之后,按照修正条件实行。对于过去一切,概以一了百了,毋再存见。于是一场纠纷,遂告平息。查二日各工友负责工会事务者,均已回任职务。"②至于新约全文,现据两报内容重新整理排版如下:

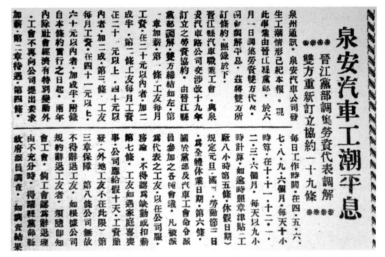

图110　福建《民国日报》1931年6月12日刊载泉安汽车工潮双方订立的协约

晋江县汽车业职业工会与泉安汽车路公司
缔结之劳资合约

晋江县汽车业职业工会与泉安汽车路公司交涉修改十九年订立之劳资协约,由晋江县党部调解,双方归结如左:

① 《泉安劳资纠纷已解决,晋江县党部召双方调处,二十条件有修正》,《江声报》1931年6月2日。

② 《泉安劳资纠纷协调后,修订协约六一签字,附新约全文》,《江声报》1931年6月5日。

第一章　加薪

第一条:工友每月工资在二十元以内者加二成半。

第二条:工友每月工资在二十一元以上四十元以内者加二成。

第三条:工友每月工资在四十一元以上六十元以内者加成半。

附　条:自本条约实行之日起,两年内除社会经济有特别变动外,工会不再向公司提出要求加薪。

第二章　待遇

第四条:每日工作时间在四五六七八九,六个月,每天以十时算;在十、十一、十二、一、二、三,六个月,每天以九小时计算。如逾时,照章津贴(工厂八小时)。

第五条:休假日期规定:元旦、国庆、劳动节三日为全体休业日期。

第六条:关于党部及汽车工会命令派员参加之各种会议,凡被派为代表之工友以在公司服务论,不得认为缺勤或扣薪。

第七条:工友如遇家庭喜丧事,公司应给假十天(此天数与6月2日记者打探到的天数有出入——笔者注),工资照发(外地工友不在此限)。

第三章　保障

第八条:公司无故不得辞退工友。如根据公司规约,辞退工友者,须随即知会工会。倘工会认为辞退理由不充分时,得请求县党部县政府派员调查。如调查结果无违背规约者,公司应复其职,在停职期间内之薪照发。已辞退者,公司应津贴一个半月薪金,外地工友发相当旅费。

第九条:公司缩小营业范围裁减工友,须于一个月前通知工会。被裁减之工友如在公司服务一年以内者,应津贴薪二个月,二年以内者三个月,三年以内者四个月,三年以上者,一律津贴四个月。裁减之缺不得另雇他人,他日公司恢复营业时,应将旧工友优先任用。但现任工会之理事监事干事者不得裁减。

第十条:工友如遇疾病不能工作时,应照发薪金,以两个月为限,并应酌量津贴医药费(花柳病不在此例)。

第十一条:工友因公受伤,医药费由公司负担。在病期中,每月应得薪金伙食,均须照发。病愈后须复原职。

第十二条:工友因公残疾不能工作者,公司应发给抚恤金大洋五百元。

第十三条:工友因公毙命者,公司应发给恤金大洋一千五百元,并给该工友全年薪金。

第十四条:公司应将每年盈余抽出百分之十二分配与工友以资奖励。

第十五条:公司雇用工友以先用工会会员为原则。

第十六条:年终无花红者须发双薪。

第十七条:如各站站员达十人以上者,公司应设立工人夜校、工人体育场。

第四章　附则

第十八条:公司原有优待工友之利益,如本条约所不备载者,继续有效。

第十九条:本条约除第一章加薪于二十年壹月壹日起实行外,余均由签字之日起发生效力。

调解者中国国民党晋江县执行委员会代表　陈　炳印

谢爱华印

泉安汽车路公司全权代表　吴警予印

晋江县汽车业职业工会理事　任文庆印

曾　超印

施志流印

蔡泽领印

高再生印

黄成义印

蔡若樵印

中华民国二十年六月壹日 ①

这次工潮的余绪是 6 月 3 日,泉安汽车公司同时在《江声报》刊发《为工潮闭幕后说几句话》和《揭露郑健魂等把持汽车工会,惨毙工友危害交通之阴谋》两份声明,对工会的领导者进行指责。但此已似事后牢骚,无济于事了。

---

① 《泉安劳资纠纷协调后,修订协约六一签字,附新约全文》,《江声报》1931 年 6 月 5 日;《泉安汽车工潮平息,晋江党部调集劳资代表调解,双方重新订立协约一十九条》,福建《民国日报》1931 年 6 月 12 日。

第二节 泉州民船工会的抗争

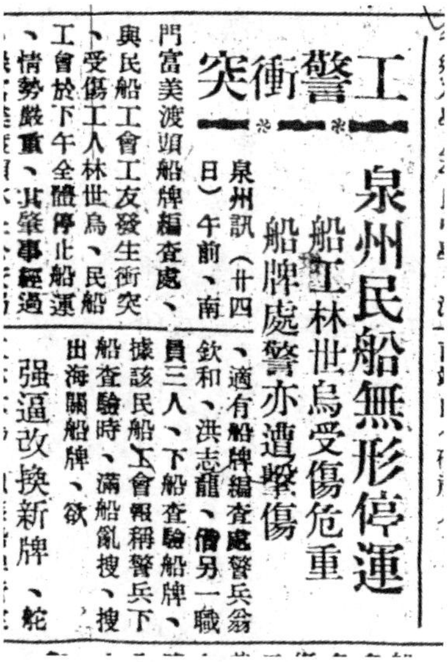

图 111   工警冲突泉州民船无形停运
（《江声报》1933 年 5 月 26 日）

1933 年 5 月 24 日，泉州船工林世乌因改换船牌事，与船牌编查处警兵发生冲突。事后民船工会工友全体罢工停运，并向公安局提出六项要求。后经晋江县党部、县政府调停和总工会的声援，抗争最终也取得胜利。对于这一事件的经过，《江声报》从 26 日至 29 日也有连续几天的追踪报道。现依次用记者报道，完整再现当时的斗争情形。首先是 5 月 26 日对于事件发生的详细报道：

泉州讯（廿四日）午前，南门富美渡头渡船牌编查处，与民船工会工友发生冲突，受伤工人林世乌，民船工会于下午全体停止船运，情势严重。其肇事经过，缘富美渡头水上公安局，自奉令撤消后，即由公安局改设为船牌编查办事处，委戚义和为办事员，职员，警兵三人。昨日早晨，有山腰驳船金复泰号由温州载来红釉一批，停泊南门后山溪旁边。适有船牌编查处警兵翁钦和，洪志龙，另一职员三人，下船查验船牌。查验时，满船乱搜，搜出海关船牌，欲强逼改换新牌。舵工林世乌，以该船牌所定期限，尚未届满，无须改换，当与激辩良久。林拟偕两警同至民船工会理论。中途忽将林世乌,拖住毒殴。林面部受击伤两处,被打倒地上云云。后林偕两警上陆后,……(此处不清——笔者注)及工人□□林世乌之□,一时群情激愤,一声呐喊,欲掳两警送会,一警溜逃。时有总工会纠察队员多人,见状疑林已死,金以该便衣警兵,殴死人命,即将该警翁钦和推至民船工会捆绑。余一警飞奔回船牌编查处报告。该处办事员戚义和飞往公安局,该局派第二科长吴宗本,驰赴民船工会。因见众船工愤激,深恐事情搞大,乃表示不幸。吴请将警兵翁钦和领回,民船工会不肯,吴请解缚亦未肯,遂返局复命。越一时,民船工会始自行派纠察队将警送公安局,请予严惩,经公安局收押。据科长吴宗本谈,当两警下船查验船牌之际,林世乌曾予拒绝。经两警劝解多时,林始出示破烂船牌一面,两警以该船牌破烂不堪,字迹模糊,甚难辨认,责令换新牌。林世乌谓可往民船工会理论。肇事时林世乌因头部跌撞石上,逐至受伤。该警亦受工人击伤,已送法院检验。查受伤船工林世乌,年三十余岁,额角一伤,深约三公,事后昏迷不省人事,越两时许始甦。午后三时许,由民船工会派人领回民船工会。该会以林血流过多,受伤至重,恐有性命危险,乃于昨晚七时,将伤者雇车载送中山医院诊治。昨下午全体工友,无形停运,晚间七时,民船工会召集全体会员开会,讨论解决方针。①

第二天,又有对于事件进一步发展的报道,包括民船工会的抗议和要求,公安局方面的答复,以及总工会的斡旋,等等:

泉州讯,本市民船工会船工林世乌,廿四日上午,因改换船牌事,与船牌编查处警兵冲突,两人均受伤。事后民船工会工友,全体停止工作,并向公安局提出六项要求。详情经见前讯。续查民船工会工友,昨仍无形停运。上午十时,该会工人百余人,晋城向党政两机关请愿,请予援助。经县党部,县政府,派员面覆该会代表,允许详查办理,百余船工始返会。午后公安局函致总工会,对于民船工会所提六项要求,其答覆文云:顷准贵会公函,以民船工会提出六条,请即答覆,等由准此,查原条第一,谓保

---

① 《工警冲突泉州民船无形停运,船工林世乌受伤危重船牌处警示亦遭击伤》,《江声报》1933年5月26日。

障殴伤工友林世乌生命安全等字样。查该林世乌于昨日到局请验时,已经验明,其额角有伤一处,皮破血流,甚属轻微,当不致命,曾到晋江地方检察处请验在案。即令因伤致死,自有法院依法律解决。其答复者一。第二,谓将行凶警兵按律严办等语。查该警兵翁钦和,身负重伤,现在局请医诊治。据其声称,伤系船户林世乌及围殴之船民加害,亦经法院验伤究办矣。是该警兵亦系被害人,俟法院传到加害者到庭时,该警兵亦必到庭追诉。此其答覆者二。第三,谓将船牌主任戚义和,撤职查办,并将该处全部人员撤职等词。查任用职员,系行政者之权衡。该办事员戚义和等有无情弊,现正由本局调查中。果有不法行为,自当分别处分。此其答覆者三。第四,谓负责医治被伤工友林世乌,并赔偿损失等语。查该警兵翁钦和,所受之伤,亦在医治中。药费究由何人负责?且据办事员戚义和报告,所有办事处公用器具,均被捣毁。应由何人赔偿损失?及负毁弃损坏罪,此其答覆者四。第五,谓以后查验船牌,应会同民船工会派员办理云云。查民政厅颁发查验船牌章程,无此办法,敝局未便擅专。此其答覆者五。第六,谓系保障以后不发生同样事件等语。查编查船牌,为顾虑水上治安要政。或各警士知识浅薄,对于处事接物,难免失当,现正积极训练,嗣后当能恪尽其责;以及船户均能遵章将船牌缴验,当不致再有同样事件发生。准函前因,相应函复查照,云云。另据总工会负责人谈,民船工会工友,对于公安局答复,均深表不满。本日拟再派员严重交涉,如无完满答复,全体工友,为争工人保障起见,决进一步,作正式罢工,停止运输,务求达到目的,云云。①

对于公安局方面的顽固态度,工会方面进行了进一步抗争。总工会出面与县长交涉,事件终于出现转机,并在最后取得胜利。

　　泉州讯,公安局船牌编查处警兵、因验船牌发生之工警潮,两见本报。总工会接到公安局答复,甚为不满。廿六日除再涵公安局外,并派代表到县政府,由高县长亲自接谈。据工会讯,高对警兵殴打工友事,甚为不满。高对代表表示,认为警兵毫无训练,以致发生此事。民船工会提出条件,当有理由,对保障工友生命安全,昨天伤已稍愈,谅不致有性命危险。如

---

① 《泉州工警冲突,公安局答复工会六项,工人不满货运仍停顿》,《江声报》1933年5月27日。

因伤毙命，当有办法。至于医治一条，当有办法，现已送入医院，可由公安局负责。行凶警兵，无论如何，系属不法，当予职办。船牌办事处人员既与船民发生此事，办事不妥，可以撤换。查验船牌条例，系民政厅所定，会同民船工会查验一事，可饬公安局与民船工会妥为办理。时与船民接近，以后对于警兵严加训练与整饬，当不致再发生事件。总工会代表，对县长所谈，尚为完满，请其转公安局办理。后再到公安局交涉，局长车之锱，亦答应各条。一场工警风潮，谅可和平解决云。①

泉州讯，晋公安局船牌办事处，与民船工会冲突事，经县长高桓，表示接受工方意见，及公安局长车之锱态度接近等情，志昨本报。昨复据公安局吴宗本科长谈，本局对工会已作切实答复，大抵撤船牌办事员戚义和，而委本局巡官吴英祺接任。肇事警察翁钦和开除，惟该警因伤未愈，即待执行。受伤工友林世乌医药费斟予赔偿。此后编验船牌，准即会同工会办理，以期和平解决，而免事态扩大云云。闻工方对此曾表同情，已可完全解决云。②

---

　　①　《泉州工警潮渐趋缓和，县长毕竟胜局长一筹，同一样话说来较婉转》，《江声报》1933年5月28日。

　　②　《泉州工警潮已可解决》，《江声报》1933年5月29日。

第三节 人力车夫的请愿与冲突

　　1933年9月，因各汽车公司，禁止人力车通行车路，并征路费，引发泉州人力车工人的集合请愿和罢工。由于诉求一个月后还得不到回应和解决，终于酿成人力车工人再赴公路分局请愿，并演成捣毁路局事件。这期间，在县党部、总工会的呼吁协调下，工人的要求最后得以满足。对于这次事件的发生，冲突的升级以及最后的解决，记者的报道极为完整详细。所以选录三则大致可完整窥见全过程的报道如下：

　　泉州讯，晋江人力车工，近因各汽车公司，禁止人力车通行车路，并征路费，又因近日汽车公司，禁止人力车通行，扣留车上椅垫，经由人力车工会，派员交涉，均归无效，昨日午后三时许，工友遂聚二百余人，各执纸旗，偕赴县党部，县政府，民众自卫会，六一师部，公路分局等处请愿。均得各方表示接纳所请，允予查明办理。兹节录其请愿呈文于次。窃本会工友二千余人，拖车为生，备受痛苦，迩来景气不佳，失业者更众。各汽车公司，车站近多迁入城内，拖车路线突然缩短，工作减少。乃各汽车公司，竟擅自禁止通行人力车，擅行征收路票，对工友生活，顿受莫大妨碍。查车路开筑，原为便利交通，而公司行车，必需候待人满，乘客每每坐候多时，短线乘客，极感不便。故多乘人车，较为便利。公司禁止通行，或征收路票，以致乘客与工友均受损失，对于交通殊为阻碍。此事前经本会呈请总工会转呈民众自卫会，具函泉永公路分局交涉在案。据张局长称，公路不得禁止车辆，惟对修路费问题,应由省公路局订立办法,至于民办未便主张,须请示省局等语。又查本县民办车路,除泉安外,泉洛,泉秀,泉溪,各路皆于军阀土匪时代民田民工款地所开筑,一概尚未清理偿还,所有路权,应归民众所有共有。泉永德及枫角路属于公路,更不能与民众同语。至各公司以藉口驶行人力车,将有危险,及应负修路费等词,殊不知行驶车辆,是有定规,循规而行,何有危险。修路一费,亦为片词,试问市内街路,非汽车公司所筑所修,全为人力车主集资修筑,如修路需费,方能行车,则汽车亦不得通行于市内街头

图112 1933年10月16日《江声报》报道
泉州人力车工人罢工

矣。本会工友受此影响,纷纷来会,群情愤激,如汽车公司肆意欺压工友,谓欲罢工直接交涉。本会为交通及治安计,力加劝止,静候和平交涉,为此领其前来,恳请钧会察核,体念劳工痛苦,设法救济,并饬泉安汽车公司即将人力车椅垫送还,以维生活,实感公便。①

泉州通讯,晋江党部廿六日开第四十二次执委会议,出席,执委朱世渊,陈泗孙,郑健魂,列席监委袁继热,候补执委黄炳堃。主席朱世渊,纪录刘尧基。讨论事项计十二件,节录其要者如次。一,人力车工会呈,为各汽车公司禁止人力车通行车路短线,迫收路票资,影响工友生计,阻碍交通,恳予交涉,应如何办理案,议决,转函与泉永公路分局及县政府,令各汽车路公司准予通行。二,城防筹办委员会函,请召集各界代表大会,将东北义勇军捐款五千元,仓库款七千元,飞机捐二千元等,拨归该会为

① 《人力车禁止征费,泉州车夫集合请愿,公路局谓公路不禁行车辆,路费应省公路局妥订》,《江声报》1933年9月21日。

修筑塔楼炮垒之用,应如何办理案,议决,交常务委员定期召集各界代表大会讨论。三,县总工会,县商会,第□区农会,县教育会,县妇女会,学生联合会,华侨公会,律师公会等三十七团体呈,为石狮土劣奸商蔡培庆,何恭察,王苇航,蔡彬庆等,贩卖仇货,破坏抗日,捣毁抗日会,惨杀抗日工作人员,恳请转函军政当局,派队严缉,归案严办,应如何办理案。四,闽南抗日总会函,请将石狮事件主动人蔡培庆等严拘归案惩办,如何办理案。以上两案合并讨论,议决如下,一,密。二,密。三,将本案真相宣告各界。四,呈请省党部转函军政当局,严究肆意诋毁本会委员郑健魂等之土劣奸商。五,函请县政府取缔非法之石狮区华侨联合会。六,密。①

泉州讯:本城人力车工友,因反对汽车公司征收人力车通行路票,全体工友三千余人,于十三日总罢工,向党政军三机关暨公路局请愿。各情详志昨日本报。十四日全体工友,仍继续罢工一日。午前工友再赴路分局请愿,演成捣毁路局事件,兹志其经过。十四日晨,人力车工友,以罢工一日后,尚无具体解决办法,金拟再度赴路分局及党政军各机关请愿。遂于上午十时,聚集五百余人,相率出发,先到兴泉永公路分局,呈内申辩该局暂定各汽车路三公里以内,不得

征收通过费四点。并请该局传集各汽车公司负责人到局,面令准予车辆通行,恢复以前通行路线,不得征收路票,及取缔南安县地方款费管委会,征收车费每辆六角等词。不料为此一着请愿,竟演成公路局意外之被捣毁。当路局被毁消息传出,记者即至工会调查。据人力车工会中人语记者云,请愿工友群至涂门街讲武坊路分局门前,拟入内面谒局长张友仁。因被门房传达员阻住,乃派代表六人,请其入内传达,复予拒绝。最后工友请将呈文送内。该传达员接呈在手,迟迟不入。出口讥骂,工友也漫声应之。工人遂至哗然,金欲入内面见局长。移时有人由楼窗

掷下玻璃片及砖片数块。时楼下工人密集,被玻璃片击伤头部者三人,一路人经过门口,亦被波及,伤均轻微。诸人见状,愤激异常,遂相率鼓噪入门。一部分直入楼下大厅,抵楼梯前时,闻楼上有人开枪二声。群

---

① 《晋江党部决召代表会,函公路局准人力车通行,呈省党部严究石狮事件》,《江声报》1933年9月28日。

工忽闻枪声,愤激更甚,数工友遂蜂拥上楼。在楼下者群将庭中花盆打破数个。工会人员见状,因恐肇祸,急厉声制止,均归无效。嗣见有人持枪把守楼梯,不许上楼,工人遂在楼下,捣

毁杂具数件。经过十余分钟,遂纷纷相率出门,门前适停黑色旧小快车一辆,系莆田城郊汽车公司之物,系十四晨该局局长张友仁,由莆田驰来晋者。工友一见,又举石掷击,机件损毁多件。事后,工友相率直赴县政府,再度请愿,由第二科长高文雄接见。工友要求各点,均与路局相同,并由代表报告赴路局请愿被拒,发生冲突情事,工友当场被捕二人,请求速即转之该局释放。经高答允所请,俟转达高县长后,唯工友应即复工,以维秩序云。请愿工友遂相率返会,一面派代表奔赴县党部,报告肇事经过,并请援助,时已午后二时许。事后负伤工友郑金土、陈凤、张止金三人,遂赴法院地检处,请求验伤。验后具保在外候讯。至工友尚有负伤者数人,则尚待查明姓名。同日傍晚,记者至路分局,局长张友仁因事外出,由管理员裘炽年接见。据谈,工友到局请愿时,本人尚在楼上办公,闻楼下一片喧语声,嗣见系请愿工人,冲入局内。复有

十余人直冲楼上,局内适直枪杆无存,并无开枪事情。楼上楼下,职员卧室及办事室十余间,楼下原设建筑公司住房两间,均被破门入内捣毁,各房狼藉不堪。余身上所带金戒指一只,金表及金表链一付,价值三百四十元,均于混乱中被抢去。办公室司账抽屉内,原藏钞票、大洋、小洋,合计一千四百余元,均被取去。仅有大洋一百元,因掉落地下未失。办公室内文件、少有被毁。楼下建筑公司职员皮箱内,存有大洋、钞票计五百余元均丢失。各职员服物亦被取去多件,厨房内铁锅两个,亦被打破。计毁坏及被取去各物约三百余件,合现款计约损失四千余元。

经开列清单,咨请县政府暨警察所查照。传达员陈永泰,被众重殴,伤势较重,径直送医院就医。职员负轻伤者数人云云。又称,事后张局长面饬局内各职员,不得虚报损失,故开列清单,内系属实,不敢虚报。嗣又微喟曰:"真怕人,他们来势真凶。今天要是有短枪在手,总不会让他们冲上楼来的"。查事后该管理员曾夺路出局,驰赴泉秀车站,请派军队弹压。后复驰赴六一师特务营部、警察所报告。迨军警驰至,工友已离局甚久。

县党部据报,由常委朱世渊亲至县府,晤县长高桓,面商解决办法。旋高亲赴六一师部,谒副师长张炎,请示办法。查该分局局长张友仁,适于事发之际由莆田回局,故午后三时亦赴县府晤高桓。由高派代表余毅、彭绍纲二人,赴县党部,亲向常委朱世渊答复解决办法。据余等谈,张局长则在县府表示,关于工友要求及

复工等问题,答复二点:一、由路局再令各汽车公司,在未奉建设厅显示办法以前,完全停止征收路票。二、由公路局建议建设厅,嗣后人力车通行车路,不准各公司迫买路票。并与高县长会商,拟通知人力车工会,于即晚七时复工。朱答:请由县府正式行文令饬该工会,嗣余复谓。据张局长在县府谈,关于与工友冲突事,路局确未捕人开枪,被捣毁损失,约三千余元。此举纯系工友自动,不受工会指挥。工会人员制止无效。□亦在场目睹云云。嗣余彭二代表,辞回县府。又查下午三时,路局长张友仁与吴警予同到县府晤高桓。张语记者,损失方面,工人抽开一桌,管钱者逃开,故抽屉均被拉开。幸贮款之抽屉下锁未波及。屉中存一百元,幸得保存。傍晚六时许,人力车工会

接县府训令,令饬各工友,于即晚七时复工。该会立即转饬工友,文云:为通告事,中略,倾奉晋江县政府训令建字第卅九号内开,"为令遵事,倾准福建省兴泉永公路分局函开,径启者,现据晋江县人力车工会到局请愿,并称拟请于未奉省公路局确定办法以前,仍准其照常在公路行使人力车。各汽车公司,不得征收路费等情,□据情电请省公路局核示,俟得复,当可解决。除分行处,□应函达查照,并希转饬知照。即日恢复原状,实纫公谊。正转饬间,又准张友仁局长来府,面允在未奉建厅令□前,对于人力车行使汽车路停止征收路票各等,准此。合行令仰该会□□转饬人力车工人,一礼知照。并限即晚六时复工,勿得藉端滋闹,至于究办切切此令",等因奉此,合并通告,希各工友知照,照常复工为要,特此通告。

通告发出后,晚间市上即有少数人力车复工,其余因预备不及,本日全体复工。①

---

① 《泉州人力车罢工第二日,工友再度请愿公路局被捣毁,张友仁言局员受伤损失三千余元,工会称路局开枪工友亦负伤多人,两条件解决即晚复工》,《江声报》1933年10月16日。此引文保留《江声报》原排版样式。

第四节 其他几次工潮与斗争

除了上述工人运动,在 20 世纪 30 年代前期,发生在泉州的大大小小的工潮还不少,下面择要再介绍一二。在下列抗争中,同样可以看到晋江县党部、工会(机器工会)、黎明高中、平民中学在其中起的作用。在一次次的请愿队伍里,同样可以看到无政府主义者活跃的身影。

首先是泉永德汽车公司变相解雇职工引发的请愿和抗争。1933 年 7 月 30 日,泉永德汽车公司召集全体董事开会,并改组该公司"临时管理委员会",另行推选傅薇阁等五人为董事会接收员,向临时管委会接收。7 月 31 日,董事会委任公司正、副经理、营业部主任、总稽察、工务股主任、总务股主任及各局各职员。至傍晚六时许,公司重新委任公司各站站员,工人及司机等约一百人,其余一半则未见委任。消息传出引起了公司各站职工的恐慌,而未被委任的半数工人(约一百余人)恐被公司淘汰,开始抗争,而在这一风潮中机器工会发挥了主要的作用:

> 三十一晚八时许,诗山,洪濑,及西门各站工人,计约八十余人,纷集机器工会,讨论对付办法,(其中工友已得委任状及未得委任状者均有)。工友纷纷发表意见,咸主张自本(一)日起,实行全体停工,咸主张相机应付。结果,议决推派代表工人,及偕机器工会代表王一平,诣县府面谒县长高桓,请求办法,(代表曾至党部)。二日工友则分乘汽车三辆,同赴县政府请愿,由县长高桓亲接见。代表声述来意并报告公司措置办法后,

由高答覆:略谓。公司方面,对此未经重新委任之半数工友,在未明白表示如何措置之先,全体工友应当仍旧工作,俟公司明白发表处理办法后,再行核办云云。代表始携工友返会。复据机器工会息,今晨用工会名义,具函责问公司当局,询其处理该未发表委任之半数工友办法,并限数小时内答复,以免发生工潮。泉永机器分会,函泉永德汽车公司,略云,据本会汽车业泉永德支部呈称,本月28日,泉永德公司常务委员傅维深,黄远岫,黄文标等,通告各站部工员内文,有"惟查各部人员,系属临时性质"一句,立词荒谬,用意可疑。该公司规模宏大,资本雄厚,营业交通,均著信用。今以各部人员,系属临时性质,任意去留,则不独有失信用于工员,抑且自损该公司之信誉。至若不顾法理,憎爱去留,则各部工员,亦可任意所为,喜则劳而作,恶则逸以游也。兹因各工友咸认为该公司之通告文理不透彻,似含别有作用,以致群情愤激,疑窦丛生。倘不幸因此发生意外,则该公司应负其责也。等情据此,查贵公司素以正义为本,互信以从,对于各部工友人员,自应推诚相见,保持盛誉,谅不至因此一纸之通告,失去大部工作人员之信仰心,而引起劳资纠纷也。相应函远,希予明白解释见覆云。①

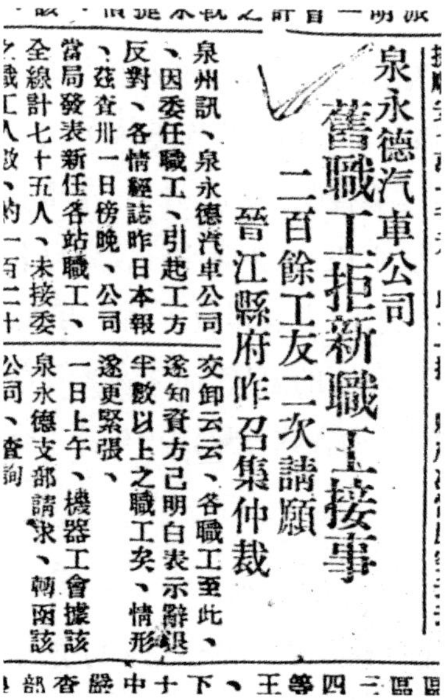

图113 《江声报》1933年8月3日对
泉永德汽车公司工潮的报道

接着,县党部也介入风潮,请愿者获平民中学支持。县党部及机器工会要求泉永德汽车公司在风潮未彻底解决之前,不得再派新委职工前往接收,以免发生意外;要求劳资双方静候仲裁。当年的报纸有具体的报道:

泉州讯,泉永德汽车公司,因委任职工引起工方反对,各情经志昨日本报。兹查三十一日傍晚,公司当局发表新任各站职工,全线计七十五人。未接委之职工人数,约一百二十人。是晚九时许,各站复接得该公

①《泉永德汽车公司旧职工向新执事质疑,"临时性质"为最大疑问,或委或否因引起交涉》,《江声报》1933年8月2日。

司三常委员，傅维深等通知书，略谓，案准接受委员杨孔莺、黄亦守、李汉青、傅薇阁、李拔英等，会报赴泉接收经过，并甄别现有人员，分别去留，重新配置各情形，列报附备发通知书七十五份，业经本会临时会议决，照议案通过在案，应饬各该站未经接委职员，预备一切交卸手续，俟新任一到，随时交卸云云。各职工至此，遂知资方已明白表示辞退半数以上之职工矣，情形遂更紧张。一日上午，机器工会据该泉永德支部请求，转函该公司，查询辞退半数以上职工理由，并请准全数职工，照常工作，并免交缴保证书等手续，限下午二时以前答复。迨至午后，该公函复解释内部组织，以及其他种种情形，并表示所请准予接纳。迨二时许，公司即派新近由外请来之新任各站职工，分赴各站，向各未接委任之职工接收。各站旧职工一致拒绝。各新任职工纷纷返公司报告。事后各站重新委任之旧任职员，相率将公司委任奖及保证书等件，一律缴交机器工会，以示坚决。一日晚七时许，全线职工二百人，均相约乘车晋城，假机器工会会址，开会讨论对付办法。推吴应臣为主席，并议决三项：一、发表宣言。二、妥筹经济。三、全体工友，即刻赴县党部，县政府请愿。会议完毕，全体职工二百人，分乘大小汽车十一辆，首至县党部，由县党部代表刘尧基，偕赴县政府。推代表一人，偕机器工会代表王一平，晋府拟谒县长高桓，由县府第二科长高文雄接见。代表等声述来意，并报告经过情形。结果得办法三条：一、订二日下午一时，由县党部、县政府召集劳资双方代表，及机器工会代表，组织仲裁委员会。二、由县政府电话通知公司当局，在风潮未彻底解决之前，不得再派新委职工前往接收，以免发生意外。三、各站旧任职工，仍旧照常工作，以免交通停顿。请愿出，全体职工自假平民中学过夜，二日晨拂晓时，即分返各站供职，静候仲裁云。①

在这一风潮中，已获重新委任之旧任职员并未因自身问题得以解决就作壁上观，而是拒绝委任，坚决与未获委任之员工站在一起与资本家抗争，表现出难能可贵的团结斗争的觉悟。

除了汽车、人力车工会，泉州民船工会也先后发起几次要求撤销船牌税的斗争。其中声势较大的一次发生在1933年11月：

① 《泉永德汽车公司旧职工拒新职工接事，二百余工友二次请愿，晋江县府昨召集仲裁》，《江声报》1933年8月3日。

省财厅决定征收船税,并委吴修淮为船税局长后,各地航业公会民船工会群起力争撤销。吴修淮辞职,财厅又委庞健翔为局长,势在必行。泉州民船工会八日召理事会,由曾钦水报告来厦与各海上团体协商情形,继即表决两项:一、将船民之生活苦况,负担奇重,公诸社会。(一)、民船已负担有船照捐,不能一船二税。(二)、各民船在本省行驶,均负担地方政府特别捐,若再征收船税,实使民船负担过重,生活更难维持,将至失业,铤而走险。(三)、前为之护商捐,业经政府明令撤销,今再举征船税,实换汤不换药,一面加苦船民,一面损失政府威信。(四)、查船税一项,在长江一带巨埠,却无此项名义,吾闽何独例外。(五)、查轮船航船,已由交通部于各地设航政局,每年换照检查,收费甚巨。且本省航业船务主权,操诸外人之手,即能移延到至今之中国船舶,已趋破产。若再征收船税,不啻助帝国主义者在华海航侵略,断绝自己航运。(六)、海盗纵横,迩来船舶受劫,不胜枚举。船民受创甚巨,若再征收船税,是迫劳工生活于死地。二、议决。(一)、联络各处航业公会船员工会协商进行,力争到底,务达到撤销船税目的而后止。(二)密。①

之后于1934年4月,泉州民船船员工会又组织的泉州东西溪船户三百集合请愿,要求政府撤销船税警捐:

泉讯,南安东西溪溪船工友,因前南安潘山设有船税征收所征税,经几度交涉,该所始撤销。而南安金奎又设局征收船税,聚宝街再有泉属船税征收所。各船户以无力负担、特召集东西溪民船船员三百余人,三日向晋江县党部,及泉州警备司令部,三十六师政治训练处请愿,请求撤销非法征收机关。先到县党部,呈上请愿书,由黄炳墁接见。黄查明来意,即表示对民船工友之请求,甚表同情。惟当俟调查,询各征收机关,果为非法,自当援助。请愿诸人即请党部派代表一人,同至警备司令部请愿。由副官长出见代表,表示立即派员至南安调查,着令撤销。至南门聚宝街泉属船税征收所,俟电省查明核办。诸工友再至三十六师政治训练处,由秘书甄绍武出见代表。当表示与警备司令部及县党部商一妥当办法,希于最短期间,能将非法征收机关撤销。兹节录民船船员工会呈各机关请愿书如次:窃南安县金奎桥设有警察队,在该处截船征收警察费,每

---

① 《泉州民船工会要求政府撤销船税,决联络各地工会力争》,《江声报》1933年11月13日。

船每次大洋一元五角及一元,分二等征收。素无设此名目,实系新创。又泉属船税征收所未奉厅令,即于三月二十五日起,连日派员再向船户征收船税。因未即应令,被掳船工多人,船具被搬去,船户被勒难堪。经佥赴属会呈请各宪制止在案,现因船工友受商业不景气,船况萧条,冷落之秋,所得载资、恒不敷糊口赡家。且沿溪遭匪劫抢,层见叠出。船户工友至此,实以无处谋生,不得已联合曷叩钧部请愿,永远取消南安县警察捐。一、迅予令饬泉属船税征收所候省核办,不得擅行征收。二、迅饬驻军派队严缉匪徒,以靖地方。三、据情转呈省府。上列请愿,伏乞钧鉴察核,俯念溪运匪氛,工友损失无算云。①

1933 年 12 月,泉州还发生工警冲突风潮。起因是西门城岗警察因与瓦窑工人汤启纠纷,警察捕殴群众,引发西门外农民工人及西街市民约五百人结队赴军政机关请愿事件。请愿群众推学界代表何光伟,工会代表谢真、欧阳某,商界农会代表各一人,携西村学校及瓦窑工会请愿书备面呈县长,要求"拘办警察所长余毅""惩办肇事长警警察""释放被捕工友及市民"以及"赔偿受伤医药费"等。学生联合会亦于 9 日下午"召集执监联席会议,讨论援助被殴之晦鸣中学校学生李锦章,及对付警所办法",并决议"通告各学生会一致彻底对付","如不达到撤办该所长余毅,必要时即通告一律罢课"。整个风潮过程,体现了工农商学同仇敌忾的斗争精神。当时恰逢"闽变"时期,福州的《人民日报》和厦门的《江声报》对此都有比较详细的报道,现选录两篇,以互见当年情形:

图 114　福州《人民日报》1933 年 12 月 14 日对泉州工警冲突的详细报道

① 《泉州东西溪船户三百集合请愿,要求撤销船税警捐》,《江声报》1934 年 4 月 5 日。

泉州通讯,八日正午十二时许,西门岗警与瓦窑工人汤启,因细故纠纷,事后警察捕殴群众,午后西门外农民工人及西街市民约五百人,赴军政机关请愿惩办肇事长警。其

肇事经过,缘昨午瓦窑工人汤启,由其家带一蒸笼,抵城楼下,停放于地,向卖菜者买白菜,将付菜钱时,该处岗警予以驱逐,即上前以警棍敲打汤蒸笼,汤不服,变色曰:"打甚么,就走了",该警见汤启反脸相向,遂挥警棍击去,两人扭打一场,卒经城楼驻军劝散。该警驰回西街分驻所报告,汤启亦驰回瓦窑工会报告,西门警分所长章仲清,派巡长苏仁成率警数名,驰赴西门瓦窑捕汤启押城楼上,汤启身负殴伤颇重,群众愤激,争喊罢市,警分所警长警士亦愤激暴怒,旋警察所自由车之武装巡查队由警长王广胜率驰至,均

拔出手枪,长警声势大旺,遂动殴打,县警计廿余名,另分一路追捕群众,冲至西门外下尾段湖西乡搜捕,于混乱状态之下,西城附近发现枪声二响,时西门附廓各乡见群警搜捕乡人,争相奔逃,妇孺号哭,县警在各乡捕农民陈歪于耕田之际,捕蔡咏于段湖乡吃饭之时,拘黄勤于瓦窑内,擒何雨溜于下尾乡,捕妙因铺农人林我,夺林我之扁担,挥击李奇岩,李系西村学校董事,李有弟锦章见警

乱殴群众,愤而斥警,亦被殴伤头部,血流如注,察系短枪柄击伤,其兄奇岩闻讯出视,斥警无理,遂亦被捕殴,头部伤二处,血流颇多,身上扁担伤拳伤数处,西村学校校丁林火炉被指为喊罢市者,即被捕殴,农人李吉来途过西门街,被一长警扭殴,腰部被戮一扁担,头部伤一瘤,附近协源号店东汤文诸,亦被拘,其侄汤长志见被逮出而争夺,一并就捕,最初被拘之汤启亦系该巡长亲手殴打者。以上总计先后大捕校董,年轻学生,工人、农人,商店店东,伙计,统共十二,就捕即殴,惟重轻伤有别耳。时记者适在东街闻讯,因住询诸县警长余毅处置办法,据余云,被捕者多为喊罢市殴夺警察者,车巡队非本人派往,其中汤启等二人系西城楼驻军代捕送来者,有该第一连连副唐赞耀班长傅光辉为证,本所县捕苏仁成、詹忠祥、陈凯,亦有受伤。记者问设群警及警长有乱捕乱殴情事何以处之,答,据长警报告无乱打,有则候查办理云。兹事发生后,工农市民群众约五百人,拥到

县府请愿,推学界代表何光伟,工会代表谢真,欧阳某,商界农会代表各一人,携西村学校及瓦窑工会请愿书备面呈县长,科长吴宗本接见,代表等书面提五条,请求:(一)请军部县政府立刻拘办警察所长余毅;(二)

请军部县政府惩办肇事长警警察;(三)释放被捕工友及市民;(四)赔偿受伤医药费;(五)请县府保证以后不再发生同样情事。吴科长对第二至第五各条均一一允准,惟第一条拘惩余毅则未敢答应。各代表力争,吴科长抚各代表肩示歉安慰,各代表辞退。嗣工农市民群众再到

军部请愿,由副官处长马良骥接见,对释人医药保证均予允准,第一条允查明果暴行县警系余所长指使,则于惩办,各代表认为满意,并声述县警若认民众违警辱警,亦应报请上峰处置,不能骚乡扰民,乱捕无辜,开枪威胁,沿途痛殴,且武装车巡队系警所派出,必系所长命令,警律如是,所长安得辞其咎。西门城驻军拘捕群众,亦请彻查,当兹新政府革命政策,拥护工农群众,警所反纵县警无端捕殴工农学生商人,未免蔑视工农,目无国法云云。各代表退出后,被捕被殴伤者等十二人,均经县府教育科科长龚时熊及县商会黄叔梓等在警所

交涉释放,各代表率十二人入县请验伤,传达室答称县内无人乃散归。西街市民照俗例燃放鞭炮示庆得释。是日下午市上打倒警所长余毅标语甚多,夜间各工会代表卅余人,在总工会开紧急会议对付此项事件,议决,一、警所长不问是非,派武装脚踏车警队驰住,胡乱殴捕人民,实属枉法已极,罪有攸归,应请军部县府立将该所长余毅,撤职拘办。二、呈请总工会提出严重交涉,于必要时各工会一致罢工对付。三、各工会派代表联赴军部政部县政府请愿,撤办余毅,及肇事长警警察,并改善警政。学生联合会亦定九日下午一时,召集执监联席会议,讨论援助被殴之晦鸣中学校学生李锦章,及对付警所办法,西隅乡村小学,因该校人员被警察殴捕,亦具呈请愿云。①

图115　曾是县党部、总工会、妇女协会等机关团体办公议事的威远楼毁于1969年,此为1989年重建的威远楼(辜也平摄,2016)

《江声报》则对过程和结果有比较具体的报道:

① 《泉州工警冲突风潮,岗警窑工纠纷捕及旁人,群众愤激争喊罢市赴军部请愿,允准医治伤者惩办县警始平息》,福州《人民日报》1933年12月14日。此引文保留福州《人民日报》原排版样式。

　　泉州讯,前(八)日,西门岗警因与瓦窑工人汤启发生纠纷,警察殴捕工人农民学生及市民计十二人。下午工农学市民五百余人,赴军政机关请愿,详情经志昨报。续志如下:代表请愿。昨日上午,农工商学各界群众,以该事件尚无完满结果,遂各推代表,在威远楼聚集,佥决再赴第二军司令部、政治部、县政府请愿。十一时军部派副官左宗佑前往威远楼解散会议,如有请求着派代表到军部请求。时各界代表推出商会陈仲瑾、学联会黄候侃、总工会陈唯农、一区农会林□□、西村学校周琪瑛等五人为请愿代表先至县政府请愿,由一科长吴宗本接见。代表声述来意后,吴答谓此次警察殴捕工农商学事件,本府已将肇事巡官苏仁成、西门分驻所所长章仲清、脚踏车巡查队队长王广胜等,撤职候办。至撤办所长余毅,则须候查答复,云云。各代表乃辞退,继至二军部请愿,由参谋长赵锦文接见。各代表声述肇事经过后,仍请撤惩警所长余毅。赵谓警察驱逐阻碍交通为警察职权,如非犯法者,岗警必不致逮捕。所请撤惩余所长,碍难办到。代表陈仲瑾陈唯农等复述捕殴群众真相,及所长余毅应负之责任,并请军部详予考虑。赵谓警察固亦负伤有案,总之第一点本部进行查明,查得警察不对,则办警察;民众中如有不对,亦当法办。第二点责成各代表出而宣告兹事不得再集会贴标语请愿游行,以维治安。并责成商会主席陈仲瑾负责劝谕商民,勿得再有阻碍交通情事云云。在军部请愿时间达一小时半,至此始退出。再赴政治部请愿,由陈□接见。陈答静候县政府处置如何,倘代表认为不满,本部当负责调查秉公办理。在本部办理中,并请各团体勿再开会勿使事态扩大。各代表认为满意乃辞退。学联开会。昨(九)日下午二时,学联会因晦鸣中学学生李锦章,亦被殴捕,特召开临时会议。出席代表九人,由李锦章报告被警殴捕经过情形。旋经议决:一、呈请第二军司令部、县政府、立即将警察所长余毅及肇事巡官等,撤职严办。二、查警所长余毅,自任职以来,毫无成绩,警政办理无方,肆行不已。设警原为维持地方秩序,反乱殴捕无辜,开枪威吓,决通告各学生会一致彻底对付。三、如不达到撤办该所长余毅,必要时即通告一律罢课。昨日第一区农会第一分会,为本案呈军部、政治部、县府,请撤办警察所长及肇事警长等,呈文略。①

――――――――――

　　① 《泉西门警察捕人事,各界请撤警所长,前日向各方请愿,分所长队长已撤,军部令静候查办》,《江声报》1933年12月11日。

第十章
抗日救亡检查仇货

　　进入 20 世纪 30 年代,日本帝国主义加紧对华侵略,民族矛盾上升。在民族危亡的紧要关头,全国人民的抗日救亡热情日益高涨。活跃于泉州的无政府主义者,也发起、组织了一系列的抗日救亡运动。由于无政府主义声称反对承担一切国家、政府、民族的责任与义务,所以对于中国无政府主义运动与抗日救亡运动之关系,一贯鲜被关注。在过往有关 30 年代泉州无政府主义运动的相关文章中,大部分也都忽略了对其与泉州抗日救亡运动的关系的考查。实际上无政府主义的理论观念是一回事,而作为中国人的中国无政府主义者又是一回事。当他们置身于民族矛盾的激烈冲突中,一般都很难不从自身的民族、国家做出立场的选择。从理论上说,这样的安那其或许并不纯粹,但作为现实社会的一分子,这也才是中国的无政府主义者很难摆脱的历史宿命。其实,本书第三章第二节,也已有过 20 年代后期安那其与普通民众携手反日运动的介绍。所以在 30 年代全国抗日激情日益高涨的背景下,泉州的无政府主义者积极投身抗日救亡活动也成为历史的必然。

第一节　组织、发动抗日救亡活动

　　早在"九·一八"事变前的1931年8月14日,泉州就成立了抗日救亡的组织晋江县各界反日援侨会。参加第一次会议的包括码头工会代表李苑豪、晋江县执行委员会代表江衍滨、晋江县渔会代表谢宝贤、平民中学代表叶非英、西隅师范学校代表尤国伟、晦明中学杨博清、印务工会张一粟、监委会李半舟、杂货同业工余敏苏等。会议除了进行一系列团体组建的相关议程外,很重要的一项成果是组织日货审查委员会,并"推县党部、县商会、私立泉中,三团体共组织日货审查委员会"。①

　　"九·一八"过后不久,泉州救国会就开始着手组织晋江各界抗日救国大会。10月2日首先在县党部召开了筹备会,讨论大会主席团、游行线路、沿途纠察、惩戒奸商条例起草等事项,决议6日召开晋江各界抗日救国大会,并开始检查日货。接着又召开第二次宣传委员会议,出席者包括泉中代表朱贯五、平中代表叶非英、省中代表吴文良、黎明代表洪一萍等,讨论事项包括组织抗日救国会女子家庭宣传队到各家庭展开宣传,出版周刊、画报,组织剧团进行抗日救国宣传等事项。②10月6日,晋江各界抗日救国大会如期举行:

　　　　前(六)日为晋江各界罢市、罢工、罢课、举行扩大之抗日救国大会

---

　　① 《晋江反日援侨组成,第一次执监会议,通过组织大纲定执监常委,组日货审查委会》,《江声报》1931年8月15日。

　　② 《泉救国执委宣传两会议,组织各乡村抗日救国会及义勇军女子家庭宣传队》,《江声报》1931年10月6日。

之日。是日早起各商店即均未下店门,街上人力车夫绝迹,俨具有一种特殊的气象。大会地点在中山公园。上午九时,党、政、军各机关,各中小学校,各工商业团体,教育文化团体,自由职业团体,共到一百多个,参加人数为二万余人。总主席张赖愚宣布开会宗旨毕,演说者有县长余辉照、朝鲜革命志士某君,集美反日宣传队代表,上海各大学泉州同学会代表,码头工会代表等演说。最后大会通过三案:一、电请中央对日宣战案。二、分电京粤各方屏除前嫌切实合作,共任巨难,以抒国难,请公决案。三、指定开元寺为售卖现存仇货地点,凡各商所存仇货均应搬往开元寺发售,不得留存店内发卖、以免流弊案。高呼反日救国口号毕,继即举行游街大示威。①

同时,他们还把反日的斗争进行到厦门等地。谢真回忆说:"1931年'九·一八'事变发生了,报纸以大字标题报道了东北沦亡的惨痛消息。十月,正值雾社起义周年纪念之际,抱一和我在厦门浮屿一家电影院晚间散场时散发了抗日传单,几天之后我们又在鼓浪屿日本领事馆扔了一颗手榴弹,然后绕道升旗山转回龙头回厦门。当时同行者还有黎明同学、朝鲜人张水民,共同筹划的有以后当了教会牧师的李温亭。"②

1932年3月,晋江学生反日救国会召开第三次反日会议,通过决议案五条,并举行反日救国示威游行:

> 泉讯,晋全体学生反日救国会,九日例会议决十六日开学生全体第三次反日(疑脱"会"字——笔者注),昨日上午十时正式开会。到会者:晋中、平中、晦鸣、黎明等十九校。开会后,会场空气异常严重。主席黎明学生代表潘曜人,纪录王生耀、洪宝萍。主席宣布开会词,略谓学生反日,责任至重大。各地义勇军参加抗战,而晋江学生,淡然自安,问心何安? 政府无决心抗日,我们学生只有急起直追,更加努力,干我们的救国工作。旋县党部代表陈炳、工会代表袁国钦、平中代表黄雅士、学生反日会代表程永才先后演说。演说毕,当场通过议案:一、严厉监督政府立即出兵收复东三省及上海。二、学生加紧军事训练,并定期总操。三、加紧宣传工作,组织农民义勇军,

---

① 《晋江各界抗日大会,罢市罢课罢工游行,通过议案三项》,《江声报》1931年10月10日。

② 谢真:《忆台湾爱国志士郑抱一》,《怀念集》第3辑,泉州平民中学、晋江民生农校校友会1988年3月编印,第25页。

资作长期自卫。四、请各校当局不得阻止学生参加反日运动。五、请各界反日会严厉处治奸商，不得宽恕。通过后分二十九队出发，示威游行，秩序极佳。①

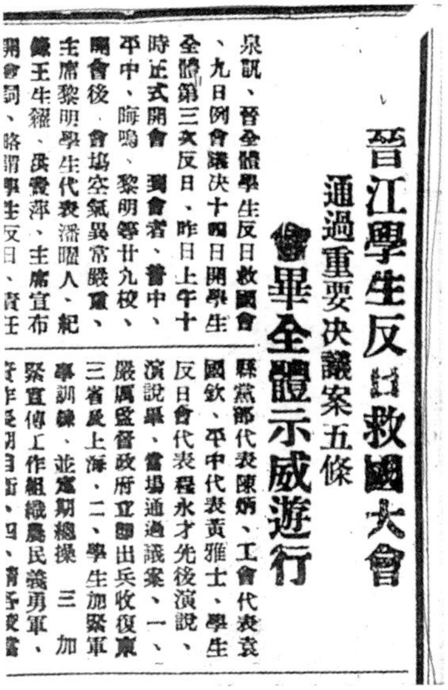
晋江學生反日救國大會
通過重要决議案五條
會畢全體示威遊行

泉訊、晉全體學生反日救國會、九日例會議決十四日開學生全體第三次反日、昨日上午十時正式開會、到會者、晉中、平中、晦鳴、黎明等廿九校、開會後、會場空氣異常嚴重、主席黎明學生代表潘曜人、紀錄王生羅、吳覺萍、主席宣布開會詞、略謂學生反日、責任

縣黨部代表陳炳、工會代表袁國欽、平中代表黃雅士、學生反日會代表程永才先後演說、演說畢、當場通過議案、一、嚴厲監督政府立即出兵收復東三省及上海、二、學生加緊軍事訓練、並定期總操　三　加緊宣傳工作組織農民義勇軍、

图 116　有关晋江学生反日救国大会的报道（《江声报》1932 年 3 月 17 日）

1932 年 9 月 18 日，泉州各界召开九十五团体、一万五六千人参加的纪念“九·一八”国难周年大会：

二十日泉讯，前（十八）日上午十时，晋江各界纪念“九·一八”国难周年大会，在中山公园举行。到会者计有九十五个团体，全数约一万五六千人。主席团为县党部、六一师司令部、教育局、公安局、县商会、县政府、教育会、六一师一二二旅旅部、六一师特别党部、各界反日会、全体学生反日会、平民中学、县总工会等十三团体代表。（南华女中及晋中缺席）推县党部代表张赖愚为总主席，朱世渊及龚念平为纪录，富恩谭为司仪。行礼如仪后，

主席报告：略谓。今天系中国空前的奇耻大辱的失地纪念，应记得去年的今天晚上，日本帝国主义突然进兵占我沈阳，进而占领整个东三省情形是何等悲惨。日本帝国主义自把东三省全部人民财产以及政府机关占去后，又扰我天津，攻我沪淞，窥伺热河。本月十五日暴日竟正式承认自己一手包办之满洲伪组织，现在东三省是脱离中国了。我们今天纪念国难，应该回头想想国难时期中政府和民众的态度怎样，政府有没有领导我们去抵抗暴日，同胞有没有尽国民应尽的天职去对付暴日。中间只有上海之役，赖十九路军及第五军英勇抵抗，我们国际地位，始稍稍提高。然而政府因各种窒碍之故，竟不能实现本党革命外交，及其长期抵抗口号。我们今天纪念国难，应人人奋进提起精神，抵抗日本帝国主义，才有意义云云。次由六一师参谋长

赵锦文演说：略谓。今天的纪念会，不比平常的纪念。平常纪念，不过粘贴标语，发些传单了事。今天的会就不是这样的，是要大家永久抱定

① 《晋江学生反日救国大会，通过重要决议案五条，会毕全体示威游行》，《江声报》1932 年 3 月 17 日。

抵抗暴日的决心,军人要准备牺牲,学生要努力研究学问,商界要彻底对日经济绝交,这样才算是"共赴国难"云云。继由平民中学代表唐晋文,各界反日代表李拱宸等代表言说,(词长从略)。后有

秦望山演说。因秦数年未来县城,故演说时咸为注意,特略录之。秦略谓。一,东三省问题,是全国存亡的开始,是要依赖民众自己来拼命,不能靠政府,更不要依赖国联。我们泉州三十万民众,而今天赴国难纪念大会的,却不上二万人。现象如此,安能与日本帝国主义抵抗。我们要抗日,必须组织民众,各乡农民工会及商人团体,都要加紧组织。二,在吾泉史上昔时有前贤戚继光俞大猷二位,抵抗倭寇,功在民族。晋江自同盟会以来,便有许多同志从事革命。故晋江革命组织,亦较完整。但是近年来民气消沉,要达救国工作,必须培植民气,继续戚俞同志抗日之精神。三,过去一年间以土匪式军队驻在泉州,压迫民众运动,摧残党务,工作无法进行,幸十九路军入闽绥靖。十九军是民众抗日的先锋,是有革命历史的军队,我们民众必须和十九军站在抗日清匪的战线上来努力革命,合作到底,云云。最后尚有叶崧生演说。

通过要案。当开会时,各界反日会将前日拘捕到案之洪质文(即洪彬彬)从县监内提出,押至台上,给群众认识,时台下群众请将奸商枪毙呼声如雷。最后通过议案数条:一,通电全国誓死收复失地,抵抗暴日。二,通电全国军人,誓死抗日自卫。三,电请中央速定救国大计,即行下令讨伐东北叛逆。四,扩大农工商学各界反日运动,统一全县反日团体之组织,以充实反日力量案。五,电请蒋主任蔡军长制止何显祖屠杀东沙。六,奸商洪质文先执行游行示众,再交押各界反日会严行惩处。最后高呼口号,集体游行。中间将洪质文头戴高帽,随队出发。至下午两时许始回中山公园散会。

化装宣传。是晚七时,复举行化装宣传游行,参与者有一二二旅旅部人员装扮之"日本侵略中国之一斑",六一师第六团团部人员装扮之"东北被难同胞",晋江公学之"国联真面目","东北逃难者之惨状",晋商会之"醒钟队",私立泉中之"傀儡之满洲政府",及"枪毙奸商",乡村师范之"傀儡戏之新演出",及晋中之化装□□由日人牵线之傀儡政府。人员皆在中山公园集合,七时许出发,且有一二二旅部前来参加之军乐队

前导,路线与日中游行同,至十一时许始散。①

1933 年 1 月 25 日,晋江县党部执委会召开第五次常会,讨论筹备淞沪抗日血战周年纪念诸事项,出席者包括郑健魂、朱世渊、袁国钦等,主席袁国钦。会议讨论决议召集各学校、工会、商会、妇女会及各军政机关于 1 月 28 日上午10 时在中山公园举行晋江各界纪念"一·二八"淞沪抗日作战周年大会,通告各界于是日上午 11 时静默 5 分钟,对抗日死亡将士及遇难同胞致沉痛之哀悼,(时间以公安局放炮三声为准),令妇女会及学生联合会,组织宣传队于是日参加大会后出发宣传,等等。②

1933 年 5 月 31 日,中国政府和日本侵略军签订丧权辱国的停战协定受到十九路军、东北军、华北军等的通电反对,中共中央发表了反对国民党出卖平津华北的宣言。时泉州为十九路军驻守,消息传来,晋江自卫会严重表示反对辱国协定,并决定全市罢工、罢课一天,举行晋江各界反对对日妥协示威大会。从筹备会议的情况可以看出当时组织发动的情况:

> 泉州讯,二日下午七时,晋江县民众自卫委员会,开第七次委员会议。出席赵锦文、袁国钦、高桓、陶若存、袁继热、蒋丽云、程永才、黄也鲁。主席赵锦文,记录沈仲熙。讨论事项:一、二、略。三、根据报载华北当局对日商定辱权协定,应如何严重表示案。议决,召开晋江各界反对对日妥协示威大会。其办法如下:一,定六月七日,上午十时在中山公园举行。二,召集各机关团体学校军队全体,整队参加。三,是日总罢工总罢课总罢市一天。四,参加团体自备手旗开会后示威游行。五,是晚由学生联合会,举行化装宣传及演抗日新剧。六,函请县党部、县政府、师司令部、特别党部、学生联合会、总工会、农会、妇女会、商会、教育会、县抗日会、黎明高中、培元高中、第二区保卫团指挥部、及本会共十五团体为主席团。七,宣传事宜召集学生联合会全体执委讨论进行。八,募款事宜由县政府商会代表负责劝募。九,布置事宜由总工会负责办理。十,函请公安局派警维

---

① 《国难周年之晋江,大会通过六提案,洪质文戴纸帽游街,入晚举行化装宣传》,《江声报》1932 年 9 月 21 日。此引文保留《江声报》原排版样式。

② 《晋江县党部筹备淞沪抗日血战周年纪念,决召集各界举行大会》,《江声报》1933 年 1 月 25 日。

持会场秩序。十一,令工人纠察队全数到会负责纠察。四、大会经费应如何规定及筹募案。议决,规定大洋五百元,按以下数目向各机关劝募。县抗日会大洋二百元,师司令部大洋四十元,县政府大洋四十元,盐务局大洋四十元,营业税局大洋二十元,自卫会大洋四十元,泉安汽车公司大洋二十元,泉永德公司大洋十五元,商会大洋二十,中国银行大洋十元,公安局大洋十五元,屠宰税局大洋十五元,泉溪汽车公司大洋五元,枫角汽车公司大洋十元,公路局大洋十元。五、大会会场指挥应如何规定案。议决,由师部派定总指挥一人,工学商最高团体各派副指挥一人。余略。①

6日,二千余学生率先举行反对妥协集会游行,并通电全国武装抗日自卫:

> 泉州讯,晋江学生联合会,昨日上午十时,为反对政府对日妥协,假中山公园举行全体会员大会,并游行示威。到会者有本市中小学校二十二校,全体学生暨各团体代表约两千余人。主席团为黎高、培英、培元、平中、法江农中、泉中、晋江公学、溪亭、西师、晋中等二十五校代表。总主席黎明高中代表许谦,记录钱小萍。开会行礼如仪。首由主席宣布开会意义。对于暴日急激进攻热河平津,及政府对日态度,与此次塘沽协定,措词均深刻激昂。继由六一师特别党部、民众自卫委员会、总工会暨各校代表,相继演说。后通过提案两项:一,通电全国,反对当局对日妥协。二,通电全国,武装抗日自卫。全体高呼口号后,即开始示威游行。由中山公园出发,沿南街马路直趋南门,转至总车站,高呼口号散会。②

图117 泉州中山公园,当年民众集会的场所(辜也平摄,2016)

---

① 《反对辱国协定,晋江自卫会严重表示,定七日罢工罢课罢市一天,分摊大会经费五百元》,《江声报》1933年6月4日。

② 《晋江反对妥协,二千余学生集会游行,通电全国武装抗日自卫》,《江声报》1933年6月7日。

　　第二天,有二万余众参加的反对对日妥协示威大会在中山公园举行,之后举行了盛大的示威游行。整个活动体现了泉州民众日益高涨的抗战热情,同时也活跃着县党部的袁国钦、民众自卫委员会的袁继热、总工会的黄也鲁、各界抗日会的程永才、妇女会的张人任、农会的欧阳某以及黎明高中的许谦等人的身影:

　　晋江各界反对对日妥协示威大会,于七日上午十时在中山公园举行。诸情已志昨报,兹再详志之。查是日会场分农工界、学生妇女界、商界、军界、各机关等。围以小绳,杆上标以五色小旗,临风飘动。会场左门,写着打倒日本帝国主义者,右门写革命民众请进来,并装发播音扩大机,会场布置极为庄严。是日各界均行罢业,晨有工人纠察队十数名,分乘汽车沿街巡察,制止商家不依照休业者。及后微雨霏霏,雷声隆隆,及各团体学校,

　　仍冒雨到会。共有一百五十余团体,及军队保卫团等一万余人,以及自动参加市民,计有二万众。会场里工人纠察队二百余名,维持秩序。主席团县党部代表袁国钦,师司令部代表赵锦文,特别党部代表陶若存,县民众自卫委员会代表袁继热,总工会代表黄也鲁,县政府代表高桓,第二区保卫指挥部代表,各界抗日会代表程永才,商会代表庄子才,妇女会代表张人任,农会代表欧阳某,黎明代表许谦,培元代表黄丽川,学联会吴庆良。总主席袁国钦,记录刘尧基。行礼如仪。由总主席

　　袁国钦报告开会意义,略谓,今天是晋江各界反对对日妥协示威大会,自"九·一八"以后,政府实行一贯的不抵抗妥协政策,丧失东北土地,出卖东北民众。乃日本帝国主义,一再进攻,占领热河,里攻华北。全国民众,热烈表示坚决抵抗。乃最高军政巨头,竟以私己权力地位为重,不赖民众公意,不问民族生存,竟敢出卖东北,签定华北协定。是可忍,孰不可忍,我们不愿被人统治,我们有革命人格,便应誓死否认甚于袁世凯卖国二十一条的华北协定,打倒卖国军阀政府,抵抗日本到底。诸位要知道,妥协即是投降,晋江民众不愿做亡国奴,表示严重反对。但更应当切实团结民众力量,实行自卫组织,不徒事口号空唤,要以民众力量来打倒卖国政府,打倒卖国军阀,武装对日作战,收复失地,援救东北同胞。次由六十一师部参谋长

　　赵锦文演说,略谓,今天何以举行各界反对对日妥协示威大会?诸位

知道,华北当局,对日妥协,无异断送东北,这是根本要否认的。谁也担保（不了）最近的将来,日本帝国主义者不再侵略中国。若以妥协政策而应付日本,势必随时作城下之盟,则中国不亡几希。所以晋江民众惟有一致团结起来,以民众之力量来反对华北协定,坚决抵抗,才是本日开会最大之意义。今天实行总罢工,总罢课,总罢市,就是晋江民众一致起来表示严重反对。但是徒有开会之表示,殊为空洞,诸位应站在抗日剿匪之战线上,切实组织自卫实力,则可以用民众的力量来打倒日本帝国主义者。再次特别党部代表陶若存,学联会代表吴庆良,民众自卫会代表袁继热,妇女会代表张人任,相率演说,词意激昂。全场对于打倒卖国军阀当局之空气,异常紧张,实为"九·一八"以来,泉州民气激昂之现象。大会一致

通过四提案:一,质问当局为何对日妥协,签订华北辱权协定。二,响应蒋蔡通电,并电请全国一致反对当局对日妥协,彻底抗日。三,电请抗日军,为民前锋,继续奋勇抗日。四,本县民众一致实行抗日自卫组织,充实抗日力量。次高呼口号摄影示威游行。路线是自会场经新街,由新街过东街,穿过承天巷、南大马路,直至新桥头,转向海关至南校场散会。是日游行民众,极为庄重,工人纠察队服装齐备,殊足表现精神。尤以六十一师教导队,于大雨淋漓中,经南街直上回（师）部,精神奋发,步伐整齐不变。是晚有学生联合会,在中山公园表演抗日新剧。各街衢有各校化装宣传队宣传抗日云。[①]

嗣后,泉州各校学生联合会决议,一律罢课10天,做彻底抗日宣传。由此引发省中、昭昧、黎明、培元、培英、乡师、晦鸣、泉中八校校长的担忧,他们联函县党部,请求其于罢课期间内,负责学生一切行动。晋江中学校长陈泗孙,又因制止学生停课宣传,撕破该学生会布告,受到学生联合会通函警告,要求其用书面向学联会道歉,并担保以后不再发生同样事件。[②]

---

① 《晋江反对妥协二万众示威大会志详,质问当局通电全国响应蒋蔡,全县实行抗日自卫组织》,《江声报》1933年6月10日。此引文保留《江声报》原排版样式。

② 参见《宣传反对妥协晋江各中校罢课十天,八校当局联函县党部请负责罢课内学生行动》,《江声报》1933年6月7日;《晋江中学生警告陈泗孙,谓其破坏抗日工作,着书面道歉》,《江声报》1933年6月17日,等等。

第二节　检查仇货引发之反弹

　　晋江各界反日会、学生联合会在 20 世纪 30 年代前期还加大检查仇货、打击奸商的力度。在上一节谈到的成立晋江反日援侨会时，其一项重要的工作就是决定"组织日货审查委员会，议决推县党部、县商会、私立泉中、三团体共组织日货审查委员会"[①]。而在第三章第二节有关 20 年代后期泉厦排日行动中，检查仇货，打击奸商也是其中的重要内容。这一工作所以一直受到抗日爱国组织的重视，是因为泉州与日据的台湾隔海相连，日本商人往往勾结泉州、晋江奸商，从海路私贩日货，进入泉州港，而后销往闽南地区。所以，泉州的救国会也于 1931 年 10 月 2 日讨论"惩戒奸商条例"，并且决定自"6 日起开始检查日货"。当然，具体负责检查日货工作的，是泉州"全体学生反日救国会"[②]。结果，还不到一个月，学生就

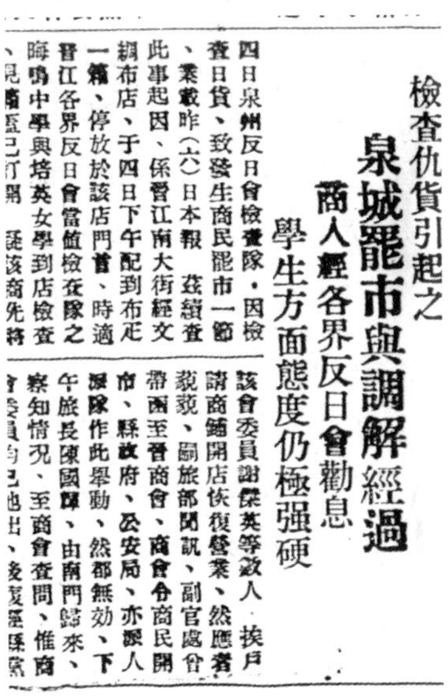

图 118　检查仇货引发罢市（《江声报》1932 年 3 月 17 日）

　　[①]　《晋江反日援侨组成，第一次执监会议，通过组织大纲定执监常委，组日货审查委员会》，《江声报》1931 年 8 月 15 日。

　　[②]　《泉救国执委宣传两会议，组织各乡村抗日救国会及义勇军女子家庭宣传队》，《江声报》1931 年 10 月 6 日。

因检查日货与商人发生强烈的冲突：

> 四日泉州反日会检查队，因检查日货，致发生商民罢市一节，业载昨（六）日本报。兹续查此事起因，系晋江南大街经文绸布店，于四日下午配到布匹一箱，停放于该店门首。时适晋江各界反日会当值检查队之晦明中学与培英女学到店检查，见箱盖已打开，疑该商先将仇货搬起，换入国货，即对以进货单，谓码数匹数均不符，将其封固，报告反日会。该会乃派常委陈炳、张炳铭二人，到店勘察，仅三匹微有出入。一匹为百分之七点，与八七五之差，实点有七五即为百分之七，故此匹认为无差。一匹四十二码，差一码。余一匹只小数零二之差。张以差仅毫末，且非仇货，自无须争执。时学生与商民已在口角，张因道，假如真要为此点麻烦，是无异与人为难。学生闻此不满，于是学生初与商民口角，转而与张口角矣。嗣经文即派人到商民反日会，请为证明非仇货。学生亦与张陈归至学生反日会所，学生遂请张进内说明"无异与人为难"之点。张欲出，学生不许。随召集学生代表大会，出席者共有数校代表。先由检察员报告经过，继张起立说明，学生先后责问，势甚严重。双方辩论不休，学生遂群起向张包围，且以武力对付，时晋江党部执委张赖愚亦在座，乃力将张救护而出。此四日学生检查队与各界反日会发生纠纷之经过也。
>
> 事后，绸布业各商，即于是晚召集紧急会议，议决罢市对付。五日晨绸布业先罢市，杂货途（"途"，闽南话"行业"之意——笔者注）应之，余他商见各家多闭店门，遂亦纷纷关闭。计罢之商店，约自南鼓楼顶街至花侨亭，余如南门、新桥头、南街顶等处，仅绸布商同一行动。当五日晨罢市，街衢静寂，人心大起疑惑。县党部执委张赖愚闻讯，即驰至商会询问。嗣与该会委员谢杰英等数人，挨户请商铺开店恢复营业。然应者藐藐。嗣旅部闻讯，副官处曾带函至晋商会。商会令商民开市，县政府、公安局，亦派人派队作此举动，然都无效。下午旅长陈国辉，由南门归来，察知情况，至商会查问，惟商会委员均已他出。后复经县党部代表张赖愚与各界反日会常委陈炳、张炳铭在商会与商会委员召集各商代表讨论至二三时之久。由商民提出三项：一、相当尊重商民在反日的立场。二、关于经文布庄检货纠纷，应请公平处理。三、在反日工作所能影响之范围内，应注

意商民之安全。□代表对三点,均有答复。关于第一项,商人反日立场,同是爱国工作,当然尊重。第二项,经文案当然公平处理。第三项,此种事件,共认不致发生。至此,商民代表,咸认满意。于是由商民再推负责代表会同张赖愚、陈炳、张炳铭令闭市各商号,即时开市。至此已是下午三时余,沿街闹市各商均纷纷开市矣……(下余约 300 字,报纸破损无法录入——笔者注)①

学生的检查出于爱国热情,商人虽然对学生的偏激甚为不满,但他们更为在乎的也是自身"反日的立场"必须受到尊重。

整个事件的过程似乎都只是个误会,但是在泉州,真正彻底抵制日商、日货的确难度很大。1932 年 1 月,泉州各界反日会执委会召开第三十五次例会,讨论的事项中就包括:"一、本会稽察队员破获顺昌号(布店兼故衣店)布二整匹又六扎,请裁委会裁决;……三、关于本城珍裕源号包用政记公司轮船载豆饼,该船有日人应如何处理案……;四、关于破获秀涂再生医院向厦购买日本药品为伤兵治疗案……;六、破获国发号绵纸五十六刀,瑞成号绵纸八十三刀、泉珍号绵纸三十二刀、咸珍号绵纸百三十刀案"②。但由于泉州各界反日会不遗余力,坚决地打击奸商贩卖仇货的行为,之后又发生反日会与许锡安之纠纷案。

许锡安时任泉州培元学校校长,原本也是反日会裁委会成员之一,但因祖护包庇奸商,被激进的反日会学生议决游街惩处,由此还引发学生之间的分裂与冲突。事发于 1932 年 3 月 11 日,当年的报纸具体报道如下:

先是晋江各界反日会,因历来惩办奸商不遗余力,一般奸商莫不恨之刺骨,每伺机捣乱,欲图破坏。最近该会叠据密报,谓城内西街炳发号,由厦潜运仇货多种来泉。该会当即派员前往该店稽查其账簿,果发现有连进元贝及高丽参之账。正拟搜查旁证,彻底究办。而该会稽查队复在该号店内破获日本罐头酱瓜九十罐(其标纸皆已撕去),当经反日会裁委议

①　《检查仇货引起之罢市与调解经过,商人经各界反日会劝息,学生方面态度仍极强硬》,《江声报》1931 年 11 月 7 日。
②　《贩运日货何多,反日会不断的破获》,《江声报》1932 年 1 月 18 日。

决,照货价十倍处罚二百元。该号不肯认罚,以理由书向该会请求复议。复经反日裁委会提出讨论,卒以该会理由不充分,决照原案交由同级执委会执行。炳发号则以书面致反日会,谓该会处分不公。并云该会此种行为等于藉端敲诈,该号绝不接受云云。该执委会无法执行,乃开会讨论,并召该店东林其炳到会理论,林即令其子林兴年到会。兴年闻系金陵大学学生,到会时适该会正举行例会。林于是大肆咆哮,对于在场委员备极侮辱。执委会因议决:暂将林子扣留,旋将其寄押于晋江县政府。此为本月十一日之事也。

林子既被扣,泉州培元学校校长许锡安,遂出为营救。许为反日会裁委之一,与林父子素有交谊,十一日晚即至县政府将林子领出。

次日上午,反日会委员方知此事,均谓反日会所寄押之人,许一人何得擅自领出?因召开临时会议,许亦以培元中学代表资格出席,当场与其他委员激烈争辩。结果,议决许氏包庇奸商,破坏反日工作,应游街示众,立即执行。其时晋江全体学生反日救国会亦召集临时会议议决严重对付,群拥至反日会会场,一时空气紧张异常。

先是培元中学有学生数名随后前来打探情形,至此即派一人赶回学校报告。该校当即集合学生义勇军二百余人,由某教员率领出发,直趋县党部(反日会设在党部内)。一面在顶十字街、中山公园、连理巷、巡抚司等处布置巡哨,将党部团团围住。一面派出孔武有力者十余人随某教员直进反日会,将许拥护而出。许忽皇出走,其毡帽遂亦不及带出遗留会场中。此其后学生反日会代表等当晚议决发宣言贴标语,打倒许锡安。培元中学学生亦发出启事声辩,校长无罪。

次日拂晓,培元学校即大贴标语打倒张炳铭(张为反日会执委会常委),拥护许锡安,并派步哨三五成群布满各街市,严防各界反日会及学生反日会宣传。

先是十三日反日会因寄押人犯,县政府未经同意,竟行释放,议决向县政府追索。翌日县政府乃亲押炳发号经理至反日会,当执裁联席会议之前道歉,并交清罚款。反日会不愿事件扩大,准免追究,对于许锡安游街一节,亦暂不提及,事件于此解决。

惟日来许氏对于张炳铭及洪一萍（洪亦反日会执委会常委）攻击尤力，并要求晋江县党部执委会撤张洪之职。执委会不理，因复转向监委会击讦执委会。十五日有培元中学校学生多人包围学生反日会，责问该会常委何故反对许锡安，情势甚凶，几将用武。十五日晚又分向"双江"、"泉州"两报馆，要求勿登载许锡安游街之决议案，翌日报端仍登有此事。十六日培元中学生约八十人到县党部县政府请愿，请将反日会常委张炳铭加以撤职。因党部未能即时答复其要求，该学生等复与县执委张赖愚等争论甚烈，卒不得要领返校。①

就在培元中学学生16日到县党部、县政府请愿的当天，晋江全体学生反日救国会也召开学生全体第三次反日会，正式到会的有晋江中学、平民中学、晦鸣中学以及黎明高中等29校，县党部代表陈炳，工会代表袁园钦等也到会发表演说。②

在这整个事件中，晋江各界反日会以及全体学生反日会的行动显然受到晋江县党部，特别是张赖愚、袁国钦、陈炳等的支持，因此炳发号最后只能认罚、道歉，而许锡安和培元学生最后也无可奈何。并且，在整个社会高涨的救亡热情的情势中，检查仇货，惩处奸商的工作仍然轰轰烈烈地进行着，而培元中学的学生最终还是重新回到反日会，重新融入抗日救亡的时代洪流中：

晋江反日会执委会，（四月）廿日下午一时开第四十九次会议，出席委员晦鸣中学代表张炳铭、黎明高中代表洪一萍、瓦窑工会代表欧阳某、私立泉中代表朱贵五、培元中学代表黄丽川。主席张炳铭，记录洪一萍。行礼如仪，报告事项：一、泉春号已以五成卖与店中其他股东，即日交来期票五百元由。二、商民反日救国会，函请将破获仇货所有样本、检送一件，为仇货陈列所样本由。讨论事项：一、关于常务委员会订期以七折拍卖仇货，请追认案，议决追认。二、关于破获胜利号□□廿六匣，应如何处理案，议决提交裁委会裁决。三、密。四、关于廿四日例会提前在

① 《泉州反日会与许锡安纠纷一幕，因裁委议决游街引起轩然大波》，《江声报》1932年3月19日。
② 《晋江学生反日救国大会，通过重要决议案五条，会毕全体示威游行》，《江声报》1932年3月17日。

廿三日下午举行,如属可能,即与裁委会开联席会议,议决通过。五、关于近来本会开会缺席迟到者渐多,应如何补救案,议决:1. 迟到逾预定时间一小时以上者,罚洋五元。未经请假径行缺席者,罚洋十元。2. 不得连续请假,否则以缺席论。3. 罚款限一星期内交清,如过期不交,登报催索。六、密。①

---

① 《晋江反日会执委会议,执委缺席罚洋十元》,《江声报》1932年4月24日。

第三节　打击奸商中的武装冲突

　　稽察队到晋江沿海乡镇检查日货,危险也无处不在。下面报道的是先后发生的几起因打击奸商、检查日货引起的武装冲突。首先是 1932 年 7 月发生的晋江蚶江破获日货,奸商开枪两次击伤数人的武装冲突:

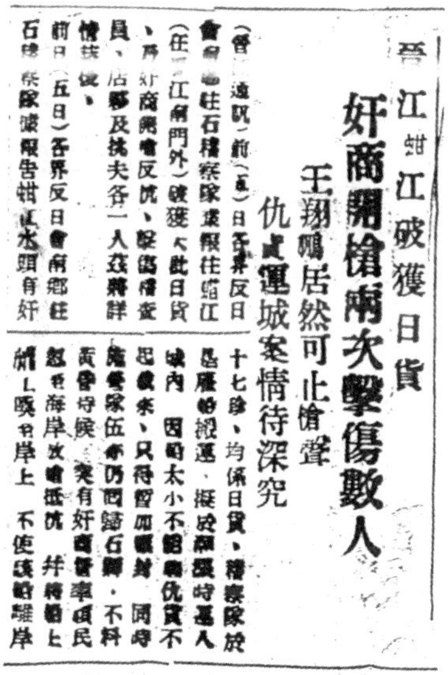

　　　　晋江通讯,前(五)日各界反日会南乡庄石稽察队据报往蚶江(在晋江南门外)破获大批日货,晋奸商开枪反抗,击伤稽察员、店伙及挑夫各一人。兹将详情续后:

　　　　前日(五日)各界反日会南乡庄石稽察队据报告蚶江水头有奸商私藏日货海味杂货等,经即请驻石狮十九路军施营卫队同往该处缴获。到达时海味杂货均不见踪迹。稽察队复在该处施行检查,遂于某某二栈房内缴获日布六十七包,每包十余匹,多为山东绸、羽绒、线绢等。又于另一栈房缴获火柴五十七□,均系日货。稽察队于是雇船搬运,拟于涨潮时运入城内。因船太小不能将仇货一起载来,只得暂加标封。同时施营队伍亦仍回归石狮。不料黄昏时候,突有奸商

图 119　1932 年 7 月 8 日《江声报》对破获日货、奸商开枪的报道

率乡民忽至海岸放枪抵抗,并将船上舵工唤至岸上,不使该船离岸。当时在船稽察员只有八人,知形势危急,乃分派四人绕道至石狮,拟请驻军再派队至该处弹压,经施营长准再派三十人前往。时有石狮□泉号王翔鹏力向该稽察队总干事林培昭担保,谓本人可独往调停,乡人亦不能暴动,无须派队前往,并谓决无危险。于是王带伙计一人暨稽察队四人即乘汽车赶赴水头,时天已昏暗。半途突遇挑布者二十余担,及押货者十余人。稽察员喊令停止,挑夫即抽出扁担预备动武。押货奸商亦退后三四十步,作散开形式,立即开枪射击。稽察队中有三人带枪,见势危急忙下车伏于路旁向空还击以示有备。其时王翔鹏及其伙计暨稽察员一人均在车上,不及跳下。于是两方相持二十余分钟。结果挑夫伤一人,在车上之稽察员及王翔鹏店伙计腿部均受伤。后来押货者发令围攻稽察队,王翔鹏始大声疾呼,谓我王翔鹏也。枪声顿止,王遂令司机火速开车,稽察员闻声,遂急上车。驶至□内车站,□□□,次晨破晓乃至石狮请施营派队一排,复至水头协助开船,于是该船乃得直驶来泉。查所有货品总数当值七千元之□。又据稽察员称,谓五日因四人离船至石狮请援,余四人在船,声势顿形孤立。时舵工又已离去,无法开船。幸稽察员中一人能驶船者,因勉力将船驶至海中,以防乡人上船杀害焉。据反日会谓,本案当予深究。以利反日工作。①

1933年年初还发生过反日会因检查、扣留仇货与海关之间的冲突。起因为泉州海关擅自扣留反日会由南郊破获运货之大批仇货,一时激动公愤,晋江各校学生联合会召集各校学生二百余人,迳至南门海关理论。最后将海关关长李鼎杰及调查员陈桐、陈思超等三人,带至反日会理论。李最后接受学生提出的三条件后,才被释放。对于整个事件的全过程,当时的记者有具体的报道:

> 晋江各校学生联合会,昨为泉州海关擅自扣留反日会由南郊破获运货之大批仇货,一时激动公愤,召集各校学生二百余人,经至南门海关理论。后将海关关长李鼎杰（昨误为李鼎传）及调查员陈桐,陈思超等三人,带至反日会理论,嗣李承认三条件始释,各节已见昨报,兹将经过详情志次:

---

① 《晋江蚶江破获日货,奸商开枪两次击伤数人,王翔鹏居然可止枪声,仇货运城案情待深究》,《江声报》1932年7月8日。

金井获货 运至富美

缘前（九）日，反日会稽查队在南门外金井石圳乡破获仇货一批，计白糖一百五十七包，楠木一百四十块，价值约在六千余元之谱，获后立予标封。旋拟载运来晋，因货多未便以汽车运载，乃雇泉胜小汽船由水道来。船抵南门富美渡头，时已入夜十时许，因未及起卸，乃派稽查员黄启文、郑飞雄二人在船看管，余均返会。

海关率众 起货入关

至午夜间，突有海关泉州分关职员十余人，偕同起卸工友数十人、上船查询。看守稽查员乃以反日会刺片出示，并告以破获经过情形。海关职员立将反日会刺片撕碎，丢掉河中，继开口辱骂。并谓"我们海关是政府的机关，反日会不过是民众团体"。说话毕即将反日会封条撕毁，喊令起卸工人搬货。稽查员郑飞雄出与婉劝，当场被海关职员围住痛打数拳，并大肆威吓。稽查队员以孤立无援，乃返会报告。同时船上所载仇货全被运入海关内。汽船内机件，亦被剥上岸，一并扣留。

学生义愤 叩关理论

迨昨日早晨，反日会执委李奇岩偕总干事陈炳，持函前往海关交涉。至时闻无人声，后问一职员，答谓关长不在，任何事体在局人员均不能作主。两代表不得头绪，颓然而返。其时各校学生联合会闻讯，甚为义愤。急召到各校学生，共约二百余人，开紧急会议。众以海关殊无擅自扣留反日会所破获仇货之理，当议决全体立刻同赴海关理论。一行人等，遂连队直趋海关。虽派出代表数人，当面与海关关长李鼎杰交涉，迄无结果。

关长带出 沿途口号

后各代表遂请李同至返日会再来据理处置。李不肯，学生乃将其挟住，连同关局内调查员陈桐、陈思超等三人，一起带出海关。其时海关一杂役，见学生来势不对，竟情急智生，急奔新桥头，告诉该处两守卫兵士，谓有匪甚众，现在海关内肆行抢劫，请速往援云。兵士闻言，立刻飞跑而往。途遇学生群众，得悉端倪后，遂喊"此不干我们的事"而回。学生挟李等三人一路高喊"打倒卖国贼及包庇奸商"等口号，拥至反日会。李年四十许，身穿蓝花贡缎大袍。至时，汗流满面，局促不堪。

约法三章 当场盖印

后由学生提出三条件,令李当场答复:一、限即日将原封包糖一百五十七包、楠木一百四十块及电船上机器等件,送还各界反日会。二、登厦门各报及本市报纸向晋江各界反日会道歉。三、担保以后不发生同样事件。理论良久,后李自认误会,学生所提条件,全予接收。并由李亲手将三条件草拟,后注"以上条件,由晋江学生联合会提出,经本人诚意,完全接受,合立条件为据"。盖印完毕,学生始将调查员陈桐、陈思超两人放回,偕同稽查队员前往海关搬货,李鼎杰则仍留会内。

师部调解 最后一幕

另查李鼎杰由学生拥至反日会时,海关内职员曾发急电致厦门海关请援。后由厦关电致此间六十一师部及特别党部,请据情处理。旋由师部代表陶若存及特别党部代表陈炳至会,进行调解。结果,由两代表担保海关即将扣留仇货送还反日会,该会立将李鼎杰放回。迨至傍晚,该批仇货始运抵反日会。唯货数不符,白糖一百五十七包,仅运来一百五十包,楠木一百四十块,仅运至九十五块。反日会以货物未足实数,拟再与严重交涉云。①

另外,一起发生在 1933 年 8 月的武装冲突,不仅激烈,也很惊险:

泉州讯,二日晋江县抗日会稽察队十名,协同石狮金井二处稽察队一并二十八名,首在金井获货一批,值五万余元。但被群众包围,致空手无获。嗣在衙口获货一批,约值二万余元,又被群众包围。全体被捕禁,枪被缴下。后只逃出二人,兹志其详情于次。衙口一带,靠近海口,最近奸商叠由台湾贩运

大批仇货入口,均被漏网。一日上午,金井区抗日会,忽据密报,谓衙口街奸商施某,及塔头乡奸商刘某,今日由台湾贩运大批仇货,秘密运载入乡。该会据报,即派员驰报县抗日会。迨下午四时许,遂由县抗日会派稽察队队长吕秉璜,队附陈亮,率带队员十名,会同石狮区抗日会队员八名,及金

---

① 《泉州反日会处罚海关关长李鼎杰经过继详,起去反日会在金井破获仇货,学生三百余将叩关李等带,条件提出自认误会诚意接受,货物发还数目不符再待交涉》,《江声报》1933 年 1 月 12 日。

井区抗日会队员十名，一行二十八名，均带驳壳短枪，是晚下榻于金井区抗日会。迨二日上午九时，廿八名全体出发，赴金井塔头乡检查。至时搜查甚久，后于一民宅内获得仇糖仇布及日本杂货大批，计约值五万二千余元。货物

分贮六个房间。货主系姓刘，当时逃匿未见。讵稽察队正在查点货件之际，突闻一片喧声。出外一视，只见乡民连群逐队，计约二百余人，均持枪械，将稽察队围住，一时势情严重。乡民复纷纷大呼："倘若搬走货物一件，马上给你没命。"并迫稽察队立刻离开。稽察队

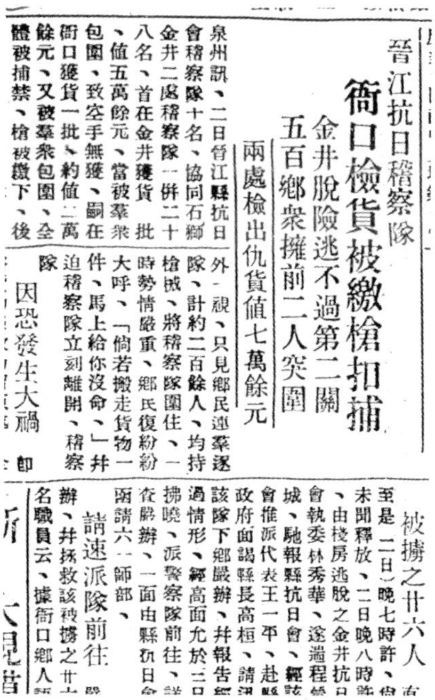

晉江抗日稽察隊
衙口檢貨被繳槍扣捕
金井脫險逃不過第二關
五百鄉衆擁前二人突圍
兩處檢出仇貨值七萬餘元

泉州訊、二日晉江縣抗日會稽察隊十名、協同石獅金井二處稽察隊一併二十八名、首在金井獲貨一批、值五萬餘元、當被羣衆包圍、致空手無獲、嗣在衙口獲貨一批、約值二萬餘元、又被羣衆包圍、全體被捕禁、槍被繳下、後

外一視、只見鄉民連羣逐隊、計約二百餘人、均持槍械、將稽察隊圍住、一時勢情嚴重、鄉民復紛紛大呼、「倘若搬走貨物一件、馬上給你沒命、」并迫稽察隊立刻離開、稽察隊

因恐發生大禍

即

被擄之廿六人

至是（二日）晚七時許、未聞釋放、二日晚八時許、由棧房逃脫之金井抗日會執委林秀華、逐遄程城、馳報縣抗日會、經該會推派代表王一平、赴縣政府面謁縣長高桓、請該隊下鄉嚴辦、并報告經過情形、經高面允於三日拂曉、派警察隊前往、在嚴辦、一面由縣抗日會函請六一師部、

請速派隊前往

辦、并拯救該被擄之廿名職員云、據衙口鄉人

图 120　衙口检查仇货被缴枪扣捕（《江声报》1933 年 8 月 4 日）

因恐发生大祸，即将货物照数仍留原处，全体空手而返，故未肇事。稽察队折返金井后，午后一时许，二十八人复武装驰赴衙口街，检查颇久。后在捷和、复珍两号栈房内，破获仇货三百包，仇布仇鱼，及其他仇货多种，计值两万四千余元。货物分藏□房间。据闻货物均由捷和店东施某，一手贩来，转卖一批与复珍号。稽察队遂入栈检点数目。仇糖件数尚未点完之时，

街上突呈混乱状态。有群众计约五百余人，赴栈尾地趾，将稽察队包围。乡民态度之凶悍，较塔头乡更甚。金井区抗日会常委李湘江，见状出予劝导。乡民即上前将李手中驳壳枪夺下，继将李围住痛殴。群众至此，即迫令稽察队员，将所带

枪枝一起缴下。时稽察队在场者廿六人，遂忍痛弃枪。二十六杆驳壳及短枪均被乡民缴夺而去。复将李湘江及两稽察队员捆绑，连同其余队员，一起押入南浔学校。当群众纷乱之时，幸有二人逃脱。缘金井区抗日会执委林秀华，及该区队员王号二人，因在机房内检点货件，嗣被乡民冲入，将王所带枪杆缴下。少顷林王二人，乘众未及注意之际，急相率由

栈房屋后逃外,幸得走脱。其余

被掳之廿六人直至是(二)日晚七时许,尚未闻释放。二日晚八时许,由栈房逃脱之金井抗日会执委林秀华,遂遄程晋城,驰报县抗日会。经该会推派代表王一平,赴县政府面谒县长高桓,请迅□派队下乡严办,并报告经过情形。经高面允于三日拂晓,派警察队前往,详查严办。一面由县抗日会函请六十一师部,

请速派队前往严办,并拯救该被掳之廿六名职员云。据衙口乡人语,□□□□之职员廿六人,押禁在南浔学校,曾被乡人毒殴。其中尤以金井抗日会常委李湘江,及两队员,因被绑吊梁上,遭乡人毒殴尤甚云。①

因最后酿成流血事件,这一事件久拖未决。至一个多月之后,晋江学联会还派代表赴县请严办石狮案。其议程中有"石狮抗日会,被土劣奸商捣毁,抗日工作人员被惨杀,本会应如何援助案,议决,派代表赴县政府,六十一师部,请速予办理,并通电各地一致援助,呈请党政军严缉石狮土劣奸商蔡培庆、何恭察、王苇航、蔡彬庆等归案惩办,以维抗日运动"。执监委改选后,即"推选林必果等六人为代表,相率赴县政府,面谒县长高桓,请求严办石狮奸商。高派一职员代见。代表等声述来意后,高之代表答候转达严查核办。六代表诣六十一师部请愿,由陈庚尧副官接见。面允即转达张副师长办理。又县府事前会派教育科督学张宜林,前往石狮调查市上标语传单布告,及他种非法组织。张昨(五)经报告到县。又六十一师部对石狮检货流血案甚为重视,屡饬县府妥速查办"②。

---

① 《晋江县抗日稽察队衙口检货被缴枪扣捕,金井脱险逃不过第二关,五百乡众拥前二人突围,两处检出仇货值七万余元》,《江声报》1933年8月4日。此引文保留《江声报》原排版样式。

② 《晋江学联会改选执监,决扩大组织全省学生团体,派代表赴县请严办石狮案》,《江声报》1933年9月18日。

第十一章
为被压迫的姐妹申冤

　　1932年9月十九路军扣留陈国辉，12月执行枪决是发生在泉州以至福建的大事。之后，泉州的民众运动蓬勃兴起，工会、学联等团体也十分活跃。第二年11月20日，十九路将领与国民党内部一些反蒋势力发动"福建事变"，在福州成立"中华共和国人民革命政府"，泉州也成立文化运动大同盟，总部设在威远楼。根据福州"人民革命政府"的行政区域划分，1934年1月3日，"兴泉省人民政府"成立。但十九路军的反蒋斗争很快为蒋介石坐镇指挥的军队所镇压，1月21日，聚集泉州的十九路军将领沈光汉、毛维寿、区寿年、张炎等向蒋军投降，泉州复归国民党和南京方面管理。这期间，晋江县的县长也由上一章提到过的陈国辉时期的余辉照，依次换成十九路军时期的周俊烈、高桓，以至陈仪入闽之后的徐涟、吴石仙。而就在吴石仙1934年4月出任晋江县长不久，泉州发生平民医院女护士黄彬彬因反抗封建包办婚姻和县长胁迫愤而自杀，泉州各界、特别是青年学生援助被迫害姐妹示威游行等事件。黄彬彬事件轰动一时，晋江县长狼狈不堪，但紧接着的就是吴石仙带人武装查封黎明高中。

第一节　黄彬彬事件的来龙去脉

黄彬彬乳名黄玉雪，永春伏溪（永春达埔）人，毕业于泉州培英女子初中，"性幽恬，颇颖慧"。其父亲黄题名是基督教的传道师，原来在南安溪尾一带传道，后迁居泉州的承天巷。黄彬彬被包办的婚姻对象叫李天佑，又名李梦觉，南安九都人，毕业于鼓浪屿武荣中学，曾在南京某校补习外国语，后返乡担任南安九都保卫团长，而其叔李拔英时任晋江县保卫团副团长，无论在南安或晋江，都属有权有势之徒。

两年前黄题名因事路过南安溪尾时，李天佑因爱慕黄彬彬才貌，向黄题名提亲，并表示愿意备重金聘娶，黄题名答应了李天佑的请求。黄彬彬知道后不同意这门亲事，但进行坚决的抗争后毫无效果。在家长的安排下，黄、李两家以聘金 800 元订下婚约。那一年黄彬彬十七岁，李天佑二十三岁。订婚之后，黄彬彬一直刻意避开李天佑，而李天佑则加紧向其示好。后来黄彬彬又听人说，李天佑曾得过花柳病，而且 800 元聘金也是派款而来，所以更加看不起"李之为人"。因此，虽然受到双亲重压，黄彬彬仍力图作最后的反抗。

但黄彬彬最终还是无法摆脱封建婚姻的命运。第二年春天结婚的日子逼近，她在双方家长监视下被迫登上开往李家的汽车。虽然她试图中途逃婚，但最终没有成功。到南安九都后，黄彬彬"挣扎数日，始与李洞房。新婚三日中，黄每不寝，寝则不解带，且紧其内衣"[①]。三天后回娘家，黄彬彬一整天以泪

---

① 《恶因缘,李天佑硬要,黄彬彬死拒,示坚决大闹县长室,立遗嘱不作李家妇》,《江声报》1934 年 5 月 29 日。

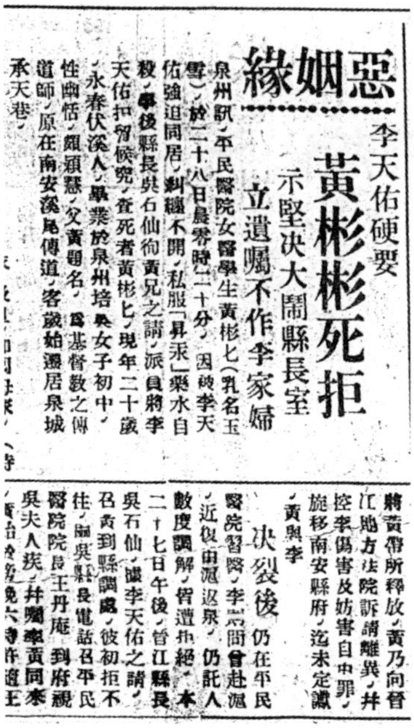

图 121 报载黄彬彬案的由来《恶烟缘李天佑硬要，黄彬彬死拒……》,(《江声报》1934 年 5 月 29 日）

洗脸。李天佑则无奈何,大振其乾纲。

婚后的第四日黄彬彬借故逃往泉州,先躲在同学家,后进入泉州中山医院学习当护士。当时南安县的县长叶崧生曾一度为之调解,但黄彬彬坚决要离婚,李天佑坚决不同意,事情就拖了下来。没多久黄彬彬又转入泉州平民医院学医,李天佑和他的家人知道后想去看她,她一概拒绝相见。后来李天佑也把家搬到泉州的桂檀巷。一天傍晚李天佑听说黄彬彬生病住院,就和他母亲到医院强行把她挟持上车,挽回家中。黄彬彬一路嚎哭,直至夜半,才由警探将她带到警所释放。事后,黄彬彬正式向晋江地方法院起诉离婚,并控告李天佑伤害及妨碍自由罪,后案件移交南安县府调解。据称在南安调解时,李出手枪恐吓说,如坚决要离婚就"拿枪打死他（应为"她"——笔者注）"①。但南安的调解最终还是没有结果。黄彬彬与李天佑决裂之后,乃在平民医院学医。李天佑中间有一阵子去了上海,后来回到泉州乃几次托人劝合,但都遭到黄彬彬的拒绝。

1934 年 5 月 27 日午后,吴石仙叫黄彬彬到县府调解,但受到黄彬彬拒绝。后来吴石仙打电话召平民医院院长王丹庵到府上为吴夫人看病,并交代他到时带黄彬彬同来。傍晚 6 时左右,黄彬彬随院长到县府。但看完夫人的病之后,县长让王院长先回,而请黄彬彬到县长室稍坐。黄彬彬至县长室时,李天佑已经在里面。吴石仙于是劝说黄彬彬与李天佑破镜重圆。接着吴石仙又召来黄彬彬的哥哥黄赞育,希望一起劝说他俩重新和好。黄赞育又名黄石茨,系《泉州日报》记者。他向县长谈了黄、李二人订婚、结婚的过程,并表示应尊重妹妹的意见,如果妹妹不同意调解不能强迫。吴石仙说那没关系,可以再劝劝,后让黄赞育先回去。黄赞育于是离开县府到报社继续工作,黄彬彬想随同

① 《彬彬死案亲属将有表示,黄赞育述县府一幕,吴石仙作书面谈话》,《江声报》1934 年 5 月 31 日。

哥哥一同离开被县长强行留下。吴石仙劝令黄彬彬与李天佑复合,不然的话就留在县府别回去。黄彬彬不肯复合并与吴石仙大吵,并气愤地摔破体温计,以示坚决。吴石仙只好派人把她送回医院,此时已经是晚上8时。

黄彬彬一进医院就拍案怒骂,紧接着跑去见她的哥哥哭诉。后又去见同屋女友,面色苍白。9时左右,黄彬彬回到平民医院宿舍,伏案写遗书后上床就寝。28日凌晨20分,同宿舍的护士忽然听到她的呕吐声,起床问她怎么回事。黄彬彬过了好久,才告诉室友自己喝了昇汞。护士看到她的口腔已经溃烂成白色,赶紧叫来医生诊救。到他哥哥黄赞育赶到时,黄彬彬已经发不出声。问她喝了多少昇汞,她伸了三个手指示(三格阑姆)。在非常痛苦之中,黄彬彬频呼"阿兄""啊""开水"等字,清晨一时气绝而逝,年仅二十岁。

黄彬彬自杀身亡之后,平民医院王院长打电话告诉了吴石仙。吴石仙一早到医院探视时,黄赞育以妹妹的自杀原因是李天佑强迫同居,请县长必须先将李扣留。吴石仙当即派人将李天佑带到县府等候追究。

黄彬彬死后,亲属在其桌上发现遗书数封。在给哥哥的遗书中,黄彬彬与哥哥诉说了死前数小时的经过后说:"望你再给我最后一次的费神吧。平民医院我还有二十元大洋,望你给我做死后的费用吧。敬祝健康。妹妹玉雪敬上。五月二十七日晚。"后又写道:"兄,望你千万于我死后,此贱尸切莫与李家收埋。我最后的恳求你,希望你答应我吧。我生前不为李家人,死亦不愿为李家鬼。妹玉雪敬上。五月二十七日。哥哥,我实在不愿意死,我尚希望我以后幸福,做人的目的尚未达到,唯万恶的……"又有致同学十姊妹及同院女看护诸人的遗书,字极都潦草匆迫,但其中有"你们须努力与环境奋斗,求你们的光明之路。永别吧"等数语。①

---

　①　《恶因缘,李天佑硬要,黄彬彬死拒,示坚决大闹县长室,立遗嘱不作李家妇》,《江声报》1934年5月29日。

第二节　社会的关注与舆论的谴责

吴石仙因黄彬彬之死"内疚颇深"，28 日一早即给晋江县党部常委朱世渊，执委郑健魂，第一区长王翀打电话，请他们到县府商量善后。几个人一到，吴石仙向他们详细讲述事情经过，一边"号洮大哭"，一边表示"本人对兹事处理失当，决当负一切责任"。他向朱世渊等人征询善后意见，并表示如死者家属有所请求当予照办。说完即以个人名义送恤金 200 元，请朱世渊等转交其家属料理后事。朱世渊等辞出后把恤金转交其家属，黄家不受，又送还于吴。后来据说吴石仙有意为死者树旌，但黄家又是不同意。所以，朱世渊等在 29 日上午访晤吴石仙，表示无能为力。28 日当天，吴石仙还请晋江地方法院院长李宝森、检察官吴璞到县府咨询。

至于李天佑，他在黄彬彬自杀之后，曾被县长召到县府，勾留很久才出来。他也到平民医院看视黄彬彬遗体，但态度自若。他甚至还与医院的人说，为黄彬彬牺牲了 800 聘金，还不算其他精神上的损失。

而晋江县党部致函县政府，要求慎重处理此事："迳启者，顷据报载，平民医院女看护黄彬彬，为婚姻问题，昨日午后应贵县长之召，于出府回院后，即服药自杀新闻一则，阅悉之下，骇痛莫名。现本案轰传社会，舆论哗然。相□函请查照，希即慎重处理，以善其后，而维正义，为荷。"①

5 月 31 日，厦门《江声报》刊出黄彬彬之兄的长篇谈话，比较详细说明了

---

① 《彬彬之死，县长之泪，李天佑之真面目，社会之是是非非》，《江声报》1934 年 5 月 30 日。

27 日晚间经历的具体情况,全文如下:

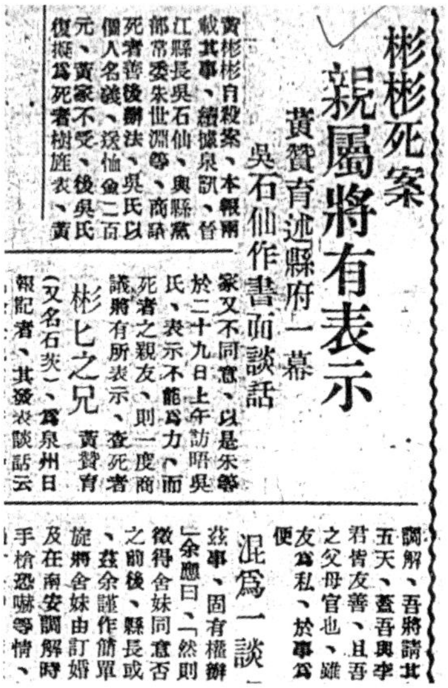

> 黄彬彬自杀案,本报两载其事。续据泉讯,晋江县长吴石仙,与县党部常委朱世渊等,商议死者善后办法。吴氏以个人名义,送恤金二百元,黄家不受。后吴氏复拟为死者树旌,黄家又不同意。以是朱等于二十九日上午访晤吴氏,表示不能为力。而死者之亲友,则一度商议将有所表示。查死者

彬彬之兄,黄赞育(又名石茨),为泉州日报记者,其发表谈话云:余是晚七时许,得吴县长电话来召。至见走廊有武装士兵二,颇讶。比登楼,吴着

图 122 《江声报》1934 年 5 月 31 日
关于彬彬案家属、县长的报道

浴衣由县长室出,延余饭厅坐。吴言曰:"令妹与李天佑婚事,我欲出面解决,君意若何?"余曰:"余无成见,惟以舍妹之意见是视。倘舍妹愿听调解,固善。否则县长何以处之?"吴曰:"苟不听调解,吾将请其留此三五天。盖吾与李拔英(李天佑之叔——笔者注)及君皆友善,且吾为是邑之父母官也。虽然,于友为私,于事为公,未便

混为一谈,但吾对兹事,固有权办理也"。余应曰:"然则此事已征得舍妹同意否?此事之前后,县长或未尽悉,兹余谨作简单报告"。旋将舍妹由订婚结婚,及在南安调解时,李出手枪恐吓事情,叙述一过。是时,李天佑由县长室出,于走廊目余曰:"说话请公道些"。余曰:"苟不符,可向当日在场之某某一查"。李厉声曰:"是彬彬说要离婚,怎怪我不说拿枪打死他的话来"。余与李

正酣辩间,吴乃请余先回。迨余步出走廊,始晤及余妹独自徘徊于县长室前廊上。伊睹余欲出县府,频呼"哥哥慢些走,我亦欲同回"。县长曰:"你须且住此地"。伊曰:"无论如何,我欲归去"。吴曰:"你一定要留此间"。余乃告吴:"此事未得舍妹同意,似不甚妥"。吴曰:"何妨,可与我太太同寝"。伊随口曰:"太太有病,奈何命我同寝"。吴复曰:"然与陆

太太寝可耳"。

彬严质吴,曰:"今夜,果欲吾留此,倘吾发生意外,责将谁属"。吴答曰:"当然由我负责"。余复曰:"未经舍妹同意,大不妥,应考虑"。频言二次。吴曰:"无妨,君请先回便是"。余乃离县府返社工作。约历三十分钟,旋得吴电话谓:"令妹硬不留此间,吾已派人送回平民医院矣。明日,请君到院劝她"。余曰:"无能为力"。吴始一笑而罢。有顷,伊至余处,显露一种囚徒逃出狱中之神态。告余曰:"哥哥,我打电话给你,为什么不接到,我已出来了"。言已,

泪流沾巾。时同座,有王丹阁院长,伊旋向王责曰:"底事带我到县府,听我为县长扣留"。余呼伊入内室,伊不入。步至楼梯头,为我呼回,询伊县府所遇。伊曰:"哥哥离县府后,我即与吴县长大闹。我向吴质问曰,'汝是请我来此视疾,竟将我扣留此间。意何为? 我欲回医院'。吴答曰,'你现在别要再回平民医院了,因为医院将缩小,看护辞退好几位'。我答,'辞退看护,权操院长,何并未闻院长言'。吴曰,'吾即平民医院董事长,当有权辞退汝'。我答,'既欲辞退,就请放我归去,好把东西搬出'。我即步至楼梯头,又被拉回。我愤甚,即将手中携带之体温表掷地上。吴始许我回院,并要我明日上午九时以前答复"。

由于舆论哗然,吴石仙也赶紧作一书面声明:

查本县平民医院董事长一职,本为县长所兼任。石仙每以该院经费等问题,不时至院视察及开会,因之得悉院中看护黄彬彬与其夫李天佑不睦情事。天佑之叔李拔英,为本邑保卫团副团长,彬彬之兄黄石茨系记者,日必到府采访新闻,均平素相熟之人。是以出诸善意,发生代伊等调解和好之动机。事前曾征得李拔英黄石茨同意,二君并表示感激。会适内子患病,连日延平民医院王院长诊治。二十七日下午,因需检验体温,嘱王院长偕黄同来,拟即乘便将李黄两人不同居之事,以调人资格,一为劝解。遂先召李天佑来府稍候,迨王院长及黄于六时许来时,又电话通知黄之兄石茨来府,共同劝解,旋即先去。彼时一再劝其和好如初,而黄不予表示,仅云考虑,再行答复。由是李天佑回归,一面用自备包车,送黄返院。并由电话通知伊兄石

茨,请再劝解。此为石仙调解之实在经过也。乃黄至是夜一时在院自寻短见,未免可惜。业由该家属报经地方法院检察官前往验尸入棺。二十八日下午三时,法院吴检察官璞,带同书记官来府调查黄服毒毙命前调解情形,业即据实以闻。诚恐外界不明真相,特为披露,藉祛误会云。①

此事件引发社会的普遍关注,《江声报》也以《可歌可泣——彬彬!》为题发表署名文章,对黄彬彬之反抗大加赞赏:

> 是在一九三四年"五卅"纪念的前夜,素称"海滨邹鲁"闽南半壁之泉州古城,有一个为婚姻而自杀的女护士,她给与人们以甚深刻的感动,尤其青春的女儿们!
>
> 女护士黄彬彬,是个年纪轻轻受过中等教育,幽恬而颖慧,有新思想的好女儿。
>
> 她不幸生在封建社会里,在中国的旧礼教与西洋的宗教双重压迫下的家庭。她的父亲是个传教师,因为"金钱"与"权势"便断送了他女儿的前程,忍心地把可爱的女儿强迫地嫁给一个她所鄙视不齿的男人。她挣扎着,她在无可奈何中,还保持得住她的纯洁底光荣。她由虎口逃生过,投身于"护士"的生涯。她勇敢地在南安县政府里怒对着不齿的男人,向县长侃侃而道她对"婚姻"的不满和反抗的决心。虽然那凶狠的男人曾经抽起手枪向她威吓过,她终不屈丝毫!
>
> 她所痛恨的男人李天佑,虽然也算得是个受过中等教育的青年,虽然也做过"保卫团长",有势,娶老婆要费了八百元的聘金,虽然他对女护士黄彬彬不倦的追求,可是他的卑鄙的心情,早已给那有觉悟的女人抛弃于太平洋中。他的丑恶的狡计虽然利害,有甚用处?这种以"势"可恃,而想博女人的欢心的男子汉,在那无知的女人眼中,有时或者可侥幸博得垂青。然而,像彬彬这样有为的女儿,却在"照妖镜"底下,看得清清楚楚,一定是只有"徒然……徒然……"而已。
>
> 在李天佑的"徒然"中,平空来了一个"父母官"。说是善意,要把

① 上述两引文均见:《彬彬死案亲属将有表示,黄赞育述县府一幕,吴石仙作书面谈话》,《江声报》1934年5月31日。此引文保留《江声报》原排版样式。

一冰一炭强冶在一炉，理由是"破镜可以重圆"，"盆水泼地可再收"。这位父母官真有"立地成佛"的好大的本领。

据说这位父母官吴石仙先生，曾经做过基督将军马二先生（指冯玉祥——笔者注）的幕僚，好像我曾看过他的大著《历代名将用兵方略》，他想以《历代名将用兵方略》的心得，和基督的精神，应用到这男女的婚姻上来吧？！

由彬彬之哥哥的谈话中，我们认识了他的本领。然而，这有希望的女儿——彬彬毕竟是女儿身，却在这位能干的、贤明的"父母官""调解的方略"下，力竭气尽，竟饮"昇汞"自杀了！

呵！封建的社会，婚姻制度下的牺牲者！

呵！彬彬的死，是多么可歌可泣呵！

她生前说过："男女两性的结合必须两方当事人的同意，绝不容任何一方或第三者的强迫"。临死时遗书说："我实在不愿意死，我尚希望我以后的幸福，做人的目的尚未达到。唯万恶的……"又勉励她的女伴说："你们须努力与环境奋斗，求你们的光明之路……"

有生命的女儿们，有理性的男子们，死者已矣！请担负起你们新时代的责任吧！①

---

① 纯真:《可歌可泣——彬彬！》,《江声报》1934年6月2日。

第三节　闽南的学生青年不怕流血

于是,经晋江县党部朱世渊、张赖愚、郑健魂及第一区区长王翀等人从中斡旋,各方初步协商拟定了四条处理办法:

一,李天佑拘押一星期,罚款三百元,为公益之事。二,晋江县长吴石仙,在报上发表谈话,对死者表示歉意。三,死者治丧费五百元,分作"赙仪""立纪念碑""编纪念册"之用。四,死者出殡之日,县长吴石仙亲自执绋。

黄石茨初表示法律解决,后调人力劝软化,准备接受。黎明高中的学生闻讯遂向黄警告,"称彬彬之死,关系整个社会问题,不能苟且",黄因此拒绝接受。最后经斡旋者与黄彬彬之父进一步接洽,黄题名表示接受,其处理办法更改为:

一,处罚李天佑三百元,充设置全城"公共标准时钟"之用,拘禁李天佑部分撤销。二,死者之善后,甲,赙仪,乙,立纪念碑,丙,编纪念册,三项费用统计五百元,由县长吴石仙负责,交由死者家属自行料理。三,出殡时,县长吴石仙亲自执绋。①

对这样的调解结果,青年学生和知识女性仍然极为不满。特别是家属接受这办法之后,还有附带两项条件:一,由死者家属及李天佑刊启事,以示诚意。二,死者墓旁之纪念碑文须经吴石仙校阅。所谓"诚意"的,即其父黄题

---

① 参见:《四个条件了结黄彬彬,"不幸自杀"谢谢县长,"胡天不佑"又费巨金》,《江声报》1934年6月3日。

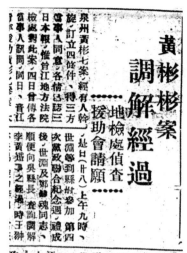

名启事:"小女彬彬(即玉雪)前日不幸自杀,所有后事,承吴石仙县长及各界人士处理得当,伤痛之余,特此道谢"。而李天佑鸣谢启事则是:"天佑妻黄彬彬女士(即玉雪),此次不幸自杀,蒙吴县长及各界人士善为处置,于悲痛之余,特登报端,藉伸谢忱"。如此结局,连报社记者也为黄彬彬叹息说:"上项启事已反乎黄之'不作李家妇'之临死哀鸣矣!"①

因此,泉州学生界张卓英等30余人,对黄彬彬之死,于6月1日下午在泮宫召开谈话会,表示为拥护女权正义将作切实之援助;除促法院提起公诉,发代电请全国妇女会等援助外,并发专刊,详述经过。后来又召开谈话会,组织成立以女青年学生为主,包括各界人士的"晋江青年援助黄彬彬被迫惨死大会",执委为张卓英、郭斐、黄志明、刘瑜璧、

图123　关于黄彬彬案调解、侦查与请愿(《江声报》1934年6月6日)

施秀敏、陈如玉等。而厦门的通俗剧社也决定将黄彬彬案编成剧本,争取短期内上演。6月4日"晋江青年援助黄彬彬惨案大会"不顾当局的淫威高压,组织游行呼吁,并到党政军部门请愿控诉。当时的报纸报道如下:

> 四日晋江青年援助黄彬彬惨案大会,召集男女会员数十人,由泮宫出发,分赴党政军各机关请愿。首至县政府,县长吴石仙适在楼上接客,派第一科长接见。众述明请愿目的后,力请亲见县长。适旅部参谋主任谢家甸到府。谢询请愿来意后,谓众依法援黄外,须注意治安行动上。谈次,群众语词锋利,有谓"我们闽南的学生青年、是不怕流血的"。谢去后,旋吴请众推派代表数人,众未肯,吴遂下楼接见。由代表郭福运、吴爱莲、王文党、郭斐等,详述来意。即对吴提出三条件,一、在本案未结束前,

① 《四个条件了结黄彬彬,"不幸自杀"谢谢县长,"胡天不佑"又费巨金》,《江声报》1934年6月3日。

吴县长不得离晋。二、由吴县长通电全国,对本案处置认为失当。三、由
吴县长书面向晋江民众,表明迫死黄彬彬之错误并道歉。并请吴当场签
字,承认三条件。吴答,关于黄案,事前余系以平民医院董事长个人资格,
进行劝解。黄何故自杀,余不得而知。唯本案现经司法机关负责办理,余
是否处置失当,当候法律解决。所提三条件,余实无承认之必要云云。吴
言毕,上楼而去。请愿诸人遂相率出府,转赴县党部。适党部负责人外
出,由干事何光伟接见。代表声述来意,请县党部转函地方法院,迅即提
起公诉。并呈省党部,转省政府律办。何答,当将情转达、静候核办。最
后众赴二五九旅旅部,由旅长沈发藻亲出接见。对代表所请援助事,答
谓:本案若照正当手续,呈请本部转主管机关律办,自无不可。唯结队游
行请愿,本部以负有地方治安责任,故由谢主任到府查询,此外绝无他意
云云。至此、众遂相率归会。①

与此同时,晋江地方法院也在同一天传唤死者之兄黄石茨,及李拔英、李天佑,
开始司法侦查。

至此,黄彬彬事件基本告一段落。舆论对处罚李天佑 300 元以充设置全
城"公共标准时钟"之用,以及在死者墓前"立纪念碑"表示赞赏,因为这可
以予处于"不美满的人间和险恶的环境"的芸芸众生时刻的警醒,意义深远:

> 黄彬彬自杀的悲剧,如今算是"闭幕"了。(见 6 月 3 日《江声
> 报》——原注)

> 她的善后办法,处罚李天佑款项充置泉州城"公共标准时钟",并在
> 死者墓前植纪念碑,这两点我们认为尚有意义。

> 在现实的社会里,为婚姻而奋斗,其遭遇如彬彬,正要步彬彬的后尘
> 者,何止千万?

> 诚然,"自杀"是最没有价值最没有意义的行为,尤其是为婚姻的
> "自杀"更不该表扬!

> 不过彬彬她何尝愿意死? 愿意自杀? 她不是曾经不屈不挠地奋斗过
> 吗? 她不是说过吗? 她"做人的目的还没有达到,但万恶的……"

---

① 《黄彬彬案调解经过,地检处侦查,援助会请愿》,《江声报》1934 年 6 月 6 日。

这种不美满的人间和险恶的环境，使她到了最后要挣扎也无力的时候，才饮"昇汞"以殉其志。

因此，她的死，虽然不能说"重于泰山"，也不能说是"轻于鸿毛"，这是现社会的病态已深的现象。

如今，她的死，感动了许多人：把迷离于"旧礼教"与"新潮流"的思想交流中的青春男女们惊醒了；把顽固的快要跑入坟墓的老冬烘们，当头就是一棒！

人类的良心还没有泯灭，社会还可以改造！

我们期望着，泉州"公共标准时钟"早日实现。因为它可以在十字街头，时时刻刻给予熙熙攘攘的人们以警惕！

"现在是什么时候了！"

"我们要做些什么？"①

但是还未及一月，黎明高中和平民中学就先后被关闭了，因为"在反对晋江县长吴石仙迫婚害命一案，黎明学生通过学联，组织黄彬彬惨案后援会，鼓动泉州青年学生对吴石仙进行说理斗争，迫使吴石仙当场丑态百出，狼狈不堪。这件事情曾哄动当时社会听闻，并激起吴石仙与沈发藻对黎明的刻骨仇恨"②。而黎明高中和平民中学被关闭，热闹一时的泉州安那其运动也因此终结。

---

① 纯真：《"标准时钟"》，《江声报》1934年6月2日。

② 赵祖培、陈程芳、林诗卿、伍泽仁：《黎明高中片段回忆》，《泉州文史资料》1962年5月第6辑，第57页。

第十二章
南国梦断一九三四

关于黎明高中和平民中学最后被关闭的情况,特别是黎明高中被取缔的原因,过去曾有不同的说法。比较一致的说法是:"1934 年十九路军政变失败,伪中央军入闽,陈仪任福建省伪主席,实行法西斯统治。一些有正义感的青年自然心怀不满。所以当伪中央军旅长沈发藻在闽南'剿匪'时,黎明师生曾演出自编剧目《出路》,表达'官逼民变''逼上梁山'的意思。沈以黎明此举违反'剿匪'政策,扰乱社会治安,派军警把黎明封闭起来,并逮捕教师陈君冷、陈侃和学生三人,送省监禁。黎明被封不久,平民也以没有立案为借口被取缔。"[1] 稍后赵祖培、范天均等人的回忆除细节略有出入外,也都持此说法。[2] 因此,这一说法也为许多研究者所接受。但是,另一重要当事人秦望山 1962 年在对赵祖培等人的《黎明高中片段回忆》文中关于黎明学生"反对晋江县长吴石仙迫婚害命一案""补注"中提到:"黎明学生抱不平,出面组织黄彬彬惨案后援会,吴、沈大惊,乃由吴赴省先发制人向陈仪报告黎明为共产党机关,请予封闭。封闭时,学生用大卡车押送原籍"[3]。依秦望山之说法,1934 年黎明高中被查封的直接原因似乎不是师生演出自编剧目《出路》,而是黎明学生通过学联组织黄彬彬惨案后援会而使吴石仙和沈发藻难堪所致。因为秦望山在"补注"中还提到的"旅长沈发藻涎其色,托晋江县长吴石仙撮合,吴一面向李天佑自请代为解决离婚案,一面假借其妻生病,请平民医院院长王丹庵诊病,并嘱随带护士黄彬彬同往。吴石仙事先叫沈发藻在县署候之……"就当年的原初文字记录看,秦望山这后一说法存在着明显的误记。可惜这不实传闻后来以讹传讹,甚至连当年黎明高中学生的回忆

---

① 苏秋涛稿,仲实整理:《安那其主义在泉州的活动》,《泉州文史资料》1962 年 1 月第 4 辑,第 37 页。

② 见赵祖培、陈程芳、林诗卿、伍泽仁:《黎明高中片段回忆》,《泉州文史资料》1962 年 5 月第 6 辑;陈登才:《访问范天均先生的记录》,1964 年;收葛懋春、蒋俊、李兴芝编《无政府主义思想资料选》,北京大学出版社 1984 年版。

③ 秦望山:《赵祖培、陈程芳、林诗卿、伍泽仁:〈黎明高中片段回忆〉"注"》,《泉州文史资料》1962 年 5 月第 6 辑,第 60 页。

文章也采用了"沈发藻涎其色""晋江县长吴石仙撮合"的说法。① 不过秦望山后来在其《安那其主义者在福建的活动》中,回避了黎明高中被取缔的直接原因,即:既不采用流行的演出《出路》说,也不再谈"黄案"。因此,谈及导致黎明高中被封闭的原因,一般也都采用因为排演《出路》的说法。考察前因后果,笔者则认为:黎明高中被查封的直接原因包括声援黄彬彬案和公演《出路》,"声援黄彬彬案是不可言说的直接原因,而公演《出路》则是冠冕堂皇理由"。也就是说,吴石仙主要因学生声援黄彬彬案而立意查封黎明高中,公演《出路》又正好给了他"公报私仇"的借口。②

---

① 陈奕尚:《梁披云的教育思想》,陈觉万等主编《梁披云教育思想研究》,厦门大学出版社 1994 年版,第 120 页。

② 辜也平:《泉州民众运动中的黎明高中和平民中学》,《泉州师范学院学报》2006 年第 5 期。

第一节　公报私仇两校被封

　　就当年报道看,黄彬彬无疑是位刚烈女子,而县长吴石仙则负有不可推卸的责任。在案件发生后所引发的风潮中,黎明高中与平民中学等校的所作所为的确很使吴石仙难堪。前面谈到,朱世渊等人从中斡旋,初拟四条处理办法,黄彬彬的哥哥黄石茨"初表示本案拟向法律求解决,嗣因调人力劝,廿九晨亦为软化。然事闻于外,遂有□□同学向黄警告,说彬彬之死,关系整个社会问题,不能苟且。黄因再向调人表示不能接收。朱等亦以事不易为,告知吴县长。而是日晋江各界及各校学生,亦曾一度开会讨论援助事宜"[1]。学生在这关口上与他作对,吴石仙当然极为不满。后来学生又直接到县府请愿,并且与他进行面对面的交锋,这一切对于1934年4月刚刚出任晋江县县长的吴石仙来说[2],当然更无法释怀。

　　而学生到县府请愿时,还"语词锋利"地跟旅部参谋主任谢家旬放言"我们闽南的学生青年,是不怕流血的"。[3]从报道看,县长吴石仙可能得悉学生将至县府请愿,故请当地驻军派人来坐镇保护。驻军旅长沈发藻派旅部参谋谢家旬坐镇县府,却吓不退"不怕流血的"的闽南学生青年,这不能不让沈发藻恼羞成怒。至于"晋江青年援助黄彬彬惨案大会"的实际领导,也是学生联合会的骨

---

　　① 《四个条件了结黄彬彬,"不幸自杀"谢谢县长,"胡天不佑"又费巨金》,《江声报》1934年6月3日。

　　② 《晋江新县长到任》,《江声报》1934年4月4日;《现任各县长题录》,《福建民报》1934年4月7日。

　　③ 《黄彬彬案调解经过,地检处侦查,援助会请愿》,《江声报》1934年6月6日。

干,即黎明高中和平民中学的学
生,如"晋江青年援助黄彬彬惨
案大会"的执委中,为首的张卓
英是晋江妇女协会的理事长,而
且是黎明高中首届的毕业生。而
当时晋江青年援助黄彬彬惨案大
会聚集泮宫出发,泮宫之旁实际
上就是平民中学。

图 124　泉州文庙（毓摄,《关声》1936 年第 9 期）

　　另外,据当年黎明高中的教
师陈侃回忆:黄彬彬案发生后,"各界大哗,而学生界尤愤激。黎明同学出而带头
反对。我认为学生有正义感,当教师的不该劝阻,君冷亦以为然。……当泉州律
师不肯写诉状时,我应学生的要求,写了诉状"①。所以,这两所学校必然成为沈发
藻、吴石仙的眼中钉。因此,围绕黄彬彬案件的斗争,极有可能就是导致黎明高
中被取缔、平民中学被勒令停办的根本原因。

　　关于黎明高中师生演出自编剧目《出路》一事,主要当事人、当年黎明高
中学生,《出路》编导兼主演许谦回忆,他们是"一九三四年四—五月""决定
编写并公演"《出路》的。演出后,演员卸装未完,"就闯进几个满脸横肉的陌
生人,凶相毕露地质问学生领导"。接着,"六月间的一天下午",陈君冷老师告
诉他,据晋江县长透露的消息,驻军头目沈发藻要逮捕他。在陈君冷的规劝下,
许谦最终离开学校躲避。②另一当事人,当年黎明高中教师陈侃回忆,公演《出
路》的时间是在声援黄彬彬案后"不久","许谦逃后两日,黎明即被封"。③

　　另外,当年黎明高中的学生陈奕尚也认为:"1934 年 6 月,黎明高中因公演
话剧《出路》,揭露当时的黑暗统治,向人民指出'出路'在哪里,刺痛了驻军
旅长和国民党军官,遂被以'煽动社会动乱'罪名为借口武力查封,但这不过
是直接原因,尚有支持某中学学生反对教会干涉学校教育及声援'护士黄彬
彬事件',揭露县长吴石仙勾结旅长欺压迫害少女的罪恶活动。"④

————————

　　①　陈侃:《1934 年春在泉州黎明高中》,《信息》1984 年第 1 期。

　　②　许谦:《美好的忆念——我在泉州黎明高中的生活片断》,《信息》1982 年第 2 期。

　　③　陈侃:《1934 年春在泉州黎明高中》,《信息》1984 年第 1 期。

　　④　陈奕尚:《梁披云的教育思想》,陈觉万等主编《梁披云教育思想研究》,厦门大学出版社 1994
年版,第 120 页。

　　陈奕尚提到的支持某中学学生反对教会干涉学校教育,指的是晋江各校学生援助教会学校培元中学被逐学生一事。培元中学初中毕业班学生罢课离校的时间略迟于黄彬彬事件,事情的起因是校方强行要求该班学生参加物理补考,并缴纳补考费一元。学生6月1日罢课,但校方态度强硬,出布告称"将该班学生记大过一次,物理仍须补考,并缴纳补考费。又该班学生具悔过书,审查合格者,下学期始得升入高中,否则限二日内离校"①。结果,6月4日全班学生45人离校,并向县党部和教育局请愿。8日,各中学校组织后援会,发表宣言,声援培元中学被逐学生。②

　　所以,陈奕尚所说的演出《出路》"不过是直接原因",而支持某中学学生反对教会干涉学校教育和声援黄彬彬家人、揭露吴石仙欺压迫害罪恶,也和黎明高中被取缔有关的判断,也不无道理。

　　关于《出路》的剧本及内容,相关文字记载都提到是写民众深受压迫,愤而为匪,进而宣传反抗为唯一出路之思想。而剧本的来源,许谦完整的回忆是:

　　　　那是在一九三四年四—五月间,为了毕业班同学前往江、浙一带进行社会考察、学习,增长知识和才干,在陈君冷老师关怀指导下,决定编写并公演一次话剧,一来鞭挞黑暗的现实,二来借此为毕业班募集一笔参观旅费。于是发挥集体智慧,由我执笔写个剧本。主题思想是兵不如匪,更甚于匪,人民群众该向何处去,出路在哪里? 剧本名曰《出路》。我负责导演并扮演主角。演出那晚,灯火辉煌,群众拥挤,秩序井然。哪知敌人的嗅觉比狗还灵,当剧终刚闭幕时,演员卸装未完,就闯进几个满脸横肉的陌生人,凶相毕露地质问学生领导:"这个剧本是哪儿来的?"回答是从别的杂志抄来的。他们要索看那本杂志,还要我们交出剧本,回答说没有。他们无可奈何悻悻地溜走了。③

　　陈侃的回忆则提到:"编剧是许谦,是在报刊上看过的剧本加以改编的。君冷和我都看过,认为符合当时情况,可以排演。"④查民国旧报刊,1934年

① 《培元初中毕业班罢课离校,物理考试发生风潮,各中学校组后援会》,《江声报》1934年6月10日。

② 《晋江各校学生援助培元被逐学生,宣言反对培元商品化》,《江声报》1934年6月12日。

③ 许谦:《美好的忆念——我在泉州黎明高中的生活片断》,《信息》1982年第2期。

④ 陈侃:《1934年春在泉州黎明高中》,《信息》1984年第1期。

5 月 22 日至 29 日的天津《大公报》,连载有作者韶铮的"未来派三幕剧"《出路》,内容与众多回忆接近。剧本关于时间、地点和人物的提示是:

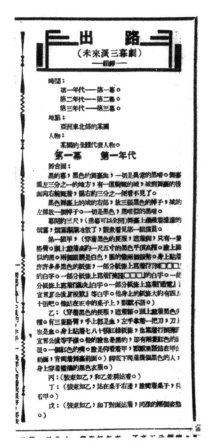

图 125 《出路》(《大公报》1934
年 5 月 22 日)

> 时间:
>
> 第一年代——第一幕。
>
> 第二年代——第二幕。
>
> 第三年代——第三幕。
>
> 地点:
>
> 亚洲东北部的某国。
>
> 人物:
>
> 某国的全体代表人物。①

全剧"以演哑剧的化妆术及表演术表演",但其中仍有个别台词,如:

> 甲:(撕了两个"打倒""拥护"纸条,暴雷似地怒吼着:)
>
> 打倒啊——啦——啦!
>
> 拥护啊——啦——啦!
>
> 乙、丙、丁、戊:(有韵律地喊成一片,各人右手撕下"打倒""拥护"纸条二十张舞着:)
>
> 打倒啊啦——啦! 拥护啊啦——啦! 打倒啊啦——啦! 拥护啊啦——啦! 打倒啊啦——啦! 拥护啊啦——啦! (如此喊五六遍,永喊不错)②

剧本的最后是民众奋起反抗,象征专制与压迫的"黑暗之魔"失败而告结束:

> 黑暗之魔:(恐怖万状,睁着恐怖的眼睛,持剑之手下垂,钢盔歪斜,预

---

① 韶铮:《出路》,《大公报》(天津) 1934 年 5 月 22 日。

② 韶铮:《出路》,《大公报》(天津) 1934 年 5 月 24 日。

备逃去了的姿势。)

女神:(复仇的旗帜一挥,火光四起。仿佛一道复仇的动员令。)

(一、二、三组的人们,以及民众全向前一步。A与B已捷足登城。)

黑暗之魔:(恐怖不胜,钢盔已掉,剑已坠地,由城上退下。)

女神:(复仇的旗帜频挥,仿佛是前进的指挥旗。舞台上火光四起,正是铁与火的世界。)

(一、二、三组的人们,各舞自己的武器拳头,姿势简单而一致。面部表情坚决而紧张。)

黑暗之魔:(已经萎缩到看不见了。)

(突然轰轰、轰轰数声,火光熊熊,黑暗之魔的背后,出现了三个赤膊光头的战士,面部鲜血淋漓,将黑暗之魔擒住了,英勇地举起这个黑暗的魔鬼,复仇的俘虏。)

女神:(庄严净妙地露着愉快的笑容。复仇的旗帜高举不动。)

(舞台上的人们,都露着胜利的微笑,依旧是英勇而热烈。)

(黑暗之魔,眼角鲜血下注,作求死不得的痛苦的表情。)

(幕徐徐落)①

另外,还有"泉州中学教员林君"之后不久也向媒体谈及该剧演出的情形:

黎明第三届毕业生,演剧募捐为旅行江浙川资,中有《出路》一剧,写农民受军队压迫,愤而为匪。在座军人认为有意讽刺,指为宣传反动。该校曾向之解释,谓此实闽南农村情形。演剧志在募捐,座价一元五元等。观者均军政学界,无一农民,安有宣传作用。当局不信,乃电呈省政府主席请解散,复电照准。②

查报纸的报道,黎明高中被当局强行关闭的确切时间是1934年6月21日,而且武力查封的过程也颇为严密:"晋江县长吴石仙奉教厅电令,二十一日午后四时,派教育局长郑伯聪等,率警察队兵,暨城警所武装巡官警察等二十

---

① 韶铮:《出路》,《大公报》(天津)1934年5月29日。
② 《泉州黎明高中因演剧被解散》,《益世报》(天津)1934年7月27日。

余名,至黎明高中附近散放步哨,禁止校内外通行。然后施行检查,同时贴出县府布告於校门。检查约一小时,扣留该校代理校长陈君冷,教员陈侃,学生卢主民三人,解送保安分处。另派武装警察数名,看守该校校门,禁止学生出入。……查在校学生昨晚仍在警察看守中。"① 所谓保安分处,其处长即当地驻军二五九旅旅长沈发藻兼任。另据报载:除扣留陈君冷陈侃等人,"当时并搜查教员学生行李,无所得。乃再度搜查,结果将文稿携去,中有小说数篇,皆描写民生疾苦之类。当局指为诽谤政府,反动证据"②。

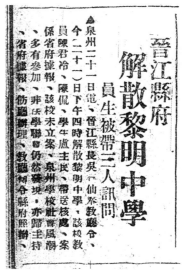

图 126 解散黎明中学的最早报道
(《江声报》1934 年 6 月 22 日)

至于公开的解散理由,县府的布告称:

> 案奉教育厅密令开,案奉省政府密字令开,案据南区保安分处兼处长沈发藻酉电称:查黎明中学,学生不过数十人,闻教育厅尚未立案。该校宣传反动,凡社会学校,发生风潮,均为主持机关。又查学生联合会,为人民政府遗留产物,现在此间仍在流行,据报亦为该校主持者。可否令教厅下令,解散该校,或由此间拘捕,乞电示。等情据此,除电复准于拿办不法分子外,仰该厅长即将该校解散,以杜后患,并具报为要。此令。等因奉此,仰该县长剋日即将该校解散,并将办理情形电复,勿得延误为要。此令。等因奉此,除遵令解散外,合行布告周知,仰各一体知悉。倘有不肖之徒,藉端鼓动煽惑,定将严拿惩办不贷云云。③

从晋江县府的"布告"看,"宣传反动"似与公演《出路》有关,但主持社会、学校风潮和学生联合会也为其主要罪状,那么这同样也就不排除起因于黄彬彬案和声援培元学生事件。

---

① 《黎明高中解散,学生遣送回家,陈君冷陈侃将解省》,《江声报》1934 年 6 月 23 日。
② 《泉州黎明高中因演剧被解散》,《益世报》(天津) 1934 年 7 月 27 日。
③ 《黎明高中解散,学生遣送回家,陈君冷陈侃将解省》,《江声报》1934 年 6 月 23 日。

从事件过程看,举报者是当地驻军三十六师二五九旅旅长兼晋江县南区保安分处长沈发藻,举报时间为6月的酉日,举报方式是电报(酉电)。而从举报到6月21查封的过程则十分复杂:先是沈发藻以电报形式向省政府主席陈仪密告,省政府除"电复"沈"准于拿办不法份子外",又"密令"教育厅长"将该校解散";教育厅长接省政府陈仪"密令"后,再"电令"晋江县县长"尅日即将该校解散";晋江县县长接教育厅"密令"后,则起草"布告",并派教育局长郑伯聪等率警实施。以一般衙门的办事规则,这一过程最快也得三五天以上。据查,1934年6月21日(亥日)之前的酉日有6月19日(辛酉)和6月7日(己酉)。如果沈发藻6月19日密电省政府,晋江县不可能仅隔一天就收到教育厅"密令"并执行,所以沈发藻密电省政府的时间应是6月7日(己酉)。

而有可能成为直接导致黎明高中被查封的几件事中,黄彬彬案发生于5月27日,学生声援活动的高潮是6月4日;培元学生被逐是6月上旬,其他校发表援助宣言则已是6月12日;《出路》演出在黄彬彬事件之后不久,许谦逃后两日,黎明即被封。参照上述三个事件的发生时间看:一,援助培元学生发生在沈发藻电省之后,肯定不是直接导致黎明高中被查封的原因。二,声援黄彬彬案的高潮在沈发藻电省前三天,且声援过程中学生与沈发藻本人及沈之参谋分别有过两次直接而激烈的冲突,所以这一事件最有可能是导致黎明高中被查封的原因。三,公演《出路》的时间在"一九三四年四—五月",所以也很有可能是导致查封的原因之一。

在许谦的回忆中,他得以逃脱缘于事前晋江县长透露的消息。这表明,在

图127　泉州私立五中学厅令停办(《江声报》1934年7月27日)

正式接到省厅密令前,吴已从沈处得到消息,因为沈电省府、省府电复的时间比省府行文密令教育厅、教育厅电令晋江县的时间快多了。因此这也表明,晋江县长吴石仙并不是简单的奉令行事,而是知道或参与了沈密报的过程。但由此带来的另一问题是,吴又为何故意提前几天透露消息,让许谦逃脱? 看来只能有一个解释,即黎明高中学生公演《出路》吴并不在意,他更在意的是声援黄彬彬事件。从后来查封的过程看,陈君冷被逮走是由于他是黎明高中训育主任,并代梁龙光主持校务,而教员陈侃也被逮走的解释只能是,在声援黄彬彬事件中他代笔写了诉状,直接得罪了吴石仙。因此笔者才得出沈发藻、吴石仙借公演《出路》完成了公报私仇的结论。

黎明高中被解散后不久,泉州又有五所私立中学被省教育厅下令停办,平民中学也名列其中:"晋江教育局奉省教育厅令,以晋江西隅师范、昭昧国学专修学校、平民初级中学、南华女子中学、私立女子中学等五校,或未经立案,或组织不合法,或办理不善,均着于本学期起结束,一律停止开学。本学期所有学生,由教育局举行考试,及格学生给予转学证明"①。苏秋涛的说法是,平民中学此前 "数次呈请立案均未获准,以此亦被取缔之列"②。

实际上,就两校在历次社会风潮中的影响看,平民中学和黎明高中一样,其被武装查封或勒令停办的命运早就注定,所谓 "未经立案" 等都仅仅是个借口而已。从 1929、1930 年相继创办到 1934 年先后被关闭,黎明高中和平民中学在泉州民众运动中的确发挥了特殊的作用。30 年代泉州民众运动的兴起,很大程度上缘于 1927 年后上海、广东、湖南以及日本、朝鲜等国安那其主义者的到来,而他们中的许多人到达泉州的公开身份就是黎明高中或平民中学的教师,这两所学校成为他们名正言顺的落脚点。除了这批外来的安那其成员,本地的青年活动骨干也大多出自这两所学校门下。不仅仅学生联合会,包括晋江县党部、工会、妇女协会等机构或团体的实际负责人,他们与黎明高中或平民中学都有过特殊的关系。而在许多反压迫、反剥削的重大民众风潮中,黎明高中或平民中学的师生如果不是发动或主持者,至少也是积极参与者或支持者。特别是具有明显安那其色彩的黎明高中,几乎一直引领着反抗压迫、剥

① 《泉州私立五中学厅令停办》,《江声报》1934 年 7 月 27 日。
② 苏秋涛:《平民中学和民生农校创办沿革忆述》,《泉州文史资料》1983 年 8 月第 15 辑,第 78 页。

削的风潮,而使贪官污吏"满载而归"的奢望无法得逞:

> 泉漳为福建最富庶之区,华侨拥资巨万者,数不在少。历年官是地者,皆满载而归。惟泉州民气较漳州为强,对于当局措施,间或未能一一服从。……按泉州中学十余校,而高中则仅三校。黎明学生为高中,知识能力,较优于他校。故参加社会运动,常居领导地位。当局之注意黎明,实不为无因。黎明一解散,则泉州民众,将无反抗者。①

所以,从诞生之日起,这两所学校(特别是黎明高中)就一直是泉州军政统治当局的眼中钉。它们所以能存在四五年的时间,主要由于这期间泉州以至福建动荡的政治军事局势。1934年1月第十九路军发动闽变失败,国民党中央军入闽,陈仪出任福建省省长,在南京方面不断加强对福建地方政治军事控制的大背景下,黎明高中和平民中学被取缔关闭也就成为历史的必然。所以,就1934年1月之后的社会局势而言,即使没有声援黄彬彬案或公演《出路》等,黎明高中和平民中学被关闭也只不过是一个时间迟早的问题。

---

① 《泉州黎明高中因演剧被解散》,《益世报》(天津) 1934 年 7 月 27 日。

第二节 黎明、平民的终结

黎明高中 1934 年 6 月 21 日傍晚被关闭之后,第二天校园就准予开放,学生被遣散,陈君冷、陈侃、卢主民三人也由保安处移送县政府:

> 泉讯,黎明高级中学解散后,昨日学校开放、校具由晋江教育局点存,在城学生自行回家,南安惠安学生,则由保安分处县府派车载送至惠邑诗山为止,较远的学生、则由分处发给乘车乘船免费证遣回,至教员陈君冷、陈侃,学生卢主民三人、昨由分处移县府,县府另开楼下庶务室为陈等宿处。①

接着,黎明高中的董事会认为"此事有向当局调查的必要"②,所以马上派林大绥律师为代表,前往接洽,以了解真相。有消息称"陈侃陈君冷就捕后,当局曾令其具书悔过,承认指导无方,以后决不借此控告,否则即就地枪决。后县党部调停,当局始允将陈等解省惩办"③。

6 月 29 日律师回厦门告诉记者,经交涉,"校舍校具问题,经当局面允交还。至于被拘三人,昨已送省、将来自有法律保障"④。7 月 11 日,经清点,晋江县政府把校具和校舍发还董会。⑤ 约一个月之后,送省的陈君冷、陈侃和卢主民经过营救,也无罪开释:

---

① 《黎明校具存放教育局,陈君冷等移送县府》,《江声报》1934 年 6 月 24 日。
② 《黎明校舍校具当局已允交还,被拘三人昨日送省》,《江声报》1934 年 6 月 30 日。
③ 《泉州黎明高中因演剧被解散》,《益世报》(天津)1934 年 7 月 27 日。
④ 《黎明校舍校具当局已允交还,被拘三人昨日送省》,《江声报》1934 年 6 月 30 日。
⑤ 《黎明校舍已发还》,《江声报》1934 年 7 月 13 日。

福州全球社讯,泉州私立黎明中学,为许卓然、张贞、秦望山等所创办。本年六月,因学生演剧,中有《出路》一剧,描写农民痛苦,愤而为匪,当局认为有宣传反动嫌疑,该校遂遭解散。代校长陈君冷、教员陈侃、学生卢主民等,同被逮捕,解省保安处讯问。当经中央委员王□卫等多人,及各方面□□保证,由保安处先□□□三次,历时两月,□□□据罪名,均□□□□□□,二十五……(所藏原报纸残缺一角,可惜——笔者注)①

实际上,只要脱离吴石仙、沈发藻为首的晋江县军政当局的直接控制递解到福州,事情就相对好办。十九路军的"闽变"失败后,陈仪入闽主政。作为陈仪之内弟,沈仲九也以省政府参事的身份,成为其高级的"智囊"。而吴克刚在1934年9月之前也已到福州任福建省农村金融救济处秘书,开始推广他的"合作运动"。虽然没明确迹象表明沈仲九、吴克刚等的从中帮助,但从这之后袁国钦、袁继热、谢真、陈洪有等先后到省政府任职推测,沈仲九等人的到来对于这批人还是起到一定的保护作用。

与黎明高中被武装关闭不同,平民中学是被明令取缔的。消息传来"群情愤激,但亦无可奈何……当分离时,师生依依不舍,甚至痛哭流泪"②。此前,刚刚由叶非英带队,利用暑假组织中华沿海教育参观步行团,率领一帮学生外出参观学习,并且受到省内外媒体的关注。考察团到达福州时,福州的《福建民报》对行程和计划进行了详细的报道:

泉州平民中学一部分教职员同学组织步行团,沿中国海岸参观各省教育,并考察农村实况,藉以锻炼身心,探发自然界智识之良能,并且增加社会生活之了解,发扬民族之精神。三十六师师长宋希濂,及泉州各机关团体,对该团均有题字或赠旗。该团团员共十八名,于五月七日离开泉州。第一日因天雨只抵洛阳寄宿,第二天宿惠安,第三天宿枫亭,第四天宿莆田,第五天宿石庭,第六天宿渔溪,十三晚抵省,寄宿南郡会馆。该团沿途均得各地人士之欢迎赞助。闻该团拟在省停留二三日,参观各机关学校,然后搭船往温州,

---

① 《黎明案结束,中央各方迭电保证,陈君冷等无罪开释》,《江声报》1934年9月1日。

② 苏秋涛:《平民中学和民生农校创办沿革忆述》,《泉州文史资料》1983年8月第15辑,第78页。

（因福州至温州段陆路不甚安全），经台州、宁波、杭州、上海、南京各地，沿途步行。如经费可能，将按原定计划，直达平津万里长城，然后折回云。①

四十几天之后，步行团抵达南京。虽然整体的计划做了压缩，但是当时的《中央日报》给予了具体、充分的关注报道：

> 福建泉州平民中学，组织中华沿海步行团，团员共十七名，于前晚行抵本京暂寓中山门外麒麟门立达试验农场，于昨日入城参观各机关学校。该团于五月七日由泉州出发，步行至福州，旋因陆路不安全，改乘船由福州至浙江之平阳，复由平阳步行，经瑞安、温州、乐清、台州、宁海、奉化、宁波、余姚、绍兴、萧山各县，行抵杭州。浙江省党部，以该团热心考察，刻苦前进之精神，堪为萎靡之中华民众警惕，特予招待。该团于十三夜水路，由杭抵江苏省之苏州，由苏州步行一日抵无锡，经常州、镇江至京，共行五日半。计由泉州抵京，路程有二千五百华里，实际步行者共一千八百华里，历时四十三日，实开中国旅行未有之壮举。据该团领导者叶非英君谈，该团步行沿海之目的，第一为了解中国之真相，第二为参观教育，第三为锻炼自己。此次步行，沿途均寓宿学校，深受各地人士之同情与鼓励。到现在为止，共约用去四百余元，其中百余元为未出发之筹备费，（药品文具服装等项），大都自备，饮食连灯火肥皂等费，每人每日平均用大洋四角余。最初计划，本拟到达万里长城，水路折至广东，再步行回泉州。因经费时间及体力关系，现时第一段步行至南京为止，二三日内便由上海乘船回闽。第二段步行拟在九月一日秋天气候较好时出发，乘船来沪，由沪步行至万里长城。此次沿途考察，虽过于匆促，但感想甚多，所得材料亦不少，俟回泉后加以整理，再行发表云。②

步行团回到泉州，等待他们的已经是被取缔的命运。但是校方还想作最后的努力，董事会推举苏秋涛与刘青山赴省教育厅交涉，向教育厅长郑贞文要求收回成命，但最后还是无果而返。后来，没走散的老师利用黎明高中和平民

---

① 《沿海步行团昨日抵省，留闽数日参观各学校，即赴京沪或将往平津》，《福建民报》1934年5月29日。

② 《泉州平民中学沿海步行团抵京，历四十三日步行千八百华里，第一段路程告终即由沪返闽》，《中央日报》1934年6月24日。

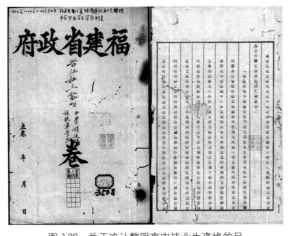

图 128　关于追认黎明高中毕业生资格的呈
（福建省档案馆藏）

中学的基础创办民生农校，总算解决在校学生继续学习的问题，同时，某种角度上说也延续了两校的文脉。

黎明高中虽然以思想罪被强行关闭，但实际上也存在着立案问题。据赵祖培回忆，学校的立案"虽然申请多次，均不得批准。如第一次以没有基金被驳回立案手续。第二次被教育厅视察报告以教室宿舍皆系简陋房屋，不肯批准。最后一次申请，那时教室宿舍已由草屋改建为木屋，又被借口课程没有照教育部规定，批驳不准"，立案没被批准造成的最直接的后果是，"黎明很多毕业生不得升考大学"。[①] 而即使走上社会参加工作，在待遇享受方面也很受限制。

因此，1939 年 12 月，秦望山以"前私立黎明高级中学校董会董事长"的身份领衔，率学生代表苏昭道、王鹄台、谢真、王升□、王汝芥、伍泽仁，通过晋江县政府，联呈省教育厅，请准予追认黎明高中学生学历：

案据前私立黎明高级中学校董会董事长秦望山，学生代表苏昭道、王鹄台、谢真、王升□、王汝芥、伍泽仁联呈称：

为呈请准予转呈省教育厅追认前私立黎明中学毕业学生学历，使得献身社会效命国家事：窃查本省闽南泉属一带及国内外青年前求学于黎明高中者数达千人，多数服务社会各界。缘以当时学校刚创立后，数度办理立案间，因条文不符饬令更正，讵力修改，再完备之立案手续，而学校即因事停办，遂使在校肆业□□□同学不能享受立案学校学生之同等待遇，常因政令上限制未能安心工作，发挥其抱负。际兹国难期间，正国家需材任能之时，同时停办之泉州西隅师范、惠安螺阳初级中学，前与黎明一例未经立案，其所有同学均蒙教厅追认其学历，并准受小学教育之登记，则

①　赵祖培：《泉州黎明高中的创办》，《泉州文史资料》1962 年 5 月第 56 辑，第 53 页。

黎明学生应不至独抱向隅。如以学力程度论,则高中当不弱于初中师范与初中,其服务精神与刻苦耐劳,数年来想亦深得当局与社会所洞悉。谨将理由沥述如次:一、黎明高中创办经过。革命初年,社会受军政时期破坏之余,贫弊不堪、人心颓唐。斯时也,正吾党革命主义宣传建设之期。泉永属一带向称教育落后,缺乏较高学府,以培造智识青年,为将来建设新社会之基干。望山等为适时务之需求,乃集合吾党名流与一般先进同志,如院长右任及许卓然、郑洪年、李爱黄、张贞、杨逢年、郭祺祥诸先生等,于民国十八年创立私立黎明高级中学。秉总理立国要旨,努力于各方施设,一时校风"丕"振,省内外及海外侨胞不远千里,负笈来学,数达千人,校誉日盛,其不宜因过去立案手续未备而不予追认者。二、立案问题。创办逾年,虽经办理立案,迭因条文中一二不符,即受发回更正,每一次更正必费时数月。廿三年闽变敉平,积极整理旧案,不料因事停办,立案手续于焉中止,致令入学学生其学历未能与已立案之学校同受待遇。此其应予追认者二。三、学生之精神能力。学校停办后,当时毕业出校及在校学生多数不能转学、续学,平时一般学子学行上成绩之优点,如自动好学、耐劳刻苦、喜于科学之研究较他校学生为强,此已为省内外人士之公认。即近年黎明同学任职于省内外党政军界者,其精神能力亦为本省当局赏识,其服务于各地教育界者为数尤多。此米珠薪桂、生活高昂之下,能以每月淡薄教薪,勤力卓绝,清苦从事,认清当前急务,努力于宣传民众领导民众,直接间接加强民众民族意识,激励民众抗敌精神,坚定民众必胜信念,增高民众建国智能,鞠躬尽瘁,夙夜匪懈。此其应予追认者三。四、省中曾有停办之学校而得追认。查与黎明先后同时停办之西隅初师、螺阳初中,其学生学历曾蒙准予追认,并准其参加小学教员登记。则黎明高中学生无论以学力程度、能力才干言之当无不及,自不能例外使其报国有心请缨无路。此应予以追认者四。综上各点,黎明高中虽创办仅及数年,学生则遍布于省内外及海外各地达数千人,其对社会国家之贡献良非浅显。况乎抗战期间,正国家集中人力社会需才孔急之秋,亦即青年披肝沥胆鞠躬效命之时,千载良机安可任其埋没,影响于国力,尤为青年前途所痛惜,为此沥情恳请钧长俯鉴下忱体省府爱护青年之旨,准予转请省教育厅准予援例追认黎明高中学生学历,并准受小学教员登记至深感纫。

等情据此,查此案前经呈奉

钧厅壬午真厅教乙一二一八九号代电饬知在案据呈前情理合具文呈请

钧长察核令遵

　　谨呈

福建省政府教育厅厅长郑

晋江县县长王笑峰（印）

但是1940年1月3日,福建省教育厅厅长最后的批复否定了这一请求:

郑厅长

笺函

　　案准

　　贵县政府第一三五八六号来文以,据前私立黎明高级中学董事长呈,请转呈准予援案追认该校学生学历一案,请核示等由:查私立西隅师范学校,未经立案,其毕业学生本厅并未予以承认;私立螺阳初中,系与惠安县立初中合并办理,即系惠安县立初中之前校,其毕业学生自应予以追认。该私立黎明高中与私立螺阳初中情形不同,所请援案追认,无从办理。相应函达查照饬知为荷。此致

晋江县政府

衡启 ①

至此,除了留在历史记忆中,黎明高中的使命正式终结。

---

① 《福建省晋江县特请追认私立黎明中学毕业学生学历的呈》及批复,福建省档案馆0002–006–003508。

第三节　后黎明时期的余絮

　　黎明高中、平民中学被关闭之后，教师星散。但是平民中学的苏秋涛、杨春天、卢采、叶非英、刘青山、黄金燧、李春晖、周鉴之，以及日本的吴思明（原名谷田部勇司）等一些老师还是继续留在泉州。他们先是希望通过努力让省教育厅收回成命，但教育厅的答复是，对于师范学校和中等学校均应公办，只有职业学校可以私办，但还必须有充足基金，符合规定条件，才能立案。后来校董会几经研究，最后决定在原来较有特色，而又属闽南地区急需的农科基础上改办民生初级农业职业学校。取名"民生"有两种意义，一为平民中学的新生，一为实行民生主义，发展农业生产"。办学基金、校舍与农场，经秦望山董事长等协调，"将黎明高中原有泉安汽车公司股票基金拨充，不够者再行筹措补足"[1]。"把前由各界拨赠黎明中学等建新校舍之用的崇正书院及其附近荒地近30亩，转赠该校作校址，黎明高中留下的简陋课室和未完工的宿舍骨架，也赠给他们"，秦望山回忆说，"友人伍泽民捐献了一笔

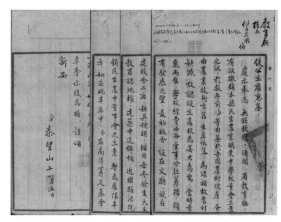

图129　秦望山1937年1月为民生农校立案事亲笔致信陈仪（福建省档案馆藏）

---

①　苏秋涛：《平民中学和民生农校创办沿革忆述》，《泉州文史资料》1983年8月第15辑，第79页。

人家送他的祝寿金,我又添筹若干,买下东门外90亩荒地作农场"①。到秋季开学时,自愿留下继续学习的学生仅有七八十人,但"师生同甘共苦,亲密无间,一心扑在学校的振兴上。校董会也排除万难,继续筹建教室两间。经过半年多日复一日的努力,学校才初具规模,昔日杂草丛生满是碎砖瓦砾的房基地,垦辟成了生气盎然的菜圃与花坛。在经费极端困难的时候,教师虽不领薪水,一日三餐也难以为继,然而谁也不愿动用基建款项,一段时间里,是由一位作家朋友,每月寄一二十元稿费来补贴教师生活的"②。经过一番努力,1935年校董会立案表由晋江县教育局复核后,送省办理立案手续。1937年有消息称教育厅欲撤销该立案,秦望山给当时的福建省政府主席写信,恳请"体谅教育创办之艰难",陈仪批转教育厅后"暂为展限半年"补充基金。③之后获准正式立案,平稳办学,直至20世纪50年代之后学校改制为泉州农业技术学校以至晋江农业学校。

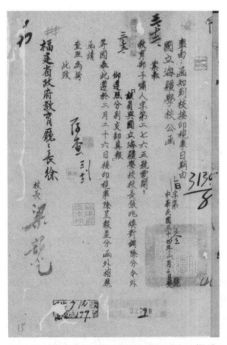

图130 梁龙光国立海疆学校接印视事日期的公函(福建省档案馆藏)

黎明高中方面,校园、教具返还后,眼看复校无望,"一班黎明校友,在秦(望山)先生大力支持下,就黎明旧址校具创办卓然小学,纪念许卓然先生";"当时办卓然小学的黎友廿六人,都是光棍一条,热情满腔,不计得失酬劳,一味埋头苦干,寄希望于未来——复办黎明"。④直到1950年改名光明小学,1953年改名泉州市实验小学。

黎明高中、平民中学被关闭和取缔之后,泉州安那其星散;但是并未

　　① 秦望山:《安那其主义者在福建的一些活动》,《福建文史资料》1990年10月第24辑,第195页。
　　② 盛子诒:《"关门办学"记——从平民中学被扼杀到民生中学的昭苏》,《鲤城文史资料》1987年9月第2辑,第59页。
　　③ 《福建省教育厅关于晋江私立民生农业职业学校呈请立案的笺函》及相关批复,福建省档案馆 0002-0003-001909。
　　④ 黄潜蛟:《回忆秦望山二三事》,《晋江文史资料》1985年7月第6辑,第202页。

受到围追堵截,并且还有向外扩散的倾向,只不过已经没能再形成有规模的运动。这是因为 1934 年陈仪入闽主政,其内兄沈仲九成为高级"智囊"。"沈与吴稚晖、李石曾等同为安那其头子,与叶非英、梁龙光也素有联系。陈仪用人行事,大都取决于沈。当时陈仪提出要改革闽政,设立县政人员训练所;对外招考人员,经叶非英推荐介绍者颇有其人"。抗战胜利后,福建省府主席换为刘建绪,但"省府秘书长程星龄却是沈仲九的挚友和老同事,伪保安处长黄珍吾又与叶非英同乡"。1948 年,李良荣出任福建省主席,因此"引用安那其主义者袁国钦任民政厅长,梁龙光任教育厅长、袁继热任省府秘书"①。另外,抗战胜利后陈仪出任国民政府首任驻台湾行政长官兼警备司令,沈仲九仍为其高级的"智囊",原曾经活动于泉州的安那其先后往台湾任职的也不少,如吴克刚、卫惠林、袁国钦、袁继热、谢真,等等。

黎明高中取缔后,梁龙光远走南洋从事华文教育工作,先后任职尊孔中学、苏东中学、中华中学, 1940 年参加南洋华侨慰问团回国,后留重庆任国民参政会参政员。1944 年,回闽任国立福建音乐专科学校校长, 1945 年调任国立海疆专科学校校长。海疆专科学校是基于 1943 年 12 月开罗宣言规定,反法西斯战争胜利之后,日本所窃取的台湾将归还中国而设立的,其目的在于提前培养接收台湾之后布政施教和开拓海外的人才。由教育部派蒙藏教育司科长张兆焕等三人,于 1944 年 5 月入闽筹办, 1944 年 9 月正式创立,张兆焕为首任校长。1945 年 2 月张兆焕他调,梁龙光于 2 月 2 日奉派接印视事,出任校长。②查 1947 年 4 月编印的《国立海疆学校一览》,与黎明高中相关的教职员有:

> 校长:梁龙光。年龄:40。性别:男。籍贯:福建永春。学历:上海大学文学士,日本早稻田大学学院研究生。经历:国民参政员,福建省党部执行委员兼书记长,国立福建音乐专科学校校长。到校年月:卅四年二月。

> 教授、总务处总务主任:陈洪有。年龄:37。性别:男。籍贯:广东新会。学历:国立劳动大学毕业。经历:广东西江乡村师范,广东儿童教养院,实验中学校长,陆军步兵学校政治教官,政治训练科科长。到校年月:卅五年八月。

---

① 苏秋涛稿,仲实整理:《安那其主义在泉州的活动》,《泉州文史资料》1962 年 1 月第 4 辑,第 37 页。

② 《福建省教育厅关于设立海疆学校的笺函、信函、电》,福建省档案馆 0002-008-006-081。

　　总务处事务组主任:赵祖培。年龄46。性别:男。籍贯:福建晋江。学历:国立东南大学肄业。经历:私立黎明高中事务部主任,私立卓然小学校长,菲律宾中西学校教员,巴西中华小学校长。到校年月:卅五年九月。

　　校长室组员:陈仲。年龄:32。性别:男。籍贯:惠安。学历:福建私立黎明高中毕业。经历:晋江青阳中心学校校长,惠安辋川乡长,惠安县训所训导股长。到校年月:卅五年八月。

　　总务处组员:陈呈方。年龄:35。性别:男。籍贯:福建惠安。学历:泉州黎明高级中学毕业。经历:南安县政府督学,三民主义青年团南安分团股长。到校年月:卅五年十月。

　　总务处书记:林文祥。年龄:32。性别:男。籍贯:福建晋江。学历:泉州黎明高级中学肄业。经历:晋江私立晓新小学校长,惠安县警察局办事员。到校年月:卅五年十月。①

　　上述的信息显示,梁龙光和陈洪有都省略了黎明高中的经历。而后三位都是黎明高中的毕业生。1948年梁龙光转任福建省教育厅长。50年代之后再赴南洋,1966年移居澳门。1981年回泉州与原黎明高中、平民中学、民生农校、卓然小学等校校友兴办黎明学园,1984年春在黎明学园的基础上创办了泉州黎明职业大学。

　　陈君冷无罪释放后也远走南洋,并且先后在尊孔中学、苏东中学、中华中学任教,后因参与支援祖国抗日战争的爱国行动,激怒殖民当局,1940年春遭吊销教员执照,驱逐出境。回国后往广西兴业县兴德中学任教,抗日战争胜利离开广西往香港经商。1950年10月因参与港九各界人士高悬五星红旗的庆祝国庆活动,被港英当局勒令立即离境,回广州后主要在中国民主建国会广州市分会任职。赵祖培在黎明高中被关闭,和"黎友"创办卓然小学,并出任校长,一年后他也远走南洋从教,直至1946年受聘回国,任教国立海疆专科学校;梁龙光他调后,他被继任校长解职。50年代之后主要在泉州市从事人大和侨务方面的工作。

───────────────

　　① 梁龙光:《国立海疆学校一览》,泉州同文斋印书馆,1947年4月。除该书提供的教职员在册名录,实际上在其他时段,汤文通(训导主任)、刘青山、陈侃等也在该校工作过。

　　而和梁龙光同为漳州寮干部训练所学员的李良荣后来的经历也很有意思，他黄埔一期毕业后参加过国民革命军的东征和北伐，1927 年，年仅 19 岁就升任少校团副。"清党"开始他愤而离开军队入上海劳动大学当工读生，后到张贞第四十九师任军士教导队队长。1931 年又考取步兵专校第一期，1933 年毕业后，25 岁的他升任团长。从 1927 年至 1933 年，李良荣来来往往，大部分时间都在泉州、厦门、漳州一带活动，在民团训练和针对高为国、陈国辉的许多军事行动中，他都是主要的指挥者。福建"事变"后，李良荣参加蒋介石亲自指挥的讨伐战争，因功升任旅长。之后起起落落，直至 1948 年 10 月被任命为福建省主席，兼任省保安司令、省党部主委等职，但为时不及一年就退出大陆进驻金门，后又于 1950 年被调回台湾。不久脱离军职，赴南洋经商，最后客死异乡。综观李良荣曲折的军旅生活，其实都与其异党嫌疑有关。

　　在黎明高中初创时期担任校长的吴克刚离开泉州后去了河南，在无政府主义者冯紫岗等创办的民众师范学校教了三年书，任乡村合作专修科的主任。1934 年陈仪入闽主政，吴克刚到福州任省政府咨议，省农村金融救济处秘书，开始在福建推广"合作运动"，同时在沈仲九代陈仪主持的"县政人员训练所"授课，12 月 5 日"赴顺昌，邵武，浦城等县组织合作预备社及贷放事项"。[①]1936 年到上海世界社，协助李石曾编撰百科全书。抗战全面爆发之后应陈诚之邀任军委会政治部设计委员，主持《扫荡报》笔政，后又到国家总动员会议工作，同时继续进行"合作"试验。抗战胜利后陈仪出任国民政府首任驻台湾行政长官兼警备司令，吴克刚也到台湾行政长官公署任参事。1946 年 10 月起出任台湾省图书馆馆长，后兼任台湾大学、中兴大学教授等职，并创办台北的《现代周刊》。

　　先后到福州、台湾等地政府机构中任职的还有袁国钦、袁继热等。袁国钦在黎明高中被关闭之前就离开泉州赴日本东京学习农村经济，回国后经沈仲九推荐，先后出任福建

图 131　奔赴延安后的吕骥

① 《合作消息》，《福建民报》1934 年 12 月 9 日。

省县政人员训练所、福建省农民教育师资训练所教员、教导主任、南平的福建省战时民众教育训练所教导主任、三元（今三明市）县政人员训练所合作系主任等职。1939 年 8 月之后任省民政厅科长、长乐县县长、教育厅科长、邵武县长。抗战胜利后任台湾省行政长官公署民政处科长、台南县县长。[①]1947 年"二·二八"之后回到大陆，李良荣任福建省政府主席时出任省民政厅长。50 年代之后任省政协副秘书长等职。袁继热陈仪入闽主政后，先后任战时民众教育训练所教员、闽清县县长等职。1945 年台湾光复后任高雄州接管委员会委员[②]、台湾行政长官公署副秘书长，后旅居美国。谢真 30 年代中期之后任过罗源县、连江县县长等职，台湾光复后任台东县县长。[③]1947 年"二·二八"事件中，台东是唯一没有爆发激烈冲突的县市。同年 9 月返回大陆，50 年代之后参加中国人民解放军，1970 年从广州军区退休，"文化大革命"后任顺昌县政协副主席。

　　原黎明高中教师卫惠林离开泉州后主要在中央研究院、中央大学任职，期间也短期到过河南百泉的民众师范学校教过书。1949 年后赴台，任台湾大学教授，成为社会学宗师和国际著名人类学和民族学专家。汤文通在黎明中学任教一年后回中央大学任教。抗战爆发后中央大学内迁回到福建，先后担任省农民师资训练所所长、高级农业学校校长、省立长乐农场场长、省农事试验场场长等职。之后到浙江两年后又回福建，先后担任过国立海疆专科学校和

图 132　延安文艺座谈会代表合影，第二排右一吕骥，第三排左九张庚

　　①　台湾省文献委员会编：《重修台湾省通志》，台湾省文献委员会 1994 年印行，第 346 页；洪波浪主修：《台南县志》第 10 卷，台南县 1980 年印行，第 191 页。
　　②　李常吉编：《潮州镇志》，屏东县潮州镇公所 1998 年印行，第 870 页。
　　③　台湾省文献委员会编：《重修台湾省通志》，第 342、346 页；台东县编：《台东县史》下册，台东县 2001 年印行，第 12 页。

私立协和大学教授。1946 年出任台湾省农业试验所农艺系主任、所长,后兼任台湾大学农艺系教授。两年后辞去其他职务,专任台湾大学教授。

杨人楩离开泉州后短期在上海暨南大学附中和苏州中学任教,后获取官费留学英国牛津大学,学成回国后在武汉大学、北京大学当教授,曾任北大历史系主任,是著名的世界史专家。吴金堤离开泉州后曾在文化生活出版社任职,后长期任上海交通大学机械系教授。周贻白 1929 年就到泉州,1934 年离开后到上海与阿英从事话剧、电影活动,在上海美专、复旦大学等校授课,1950 年之后任中央戏剧学院教授。

张庚只到黎明高中教了半年书,学校被关闭后他回上海从事左翼戏剧活动,后加入中国共产党。1938 年到延安,任鲁迅艺术学院戏剧系主任,50 年代之后先后任中央戏剧学院、中国戏曲学院领导,主要从事戏曲革新的教学与研究。吕骥也一样,在黎明高中短暂任教后离开泉州,后和张庚到上海从事左翼戏剧运动,加入中国共产党,抗战爆发后到延安,参加筹建延安鲁迅艺术学院并出任音乐系主任。50 年代之后,负责筹建中央音乐学院,并担任中央音乐学院副院长,中国音乐家协会主席。邵惟后来参加了新四军、八路军,50 年代之后先后任职中央戏剧学院、北京人民艺术剧院。

黎明高中、平民中学没走散的老师后来利用黎明高中和平民中学的基础创办民生农校。其中长期留泉州坚持未竟事业的代表是叶非英。平民中学被取缔之时,他还在率学生的中华沿海教育参观步行团回闽途中,回来之后他参与了民生农校的创办。除了专心教学,第二年(1935)7 月 1 日,他又带领 18 人的"华北农业教育参观团"外出考察。由泉州乘轮到上海,"参观工学团、念二社、黄渡乡师、立达农教科,后搭轮到青岛",再沿胶济线步行,"一路考察民教义教及农村事业等","并循津浦路、平汉线直至北平,沿途参观梁漱溟乡村建设学院、晏阳初设立的平教会、民教馆、合作社、平民学校以及工艺传习所等,历时两个月,参观数十县,步行二千五百余里"。[①] 关于这一行程的见闻与收获,叶非英后来发表有系列文章进行专门的介绍。他还在《江声报》和《泉州日报》主编《乡村建设》(周刊),发表许多关于乡村建设和乡村教育理论的文章。1938 年 3 月与李振贯、黎丁等"创办《大众报》,任发行人,名叶景",

---

① 《继中华沿海步行团泉州农教团步行华北》,《时报》1935 年 6 月 12 日;《泉州民生农校参观团步行参观华北昨天来沪,步行数十县二千五百余里》,《民报》1935 年 8 月 16 日。

直至 1949 年终刊。"该报作为信仰安那其主义文化人创办的报纸,民国三十七年（1948）2 月 21 日曾在一版上译载了《安那其主义者在格拉斯哥的行动》一文,还出版一套《自由小丛书》,书目有:《面包与和平》《大同与小康》《自由血》《断头台上》《战士杜鲁底》等,作者中有国际知名的无政府主义者巴古宁和克鲁泡特金等。"[①] 在范天均的回忆中是"出版有两个丛书:《自由丛刊》计有一二十种,记忆有《西班牙革命建设》《巴枯宁二三事》《国际无政府党大会宣言》《五一小史》《西班牙的革命》《常识经济学》（剑波翻译）《工团主义与社会总罢工》《无政府主义是什么》（天均翻译）。《大众丛书》,有《万人的安乐》（克鲁泡特金著）等五六种。"[②] 卢剑波也回忆曾为叶非英他们翻译过《西班牙革命建设》《西班牙的革命》。[③] 1947 年叶非英受莫纪彭聘请回广州筹建蔼文中学,同时还参与筹办粤东女子职业中学。1948 年冬天蔼文中学停办,他短暂回泉州民生农校。50 年代之后一直在广州任教,直至 1958 年被划为右派,并以历史反革命论处送劳动农场劳动教养。1961 年约 4 至 5 月（具体日期无法确定）,叶非英带病在田间劳动,"惨死在地瓜垄里,死后口里还含着生地瓜"[④],时年 55 岁。叶非英终身未婚,身后无亲属子女。但他对"泉州文化教育界只有贡献,而无罪过,故叶之平反,乃泉州其故旧函广州他任教学校同事力争而得"。1983 年他得以洗刷罪名,但"平反书竟连个收件人都没有"[⑤]。2002 年,黎友、民友为永久怀念秦望山、苏秋涛、叶非英、伍禅和杨春天五位先师,集资在泉州东海镇海印寺西侧建有敬师亭[⑥],其上镌有纪念叶非英的冠头联:"非凡非圣一片爱心披广宇;英

---

① 　王江水:《叶非英》,平民、民生校史编写组《平民教育之光》第 68 页,2005 年 10 月。

② 　陈登才:《访问范天均先生的纪录》,葛懋春、蒋俊、李兴芝编《无政府主义思想资料选》下册,北京大学出版社 1984 年版,第 1067 页。

③ 　卢剑波:《怀装伽》,泉州平民中学、晋江民生农校校友会编印《怀念集》1988 年 3 月第 3 辑,第 10 页。

④ 　魏俊民:《敬爱的叶师,永垂不朽》,泉州平民中学、晋江民生农校校友会编印《怀念集》1991 年 7 月第 7 辑,第 31 页。

⑤ 　江夏渊:《他果真是耶稣》,黄厚源主编《永怀师恩》,立达平民民生在台校友 1992 年联合编印,第 34、31 页。1983 年 5 月,经广州市教育局党委复查,广州市公安局批准,撤销广州市公安局 1958 年 7 月 19 日对叶非英以历史反革命论处送劳动教养的决定。关于叶非英之死以及后来的平反过程的详细情况,可参见巴金的《怀念非英兄》（《巴金全集》第 16 卷,人民文学出版社 1991 年版）、盛子诒的《魂兮归来非英兄》（校友总会编辑,李江泉主编:《叶非英老师怀念文集》,福建省泉州农业学校,2002 年）等文。

⑥ 　据黎明大学戴莲治老师提供信息,该六角敬师亭,除已有五位先师的石匾肖像、生平和嵌名联,还有一角是拟留给巴金的,2021 年 6 月 20 日。

图 133　民生农校师生合影（左一为叶非英）

德英风千秋师表毓新人"。后来,众多感人的怀念文章,也被比较集中地收入了《叶非英老师纪念文集》[1] 一书。

　　而 1933 年年底因母亲病重离开平民中学的吴朗西,几个月后返回上海从事出版编辑工作。1934 年夏天黎明高中、平民中学被先后关闭,11 月,巴金、袁国钦等离沪赴日。1935 年年初,吴朗西、丽尼、伍禅等开始筹办同人出版社,并去信邀请巴金回国主持编务;5 月,由柳静（吴朗西夫人）、伍禅、卫惠林出资入股的文化生活出版社在上海正式成立,吴朗西任总经理,巴金任总编辑,陆蠡、俞福祚等参与编务。1942 年 7 月 21 日,留守在上海文化生活出版社的陆蠡遭日本侵略军逮捕后遇害。

　　黎明高中、平民中学的学生离开学校后大部分服务当地,其中从事中小学教育工作的人数不少,许多人后来都成为业务的骨干。巴金 40 年代后期在回答艾格尼丝·英格里丝"小说《星》里的那些年轻人后来怎么样了"的问题时说:"他们中的一些已经死了,还有一些对未来的理想丧失了信心。但他们中的五分之三依然活着并在那工作着。他们甚至比以前更强大和成熟,尽管他们的影响并未超出他们的区域。"[2]

　　离开泉州往外发展的,后来不少也有显著的表现。如艾山,原名杜振述,常用笔名为林浦,他离开黎明高中后到上海江湾的立达学园继续学习,后考入北京大学,1938 年毕业于西南联大外文系。40 年代后期赴美留学,1955 年

　　①　校友总会编辑,李江泉主编:《叶非英老师怀念文集》,福建省泉州农业学校,2002 年 8 月。

　　②　Li Pei Kan（李芾甘）1949 年 2 月 14 日致艾格尼丝·英格里丝（Agnes Inglis）英文书简,见〔日〕山口守:《巴金与欧美无政府主义者之间的往来书简研究》,《黑暗之光:巴金的世纪守望》,复旦大学出版社 2017 年版,第 251 页。

获哥伦比亚大学博士学位。之后在诸多著名大学讲授文学与哲学。教学之余从事文学创作,出版有多种小说集、散文集和诗集。林健民的笔名但英,林孤帆,1931岁自菲回国考进黎明高中,两年后返菲从商,经营卓有成效。但从黎明高中返菲后就发起并组织菲华文坛第一个文艺社,后一直着迷于文学创作,一生办过多种文艺刊物。1985年与文友发起组织"菲华艺文联合会",出版有《林健民文集》等。1994年90岁回泉州参加黎明大学校庆,向母校捐赠外文图书3410册。司马文森原名何应泉,也是1931年由菲律宾回泉州考入黎明高中的,但他在学校读书时就接受了马克思主义,1933年加入中国共产党。1934年黎明高中被关闭,中共地下组织也遭破坏,他辗转上海参加左联,后一直从事进步文艺活动,50年代之后主要任驻外使领馆文化参赞。他在黎明高中读书时就在《泉州日报》发表小说,之后一直勤于创作,著述甚丰,出版中、长篇小说15部,短篇小说集、散文集、报告文学集数十种。另外还有黎明高中第一期的童蕴珍,毕业后成了女诗人……①

平民中学方面,单复原名林景煌,13岁入平民中学学习,毕业后又先后到立达学园农村教育科、南平师范专科学校学习。1946年经叶非英推荐到上海

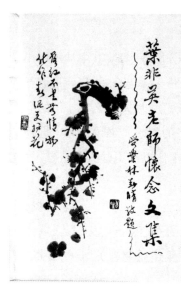

图134 《叶非英老师纪念文集》

文化生活出版社任编辑,出版散文集《金色的翅膀》,列巴金主编的文学丛刊第10辑,50年代之后主要从事散文创作。黎丁本名黄恢复,从小离家到台湾谋生,后返回泉州入平民中学学习,同时在《泉州日报》当校对。30年代就开始散文、杂文写作,50年代之后主要从事编辑工作,长期在《光明日报》任职,是著名的资深编辑。张十方原名张广桢,从平民中学毕业后又就读上海立达学园农村教育科,后留学日本并成为翻译工作者。之后在成都《新民报》、桂林《自由报》、南京《新民报》等任编辑,50年代后曾任上海《新民报》总编辑。陈启舟1933年平民中学

① 参见但英(林健民):《忆女诗人童蕴珍》,泉州平民中学、晋江民生农校校友会编印《怀念集》1988年10月第4辑。

毕业后,也升学上海立达学园农村教育科,毕业后又先后入福建省农民教育师资训练所、福建省战时民众教育训练所受训。1940 年泉州任教民生农校,两年后考入福建省立农学院,1947 年毕业后出任民生农校校长。1953 年任莆田农校校长,后回福建省农学院工作。80 年代后任黎明职业大学副校长、副董事长。

和整个无政府主义阵营在中国现实斗争中的情况一样,随着政治形势的变化,黎明高中、平民中学有的学生秘密加入了中国共产党,除了前面谈提到的何应泉(司马文森),还有李子芳、陈举、许谦等。其中黎明首批的学生李子芳在校时共产党嫌疑被发现,校方将其劝退。离开黎明高中后仍然从事地下工作,后参加红军参加长征,到达陕北后曾入抗日军政大学学习。抗日战争全面爆发之后奉命南下,任新四军政治部组织部长。皖南事变时被俘,最后牺牲在上饶集中营。而 1927 年之后从全国各地聚集泉州的无政府主义者或有无政府主义倾向的青年,后来也发生了分化。朱少希、郭安仁(丽尼)、吕展青(吕骥)、姚禹玄(张庚)、章玉英等加入共产党。郑健魂、张赖愚在中央军入闽后变成军统特务,陈泗荪则成为中统在泉州负责人,他们为各自利益开始在泉州明争暗斗。而黎明最初的毕业生吴贞后来也加入军统,在 40 年代曾由戴笠任命为福建省调查统计室主任,这前后还担任过闽南站泉州组组长、第一百军情报处主任、福建保安处谍报股股长,福建省政府调查室主任,[①] 后来败退台湾。

至于一手操办取缔黎明高中、关闭平民中学的晋江县县长吴石仙,则于同年 10 月离任。自 1934 年 4 月 3 日上任到 10 月 12 日离开,[②] 他在县长位上仅仅半年时间。但据称离任前已得陈仪"面允",将"资助"其"赴日游学,并考察政治"。之后又先后出任永安、松溪和崇安(今武夷山市)等县县长[③] 至于已被十九路军处决的陈国辉,在陈仪入闽主政之后,家属、旧部于 1934 年 6 月 20 日为其举行了隆重的葬礼,萨镇冰为其撰写"墓表",包括于右任、吴铁

① 参见《军委会致中秘处函》(1943-01-23),中国国民党文化传播委员会党史馆,特 30/525.2。吴德贤:《我所知道的军统魔窟》,《文史资料选编·政治军事编》第 3 册,福建人民出版社 2003 年版。

② 《晋江新县长到任》,《江声报》1934 年 4 月 4 日;《现任各县县长名录》,《江声报》1934 年 10 月 13 日。

③ 《陈仪资助吴石仙东渡游学》,《江声报》1934 年 10 月 13 日。《永安县长吴石仙昨日来格》,《福建民报》1938 年 10 月 31 日。《松溪县长吴石仙调建阳》,《闽北日报》1941 年 5 月 3 日。《崇安县县长易人……吴石仙继任》,《闽北日报》1941 年 6 月 10 日。

成、蒋鼎文、方声涛、刘和鼎、宋希濂、张贞等显贵分别送了祭文或挽联,并印发由时任"剿匪"总司令、驻闽绥靖主任蒋鼎文题名的《陈公耀臣哀荣录》,极尽哀荣。①

　　总之,三十年河东四十年河西,在南京方面完全控制福建之后,从20年代中后期逐步展开,黎明高中、平民中学创办之后进入高潮的泉州无政府主义运动,在两所学校被查封之后戛然而止,原来陆续聚集起来的安那其主义者骤然星散,分道扬镳,曾经热烈的南国梦成了历史的记忆,残存在逐渐泛黄的"文史资料"中。

---

　　① 《陈公耀臣哀荣录》,厦门风行印刷社承印,1934年。

结语　历史的宿命与深情的挽歌

　　前面用四十余万言的篇幅,还原了 20 世纪 30 年代泉州安那其运动的来龙去脉。即使是最令人存疑的联合民团力量,武装击溃号称海军陆战队晋南惠游击大队的土匪高为国部的历史事件,本书也尽可能地寻找到了相关原初史料。为防以讹传讹,对于这场运动大部分的关键事实的还原,都比照了来自不同渠道,可以进行互证的不同资料。总之,大量的史料充分地证明,中国无政府主义在 1927 年之后尚未完全退出历史舞台,也不是所有的安那其主义者都已经完全站到帝国主义、蒋介石一边,而且在福建的泉州还曾经有过一场波澜壮阔的实际运动。

　　历史虽是过往存在,但其更令后人思考的是:这一切为何曾经存在?

　　实际上早在 1928 年的 10 月,毛泽东就曾谈到过一国之内,在四围白色政权的包围中,有一小块或若干小块红色政权的区域长期地存在的"独特的原因":"它的发生不能在任何帝国主义的国家,也不能在任何帝国主义直接统治的殖民地,必然是在帝国主义间接统治的经济落后的半殖民地的中国。因为这种奇怪现象必定伴着另外一件奇怪现象,那就是白色政权之间的战争";"因为有了白色政权间的长期的分裂和战争,便给了一种条件,使一小块或若干小块的共产党领导的红色区域,能够在四围白色政权包围的中间发生和坚持下来"。[①] 毛泽东分析的是中国共产党领导的红色革命,但对于 30 年代泉州安那其的运动来说,

<hr />

　　① 毛泽东:《中国的红色政权为什么能够存在?》,《毛泽东选集》第 1 卷,人民出版社 1991 年版,第 48—49 页。

其所以能短暂地蓬勃发展,客观的原因也是一样的。

进入民国之后各路民军称雄一时,从拉杆结伙、据山为王到拥兵自重、抢夺地盘,泉州地方政权长期处于分裂与战争之间,这些无疑给泉州安那其运动留下了可乘之机。但是1934年"闽变"失败,陈仪入闽主政,南京国民党政权实际掌控福建之后,泉州安那其运动也必将面临被取缔的历史命运。

当然,导致泉州安那其运动最终走向失败的原因,更主要在于其本身的乌托邦性质。作为一种政治理想,无政府主义理论所描绘的理想世界本身仅是一种美丽空想;一旦遭遇残酷的现实社会,这种美丽的想象立刻暴露出其虚幻性。平民中学1932年的"平民公社"实验,无疑是根据各种安那其理想设计进行的,但仅仅试行一学期就被迫取消,个中原因,本身就很令人深思。

安那其理论上的乌托邦性质也决定了其追随者缺少统一的政治理念。20世纪30年代聚集于泉州的很大一部分安那其,充其量只能称为具有无政府主义倾向。而即使如吴克刚所说的那些纯粹的无政府主义者之间,他们对于"主义"的见解也各有各的不同。因此秦望山说,"作为一种主义,安那其先天欠缺了完备的科学理论依据,它的信仰者也没有在一种严密的制度下组织起来。一个人如果和安那其主义发生了关系,那主要是在他的思想倾向上,换句话说就是他对安那其主义有了信仰;安那其主义者也就根据这一点,把他视作自己人,并在彼此间建立起同志的关系"①。这种缺少完备科学理论支持的所谓信仰,自然无法转化为统一的政治意志,因此安那其运动最终也难以达到本身就模糊不清的理想的彼岸。

由于崇尚绝对自由,反对纪律强制,安那其历来缺少严密制度下的组织。泉州20世纪30年代的安那其运动虽然曾经轰轰烈烈,但"一些社会活动,都不是由于组织的关系,而是由于个人一时的信念,自动干起来的"②。即使叶非英、袁国钦等人组织的"中国无政府共产主义者联盟",制定有"盟章",并且有书记、组织、宣传之类的职务,但一遭遇强大敌人也难逃成员星散的结局。就信仰而言,小说《电》无疑寄托了巴金对泉州安那其运动的全部的热望,但他也不得不写出其无可避免的历史宿命。从小说开始不久后的明的牺牲,紧

---

① 秦望山:《安那其主义者在福建的一些活动》,《福建文史资料》1990年10月第24辑,第182页。
② 同上书,第184页。

接着是报馆被封，雄和高志元就义，方亚丹遇害，到最后工会、学校、妇女协会被抄，陈清、陈舜民被捕，李佩珠等人落荒逃到城外，整篇小说几乎就是安那其革命失败的写照。

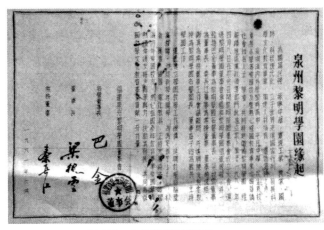

图135　泉州黎明学园缘起

　　因此可以说，30年代泉州安那其运动的兴起缘于多方的际遇，而最后的失败则是其无以回避的历史宿命。最后存留的，仅是一些参与者内心对于那段青春岁月的回味，对于理想信念的精神守望，以及对于曾使他们热血沸腾的神圣事业的深情的挽歌。

　　在许多黎友、民友①的心中，始终萦绕着当年的南国的梦。在历经近半个世纪的分离聚散之后，1981年6月，在黎明高中、平民中学及民生农校三校校友共同奔走筹划下，一所专事业余培训的中等专业学校黎明学园，又在当年黎明高中旧址，泉州中山北路的武庙旧址成立。黎明学园董事会聘请巴金为名誉董事，梁披云为董事长，秦望山之子秦长江任常务董事。三年后，在黎明学园的基础上，又创办了黎明职业大学。从1982年到1995年，巴金先后向学校赠书12批共7084册②及部分创作手稿。成为著名人类学民族学家的卫惠林从台湾大学退休后本来定居美国，后来也回到心中的"圣地"③，任黎明大学客座教授，最后于1992年病逝泉州……

　　至于黎明高中旧址，武庙在1981年黎明学园筹办时还残存半排历史的旧屋，1984年6月，泉州市文物管理委员会还在其旁侧立下"泉州黎明高中遗址"的纪念碑。三十几年过去，黎明职业大学迁往东海有了焕然一新的校园，武庙的遗痕荡然无存，取代的是高速发展后拔地而起的高楼，纪念碑也被迁移

---

①　黎友指黎明高中校友，民友指平民中学和民生农校校友。

②　据《巴金研究》1993年第2期《黎明大学巴老赠书库又添新书》、1996年第1期《巴老又赠送我校一批新著作》统计。

③　毛一波：《伤逝——卫惠林和我的交往》，《巴金研究》1993年第2期。

图 136　县后巷 25 号,当年秘密聚会的地方
（辜也平摄,2016）

至黎明职业大学旧址的大门之外,默默地面对着中山北路熙熙攘攘的人流。平民中学曾经借用的文庙,21 世纪后成了"全国重点文物保护单位"。徜徉期间的无数游客都在追寻其千年的变迁,但已很少人会关注到,20 世纪 30 年代曾经斗争、生活在这里的老师与学生。曾经先后是晋江县党部、总工会、妇女协会等机关团体所在地的威远楼毁在 1969 年,而二十年后重建已经比原旧址北移了一百米。 当年热血青年秘密聚会的处所之一,黎明高中附近的县后巷 25 号,小巷格局犹在,门面几经翻修,油漆脱落的木门已为锈迹斑斑的铁门所取代,铜锁紧挂。除了尚算完整的门面,在整洁小巷中,古老的院子只剩逼仄的残垣断壁,显得格外地落寞。

　　倒是当年武庙旁边的几株榕树,气根越发浓密,还是那样郁郁葱葱。2015 年 11 月 25 日,巴金诞辰纪念日,黎明职业大学在树下立一纪念碑:在一本摊开的书面上,遒劲的魏碑体镌刻着巴金和巴金创作与泉州,与黎明高中、黎明职业大学,以及"茂盛的绿叶"的种种关联。还有在黄彬彬事件中处罚充置的"公共标准时钟",仍然高悬在洁白刚直的钟楼上,似乎还在"时时刻刻给予熙熙攘攘的人们以警惕"。[1] 但面对那默默伫立在十字街头的钟楼,又有几人知悉与之相关的刚烈抗争与凄美故事?

图 137　泉州钟楼仍然高悬着的 "公共标准时钟"
（辜也平摄,2016）

　　许多泛黄的历史照片都已减去曾有的锐度,只有在文字、在各地旧报纸中还

---

① 　纯真:《"标准时钟"》,《江声报》1934 年 6 月 2 日。

恒固残存着当年故事的踪迹。当然,更具理想诗意的南国梦,留存于作家们曾经的文学描摹中。

在 1930、1932 年两次泉州之行后,巴金创作了以泉州无政府主义运动为题材的短篇小说《雷》和长篇小说《电》,并写下了《南国的梦》等脍炙人口的感人文章。1934 年夏天黎明高中、平民中学被关闭后,他与袁国钦同行,11 月东渡日本。第二年 2 月,在横滨安静的月夜中,他禁不住地怀念起曾经有过的兴奋与感动,痛苦与期望:

> 我们当时都是怀着透不过气来似的紧张的心情;或者说起来就想流泪似的感动。山水的美丽在我们的眼前都变得渺小了。我们的眼睛所看见的只是那在新的巨灵前战栗着的旧社会的垂死的状态。
>
> 时间是骎骎地驰过去了。我们的努力也完全跟着时间逝去了。一堆废墟留在我们后面,使得好些人叹息。我们不能不承认失败了。也许还有人会为了这而灰心罢,我不知道。我自己在一阵绝望之际也曾发出过痛苦的叫号。
>
> ……
>
> 如今在这安静的月夜里,望着眼前这陌生的,但又美丽的景物,望着天际的和日光岩下的海面类似的海,望着那七颗随时随地都看见的猎户星,虽然因此想到了以前的一切和现在横在那里的废墟,我也没有一点感伤,反而我又一次在这里听见旧社会的垂死的呻吟了。同时在朦胧的夜雾中,我看见了新的巨灵像背负地球的亚特拉斯(Atlas,希腊神话中的一个巨人,被罚用头和双手,一说用两肩支持天空——作者后来在该文收入集子时注)那样在空中立着。这新的巨灵快要来了罢。他会来完成我们所不能完成的一切。①

1936 年,他又用短篇小说《星》还原了民团抗击高为国的历史场景。1939 年春,当处身孤岛的巴金从报纸得知日寇铁蹄践踏美丽的厦门和鼓浪屿,侵略者正觊觎着泉州之时,他又再次以《南国的梦》题,表达对南国友人及其斗争生活的怀念,并且充满信心地预言:侵略者"果然深入那腴肥的闽南的土

---

① 巴金:《月夜》,《水星》第 1 卷第 6 期,1935 年 3 月。

图138　黎明职业大学旧校园的古榕树与纪念碑
（辜也平摄，2016）

地的话，它们在那里得到的不会是胜利，而是死亡"①。

巴金后来认为："在中国的无政府主义阵营中，尽管有许多自称是无政府主义者，但他们却维护封建的权力并做所有无政府主义者谴责的事。这里有无政府主义的银行家、无政府主义的资本家、无政府主义的政府官员、无政府主义的国家主义者。他们曾在中国人民面前给我们的主义带来、并仍在带来耻辱。这是我们的运动在中国衰落的真正原因。"② 但他坚持认为"在福建，只有在福建，才有过一个真正的自由主义运动。这个运动不大，但这是一个真正的运动。"③ 因此，从1948年10月到1949年3月，巴金先后把自己以泉州、厦门斗争生活为题材的小说《星》《电》《新生》以及《春天里的秋天》，寄给美国的无政府主义资料室 Labadie Collection 收藏。④

1936年7月，陆蠡也把当年在平民中学的生命体验、为孩子们班级板报所撰写的《海星》《钟》《桥》等作品收入散文集出版：

海　星

孩子手中捧着一个贝壳，一心要摘取满贝的星星，一半给他亲爱的哥哥，一半给他慈蔼的母亲。

他看见星星在对面的小丘上，便兴高采烈的跑到小丘的高顶。

① 巴金：《南国的梦》，《良友》第144期，1939年。

② Li Pei Kan（李芾甘）1949年2月19日致俄国无政府主义者鲍里斯·叶莲斯基（Boris V. Yelensky）英文书简，参见〔日〕山口守：《巴金与欧美无政府主义者之间的往来书简研究》，《黑暗之光：巴金的世纪守望》，复旦大学出版社2017年版，第274页。

③ Li Pei Kan（李芾甘）1949年3月18日致国际无政府主义团体 CRIA 的法文书简，参见〔日〕山口守：《巴金与欧美无政府主义者之间的往来书简研究》，《黑暗之光：巴金的世纪守望》，第277页。

④ 参见 Li Pei Kan（李芾甘）1948年10月19日、11月8日以及1949年2月6日、2月14日、3月9日、3月21日致艾格尼丝·英格里丝（Agnes Inglis）英文书简，〔日〕山口守：《巴金与欧美无政府主义者之间的往来书简研究》，《黑暗之光：巴金的世纪守望》，第247—254页。

原来星星不在这儿,还要跑路一程。

于是孩子又跑到另一山巅,星星又好象近在海边。

孩子爱他的哥哥,爱他的母亲,他一心要摘取满贝的星星,献给他的母亲。

海边的风有点峭冷。海的外面无路可以追寻。孩子捧着空的贝壳,眼泪点点滴入海中。

第二天,人们发现了手中捧着贝壳的孩子的冰冷的身体。

第二夜,人们看见海中无数的星星。

一九三三年八月

钟

深爱这藏在榕树荫里的小小的钟。好似长在树上的瓜大的果实,又好象山羊颈下的铜铃,轻巧、得神。

气根流苏般的垂在它的周围,平行、参差、匀整。钟锤的绳沿着Catenary 的曲线,孱然无力地垂着。

想起 Atri 的钟来。假如换上连枝带叶的野藤作我们的锤绳,不是更美丽得体么?

当当当,当当……

我们的孩子,打钟都未娴熟呢。

桥

月下,这白玉般的石桥。

描画在空中的,直的线,匀净的弧,平行的瓦棱,对称的庑廊走柱,这古典的和谐。

清池里,鱼儿跳了起来,它也热得出汗么?

远处,管弦的声音。但当随着夜晚的凉飔飘落到这广大的庭院中来时,已是落地无声了。

是谁。托着颐在想呢。①

---

① 陆蠡:《海星》,文化生活出版社 1936 年版,第 5、7、8 页。

图139　泉州文庙,藏着小钟的榕树,平行的瓦棱,对称的庑廊走柱,古典的和谐（辜也平摄,2016）

作者并且在《后记》中特意交代说,"开始写这些短篇,是在一九三三年的秋天。因了一种喜悦,每次写两三百字给比我年轻的小朋友们看的";而《海星》是我所写的第一篇,所以把它取作书名了"。①虽然后人读《海星》,很多都不知道当年孩子心中"海星"的模样,不知道平民师生内心深处的梦想,不曾听过榕树叶间传出的尚未娴熟的钟声,也不一定亲临有白玉般的石桥、平行的瓦棱、对称的庑廊走柱的泉州文庙的庭院,但这些隽永的篇章,却一直为不同年代的读者所喜欢,因为这其中蕴含了青春、理想与明净。

而就在黎明高中、平民中学被关闭后的 1934 年 12 月,丽尼写下了后来被许多研究者误读为美丽而忧伤的爱情诗章——

鹰之歌②

黄昏是美丽的。我忆念着那南方的黄昏。

晚霞如同一片赤红的落叶坠到铺着黄尘的地上,斜阳之下的山岗变成了

图140　发表在《文学季刊》的《鹰之歌》

---

①　陆蠡当年同事俞福祚回忆:"上某些课时,同学和教师常常围聚在大院的大榕树下讨论、讲谈,一只上下课用的钟也挂在榕树上,圣泉的散文诗《钟》《榕树》就是在这里写成的"（俞福祚:《忆平民中学》,《怀念集》第 4 辑,泉州平民中学、晋江民生农校校友会 1988 年 10 月编印,第 43 页）;其当年学生单复也谈到:"差不多他收在《海星》里的第一、二辑内的,都在我们的壁报上发表过"（单复:《悼念陆蠡师》,《怀念集》第 1 辑,泉州平民中学、晋江民生农校校友会 1986 年 11 月编印,第 67 页）。

②　丽尼:《鹰之歌》,《文学季刊》第 2 卷第 1 期,1935 年 3 月。

暗紫,好象是云海之中的礁石。

南方是遥远的;南方的黄昏是美丽的。

有一轮红日沐浴着在大海之彼岸;有欢笑着的海水送着夕归的渔船。

南方,遥远而美丽的!

南方是有着榕树的地方,榕树永远是垂着长须,如同一个老人安静地站立,在夕暮之中作着冗长的低语,而将千百年的过去都埋在幻想里了。

晚天是赤红的。公园如同一个废墟。鹰在赤红的天空之中盘旋,作出短促而悠远的歌唱,嘹唳地,清脆地。

鹰是我所爱的。它有着两个强健的翅膀。

鹰的歌声是嘹唳而清脆的,如同一个巨人底口在远天吹出了口哨。而当这口哨一响着的时候,我就忘却我底忧愁而感觉兴奋了。

我有过一个忧愁的故事。每一个年青的人都会有一个忧愁的故事。

南方是有着太阳和热和火焰的地方。而且,那时,我比现在年青。

那些年头!啊,那是热情的年头!我们之中,象我们这样大的年纪的人,在那样的年代,谁不曾有过热情的如同火焰一般的生活!谁不曾愿意把生命当作一把柴薪,来加强这正在燃烧的火焰!有一团火焰给人们点燃了,那么美丽地发着光辉,吸引着我们,使我们抛弃了一切其他的希望与幻想,而专一地投身到这火焰中来。

然而,希望,它有时比火星还容易熄灭。对于一个年青人,只须一个刹那,一整个世界就会从光明变成了黑暗。

我们曾经说过:"在火焰之中锻炼着自己";我们曾经感觉过一切旧的渣滓都会被铲除,而由废墟之中会生长出新的生命,而且相信这一切都是不久就会成就的。

然而,当火焰苦闷地窒息于潮湿的柴草,只有浓烟可以见到的时候,一刹那间,一整个世界就变成黑暗了。

我坐在已经成了废墟的公园看着赤红的晚霞,听着嘹唳而清脆的鹰歌,然而我却如同一个没有路走的孩子,凄然地流下眼泪来了。

"一整个世界变成了黑暗,新的希望是一个艰难的生产。"

鹰在天空之中飞翔着了,伸展着两个翅膀,倾侧着,回旋着,作出了短促而悠远的歌声,如同一个信号。我凝望着鹰,想从它底歌声里听出一个珍贵的消息。

"你凝望着鹰么?"她问。

"是的,我望着鹰。"我回答。

她是我底同伴,是我三年来的一个伴侣。

"鹰真好,"她沉思地说了:"你可爱鹰?"

"我爱鹰的。"

"鹰是可爱的。鹰有两个强健的翅膀,会飞,飞得高,飞得远,能在黎明里飞,也能在黑夜里飞。你知道鹰是怎样在黑夜里飞的么?是象这样飞的,你瞧,"说着,她展开了两只修长的手臂,旋舞一般地飞着了,是飞得那么天真,飞得那么热情,使她底脸面也现出了夕阳一般的霞彩。

我欢乐底笑了,而感觉了兴奋。

然而,有一次夜晚,这年青的鹰飞了出去,就没有再看见她飞了回来,一个月以后,在一个黎明,我在那已经成了废墟的公园之中发现了她底被六个枪弹贯穿了的身体,如同一只被猎人从赤红的天空击落了下来的鹰雏,披散了毛发在那里躺着了。那正是她为我展开了手臂而热情地飞过的一块地方。

我忘却了忧愁,而变得在黑暗里感觉奋兴了。

南方是遥远的,但我忆念着那南方的黄昏。

南方是有着鹰歌唱的地方,那嘹唳而清脆的歌声是会使我忘却忧愁而感觉奋兴的。

要事年表

1877 年 · 光绪 3 年

江南制造局编译的《西国近世汇编》报道了德国无政府主义者行刺德皇一事。

1882 年 · 光绪 8 年

《西国近世汇编续编》介绍克鲁泡特金。

1901 年 · 光绪 27 年

梁启超的《难乎为民上者》一文,开始用"无政府党者"概念。

刘师复与维新志士在家乡小镇创设演讲社,宣传社会改良。

1902 年 · 光绪 28 年

广智书局出版〔英〕克喀伯著,独立之一人（马君武）译的《俄罗斯大风潮》,其中译者的《序言》介绍"无政府主义""无政府党人"。蒲鲁东、巴枯宁、克鲁泡特金由此得到了英雄般的崇拜。

〔日〕幸德秋水《社会主义广长舌》由金一（金天翮）翻译出版。

刘师复与郑彼岸等合作创办隽德女校,提倡男女平权。

厦门鼓浪屿开辟为公共租界。

1903 年·光绪 29 年

2 月，赵必振翻译的《近世社会主义》介绍了蒲鲁东、巴枯宁等人的学说。

自然生（张继）:《无政府主义》在上海印行。

1904 年·光绪 30 年

1 月，马叙伦《二十世纪之新主义》在《政艺通报》刊载。

2 月，蔡元培《新年梦》在《俄事警闻》刊载。

同年，金一译《自由血》、陈冷译《虚无党》在上海印行。刘师复赴日留学，在改良派革命派论争中转向，认同孙中山等人主张，为筹组同盟会奔走。

1905 年·光绪 31 年

8 月，同盟会在日本成立，刘师复为第一批成员，并取光复中华之意，改名"思复"。

江西一青民编《虚无党女英雄》小册子在上海印行。

1906 年·光绪 32 年

春，受同盟会指派，许卓然、叶青眼等到泉州组建地方组织。许到泉州（晋江县城）后发展成员，并在泉州小开元寺创办西隅学校，作为同盟会的秘密机关。

1907 年·光绪 33 年

年初，张静江、吴稚晖、李石曾、褚民谊等在巴黎发起成立"世界社"。

6 月 1 日，留学日本的刘师培、何震等创办《天义》报（半月刊），发起成立社会主义讲习会。6 月 22 日，世界社机关刊物《新世纪》周刊在巴黎正式出版。同月，刘师复自荐请缨暗杀水师提督李准，因制造炸药失慎炸伤脸部。再次装配炸药又不慎引发大爆炸，除脸部被炸受伤，左手五指全被炸掉，并被捕入狱。后被判刑 8 年，期间为防伤口感染危及生命截肢。

同年，申叔（刘师培）的《总同盟罢工》小册子印行。

1908 年·光绪 34 年

［波兰］廖抗夫著,李石曾译《夜未央》、李译的《鸣不平》印行。

1909 年·宣统元年

冬,刘师复因宣统即位朝廷大赦提前出狱回香港。

1910 年·宣统 2 年

5 月,巴黎的《新世纪》周刊停刊,一共出版 121 期。

1911 年·宣统 3 年

年初,刘师复脱离同盟会机关,潜心研读无政府主义著作,并与高剑父、莫纪彭、郑彼岸、陈炯明、李沛基、丁湘田等在香港成立支那暗杀团。

5 月,许卓然与从印尼泗水返泉策划起义的蒋以麟共商活动计划,并邀 11 名同盟会成员在赐恩寺开秘密会议,推举许卓然为主席。

10 月 10 日武昌首义,后各省纷纷响应。月底,同盟会泉州分会在泉州小开元寺成立,会长蒋以麟、副会长黄中流。叶青眼任政治股长,许卓然任组织股长,蒋以麟兼军务股长。

同月,支那暗杀团李沛基在大南门炸死清军住广州将军凤山。

11 月 9 日,福州光复,之后福建临时政府成立,孙道仁任闽都督府都督。18 日,同盟会泉州分会发动起义,泉州光复。

年底,中华军政府闽都督派参事宋渊源到泉,在旧提督署设参议会,泉州同盟会机构消失。

1912 年·民国元年

5 月,刘师复创以宣传和实行无政府主义为目的的晦鸣学舍。发起成立世界语学会,任会长。又发起组织"心社",制定著名的《戒约》十二条,并废姓改名,只称师复。

11 月,师复等《心社趣意书》在《社会世界》刊载。

同年,鲁哀鸣的《极乐地》小册子在上海印行。北京国民政府取消府、州、厅,实行省、道、县建制。原泉州府所辖各县隶属南路道（址设厦门,民国3年改称厦门道）,县衙改为县公署,陈秋臣为首任知事。

1913年·民国2年

夏,中国国民党总部派林森到晋江组建地方组织,同盟会泉州分会、统一共和党、进步党、共和实进会等合并组成国民党泉州支部。

7月,刘师复等创刊《晦鸣》（后改名《民声》）周刊。

10月,刘冠雄旅入闽,所部第五团分驻厦门、泉州。后第五团改为陆军第十旅,再后扩充为第十混成旅,旅长唐国漠,称北军。所部马步云一团驻晋江县城泉州。

11月,袁世凯下令解散国民党,泉州支部停止活动。皖系军阀李厚基率部入闽,从而拉开长达14年的北洋军阀统治福建时期,他先后驱逐包括都督孙道仁、巡按使许世英、省长胡瑞霖等,至1917年7月开始身兼福建督军和省长二职,同时派陆军第十旅旅长唐国漠驻防厦门、泉州一带。福建革命党人开始反袁倒李（厚基）的斗争。

同年,廖均出任晋江县县长。

1914年·民国3年

6月,师复的《致无政府党万国大会书》在《民声》第16号刊载。

7月,刘师复在上海发起成立无政府共产主义同志社。

秋,叶青眼、许卓然、宋渊源等在厦门组建中华革命党福建支部。

同年,卢咸谷、姚守谷先后出任晋江县县长。

1915年·民国4年

1月,刘岳伦出任晋江县县长。

3月,刘师复在上海病逝,年仅31岁,葬杭州烟霞洞附近。

4月,许卓然奉中华革命党福建支部之命到泉州开展工作,创办《新民周报》。秦望山加入中华革命党。

5月,许卓然等以反对签订"二十一条"卖国条约为号召,发动倒袁运动。泉州、永春、南安各县群众集会游行反对"二十一条",抵制日货。

7月,董荣光出任晋江县县长。

秋,许卓然受中华革命党福建支部指派,前往福州开展工作。后仓前山秘密机关被官方破坏,遭军警追捕侥幸逃脱。

1916年·民国5年

4月26日晚,泉州革命党人30余人秘密开会策划反袁,许卓然率护国军举行泉州起义,因泄密5人被捕遇害。后李厚基悬赏缉拿许卓然等革命党人,泉州反袁运动失败。

5月,高为国被吴威委任为永(春)德(化)大(田)警备司令。

10月,许卓然与同仁以《声应报》为基础,创《民钟日报》。沈子玖出任晋江县县长。

1917年·民国6年

4月,张祖陶出任晋江县县长。

7月,张勋在北京拥溥仪复辟,孙中山南下广州护法,密函许卓然招募福建民军响应。

12月,援闽护法粤军成立,陈炯明任援闽粤军总司令。

秋,许卓然、张贞、秦望山等以南安凤巢山为根据地,策划组织闽南靖国军。张贞任闽南靖国军司令,许卓然任第二路司令,高为国在第四旅第八团任连长。

1918年·民国7年

5月,援闽粤军攻占武平,进入福建境内。

6月29日,为配合援闽粤军陈炯明部进攻漳州,闽南靖国军围攻同安县城,激战月余后于8月1日攻占。

8月4日,汀漳镇守使臧至平率部反攻,闽南靖国军退入安溪及凤巢山。

8月,陈炯明率粤军进驻漳州。到1920年7月回师广东,陈炯明在福建南部的26县进行闽南护法区改革试验。梁冰弦、刘石心、区心白等在漳州创办《闽星》《闽南新报》等无政府主义报刊。

9月,宋渊源奉孙中山命回闽统一整训民军,统一军事。

10月,闽南民军联合成立闽南护法军,宋渊源为总司令,张贞为参谋长。

11月，厦门《江声报》创办。李厚基与陈炯明达成停战协定，约定双方在前沿的军队各后撤20里，互不侵犯。军政府政务会议发布任命，委护法舰队司令林葆泽为福建督军，陈炯明为福建省省长兼办福建军务，方声涛会办福建军务。

1919年·民国8年

3月，粤军攻占德化、永春、安溪。闽南护法军联合靖国军击败粤军，收复永春、德化。

4月5日，靖国军在晋江县安海成立晋南同政务处。本月，闽南泉安汽车路股份有限公司成立。

5月21日，泉州中小学师生2000多人集会游行，进行爱国宣传演讲，响应北京五四运动。月底，泉州学生联合会成立。

10月12日，晋南同政务处改为安海县。

12月，漳州出版《闽星》，陈炯明写《发刊词》。

年底，靖国军与护法军联合击退粤军后发生火并，相互攻战。

同年，林学增出任晋江县县长。

1920年·民国9年

春，靖国军与粤军发生冲突，秦望山作为地方代表往漳州同陈炯明商谈停火事，与梁冰弦、刘石心等相识。为避免与靖国军继续冲突，宋渊源宣布取消闽南护法军，离闽赴粤。

4月，姚余庆出任晋江县县长。

5月1日，无政府主义者和具有初步共产主义思想的马克思主义者在北京、广州、漳州等地，联合组织了中国第一次大规模纪念五一劳动节的活动。5月之后，郑家驹、林怀瑜、吴佐宸先后出任晋江县县长。

7月，陈炯明的粤军回师广东，将在闽所占地盘全部归还李厚基。

9月，晋江、南安两县交界百余乡代表商讨成立晋南联乡保卫团，蒋以麟任团长，安海县撤销，复归晋江县。

11月，陶汝霖出任晋江县县长。

12月16日，黄展云、张贞、许卓然、秦望山等在上海组成福建自治促进会，号召驱逐李厚基，主张"闽人自治"。并决定组织福建自治军，推秦望山为组织自治军全权代表,回闽收编民军。

同年,靖浙联军成立,司令部设晋江安海,陈肇英任司令,张贞任副司令。

1921 年·民国 10 年

2 月,秦望山抵厦门鼓浪屿,秘密成立福建自治军司令部,着手民军收编。

5 月 1 日,广州的无政府主义者和马克思主义者分头组织发动各业工人停工一天,举行盛大示威游行,盛况空前。

12 月初,秦望山重回南安凤巢山,与众民军首领商定,正式组建福建自治军,下辖第一路王荣光、第二路卢兴邦、第三路吴威、第四路杨汉烈、第五路秦望山,黄展云任总指挥,张贞任前敌司令,林知渊为参谋长。

1922 年·民国 11 年

1 月 1 日,福建自治军秦望山、陈国辉等部,分兵 6 路进袭南安、仙游,大败北洋军。

6 月,安海至泉州顺洲桥公路通车。

10 月初,张贞、许卓然由上海回闽,重新整编福建自治军,杨汉烈为第一路司令,许卓然为第二路司令,辖陈国辉、王振南、秦望山等支队。第二路军及第三支队均进占安海。18 日,孙中山电令入闽的北伐军改为东路讨贼军,讨伐陈炯明。23 日,上海大学创办。

11 月,在东路讨贼军的帮助下,自治军占领泉州城。

是年,胡子明出任晋江县县长。许卓然接手复办厦门《民钟日报》。

1923 年·民国 12 年

2 月,廖仲恺奉孙中山之命,将福建自治军改编为东路讨贼军第八军,许崇智兼任军长,张贞任前敌司令。许卓然任泉州卫戍司令,陈清机为晋江县县长,叶青眼为泉州市政局长。陈清机、叶青眼等率群众进行泉州第一次破除迷信行动,砸毁康王爷神像。后许卓然改任泉州警备司令,下辖陈国辉、王振南、秦望山三路统领。秦望山率部移驻南安官桥的漳州寮,开办干部训练所,开始培养无政府主义骨干。

3 月,直系军阀孙传芳、周荫人入闽,进占福州。

春,梁龙光因参加学潮被集美中学开除离校。

7月30日,北洋军兴泉永护军使王永泉攻占泉州,东路讨贼军退驻安溪。后林学增、李俊、凌寿元先后出任晋江县县长。

秋,梁龙光考入武昌师范大学英文系。

本年,泉州开始拆除城垣,历时两年。拓成南接新桥头、北至威远楼前的中山路,长2414米,宽12米,石头路面。

1924年·民国13年

1月,孙中山在广州主持召开国民党第一次全国代表大会,许卓然被指定为福建省代表出席。会间,经许卓然面求,孙中山当场为厦门《江声报》题写报名。许卓然会后与江董琴回厦门筹备组织国民党福建临时省党部。

3月13日,福建陆军第二师师长高义部打败王永泉部,占领泉州。27日,闽北护军使周荫人入泉,王永彝任泉州警备司令,陈国辉等各路民军纷纷投靠,高为国任捕盗营营长。同月,李良荣等干部训练所学生经许卓然推荐到黄埔军校学习。秦望山的部队自动解散。梁龙光转读上海大学中文系。旋秦望山当选国民会议代表赴京,也以旁听生入上海大学中文系旁听学习一年多。泉州平民学校创办,校址设百源川铜佛寺。

6月,孙传芳、周荫人收编泉属民军,高义任福建陆军第二师师长,陈国辉任第八旅旅长。杨畋出任晋江县县长。

7月30日,周荫人亲信、陆军第十二师二十四旅孔昭同部进驻泉州。

9月,宋星辉出任晋江县县长。

10月15日,孙中山宣布讨贼军、靖国军改为建国军。

11月10日,福建建国军总司令方声涛奉孙中山令由闽兴师北伐,委任张贞为总指挥,统率永春、德化、南安民军。同月,陈国辉等部出师讨伐周荫人。周骏烈出任晋江县县长。

本年,泉安汽车路股份有限公司为维护交通安全,设立全副武装的护路队。

1925年·民国14年

2月,立达中学正式开学。

3月,立达学会成立。

4月,孔昭同部进攻高义驻地。陈国辉、吴威等南安、永春民军亦合击高义。高义大败,只身逃往厦门。

6月,国民党福建临时省党部在厦门成立。许卓然、秦望山和厦门大学学生罗扬才(共产党人)等为执行委员。《江声报》、厦门中山中学创办。五卅惨案发生后,奉上海学联安排,梁龙光等南下闽粤进行爱国宣传,短期寄读广东大学。

8月,冯北骏出任晋江县县长。

12月,李俊再次出任晋江县县长。

秋,立达迁校江湾,正式改名立达学园,增办高中,并设农艺和艺术两个专修科。

同年,福建军务督理周荫人提升孔昭同为陆军中将、兴泉永镇守使,坐镇泉州,负责泉属各县及莆仙防务。泉安公路全线通车。

1926年·民国15年

4月,因厦门中山中学校长人选问题以及厦门市临时党部选举出席福建省代表大会代表发生激烈摩擦,秦望山离开厦门前往诏安,任张贞开办的诏安干部学校政治部主任。

6月,陈同出任晋江县县长。梁龙光从上海大学毕业,获文学士学位。

7月,南方的国民革命军誓师北伐,同时也开始争取隶属北京政府的海军的支持。杨树庄、陈绍宽等所属的闽系海军逐渐倾向于国民革命军。

9月13日,北伐军发表《讨闽宣言》,何应钦率部进军福建。同月,福建各地民军联合组成福建国民军,卢兴邦、陈国辉等分任六路司令。李得胜出任晋江县县长。梁龙光入东京早稻田大学政经部研究生院学习。

10月,许卓然接办《江声报》。国民党福建临时党部委派秦望山、周骏烈、陈泗荪3人为晋江县党部筹备委员,秦望山为主任。

11月23日,国民革命军东路军黄克绳部进驻泉州,各界联合召开欢迎大会。同月,东路军政治部派康瀚出任晋江县县长,新政权建立。国民党晋江县临时党部成立,址设泉州城内北鼓楼。妇女部长余佩皋。秦望山以临时县党部名义,设立晋江县宣传养成所,李良荣任所长,梁龙光任政治科主任。月底,闽系海军归顺东路军。

12月6日,闽厦海军警备司令部陈季良、林知渊等率部归附国民革命军,并开始配合东路北伐军新编陆军独立第四师张贞部作战。18日,东路军在海军的军事配合下,正式占领福州。

12月,受北伐军东路政治部主任江董琴委派,陈文总带共产党员李松林、林超然(辜仲钊)、庄醒民、左明亮、谢歧以及国民党左派人士陈盛明等,到泉州明伦堂设政治监察署,陈文总为兴泉政治监察署监察员。后秦望山的晋江县临时党部和陈文总的政治监察署时有矛盾与摩擦。同月,晋江县妇女解放协会成立,余佩皋任主任委员。临时党部派富恩潭任晋江县总工会筹备处筹备员,先后组建泉州人力车、建筑、瓦窑等工会。

年底,何应钦在率部开赴江浙时,任命方声涛、谭曙卿分别担任福建临时政治会议代主席和国民革命军总指挥,掌控福建军政大权。同时将全省民军整编为国民革命军新编第一军(简称新编军),谭曙卿任军长。陈国辉为独立第一团团长、高为国为第二师第四旅第七团团长。北伐军主力离泉州北上,泉防空虚,当局收编一批匪徒为"市卫队"。

1927年·民国16年

1月,中共厦门市委成立,罗扬才任组织部长。之后,厦门总工会成立,罗扬才任副委员长。中共泉州特别支部委员成立,书记李松林。《江声报》改组,设董事会,许卓然为主任董事。

春节前后,此前分别遭孙传芳通缉的蔡元培、马叙伦从上海乘船来闽避难,经厦门到达泉州,建议泉州再创办一所高级中学。

2月,晋江县总工会在明伦堂成立,委员长富恩潭。

3月14日,在蒋介石承诺海军提出的"闽人治闽"等条件后,杨树庄正式宣告海军加入国民革命军,就任国民革命军海军总司令,并立即投入北伐的战斗。

4月3日,福州率先进行清党运动。4日,蒋介石致电福州方面表示支持与嘉奖。6日,蒋介石指令福建全面开展"清党"。8日夜,厦门海军警备司令部接到福州谭曙卿代总指挥宣布全省戒严电令。9日,厦门开展"清党",罗扬才等被捕。10日,接到谭曙卿新编第一军政治部的"清党"电令后,秦望山劝阻了驻军介入清党,通过了"拥蒋护党",限期驱逐监察署人员出境,接管泉永政治监察署的决议,实行清党。12日,国共合作破裂,国民党开始全面"清党"。

18 日,南京国民政府成立,蒋介石履行承诺,任命海军总司令杨树庄兼福建省主席,并正式任命秦望山等九人为福建清党委员会委员。同月,改组后的国民党为造就自己的农工运动人才,议决在上海江湾设国立劳动大学,并指派蔡元培、张静江、李石曾、褚民谊、匡互生等为筹备员。

5 月 3 日,国民党军警查封上海大学。同月,秦望山等因阻挡军队介入清党而被通电控告,开除党籍,遭新编军通缉,被迫离闽,宣传养成所迁厦门虎头山继续办学。

6 月,省党部复派高为国(时属新编军)为晋江县清党委员,又改派丘咸、叶清泉、林逸民和富恩潭等为晋江县党部筹备委员。新编军第二师郭凤鸣部入驻泉州,协助重新"清党"。

7 月,晋江县党部筹备委员会成立,同时成立反共的清党委员会。

9 月,省府主席杨树庄以省防军名义收编民军,陈国辉部为福建省防军暂编第一混成旅,郭凤鸣部为福建省防军暂编第二混成旅。陈国辉受委后,奉命围阻南昌起义部队,率部进驻龙岩、漳平。同月,国立劳动大学正式开学。

10 月,蒋光鼐、蔡廷锴率第十一军入闽,10 日到达福州。13 日联合福建海军诱捕谭曙卿,并把新编军驻福州的部队包围缴械,最后把谭曙卿押解出境。新编军余部撤至泉州成立新编军临时军事委员会与第十一军对抗,第十一军南下讨伐。

11 月 21 日,第十一军占领泉州。秦望山和许卓然联合第十一军,诱捕陈桂林,围歼市卫队。同月,福建省党务指导委员会复派秦望山等 6 人为晋江县党务指导委员。秦望山重新被省政府委任为泉永民团编练特派员,组织并主持泉永民团编练处。宣传养成所迁回泉州,举行毕业典礼。后发生粤系、桂系争夺广东地盘之事变,第十一军匆匆离闽返粤,泉州由海军陆战队林寿国旅接防。

同年,黄逢辰、潘守正、欧阳桢、康惟岚先后出任晋江县县长。

1928 年·民国 17 年

1 月,邹昆出任晋江县县长。

2 月 27 日晚,日本战舰"锦江丸"号在平潭岛附近触礁搁浅,28 日晨当地渔船前往救助,日方另一战舰开枪扫射,导致 12 名渔民当场死亡,27 人重伤,此为"平潭惨案"。

3月2日,李箕焕为民团编练处事务到厦门,当夜被日警拘禁鼓浪屿日领馆。15日晋江各界反日委员会正式成立。19日,在北箭楼举行空前的反日市民大会。22日,厦门反日侵略国权委员会派叶松生到晋江县党部报告厦门民众对日反抗之积极、厦当局之敷衍以及交涉员之渎职等过程。23日,晋江各界反日委员会召集各界代表开紧急会议,通过九条决议。26日,各界反日委员会组织全市罢工、罢市、罢课。同月,晋江县总工会在镇雅宫恢复,主席范天均,副主席周贻白。

4月4日,晋江举行市民反日大会。19日,泉州一华商与日人交易被反日会纠察队发觉扣查。反日会议决,华商货船惩处罚金45000元,一星期不交,没收店产。日人及五台人由纠察队拘留看管,后将日人及台人羁押于惠安陈棣民团处,23日,由陈棣押回泉州,24日,交由厦门海军陆战旅来人押送漳厦警备司令部,当晚由日领引渡至鼓浪屿日领署。

6月,中共福建临时省委先后派张晓川、吴亚鲁到泉州恢复党组织。

夏,秦望山辞民团编练特派员职。

9月24日,陈国辉部被调往龙岩"剿共"。

10月,晋江反日会再次扣留非法来泉的日本商船,把6个日本人商人送交公安局拘禁。最后厦门日领馆代表亲自到泉向晋江县县长表示歉意。

李敬仲出任晋江县县长。

12月,国民党晋江县党务指导委员会成立,进行党员登记。

同年,张贞第四十九师进驻晋江。冬,许卓然、秦望山、杨逢年(代表张贞)、叶青眼、李爱黄、陈清机和梁龙光等7人共同讨论,一致同意开办一所高级中学,定名为黎明高中,并随即组织董事会,推梁龙光等负责具体筹备。

1929年·民国18年

1月1日,晋江县党部、各团体举行元旦庆祝后,推十一团体组破除迷信委员会。后经两度会议讨论进行方法,8日起在泉州发起、组织为期一周的破除迷信运动。

3月19日,陈国辉在龙岩唆使手下于光天化日之下枪杀县党部指委陈雪琴,引发社会公愤。陈此前还捕杀龙岩县党部委员谢宝萱。同月,中共泉州县委成立,书记李国珍。

4月13日,晋江县党部通电全国,控诉、声讨陈国辉枪杀陈雪琴等罪行。

29 日,闽南十七县及闽侯县指委会代表齐聚厦门,讨论援助陈、谢家属及对付陈国辉之办法,并通过十条决议。同月,周贻白经由上海劳动大学学生汪夫申介绍,到泉州私立中学和西隅师范学校任教。

春,黎明高级中学在武庙创办,校长梁披云,开始招收的预备班开学。

5 月,晋江县党务指导委员会召开紧急会议,通电全国,反对讨伐冯玉祥,反对中央委张学良以要职。国民党中央直接下令解散晋江县党务指导委员会,并停止秦望山党员权利两年。福建省党务指导委员会另派林逸民、张赖愚、魏德成任县党务指导委员。同月,红军一攻龙岩城,陈国辉部损失惨重,后随张贞新编第一师援粤。

6 月 10 日,海军陆战队林寿国旅奉省府命令,派林秉周部自莆田、仙游南下,进驻泉州。同时,新编第一师师长张贞复派陈国辉赴泉州接防,后省府电令陈国辉不能再靠近泉州,驻扎以安溪为界。林寿国抵泉后电请秦望山回泉主持党务,秦望山以因病尚待调养,不便即去作复,并于 15 日发出致海内外各界电,称:"服务党国,誓必以民众之利益为利益,以民众之从违为从违"。同月,高为国被林寿国收编为海军晋南游击大队大队长,7 日占据惠安之洛阳,9 日赴南安,10 日入驻洪濑。

6 月 3 日、19 日,红军两次攻打龙岩,陈国辉部 2000 余人几被全歼。陈国辉化装逃脱,回闽南重招旧部,重组福建省防军第一混成旅。

7 月 17 日,晋江县指委会组织与训练部部长张赖愚召集各区分部执行委员布置工作。指委会派袁国钦取代林植兰任总工会指委,商民协会加委林植兰、王铮为指委。20 日,指委会改组救国会,加委袁国钦、林植兰等四人为救国会委员,由袁国钦为召集人。同月,福建省政府以"剿共不力,擅离防地"取消省防军第一混成旅番号,下令通缉陈国辉。同时,省防军督导团由福州调驻同安及安溪,讨伐陈国辉。

8 月,高为国部抢劫泉永汽车路公司泉州西门车站,杀害 7 名工人,伤 6 人。泉州汽车工人举行罢工斗争,迫使汽车公司抚恤死者家属。

9 月,省指导委员会派员到晋江视察党务后,准予正式成立县党部。

10 月,黄裳元出任晋江县县长。11 日,福建省党务指导委员会派林逸民等人重组晋江县党务指导委员会。

11 月 1 日,全县党员代表大会召开,选举县执监委员。

12月26日,高为国部进入南安大霞美、杏埔、麻山等乡,焚毁民房10多座,枪杀村民4人。泉州环城数十里乡民不堪高为国掳勒武装反抗,激战数日,并一度击退高部进攻,但最后失败。

冬,学联会带领学生进行破除迷信活动,捣毁通淮庙、富美王爷宫、奇仕宫、玄妙观神像。

1930年·民国19年

1月6日,卢兴邦利用海军内部矛盾,派兵直入省城,将福建省政府委员5人、水上警察局局长1人(俗称"六委员"),从福州绑架到尤溪县关押,挟杨树庄、方声涛改组省政府。省指导委员会活动停止。同月,泉州民众因不堪高为国摊派军饷等压迫起而反抗,店员、工人和商户举行全城罢工、罢市。高率大队人马残杀5天,焚抢20多乡,民众被捕150多人,被杀60多人。林寿国宣布泉州军事戒严,泉州民团被陆战队缴械。

2月,林寿国部撤退至仙游、莆田,刘和鼎部入泉州接防。

3月8日,晋江各界召开国际妇女节纪念会,主席袁国钦。9日,晋江渔业工会筹委会成立,主席陈炳。

春,平民学校增办中学,并把校舍迁至文庙。

5月25日,许卓然在厦门遭凶徒暗杀,连中四枪,29日不治身亡。同月,教育部下令停止劳大招生。中共福建省委指示建立中共泉州(泉属)特委,书记许依华,并组织发动惠安暴动。厦门机器工会董寄虚等发动厦门电灯厂工会,派代表向厂方要求增加工资。

6月4日,厦门电灯厂工人向厂方要求增加工资的仲裁无果,5日开始罢工。厦门海军警备司令部林国赓派军警、便衣暗探包围董寄虚住处,逮捕董寄虚及另两名工人。同月,国民党中央另派人指导福建省党务。驻泉刘和鼎部陈万泰旅调省对卢兴邦作战,高为国奉命接防,进驻泉州城,设队部于东街旧府署。张廷衡出任晋江县县长。

7月10日,树兜等乡民团从新门、西门、南门三路进攻高为国部驻军,民团得胜仍撤回新门外驻守。翌日早,高为国率部进城,洗劫、滥杀无辜,泉城一片恐怖。17日,树兜等乡民团清晨和午后发动两次攻泉战斗,秦望山所属的民团黄金炎部也发挥了重要的积极作用。后陆战队林寿国部两个营增援高为国,民团主动撤离。19 日,林寿国部陈名扬两个营入驻泉州后,要求高为国撤出泉州城,退至洪濑福山腰一带。

同月,杨树庄、方声涛组织讨伐卢兴邦,为增加实力呈请民国政府取消对陈国辉的通缉令,恢复其省防军旅长之职,并加委陈国辉为安南永德警备司令。23 日,陈部分四路袭攻永春湖洋,枪杀民众数百人,焚毁房屋两百余座。

同月,省指委另行圈定丘咸等人为晋江县执行委员。泉州世界语学会成立,主办的不定期世界语刊物《Nova Voko》第 1 期 5 日出版。苐甘的《从资本主义到安那其主义》由上海自由书店出版。

8 月 3 日,福建省政府军事特派员方声涛到泉州组织讨伐卢兴邦。方声涛派陈国辉率部分路进攻卢部盘踞的德化县城,相持月余后破城。7 日,厦门电灯厂工人要求加薪案得相当解决,被捕之董寄虚等获释。13 日,晋江县执行委员会和监察委员会成立。本月,陈天雄出任晋江县县长。梁龙光再度进早稻田大学政经部研究生院学习,吴克刚接任黎明高中校长。

8 月下旬或 9 月初,巴金、叶非英等应黎明高中校长的吴克刚的邀请到达泉州。

9 月,国民政府免去国立劳动大学校长易培基校长职务。国民党中央党部查封厦门《民钟日报》。同月,国民党晋江县党部创办的《泉州日报》发行,址设泉州玉犀巷镇雅宫。朱世渊为社长,张赖愚任经理,陈范予等先后担任编辑。

11 月 8 日,高为国兵分数路,包围惠安县的主要侨乡东园、林口、长坂、新衙、新厝头、后新厝和埭庄村等 30 多个村庄,劫掠财产,焚毁房屋,任意枪杀 100 多村民。13 日起,晋江南安两县民团联合出兵救援大战高为国,战线三十余里。双方参战约三千余人,互有重创。15 日,晋江县党部通电,宣布高为国祸泉罪状,请各军会剿。同月,南京方面指派王景岐继任劳动大学校长。

冬,邵惟集合庚戌剧社、五三剧社成员,成立晋江戏剧研究会。

约本年年底至 1931 年年初,叶非英、袁国钦等组织、成立中国无政府共产主义者联盟。

1931 年·民国 20 年

1 月,驻泉州的省防军教导团奉调开省,泉州防务空虚。陈国辉部未奉省令擅自进驻守泉州,张贞四十九师补充营李良荣部也进驻青阳、南门车站等。晋江县总工会被查封。23 日,晋江、南安、安溪、永春、德化旅外联合会联电控告陈国辉。

2月9日,在黎明高中春季开学典礼上,梁龙光与吴克刚爆发正面冲突,继而引发对立风潮。12日校长吴克刚辞职离校,学校停课。继而其他一些教员离校,有的转入平民中学。梁龙光中辍学业回国,续任黎明高中校长。

3月,秦望山从福建剿匪司令部张贞处争取到泉属民团统率处的招牌,出任处长,制定并公布《泉属民团暂行条例》。晋南民团因张贞调遣进驻同安维持治安。同月,平民中学学生分为两组,一注重工商业,一注重农业、乡村教育及农业知识,之后于暑假开设乡村教育暑期学校。

5月13日,晋江各工会开谈话会,讨论厂方是否有权自由进退工人等议案。23、24日,邵惟组织的晋江戏剧研究会在平民中学公演《孔雀东南飞》《午饭之前》《父归》等话剧。25日,陈国辉击败高为国占领福山腰。高为国逃往闽北企图依附五十六师师长刘和鼎,被刘监禁。同月,陈国辉委派参谋陈昌侯为泉永各县义务教育办事处主任,将地方教育专款直接提走一万元,导致教育局长吴殷恕向省教育厅呈请辞职。陈国辉对惠北农民加收三成烟苗捐,紧接着在泉州晋江开办营业税,强征税契、教育费、警捐等。晋江各区党部联名电省,请收回重办契税成命。晋江县党部执行委员陈炳等,联名呈请省党部请予转函教育厅于晋江设高级中学。26日,泉安汽车工人第一次大罢工,公司护路队逮捕罢工工人,并开枪射杀工人徐尧卿。后经临时县党部调停,劳资双方艰难谈判。

6月1日,经临时县党部调停,泉安汽车工人与资方达成复工协议19条。22日,方声涛主持全省保卫团督促委员会第六次会议,指令张贞撤销秦望山的泉属民团统率办事处。同月,泉州渔民开展反契税、反海味税斗争。

7月,教育部开始着手整顿上海劳动大学。

8月14日,晋江县各界反日援侨会成立,参加第一次会议的包括码头工会代表李苑豪、晋江县执行委员会代表江衍滨、晋江县渔会代表谢宝贤、平民中学代表叶菲英、西隅师范学校代表尤国伟、晦明中学杨博清、印务工会张一粟、监委会李半舟、杂货同业工会余敏苏等,决议"推县党部、县商会、私立泉中,三团体共组织日货审查委员会"。同月,余辉照出任晋江县县长。

9月,"九·一八"事变后,泉州学联和各校师生联合工人,举行罢市、罢工、罢课,通电全国强烈要求政府对日宣战。泉州反日会推张炳铭为总干事。

10 月 2 日,泉州救国执委宣传两会议召开,着手组织各乡村抗日救国会及义勇军女子家庭宣传队,讨论"惩戒奸商条例",并决定自"6 日起开始检查日货"。6 日,晋江各界罢市、罢工、罢课,二万余民众在中山公园举行抗日救国大会,总主席张赖愚,会后举行游街大示威。

11 月 4 日,泉州反日会检查队检查日货,商民不满罢市,学生方面态度强硬,引发激烈冲突。

1932 年·民国 21 年

1 月 11 日,各界反日会执委会举行第三十五次例会,讨论检查仇货、打击奸商以及标封其商号等具体事宜八项。21 日,上海拒毒会致电国民政府,呈请惩办陈国辉在惠北迫种烟苗(罂粟)案。28 日,淞沪抗战爆发,劳动大学校园被炸,立达校舍也大半被炸。

2 月,旅菲各华侨社团联合成立菲律宾救国后援会,声援上海"一·二八"抗日斗争,晋江人李清泉任主席。至 9 日,救国后援会共捐十九路军 80 万美元。

3 月 11 日,晋江各界反日会查获西街炳发号潜运、出售仇货多种,决议惩罚,培元中学校长许锡安出面包庇引发紧张冲突。16 日,晋江学生反日救国会召开第三次反日会议,通过决议案五条,廿九校学生举行反日救国示威游行。

4 月 17 日,巴金第二次到达泉州。20,晋江反日会执委会召开第四十九次会议,讨论、议决检查仇货、惩处奸商等六事项。30 日,张赖愚等因陈国辉压迫紧急避厦。同月,陈国辉提兑泉州各钱庄现金三四十万元,引起泉州市面金融大恐慌。

5 月 20 日,陈国辉部之便衣侦探闯入晋江渔会,捕去谢一山(谢宝儒)。在此前后,还无故逮捕袁继热,囚禁一日夜。并派侦探欲捕陈泗孙,陈虽脱险,但省立晋中教员七人被拘囚二日。

6 月 7 日,十九路军到达秀涂港,泉州万人空巷,欢迎十九路军。8 日下午,闽南各团体联席会议在香港举行,议定一个月后在香港召开福建海内外民众团体救乡联合会第一次代表大会。

7 月 5 日,晋江反日会蚶江破获日货,奸商开枪两次击伤数人,引发激烈冲突。8 日,闽南各团体联席会议如期在香港举行,各团体的出席代表共 104

人,会期三天,具体讨论了救乡案。31日,教育部下令停办上海劳动大学。本月,因反抗铺捐,泉州西街先后发生两次罢市风潮。晋江渔会反对海味营业税多次请愿,晋江党部代为请命。泉州进行第三次破破除迷信的运动,禁关帝出巡,引发民间人士罢市抗议,发表攻击党部、颂扬陈国辉宣言,并聚集冲击、捣毁县党部。但关帝"出巡"的活动最终被禁止。

8月9日,陈国辉随方声涛从安溪乘飞机到福州,与绥靖公署接洽防务。12日蒋介石代电福建省政府,称陈国辉迭经各方呈诉有案,要求核查所控是否属实。13日,陈国辉由福州飞回安溪,陈国辉部奉调移驻仙游,泉州由十九路军六十一师接防。15日,高为国在福州被执行枪决。同月,晋江县抗日稽察队衙口检货被缴枪扣捕。蔡廷锴改编张贞部第四十九师。周贻白离开泉州往武汉。

9月18日,泉州各界九十五团体、一万五千多人在中山公园举行纪念"九·一八"国难周年大会,县党部代表张赖愚为总主席,晚上举行化装宣传游行。23日,林知渊电召陈国辉到福州。26日,陈国辉应召到福州。27日,陈国辉被十九路军扣留。30日,南京国民政府行政院第六十八次会议,议决令闽绥靖署严办陈国辉。泉州七十四团体召开各界代表大会,电中央及驻闽绥靖委署,求迅将陈国辉等枪决。同月,平民中学增办高中部(高级农村教育科)。晋江渔会再次电绥署请明令撤销海味营业税。

秋,黎明高中首届毕业生陈兆英、蔡秀明等与刘瑜璧筹创妇女会。

10月17日,兴泉永保卫团会议开幕,举秦望山等廿四人为联防委员会委员。22日,晋江县党部发通电。呼吁把包庇土匪,为民公敌的方声涛撤职严办。同月,周骏烈任晋江县县长。

11月10日,晋江县第4次全县党员代表大会召开,选举朱世渊、袁国钦、陈泗孙、张赖愚、郑健魂为县执行委员,谢爱华、陈嘉诒、黄炳坤为候补执行委员;余伯贻、袁继热、庄澄波为监察委员,施石谋为候补监察委员。秦望山发表长篇演讲,内容包括"报告晋江党史,整顿全县水利,扩大文化运动"等。

12月23日,福建绥靖公署判处陈国辉死刑,执行枪决。24日,国民党晋江县妇女会成立,陈兆英为理事长,会址设泮宫,举行成立大会游艺会;晋江县总工会再次恢复,迁泮宫,黄也鲁任总干事,袁国钦、袁继热、谢真、张汉玉、王舜卿任常务干事。25日,泉州公安局警察殴打市民,引发民、警冲突风潮。

1933 年·民国 22 年

1 月 9 日,反日会因检查、扣留仇货与海关之间的冲突。晋江各校学生联合会召集各校学生二百余人至海关交涉,最后迫使海关关长李鼎杰接受学生提出的三条件。28 日,各学校、工会、商会、妇女会及军政机关上午在中山公园举行晋江各界纪念"一·二八"淞沪抗日作战周年大会。同月,高桓出任晋江县县长。

4 月 22 日,晋江民众自卫委员会举行第一次会议。匡互生逝世。

5 月 5 日,晋江县民众自卫委员会召开第三次会议,通过组织大纲。13 日开始,石狮商人反契税率先罢市,军警镇压,晋江县党部的袁国钦等积极介入无果。20 日巴金第三次到达泉州。24 日,泉州船工林世乌因改换船牌事,与船牌编查处警兵发生冲突。民船工会工友全体罢工停运,并向公安局提出六项要求。后经晋江县党部、县政府调停和总工会的声援,抗争最终也取得胜利。25 日巴金离开泉州到厦门,26 日乘太原轮前往香港、广东,旅途中写下其第一篇《南国的梦》。31 日,中国政府和日本侵略军签订的停战协定受到十九路军等通电反对,中共中央发表了反对国民党出卖平津华北宣言。

6 月 1 日,反契税罢市因晋江县党部积极介入无果,学联会集合二十余校学生代表约 400 名学生包围县政府,迫使县长高桓接受"减轻契税"条件。3 日,当地驻军以泉州不良分子有秘密组织之传说,限期登记自卫枪械,逾期以私藏军火论罪。6 日,针对中国政府和日本侵略军签订的塘沽停战协定,2000 余学生举行反对妥协集会游行,并通电全国武装抗日自卫。7 日,泉州各界总罢业,2 万多军民在中山公园举行反对对日妥协示威大会,电质国民党中央对日妥协,反对投降卖国的塘沽停战协定,会后举行了盛大的示威游行。11 日,晋江各初中罢课反对会考。

7 月 30 日,泉永德汽车公司因聘用职员引发各站职工的恐慌,百余工人恐被公司淘汰,开始抗争,机器工会在抗争请愿中发挥主要作用,并获县党部和平民中学支持。

8 月 2 日,泉永德汽车公司 200 余工友二次请愿,晋江县府召集各方参与仲裁。晋江抗日稽查队在衙口查获大量仇货,结果被奸商缴枪扣捕,酿成流血冲突事件。15 日,晋江反日援侨会组成,通过组织大纲定执监常委,组日货审查委员会。

9月16日,晋江学联会召集各校代表大会,到会20余校代表,改选执监委,并派代表赴县请严办石狮案。20日,因各汽车公司,禁止人力车通行车路,并征路费,引发泉州人力车工人的集合请愿和罢工。同月,平民中学制定《平民公社章程》,后实行一学期。

10月13日,由于诉求一个月后还得不到回应和解决,泉州人力车工友200多人继续集会、请愿,要求停止征收人力车通行路费。14日,人力车工友举行罢工捣毁公路局,遭十九路军驻军镇压。15日,县党部介入,与县长、六十一师部等面商,最后以答应两条件开始复工。

11月1日,巴金在《文学》第1卷第5号发表以泉州地下安那其活动为题材的短篇小说《雷》。8日,泉州民船工会召理事会,并决定联络各工会力争,要求政府撤销船税。20日十九路军发动"福建事变",在福州成立"中华共和国人民革命政府"(即"福建人民政府"),宣布抗日反蒋、停止"剿共"。设兴泉省,晋江县治成兴泉省省会。29日,十九路军第二军政治部接收国民党晋江县党部,后被改组为泉州文化运动大同盟,总部设威远楼,谢仰丹(谢真)当选为执委。

12月1日,泉州各界近万人在中山公园举行庆祝"福建人民政府"成立大会。国民党飞机3架向会场投弹11枚,死伤16人。大会当即发出通电,声讨南京政府滥炸无辜人民的残暴罪行。8日,泉州警察殴打瓦窑工人,抓走群众12人,激起民愤。500多人到晋江县府请愿。9日,学生联合会决议支持瓦窑工人诉求。15日,泉州世界语学会於北鼓楼举行集会,纪念柴门荷夫诞辰,到会人数八十余。同月,十九路军总指挥蔡廷锴派师长翁照垣到泉州招抚收编残余民军,张雄南、彭棠、陈育才、陈维金等先后受编"人民自卫军",并在泉州成立兴泉省警备司令部,翁照垣任司令。

1934年·民国23年

1月3日,兴泉省人民政府正式成立,戴戟(未到任)、陈公培(代省长)为正、副省长,省会设在泉州,辖泉属各县及莆田、仙游。13日,闽变失败,蒋介石派亲信陈仪入闽主政。福建省人民政府各机关撤往泉州、漳州一带,政府主要人物李济深、陈铭枢、蔡廷锴、蒋光鼐、黄琪翔先后乘飞机抵达泉州,何公敢、林植夫、华振中等则由陆路到泉州。15日，十九路军退集泉州。20日，蔡廷锴由泉州坐飞机去漳州；李济深、陈铭枢、蒋光鼐、黄琪翔、何公敢、林植夫、华振中等，俱由陆路奔漳。下午，毛维寿坐专车挂白旗往惠安洛阳，与卫立煌谈判。21日，十九路军将领沈光汉、毛维寿、区寿年、张炎等向蒋军投降，通电脱离福建省人民政府，拥护国民党。26日晚，蒋军三十六师宋希濂部进占泉州。27日，宋希濂兼警备晋江、惠安、南安、安溪、永春、德化等县。30日，蒋鼎文在泉州任命毛维寿、张炎为"剿共"东路军第七路军正副总指挥，改编十九路军。毛、张在惠安通电就职，十九路军番号彻底被取消。当月，徐涟出任晋江县县长。晋江县党部恢复，后县党部取消，设县党务指导员办事处。

2月2日，福建省政府主席陈仪、"剿共"东路军总司令蒋鼎文决定收编民军为保安团队。在泉州设闽南保安处，三十六师师长宋希濂兼处长。同月，李良荣因参与平定福建事变战功擢升旅长。

4月1日，巴金以《龙眼花开的时候——一九二五年南国的春天》为题（署名欧阳镜蓉），在《文学季刊》第1卷第2期、第3期连载以泉州地下安那其活动为题材的长篇小说《电》。3日，泉州民船船员工会组织东西溪300船户集合请愿，要求政府撤销船税警捐。同月，吴石仙到任晋江县县长。

5月3日，晋江各工会代表大会举行，决议十六条，并选举王一平、张一粟、欧阳某、张汉玉等为总工会执委，何容村、李天竺、陈文通为监委。7日，叶非英带队的平民中学中华沿海教育参观步行团一行18人离泉州出发。13日，中华沿海教育参观步行团抵达福州。22—29日，天津《大公报》，连载韶铮的"未来派三幕剧"《出路》。28日，泉州平民医院女护士黄彬彬因反抗封建包办婚姻，被晋江县长吴石仙胁迫自杀。

6月1日，以女青年学生为主的泉州各界100余人，在泮宫举行晋江青年援助黄彬彬被迫惨死大会，通电各地请求援助，上书南京国民政府要求惩办吴石仙。会后示威游行，全城轰动。4日，培元中学初中毕业班学生不满校方强行要求学生缴纳补考费一元，罢课离校，并到县党部和教育局请愿。同日，"晋江青年援助黄彬彬惨案大会"不顾当局的淫威高压，继续组织游行呼吁，并到党政军部门请愿控诉。8日，各中学组织后援会，发表宣言，声援培元中学被逐学生。9日，晋江警队到泉州南门外金井丙洲乡与乡民发生流血冲突。13日，平民中学沿海步行团抵达苏州。20日，陈国辉落葬鼓浪屿福建路住宅内之花园,仪式隆重,由萨镇冰撰写墓表。包括于右任、吴铁成、蒋鼎文、方声涛、刘和鼎、宋希濂、张贞等显贵撰有祭文或挽联,极尽哀荣。21日,晋江县县长吴石仙率警查封黎明高中,并扣留该校代理校长陈君冷,教员陈侃以及学生卢主民等三人。22日,平民中学中华沿海教育参观步行团到达南京。沿途参观了杭州的社会教育学院,上海立达学园,南京参观晓庄师范,燕子矶小学,工学团,生活教育社,等等。29日,被捕的黎明高中代理校长陈君冷,教员陈侃以及学生卢主民等三人解省。

7月11日,经清点,晋江县政府把校具和校舍发还黎明高中校董会。后黎明高中校友看复校无望,在黎明旧址创办卓然小学,以纪念许卓然。26日,平民中学被厅令停办。

8月,经国民党中央要员多人及各方面迭电保证,被递解至福州省保安处的黎明高中代理校长陈君冷,教员陈侃以及学生卢主民等三人无罪开释。

10月,余公武接替吴石仙出任晋江县县长。

11月,巴金、袁国钦等离沪赴日。

12月,月初,第九师师长李延年率部进驻泉州,设立福建省第三绥靖司令部,负责闽南地区"清剿"事务。5日,吴克刚赴闽北农村推广"合作运动"。当月,丽尼写下《鹰之歌》。

本年,沈仲九任福建省政府参议,成陈仪的高级幕僚,并实际负责主持福建全省"县政人员训练所"。吴克刚到福州任省政府咨议,省农村金融救济处秘书,同时在"县政人员训练所"授课。

1935年·民国24年

年初,吴朗西、丽尼、伍禅等开始筹办同人出版社,并去信邀请巴金回国主持编务。

2月,巴金在横滨写下怀念泉州生活的散文《月夜》。

5月,由柳静(吴朗西夫人)、伍禅、卫惠林出资入股的文化生活出版社在上海正式成立,吴朗西任总经理,巴金任总编辑,陆蠡、俞福祚等参与编务。

7月1日,叶非英率民生农校华北农业教育参观团一行18人乘轮出发,开始浙江、上海、山东、北平的行程,10日到达上海。

8月15日,华北农业教育参观团由北平返沪。

9月30日,张斯麐接替余公武出任晋江县县长。

同年,设在孔庙的原泉州平民中学改办为民生农校,苏秋涛任校长。校董会立案表由晋江县教育局复核后,送省办理立案手续。

1936年·民国25年

8月,陆蠡把平民中学时期的散文收入《海星》出版。

12月,巴金在文化生活出版社出版短篇小说集《发的故事》,收以泉州民众抗击高为国为题材的短篇小说《星》。

同年,民生农校迁址锡仔山崇正书院旧址。吴克刚到上海世界社,协助李石曾编撰百科全书。

1937年·民国26年

8月,秦望山、李爱黄等4人当选第四区国民大会代表。民生农校获准正式立案。

本年起,袁国钦出任福建省县政人员训练所、农民教育师资训练所教员、教导主任等职。

1938年·民国27年

3月,叶非英与李振贯、黎丁等创办《大众报》,任发行人,名叶景。

春,袁国钦在南平出任战时民众教育训练所教导主任。

8月,谢真任罗源县县长(至1941年3月离任)。袁国钦调三元(今三明)任县政人员训练所合作系主任。

同年,为避免日机滥炸,民生农校内迁。

1939年·民国28年

春,巴金在上海租界"孤岛"写下怀念泉州斗争生活的又一篇《南国的梦》以及《黑土》。

8月,袁国钦任省民政厅科长职,掌管乡镇保甲事务。

11月,袁国钦任福建省公务人员训练所开办的保甲视导员培训班主任。

12月,秦望山以"前私立黎明高级中学校董会董事长"的身份领衔,率六学生代表,通过晋江县政府,联呈省教育厅,请准予追认黎明高中学生学历。

1940 年·民国 29 年

1 月 3 日,福建省教育厅厅长最后批复,否决秦望山等请准予追认黎明高中学生学历的请呈。

12 月,袁国钦出任长乐县县长。

同年,黎明高中取缔后,远走南洋从事华文教育工作的梁龙光参加南洋华侨慰问团回国,后留重庆任国民参政会参政员。

1941 年·民国 30 年

8 月,谢真任连江县县长,至 1943 年 8 月离任。

9 月,陈仪调离福建,刘建绪继任福建省政府主席。袁国钦出任邵武县县长。

1942 年·国民 31 年

5 月,新四军政治部组织部长李子芳(晋江永宁人,原黎明高中学生)在江西上饶集中营惨遭国民党杀害。

7 月 21 日,留守在上海文化生活出版社的陆蠡遭日本侵略军逮捕,后遇害。

1943 年·民国 32 年

12 月 3 日,中、美、英三国元首发表《开罗宣言》,议定日本战败投降后,其窃取之中国所有领土,如东北四省、台湾、澎湖列岛等都归还中华民国。

1944 年·民国 33 年

5 月 12 日,国防最高委员会中央设计局设立"台湾调查委员会",主任委员陈仪,委员沈仲九、王芃生、钱宗起、周一鹗、夏涛声。沈、周、夏皆为陈仪担任福建省主席时的部属。为提前培养接收台湾之后布政施教和开拓海外的人才,决定创办海疆专科学校。

9 月,国立海疆专科学校正式创办,以仙游县金石中学旧址为临时校舍,张兆焕任校长。

同年,梁龙光回闽任国立福建音乐专科学校校长。

1945年·民国34年

2月2日,梁龙光奉派接任国立海疆专科学校校长。

7月,国立海疆专科学校迁址南安九都。

8月10日晚,泉州各报出号外,报道日本外务省向美、中、英、苏发乞降照会,准备接受波茨坦公告,无条件投降。民众欣喜若狂,自发组织队伍游行庆祝,歌声、爆竹声彻夜不息。11日下午,各界人士在公共体育场举行庆祝大会。台湾光复后,陈仪出任国民政府首任驻台湾行政长官兼警备司令,沈仲九随陈入台,任台湾行政长官公署顾问。吴克刚也随陈仪、沈仲九等入台,任台湾行政长官公署参事,及接收总督府图书馆后成立的台湾图书馆馆长。

8月,吴克刚出任台湾省立法商学院合作学系主任。

11月8日,谢真到任(台湾)台东厅接管委员会主任委员。9日,袁继热到任高雄州接管委会委员。

12月27日,袁国钦代理台南县长,谢真代理台东县长。同月,台湾《现代周刊》创刊,吴克刚主编。

1946年·民国35年

1月,袁国钦为台南县首任县长,谢真为台东县首任县长。

6月,国立海疆专科学校迁址泉州东街府后山。

8月,陈洪有到任国立海疆专科学校教授、总务主任。

9月,赵祖培到任国立海疆专科学校总务处事务组主任。

1947年·民国36年

2月,台湾"二·二八"事件爆发,后陈仪被撤职,沈仲九也离台返回大陆。

5月,国立海疆专科学校等学生开展"反饥饿、反内战、反迫害"运动,罢课示威。

8月,梁龙光任福建省教育厅厅长。

9月16日,谢真辞职台东县长返回大陆。

同年,叶非英受莫纪彭聘请回广州筹建蔼文中学,同时还参与筹办粤东女子职业中学。

1948 年·民国 37 年

6月3日,国立海疆专科学校、省立晋中、泉中等11所大中学校生8000多人举行反对"美帝扶植日本"集会和示威游行,震动城乡。

10月,李良荣任福建省主席,兼任省保安司令、省党部主委等职,并派袁继热为省府主任秘书,袁国钦为民政厅厅长。本月起至次年3月,巴金先后把以泉州、厦门斗争生活为题材的小说《星》《电》《新生》以及《春天里的秋天》,寄给美国的无政府主义资料室 Labadie Collection 收藏。

同年冬,广州蔼文中学停办,叶非英再回泉州民生农校任教。

1949 年·民国 38 年

春,李良荣任第二十二兵团司令,驻厦门。8月,进驻金门,任金门防卫司令官。

8月31日晨,国民党部队逃离泉州。上午,泉州团队独立大队进入泉州。下午解放军先头部队进城与泉州团队独立大队会师,泉州城宣告解放。

9月4日,晋江全境解放。

9月9日,中共福建省第五地委举行第一次扩大会议,正式宣布成立中共福建省第五地委、福建省第五行政督察专员公署、泉州军事管制委员会、福建省军区第五军分区。同时,中共晋江县委、晋江县人民政府成立,县委书记张格心、县长许集美。

10月1日,泉州各界举行庆祝大会与游行,庆祝中华人民共和国成立。同月,泉州军管会接管国立海疆专科学校。

11月24日,中共福建省第五地方委员会改称中共福建省泉州地方委员会,简称中共泉州地委。

本年,叶非英等创办的泉州《大众报》终刊。

参考文献

1. 马克思列宁主义基础系编:《无政府主义批判》,中国人民大学 1959 年版。

2. 林森木、田夫:《无政府主义史话》,广东人民出版社 1981 年版。

3. 第二历史档案馆编:《中国无政府主义和中国社会党》,江苏人民出版社 1981 年版。

4. 胡庆云、高军:《无政府主义在中国》,湖南人民出版社 1984 年版。

5. 周积泉:《无政府主义思想批判》,福建人民出版社 1984 年版。

6. 近代思想史资料编委会:《无政府主义在中国》,湖南人民出版社 1984 年版。

7. 葛懋春、蒋俊、李兴芝编:《无政府主义思想资料选》,北京大学出版社 1984 年版。

8. 张文沛:《黑旗之梦》,江西人民出版社 1987 年版。

9. 蒋俊、李兴之:《中国近代的无政府主义思潮》,山东人民出版社 1990 年版。

10. 汤庭芬:《无政府主义思潮史话》,社会科学文献出版社 2000 年版。

11. 孟庆澍:《无政府主义与五四新文化》,河南大学出版社 2006 年版。

12. 李怡:《近代中国无政府主义思潮与中国传统文化》,华中师大出版社 2011 年版。

13. 张全之:《中国近现代文学的发展与无政府主义思潮》,人民文学出版社 2013 年版。

14. ［美］易劳逸：《1927—1937 年国民党统治下的中国流产的革命》，陈谦平等译，中国青年出版社 1992 年版。

15. ［韩］曹世铉：《清末民初无政府派的文化思想》，社会科学文献出版社 2003 年版。

16. ［美］阿里夫·德里克：《中国革命中的无政府主义》，孙宜学译，广西师范大学出版社 2006 年版。

17. ［日］坂井洋史：《巴金论集》，复旦大学出版社 2013 年版。

18. ［日］樋口进：《巴金与安那其主义》，［日］近藤光雄译，复旦大学出版社 2016 年版。

19. ［日］山口守：《黑暗之光：巴金的世纪守望》，复旦大学出版社 2017 年版。

20. 中共中央马克思恩格斯列宁斯大宁著作编译局研究室编：《五四时期期刊介绍》，生活·读书·新知三联书店 1959 年版。

21. 中国社会科学院现代史研究室选编：《"一大"前后》（二），人民出版社 1980 年版。

22. 中共广东省委党史研究委员会办公室、广东省档案馆编印：《"一大"前后广东的党组织》，1981 年。

23. 北京师范大学校史资料室编：《匡互生与立达学园》，北京师范大学出版社 1985 年版。

24. 杨志本：《中华民国海军史料》，海洋出版社 1987 年版。

25. 陈孝华：《福建工人运动史要录（1927—1949）》，厦门大学出版社 1999 年版。

26. 福建省档案馆编：《福建事变档案资料》，福建人民出版社 1984 年版。

27. 福建省档案馆编：《福建华侨档案史料（上、下）》，档案出版社 1990 年版。

28. 福建省地方志编纂委员会编：《福建省志·妇女运动志》，福建人民出版社 2008 年版。

29. 陈苗主编：《福建省晋江市志》，上海三联书店 1994 年版。

30. 泉州市鲤城区地方志编纂委员会编：《鲤城区志》，中国社会科学出版社

1999 年版。

31. 刘海峰、庄明水:《福建教育史》,福建教育出版社 1996 年版。

32. 厦门市总工会编:《厦门工人运动史》,厦门大学出版社 1991 年版。

33. 厦门市政协文史和学习宣传委员会主编:《鹭江春秋》,中央文献出版社 2003 年版。

34. 郭宝琛:《泉州经济史话》,海峡书局 2015 年版。

35. 福建省政协文史资料委员会编:《教育编》,福建人民出版社 2000 年版。

36. 福建省政协文史资料委员会编:《文化编》,福建人民出版社 2001 年版。

37. 福建省政协文史资料委员会编:《闽南民军》,福建人民出版社 2001 年版。

38. 福建省政协文史资料委员会编:《政治军事编》(第 1—4 册),福建人民出版社 2002—2004 年版。

39. 陈丹晨:《巴金评传》,河北人民出版社 1981 年版。

40. 许善述编:《巴金与世界语》,中国世界语出版社 1995 年版。

41. 艾晓明:《青年巴金及其文学视界》,四川文艺出版社 1989 年版。

42. 陈思和:《人格的发展——巴金传》,上海人民出版社 1992 年版。

43. 方航仙、蒋刚主编:《巴金与泉州》,厦门大学出版社 1994 年版。

44. 〔日〕山口守、坂井洋史:《巴金的世界》,东方出版社 1996 年版。

45. 巴金与二十世纪研讨会编:《世纪的良心》,上海文艺出版社 1996 年版。

46. 陈思和、辜也平主编:《巴金:新世纪的阐释——巴金国际学术研讨会论文集》,福建教育出版社 2002 年版。

47. 安葵:《张庚评传》,文化艺术出版社 1997 年版。

48. 陈觉万等主编:《梁披云教育思想研究》,厦门大学出版社 1994 年版。

49. 梁燕丽:《梁披云评传》,澳门:三联出版有限公司 2015 年版。

50. 上海鲁迅纪念馆编:《吴朗西文集》,上海书店出版社 2014 年版。

51. 王江水:《春蚕集》,北方文艺出版社 2007 年版。

52. 杨坚水、陈承堃、黄立诚编:《陈国辉年谱长编初稿》,香港出版社 2008

年版。

53. 杨坚水、黄荣周、陈承墥、陈建新编:《陈国辉百年图录》,香港书艺出版社 2018 年版。

54.《劳大概况》,国立劳动大学编译馆 1929 年版。

55.《许卓然先生被刺经过及其前因后果》,许卓然先生治丧处编印。

56.《陈公耀臣哀荣录》,厦门风行印刷社承印,1934 年。

57. 梁龙光:《国立海疆学校一览》,泉州同文斋印书馆印,1947 年。

58. 泉州平民中学、民生农校校友会编:《怀念集》(第 1—11 辑),1986—2000 年。

59. 泉州市鲤城区地方志编纂委员会编:《泉州市鲤城区民国时期大事资料长编》,1987 年。

60. 黎明大学巴金研究所编:《巴金研究》(总第 1—49 期,其中 1993 年之前刊名为《巴金文学研究资料》),1989—2002 年。

61. 黄厚源主编:《永怀师恩》,立达平民民生在台校友 1992 年联合编印。

62. 蒋刚主编、王江水副主编:《怀念集选编》,泉州平民中学、民生农校校友会,1995 年。

63. 蒋刚:《风雨八十秋》,2000 年。

64. 蒋刚:《晚霞集》,泉州黎明大学,2000 年。

65. 李江泉主编:《怀念巴金》,福建省泉州农业学校、泉州农校校友总会,2002 年。

66. 李江泉主编:《叶非英老师怀念文集》,福建省泉州农业学校、泉州农校校友总会,2002 年。

67. 编写组编:《平民教育之光》,平民、民生校史编写组,2005 年。

68. 吴念圣编:《沈仲九年谱》,2019 年。

69. 师复:《师复文存》,广州革新书局 1927 年版。

70. 苇甘:《从资本主义到安那其主义》,上海自由书店 1930 年版。

71. 巴金:《俄国社会运动史话》,文化生活出版社 1935 年版。

72. 丽尼:《黄昏之献》,上海文化生活出版社 1935 年版。

73. 丽尼:《鹰之歌》,上海文化生活出版社 1936 年版。

74. 陆蠡:《海星》,上海文化生活出版社 1936 年版。

75. 巴金:《巴金全集》(第1—26卷),人民文学出版社1986—1993年版。

76. 陈炯明:《陈炯明集》,中山大学出版社1998年版。

77. 吴克刚:《一个合作主义者见闻录》,台北:合作学社1999年版。

78.《中央日报》(南京)、《申报》(上海)、《时报》(上海)、《新闻报》(上海)、《民国日报》(上海)、《大公报》(天津)、《益世报》(天津)、《福建民国日报》(福州)、《福建民报》(福州)、《人民日报》(福州)、《江声报》(厦门)、《民钟日报》(厦门)、《华侨日报》(厦门)、《公教周刊》(厦门)、《泉州日报》(泉州)、《闽星》(漳州)、《闽北日报》(南平)。①

79.《福建文史资料》《泉州文史资料》《漳州文史资料》《厦门文史资料》《晋江文史资料》《南安文史资料》《广东文史资料》《广州文史资料》《鲤城文史资料》。

80.〔日〕山口守对吴克刚的采访,1998年3月10、11、17日。

81.〔日〕岩佐作太郎:《追忆》,日本《平民新闻》,昭和22年8月15日—11月14日。

---

① 个别报名偶有变动,如《江声报》1931年5月29日之前,短暂为《江声日报》;《福建民国日报》有时仅为《民国日报》,有时为《福建民报》;《益世报》有时为《益世报》(天津)。

后记　回顾与致谢

　　如果从 1979 年秋天开始关注巴金创作，接触安那其，到写下本书第三次定稿的日期，已经整整 40 余年。即使从 2003 年承担省社科研究规划项目"巴金与福建"，重点关注泉州安那其运动，至今也近 20 载。不过这期间，我还完成了《中国现代传记文学史论》的写作与出版。而正是由于对传记文学的理论思考，我的兴趣也逐渐从单纯的文学走向了亦文亦史。如果更全面地回顾，四十载职业生涯中，进教室，上讲台，指导学生，拍摄制作网课，教学方面用去了我大量的时间，这是因为我始终觉得，既然身在高校，第一身份就应该是教师，其主要任务是上课与培养学生。当然，从更根本上说还是自身生性拖拉，大学第二年就关注巴金创作，《巴金创作综论》近 20 年后才出版；20 世纪末就涉足现代传记文学研究，大陆版《中国现代传记文学史论》也是 20 年后才见光，性格使然也。

　　就曾经从事过的巴金与福建研究，或者传记文学研究而言，虽然也涉及历史，但主要的着眼点毕竟还是文学。这一次对泉州安那其运动的考察，则已完全属于历史探究的范畴。正如孙犁所言，"史学的方法和文学的方法，并非一回事，而且有时很矛盾。史学重事实，文人好渲染；史学重客观，文人好表现自我"（孙犁《澹定集·与友人论传记》）。所以我只能时刻提醒自己，一切以史料为依据，务必尽可能地客观还原已经模糊的历史。

　　说"尽可能"还原，是因为即使有大量甚至充分史料的支持，我的确也很难保证完全达到历史的真实。曾经的新月派诗人、著名史学专家孙毓棠对"什么是历史的真实（Historical reality）？我们果真能够得到历史的真实吗？""历史学家能不能完全利用这一套科学方法来求得客观的历史真实呢？"等相关问题有过专门的思考。他认为"我们不能不承认它比一般社会科学难上几成"。因为我们得分清"历史本身"与"史料"的区别。"历史本身"（History itself）原是一堆复杂的事物活动及其相互关系的进展；而史料或者"写的记录（Written records）"则是前代人主观的（态度与选择上皆然）记载。"历史本身原是一个连绵的整体，他本身自然存在；而史料则极端的有限，且是一些零散的片断，不完全的鳞爪。愈是时代久远，这些片断鳞爪愈不易连串起来。……时代即使较近，史料即使较充足，但其可靠性到底有多少，仍是治史人最难解决的问题。从种种方面来看，这种写的记录，无论古今，与历史本身往往隔着相当的距离"。他举例说："一次英德的空战，彼此都说敌国飞机损失比自己多得多，双方矛盾的记录流传于世，而历史本身的真实则反而随了时光永久淹没，不可得知了。"（孙毓棠《传记与文学·传记的真实性和方法》）

孙毓棠所举固然是包括着敌对双方的极端案例，但即使不涉价值立场，有些史料本身也相互矛盾，历史的本来面目可能也无从认清。比如本书涉及的各路民军的番号有许多就属糊涂账，因为不同的军事力量进入福建后，都收编、利用民军。由于从晚清到20世纪30年代中期，先后控制或左右福建地方的军阀势力像走马灯一般地轮换，因此那些争相投靠的民军获得的番号也不断变换，有的一年几变。又由于处于动荡的年代，这种收编往往仅是口头约定，并无实际的存档文书，时过境迁就更难稽考了。具体如1927年4月杨树庄出任福建省主席后，开始以省防军名义收编民军，陈国辉、郭凤鸣等都得到了委任。在当时《福建民国日报》的新闻报道中，有不少涉及陈国辉部。但对其1930年7月第二次恢复省防军番号前的报道中，有时称为"省防军第二旅"（1929年5月26日：《陈国辉部残酷成性，焚烧适中镇，骚扰洋邦乡》，7月4日：《陈国辉高为国有联合讯》），有时则称为"省防军第一旅"。为解存疑，特查《毛泽东选集》第1卷，《星星之火，可以燎原》中有关于几个民军头目的注释（人民出版社1991年版，第108页）。注15为"郭，指国民党福建省防军暂编第二混成旅旅长郭凤鸣"；注16为"卢陈，指福建的著匪陈国辉和卢兴邦，他们的部队在一九二六年被国民党政府收编"；注17为"张贞，当时任国民党军暂编第一师师长",仍是存疑。最后在《江苏省政府公报》第228期(1929)中查到正式官方文告《通缉福建匪首陈国辉等》,有"褫去福建省防军第一混成旅旅长职,严缉惩办"之字样,这才算基本认定。但这"基本认定"也是相对的,因为从严格意义上说,必须有陈国辉被收编时的原初文献与1929年被通缉时的资料相互证,这一疑惑才算彻底解决。

而像孙毓棠所举涉价值立场则更复杂。比如关于陈国辉的评价,从当年大量的新闻报道看,其罪恶的确罄竹难书,这已经成为历史的定论。但在其后人参与编写的《陈国辉百年图录》《陈国辉年谱长编初稿》等书籍中,仍然可见成册于20世纪30年代的《福建永德安南四属工程汇刊》等记录其造福地方之历史文献。而即使是国民党官方之评价,前有蒋介石要求"查核办理"的电文和南京行政院"组织军法审判从严法办"的"决议",后有于右任、吴铁成、蒋鼎文、方声涛、刘和鼎、宋希濂、张贞等要人"溢美"之挽联。同为史料,相左乃时有所见。

所以孙毓棠认为"写的历史与历史本身之间,永远横着一道鸿沟,我们永远无法填塞",历史学不过告诉我们以一种"大概如此"的知识而已(孙毓棠《传记与文学·传记的真实性和方法》)。无独有偶,与这种"大概如此"的看法相近,晚年的孙犁也认为"历史但存其大要,存其大体而已"(孙犁《秀露集·三国志·关羽传》)。

但历史的叙述虽然仅能存其"大要",史学虽说是有限度的,历史的研究却仍得信守客观求真的态度和严谨科学的方法。既往的历史已是永恒的自然存在,既有的历史叙述一般也只存大要,所以历史研究则应该尽可能从不同的维度,去追寻、还原曾有的细微环节,通过确切无疑的考证与辨析,用具体的历史细节丰富或改变历史叙述的大要,而非仅仅采大要之一隅,发宏阔之高论。清代章学诚警示历史研究者:"文士撰文,惟恐不自己出;史家之文,惟恐出之于己",盖因"史体述而不造,史文而出于己,是为言之无征"(章学诚《文史通义·与陈观民工部论史学》)。前辈史家的告诫,无时不在提醒着我。

就本书研究而言,尽管个人主观尽了最大的努力,但期望用充分的史料准确还原那些年代久远的历史环节与细节,疏漏或缺憾仍无法避免。面临的难度首先是资料缺损和难于辨认。虽然与古代相比几十年前的历史并不算遥远,但一些报刊,特别是小地方的报刊存留下来的并不多。即使保留下来的,有的残缺、破损比较严重,有的字迹已经模糊。而且因资料保护的缘故,许多文献资料只能通过微缩胶卷阅读,这都给辨认增加了难度。其次是外在的原因无法接触到相关的资料。已故的方航仙先生曾与我谈过,他曾设法追寻特定时代的文书档案,而且他已打听到大批资料的保存之处,但最后无功而返。我也不止一次请求查阅一些资料被婉拒,有时遭遇的还不仅是冷漠的目光。另外还有因为错失了重要的时机。记得首届巴金国际学术研讨会上,已故的吴定宇先生谈到,八十年代初访问路过广州的卫惠林时曾问他:在泉州当年的实际运动中,有没有巴金小说《电》中李佩珠那样的人物原型。卫惠林听完哈哈大笑说:"那不就是×××嘛!"但当时卫惠林与他约定,他们这些人都还在世时,不能把具体的姓名说出。后来为了本书专题的研究,我曾专程到广州登门拜访吴老师。他向我介绍了当年拜访的一些情况,也谈到了对这一研究的一些建议,但对于这"×××"却怎么也想不起来。不过他说当年的笔记里肯定已经记下,待有空找到笔记就可以告诉我。后来,吴老师还未及找出笔记就离开了人世,这"×××"也成了永久之谜。因为除了当事人,我们现在已经不能仅凭当时几位活跃女士的相关情况,就进行推测和认定。

为了尽可能弥补这类疏漏或缺憾,我也进行了一些特殊的尝试。比如本书"引言"提到,这一专题研究之初衷出自于文学。但正式进入专题研究的范畴之后,文学在其中实际上更多承担的,已是历史的功能。在一些重要的历史环节或细节、特别是那些因特殊原因被有意隐去或无意遗忘的微妙处,我尝试借鉴了前人"以诗证史"的研究方法。巴金、陆蠡和丽尼等人的文学作品,在这研究中是作为历史的证词被采用的。因此这也正如法国前总统密特朗1982年为授予巴金法国荣誉军团勋章的祝词所说的,他不仅是一位"著述不倦的创作者",同时也已"成为本世纪伟大的见证人之一"(《巴金研究在国外》第32页)。不过我相信,拂去这段历史的尘雾后,对于巴金、丽尼、陆蠡等人一些作品的文学理解,应该也会有一种全新的视角。

谈到巴金研究与本书研究的关系,不能不再提一个特殊的现象。在20世纪七八十年代之交开始复苏的学术界,涉及中国安那其研究的文章中,有很大一部分出自于巴金研究者。那时候延续传统研究思路,强调作家创作与世界观之密切关系,所以鲁迅与进化论、郭沫若与泛神论等都是热门的话题。巴金与安那其,自然也成为巴金研究绕不过去的一道坎。所以当时从事巴金研究的学人,包括陈丹晨、李存光、汪应果、吴定宇、陈思和、李辉、艾晓明、刘慧英等,都专门写有相关的论文。我那时候还是大学生,本科的毕业论文竟然也是《论巴金与无政府主义问题》(《四川现代作家研究集》,四川省社科院出版社1984年版)。后来进入21世纪,无政府主义与中国现代文学之关系的研究有了更进一步的展开,并且有了不少厚重的成果。但反观这一切,正如我在本书《引言》提到的,其着眼点大多是作为思潮的无政府主义。因此对于作为实际社会政治运动或民众运动,中国无政府主义对文学创作的影响极少得到关注。即使专门论及20世纪30年代的革命文学,关于中国安那其的文学也完全被忽略。而曾经的文学历史叙述——谭正壁的《中国文学进化史》(1929)、李一鸣的《中国新文学史讲话》(1947)、蔡仪的《中国新文学史讲话》(1952)中,巴金的作品都是列为"革命文学"一派的。之所以出现这样的现象,正是对中国安那其运动实践的陌生所致。

对于20世纪30年代泉州无政府主义运动,学界也曾有过一定的关注。当然,其主要的学者也还是来自巴金研究领域。日本的樋口进在1978年完成、发表了他这方面的主要成果《巴金与安那其主义》(日本西南学院大学学术研究所纪要第14号)。日本的坂井洋史从80年代开始几次到泉州实地考察,后来发表了《巴金与福建泉州》(《猫头鹰》1986年第5期)等文。而福建方面的蒋刚、柯文溥、方航仙等,在史料挖掘整理方面也有不少的成效。我在这里重提这些,除了说明这一论题的由来,更主要的也是向这些研究者表示谢意与敬重,因为本书的研究正是在这样的基础上展开的,他们当年努力的成效都是本书不可或缺的基石。

说到感激与敬重,除了前面谈到还有很多。因为研究的那段历史年代久远,涉及的内容方方面面,所以没有来自前辈、朋友、学生的帮助,靠一己之力是很难完成的。本专题研究刚一展开,就得到了周立民先生的充分关注和鼎力支持,他不断为我提供信息、线索以及珍贵的史料,到最后还一直关心本书的出版。期间我急需往台湾查询资料,尚未谋面的黄美娥教授在联系访学、办理手续等方面给予了无微不至的支持。在台期间我收获满满,同时也深深感受到黄美娥、詹雅能教授伉俪的盛情与友好。作为曾专门深入调查泉州那段历史的吴立昌先生接受了我的专访与请教,并且提供了重要的史料。吴念圣先生惠赠了为其父亲编撰的《吴朗西年谱》,并把尚未公开发表的《沈仲九年谱》初稿传与我参考。

　　结识山口守先生已经三十余载,但是有一次的见面却很富于戏剧性。2013年 10 月我在台湾大学访学期满,离开前一天的傍晚到台文所办相关手续,居然看到课表上山口先生的姓名。我问"山口守先生要来讲学吗?"工作人员说他这学期一开始就在所里上课了,并告诉我他也住在温州街 22 巷 2 号,"就在您住的一楼"。当晚八点我如约拜访山口时,他说有一次见到我走出铁门的背影,但怎么也不敢相信我们近在咫尺。在交流了彼此情况后他谈到了对吴克刚访谈的影像资料,并告诉我有一份拷贝已送巴金故居保存,让我回大陆后与故居方面联系,因为他深知,这一资料对我的研究工作十分重要。其实他二十几年前挖掘、整理出的巴金的几十通英、法文书信,也是我研究的重要参考资料。而在本书完稿之际,山口先生还应我的请求提供了当年拜访吴克刚的照片。坂井洋史先生和新谷秀明先生也是 1989 年首届巴金国际学术研讨会上认识的朋友,他们也都为本书研究提供了重要的支持。坂井先生除了前文提到的《巴金与福建泉州》一文给予的启示外,还应我请求提供了拍摄于 1985 年的珍贵历史照片。现在时过境迁,除了他拍摄的照片,当年泉州武庙、黎明高中的遗址已是荡然无存。新谷秀明先生则为我寻找、复制了刊登于 20 世纪 40年代报纸上的日文史料,即曾亲历泉州实际运动的岩佐作太郎的回忆录。

　　在漫长的研究过程中,李嘉娜、许亮华、陈粲帮助翻译了英、法、日文的资料;毛晓红、田韶峻、林分份、黄乃江、黄育聪、王申、赖立、陈丽静、戴莲治、黄立斌等为我查询相关信息,收集和提供各种研究资料;陈然、李叶、张琳琳、陈丹蕾先后帮我录入不少字体细小字迹模糊的民国报刊资料;紧急关头,我的兄弟为本书及时提供了必要的照片。

　　我一直觉得:图片,特别是某些历史照片,不仅能给人以现场感以改善阅读的感受,同时也具有史证的特殊功能,如本书中张性白拍摄的那些照片本身就带有史证的价值,而本书新挖掘并首次重刊的泉州武庙后墙上的大象石雕(图 48)、平民中学中华沿海步行团过沪留影(图 66)、在福州被拘的陈国辉(图 91)等,也都是不可多得的历史现场照片。也正因为如此,有些历史照片虽然不够清晰,本书仍连同其出处,特为保留。

　　福建省图书馆、福建省档案馆、福建师范大学图书馆、台湾大学图书馆、巴金故居、黎明大学巴金研究所、厦门市图书馆给予了查询资料的种种便利。特别是福建省图书馆的林璋华、施小林在很长时间里先后为我查询相关文献资料提供了重要的帮助。福建师范大学文学院为本书提供了出版资助。目前仍未谋面的詹素娟女士为出版选题的申报和最后出版付出了辛劳汗水,她的耐心细致、严谨尽责给我留下了深刻的印象。

　　总之,本书研究的完成,受到了许多前辈、朋友、学生以及相关单位的支持,在本书即将出版之际,特表示我由衷的感激。

2021 年 1 月 11 日于牛眠山寓所